유대 신학자
예수

저자 **브래드 H. 영**
공역 **전용란·조영모**

성광문화사

Authorized translation from the English language edition, entitled Jesus the Jewish Theologian, ISBN: 1-56563-060-2 by Dr. Brad H. Young published by Hendrickson Publishers Inc. Copyright ⓒ1999.

All right reserved. No part of this book may be reproduced or transmitted in any form or by any means, electronic or mechanical, including photocopying, recording or by any information storage retrieval system, without permission from Hendrickson Publishers, Inc. KOREAN language edition published by SUNGKWANG PUBLISHING CO., Copyrightⓒ
한국어판 출간연도: 2009년

이 책의 한국어판 저작권은 저자 Dr. Brad H. Young과 출판사인Hendrickson Publishers, Inc.사와의 독점 계약으로 도서출판 성광문화사가 소유합니다. 신 저작권법에 의하여 한국 내에서 보호를 받는 저작물이므로 무단 전재와 무단복제를 금합니다.

헌사

그들의 우정에 깊은 감사와 가장 고귀한 존경과 함께
이 책을 데니스(Dennis)와
조지아 리 클리프톤(Georgia Lee Clifton)에게 바칩니다.

삽화 목록

먼저 귀한 세공품, 고고학적 유물, 그리고 고대 사본들의 사진을 제공해 주신 이스라엘 고대유물 당국에 심심한 감사를 드립니다. 이 책의 모든 사진들은 당국의 허락 하에 사용된 것들입니다. 이스라엘의 생활 풍속들을 담은 사진들을 사용할 수 있게 해 주신 이스라엘 당국의 친절한 협조에 깊이 감사드립니다. 이러한 유대 유물들은 이스라엘의 고대 물질문명에 대한 우리의 감사를 더해 줄 것입니다.

1. 엘리에셀 하카파의 회당을 위한 상인방돌 (Lintel).
2. 고라신 회당의 "모세의 좌석" (Seat of Moses).
3. "가야바의 아들 요셉" 석관의 덮개
4. 대제사장 "가야바의 아들 요셉" 납골당 (석관으로 된 뼈를 넣는 상자)
5. "가야바" 가족 납골당
6. 바 코흐바 (Bar Kochba) 시대 (ca. 132-135 C.E)의 팔꿈치 형의 열쇠. 마태복음 23:2에 언급된 '천국의 열쇠'와 비교하라
7. 성전에서 발견된 "나팔부는 장소에"라고 쓰여진 비문
8. 인장을 새긴 반지 (참고, 누가복음 15:22)
9. 사해사본 4QMMT 중에서 히브리서의 조각들. "율법의 행위들의 요약"
10. 쿰란, 제 4 동굴. Brad Young 박사 촬영
11. 비문, "가야바의 아들 요셉"의 근접촬영
12. "가야바의 아들 요셉"의 납골당의 한 면에 있는 장미모양의 장식들.
13. "가야바의 아들 요셉" 비문의 뒷면 근접촬영.
14. 성전의 메노라, 제단, 진설병 식탁의 제2성전 시대의 예술적인 재현 묘사 (이스라엘 박물관 소장, 이스라엘 박물관 사진)

추천사

　목회자가 성공적인 목회를 하기 위해서는 몇 가지 정확하게 주석(註釋)하고 이해해야할 과목들이 있다. 그것은 하나님의 말씀인 성경, 내가 복음을 전할 대상인 인간, 그리고 우리가 살고 있는 세상, 내가 섬기는 교회, 그리고 목회자 자신이다. 나를 알고 적을 알면 100번 싸워서 100번 이길 수 있다는 손자병법의 말처럼, 목회자가 이러한 분야를 정확히 이해하여야만 주님께서 원하시는 복음사업에서 성공할 수 있다. 그런데 이중에서도 가장 중요한 것이 하나님의 말씀인 성경을 정확히 주석하고 이해하는 것이다. 이 말을 다른 말로 바꾸어 말하면 성경이 처음 기록될 때에 어떠한 의도로 저자가 기술했는가를 깨닫는 것이다. 성경이 쓰여 질 때에 어떠한 의도로 쓰여졌는가를 이해할 때에, 21세기에 살고 있는 사람들에게도 성경에서 원하는 메시지를 전달할 수 있다. 모세의 오경은 약 3500여 년 전에 기록되었고, 요한계시록은 1900여 년 전에 기록되었다. 그것도 중동지역이라는 지리적인 환경 속에서 기록된 것이다. 또한 성경에 기록된 모든 내용들은 어떠한 특정한 역사적인 환경 속에서 기록된 것들이기 때문에 그 역사적인 환경이 어떠했는가를 이해할 때, 왜 그러한 글이 기록되었는지 알 수 있게 된다. 성경은 문맥 속에서 이해되어져야 한다. 이러한 것들은 우리는 큰 틀에서 "문화(文化)"라고 칭한다. 성경을 이해하는 데 팔레스타인의 문화와 중동의 문화를 이해하는 것이 아주 중요하다는 말이다.

예수 그리스도는 분명히 하나님이시다. 그러나 인류를 구원하기 위해 이 땅에 육신을 입고 오신 예수님은 팔레스타인이라는 지리적인 환경에서 1세기 로마가 팔레스타인을 지배하는 시대적인 상황 속에서 사셨다. 예수께서 훈련시키시려고 선택하신 열두 명의 제자도 팔레스타인 사람들이고, 팔레스타인 문화 속에서 성장한 사람들이다. 예수님도 그러한 환경 속에서 제자들을 가르치셨다. 그러기 때문에 예수님의 생애와 가르침을 정확하게 깨닫기 위해서는 1세기 팔레스타인의 문화를 이해하는 것은 필수적이다. 이러한 이유 때문에 예수님을 헬라문화가 아닌 히브리문화 편에서 접근해야 한다는 말이다.

이 책은 이러한 접근방법으로 유대문화를 연구한 책이다. 저자인 Dr. Brad Young 교수님은 이스라엘의 히브리 대학교에서 공부하고 이스라엘에서 10여년 이상을 살면서 유대인의 삶과 생활에 대해서 피부로 느끼면서 연구하신 학자이다. 미국 중부에 위치하고 있는 학교로 20세기 최고의 신유부흥사로 쓰임 받은 Oral Roberts 목사님께서 세우신 Oral Roberts University에서 신약을 가르치시면서 기독교 신앙의 유대적 뿌리를 연구하는 단체인 Gospel Research Foundation (복음연구재단)의 설립자겸 총재로 섬기고 있다. 방학 때마다 100여명의 신약학자들이 Oklahoma주의 Tulsa시에 모여서 기독교 신앙의 유대적인 뿌리를 찾는 연구에 열중하고 있다. 나와는 20여 년째 사귀고 있는 귀한 친구요 믿음의 형제인데 늘 변함없이 예수님을 사랑하고, 복음이 세계만방에 전파되기를 간절히 기도하시는 목회자시다. 우리 대학교에도 여러 번 오셔서 강의를 하시기도 했다. Young 교수님은 이 책과 같이 유대인의 문화를 이해하는 데 필요한 책을 여러 권 집필하셨다.

번역에 헌신하신 전용란 교수와 조용모 교수는 젊은 신약학 학자로 이 책을 번역하기에 아주 적합하신 분들이다. 전용란 교수는 Fuller Theological Seminary에서 목회학 석사학위 (M. Div.)를 마치고 Princeton

Theological Seminary에서 신학석사 (Th. M.) 학위를 취득했다. 그리고 영국의 Nottingham University에서 "오순절 해석학"으로 박사학위를 받았다. 대한예수교 복음교회의 안수목사로 복음신학대학원대학교에서 신약학 교수로 강의하고 있으면서 수많은 논문을 기록했다. 오순절 해석학의 권위자로 한국뿐 아니라, 해외에서도 특강과 세미나를 인도하면서 하나님의 나라의 확장에 애쓰고 있는 목회자요, 저자요, 강사로 헌신하는 여성신학자다. 조영모 교수는 선교사로 필리핀에서 헌신하신 분이다. 영국의 Aberdeen University에서 누가의 성령론을 연구하여 박사학위를 받았다. 오순절 운동에서 누가신학은 필수과목이다. 조교수는 *Spirit and Kingdom in the Writings of Luke and Paul: An Attempt to Reconcile These Concepts* 란 책을 2005년도에 영국의 Paternost 출판사에서 출판했다. 이 책이 2007년도 1,000여명이 넘는 회원을 갖고 있는 미국 오순절 신학회에서 2007년을 대표하는 책으로 뽑혀서 "2007 Awards of Excellence for Pentecostal Scholarship"이라는 상을 받았다. 동양인으로서 처음으로 받는 상이었기 때문에 아주 귀한 상을 수상한 조 박사는 국제적으로 인정을 받는 앞날이 촉망되는 되는 젊은 학자시다.

이 책이 예수님의 생애와 가르침을 더욱 알기를 원하는 목회자나, 신학생, 그리고 평신도들에게 커다란 도움이 될 줄로 확신한다. 이 책을 기쁘게 출판해주신 성광문화사의 이승하 장로님께 심심한 감사를 드린다. 아무쪼록 이 책이 성경을 더 정확히 알기를 원하는 믿음의 사람들에게 커다란 도움이 되어 한국의 교회성장과 세계선교를 이루는 데 귀하게 쓰임받기를 간절히 기도드린다.

복음신학대학원대학교
총장 임열수

역자의 글

이 책은 우리가 당연시 여겼던 것들에 대한 새로운 시각을 열어준다. 예수는 하늘에서 그냥 내려오신 분이 아니라 하나님의 구원의 역사 속에서 그분이 이미 마련해 놓으신 토양을 통해 우리 가운데 오신 분이라는 당연한 사실을 생생하고 감동적으로 깨닫게 된다. 예수는 유대적인 삶 속에서 가르치시고, 병든 자를 고치시고, 무리들을 만나고, 그의 구속의 사명을 완성 하셨다. "1세기 이스라엘과 유대교의 유대적 삶의 정황을 이해하지 못하면 복음서의 예수는 바로 이해될 수 없다."

신학적으로나 교회사적으로 우리는 우리의 눈에 가리개를 가려놓고 우리에게 익숙한 것들로만 예수를 채색해왔다. 지금 현재 우리의 믿음을 통해 경험되는 그리스도가 중요하다고 할지라도, 1세기의 예수를 결코 망각할 수는 없다. 불트만의 불가지론적 이해의 예수와 케제만의 수정된 연속적 예수의 논쟁은 또 하나의 다른 이슈이다. 성경의 예수를 이해하는 데 있어서 새로운 그러나 근본적인 시각이 요구된다. 역사적 예수는 일차적으로 유대적인 문제이다. 그러한 면에서 브래드 영 박사의 저서는 오늘 포스트 모던적인 삶을 사는 우리에게 근본적 질문을 하게하고 하나의 답을 제시해준다. 한국의 신학자와 신학생, 그리고 목회자들에게 새로운 시각으로 예수를 이해하게 할 수 있는 중요한 책을 번역할 수 있음을 영광으로 생각한다. 개인적으로 이 책을 통하여 복음서의 많은 부분에 대한 통찰력과 영감을 얻을 수 있었다.

　영 박사와는 이미 20년전부터 교류해온 친구이며 그의 강의를 여러 번 통역할 기회를 가졌었다. 아마도 그의 생각을 완벽히 옮겨 놓기는 어려워도 그의 논점과 핵심을 놓치지 않으려 최선의 노력을 다했다. 시간적인 상황과 여러 가지의 한계로 인하여 동료 교수인 조영모 박사님의 도움을 청했다. 조영모 교수님께서 15장부터 23장을 번역해주시고, 참고문헌을 친절하게 정리해주셨다. 초기 번역의 일부분을 도와준 전용우 목사님에게 또한 감사를 표한다.

　끝으로 이 책의 번역을 위해 늘 격려하시고 기대해주신 임열수 총장님과 이 책을 출판해주신 성광문화사의 대표이사님이신 이승하 장로님과 전무이사님이신 이운산님께 감사를 드린다. 개인적으로 아내의 빈번한 부재 중에도 기다림의 시간을 인내해준 사랑하는 남편 안영권 목사님께 고마움을 전하고 싶다.

건신관에서...
복음신학대학원대학교
전용란 교수, Ph.D.

한국 번역을 위한 서문

이 책의 저자로서 한국 독자를 위한 『유대 신학자 예수』의 한국판을 보며 말할 수 없는 기쁨을 느낀다. 한국인은 세계 역사에 놀랄만한 기여를 해왔고 언제나 평화와 정의를 증진시켜왔다. 예수님이 한국의 모든 사람들의 가슴 가까이 계심을 확신한다.

이 책은 예수님의 생애와 가르침에 관한 책이다. 성서학자로서, 나는 줄곧 예수의 풍성한 유대 유산에 의해 도전 받아왔다. 예수는 그의 가족과 문화에서 분리될 수 없는 분이다. 이스라엘에서 복음서의 유대 배경을 탐구하며 연구했을 당시에, 나는 원천적인 정보에 대한 풍성한 자료들을 발견하였고, 그것 없이는 예수의 가르침의 참된 내용과 본래 의미가 완전히 없어지든지, 아니면 오해될 수밖에 없다는 것을 깨달았다.

전용란 박사의 정교하고 훌륭한 번역에 깊이 감사드린다. 그녀는 학자이며 교회에 영향을 끼치는 영적 지도자라고 생각한다. 학자로서 그녀는 학문적 영역에 중요한 기여를 하고 있으며, 교회의 지도자로서, 이기심 없이 우리 주 예수 그리스도를 위하여 자신을 헌신해왔다.

나는 나의 친구이며 동료인 임열수 총장을 언급하고 싶다. 그는 나의 인생에 실로 강력한 영향을 주었다. 나는 그의 기독교 교육과 실천 목회에 끼친 큰 영향력을 알고 있다. 하나님을 위한 삶을 사는 통일된 한국과 통일된 민족을 위한 그의 비전은 진정한 사랑 안에서 공동의 선을 위해 일하고 있다.

한국에서 가르친 개인적인 경험은 그 자체가 나의 삶의 변화였다. 한국의 온 세상이 강한 영적 가치들로 가득 차 있음을 발견하였다. 한국인들은 이러한 시간을 초월한 가치들을 알리고 존중받을 수 있도록 많은 기여를 해왔다. 한국 교회는 하나님과 그의 능력에 대한 갈급함이 있는 사람들로 넘쳐난다.

한국에서 강의를 가진 후에, 나는 한국 문화가 복음서에 나타난 예수의 진정한 유대 문화와 많은 유사한 연결점이 있음을 확신하기 시작했다. 나는 이 책을 읽는 한국 독자들이 유대 민족과 그들의 역사 사이에 그리고 그들 자신의 경험 사이에 깊은 상호 연결성이 있다는 것을 깨달을 수 있으리라 믿는다.

나는 『유대인 신학자 예수』의 첫 한국 번역판을 목회자, 교육자, 그리고 영적 지도자인 안영권 박사에게 바치기를 원한다.

나는 이 기회에 이 책이 나오도록 가능케 한 다이앤 메로퀸(Diane Marroquin) 박사의 도움에 감사를 표한다. 또한 상원의원이신 나의 아버지와 어머니, Sen. and Mrs. John W. Young께 감사를 드리며, 나의 아내와 전 가족에게 고마움을 표한다. 많은 분들이 예수에 대해 이해하도록 나에게 도움을 주었다. 예루살렘의 히브리 대학의 데이비드 플러서 교수님(Prof. David Flusser)과 슈므엘 사프라이 교수님(Prof. Shmuel Safrai)은 계속 이어지는 후속 연구에 길을 열어주었다. 신약학자이며 예루살렘에서 50년간 목회하신 로버트 린제이 박사(Dr. Robert Lindsey)는 예수님의 유대성과 그의 가르침의 신학적 의미에 대한 깨달음을 주셨다. 이 책이 신약성서를 탐구하는 모든 한국 독자들에게 예수의 가르침에 대한 새롭고 의미있는 통찰력을 제공하기를 기도한다. 유대 문화로부터 얻게 된 몇몇의 통찰력들은 교회에서 일반적으로 신성시되어온 신학적인 퍼스펙티브들을 증진시킬 것이며, 다른 통찰력들은 성서적으로 건전치 못하게 우세한 전통들에 도전할 것이다. 그러나 이 책은 언제나 토론을 야기하고 활발한 논쟁과 의미있는 상호작용을 일으키리라 기대한다. 이 책은 모든 교단들과 예수님을 더 잘 이해하기를 진정으로 원하는 사람들을 위해 쓰여졌다. 예수의 가르침의 유대적 기원을 탐구하는 것은 성경을 읽고 연구하는 모든 사람들에게 유익이 될 것이다. 예수의 삶과 사역이 일어난 실제의 상황 속에서 예수에 대하여 더 많은 것을 배우는 것은 참으로 흥분된 일이다.

마지막으로, 한국 번역서의 독자들을 초청하는 말을 하고 싶다. 예수의 삶과 가르침의 유대적 기원의 탐구는 성서연구의 주요 관심 분야이다. 많은 면에 있어서, 우리는 유대적 예수를 이해하는 것의 입구에 단지 와 있을 뿐이다. 모든 시작은 어렵다. 수 년 동안 교회는 복음서의 유대적 상황을 대개는 무시해왔다. 이제 새로운 각성이 시작되었다. 사람들은 기독교 신앙 경험의 히브리적인 유산과 성서적 기반을 탐구하는 데에 꽤 많이 흥미를 느끼게 되었다. 이러한 학문적 토론에 여러분 모두를 초청하기를 원한다. 서구는 예수의 가르침과 생애에 대한 연구에 있어서 여러분들의 통찰력을 필요로 한다. 여러분들은 예수의 가르침과 생애에 대한 이러한 학문적 연구에 많이 기여할 것이다. 이 책은 미국에서 6쇄나 발행하였다. 더 넓은 독자층을 형성하게 된 것을 기쁘게 생각한다. 한국의 독자들은 이 책을 연구함으로써 예수의 친족, 문화, 그리고 역사를 중요하게 여길 것이다.

2008년 7월 1일
복음연구재단 (Gospel Research Foundation)
Brad H. Young, Ph.D.

추천의 글

랍비 데이비드 월프 (Rabbi David Wolpe)

예수에 관한 글을 쓸 때 기독교인들이 신학에 비중을 두고 쓴다면, 유대인들은 역사에 비중을 두고 쓴다. 유대주의적 시각으로 볼 때, 예수의 삶은 유대 역사에 나타난 온갖 불화의 사건들로부터 고립시키기 어렵다. 유대인들은 전통적으로 증오, 거부, 얕잡아봄, 끔찍한 공포들에 의하여 훼손당한 고통과 박해, 그리고 일시적인 노력들과 함께 경험한 모든 원한들을 통해 굴절된 프리즘을 갖고 예수를 이해한다. 기독교가 유대민족들에게 남긴 유산 때문에 예수를 원래 그대로의 모습으로 이해하기란 어려운 문제이다.

이러한 특성이 기독교인 독자들에게는 상당히 귀에 거슬릴 듯싶다. 진정으로 협조와 조화의 시기가 있었는가? 비록 우리가 기대하는 것보다는 훨씬 적기는 하지만, 그러한 때가 있었다고는 여겨진다. 그러나 몇 세기 동안 기본적인 틀은 본질적으로 변함이 없었다. 유대주의에 있어서 예수는 파괴의 의미를 상징한다. 그는 부모로부터 절교한 종교적인 아이, 다른 신앙의 근본이 된 유대인일 뿐이다. 계속 진행되는 역사를 통해 볼 때, 최선을 다해 이해한다 할지라도 어떤 부모가 양면의 균형을 잃어버린 채 그런 아이를 돌아볼 수 있겠는가?

오늘 우리는 새로운 시대를 살고 있다. 유대인과 기독교인들 사이의 이해는, 비록 아직까지 이상적이진 않을지라도, 우리 선조들이 상상할 수 없는 지점까지 이르렀다. 그럼에도 불구하고 예수에 대해 글을 쓰는 어떤 유대인도 역사의 짐에서 전적으로 해방될 수는 없다. 비록 전혀 다른 이유일지라도, 유대인들에게 있어서 예수의 생애와 가르침에 대한 탐구는 기독교인들보다 더 객관적일 수는 없다.

그러나 관용은 이념들에 대한 강력한 해방자이다. 우리 시대에, 이해가 자라가듯이, 서로를 존중하는 일도 확장되면서, 유대인들도 예수의 생애와 가르침에 대한 연구를 새롭게 시작할 수 있게 되었다.

예수는 '가르치는 자'의 시대에 태어났다. 당시는 강한 주장들과 분열된 논쟁들의 시대였다. 시간은 과거의 굴곡과 주름들을 원만하게 펴주어서 — 오늘날 신문을 펼치면 주어진 이 시간대에 얼마나 다양한 견해들이 있는지 볼지라도— 비로소 "1세기의 견해들"에 대해 이야기를 시작할 수 있게 한다. 후기 전통은 논쟁을 소중히 보관하고, 그것을 동결시키는 정통성을 강요한다. 흔들리는 충성은 언제나 실제의 삶 속에서 고정되는 것이다. 이해되고 용납되었던 사상들이 어느덧 이단이 되기도 한다.

그러므로 우리는 후에 형성된 시각의 엄격성에 얽매이게 된다. 이러한 성향이 원래적 상황 속에서 예수를 이해하는 데에 어려움을 주는 것이다. 예수를 이해하기 어렵게 하는 데는 또 다른 이유가 있다. 그것은 어떤 사람의 이야기이든지간에 복잡하게 얽혀있기 때문이다. 전기 작가는 그의 독자들을 향하여 그들 자신의 사랑이야기에 있어서 친밀한 친구의 묘사가 얼마나 정확할 수 있는지에 대하여 한번쯤 상상해 볼 것을 요청하곤 한다. 종이와 펜으로 자기 자신의 사적인 이야기의 전환과 뒤틀림을 설명할 수 있는 사람이 과연 얼마나 있는가? 사람의 마음이란 너무나 다양하고 너무 비밀스러워 우리 중에 가장 사소한 복잡함일지라도 우리 삶에 대한 정확한 설명은 포착하기 어렵다.

2000년 전에 다른 세상에서 태어난, 그리고 그의 남겨진 이야기들이 강인한 사고를 가진 수많은 사람들과 독립적인 추종자들에 의해 해석되어진 인물을 설명한다는 것은 얼마나 복잡한 것인가? 사람의 마음의 신비함은 역사의 부스러기 더미들에 겹겹이 쌓여진다. 이 일을 다시 바로잡는 과제는 소망이 없어 보인다.

그러나 우리는 논리적 출발점을 갖고 있다. 예수의 탐구를 시작하는 곳은 그가 자라났던 세상 안에 있다. 그의 뿌리는 1세기 유대주의인 것이다. 1세기 유대와 같은 세상은 어떠한 모습이었을까?

예수는 유대인들이 위기에 처한 시기에 태어났다. 그 시기는 특정한 영토와 특정한 성전과 관련되었던 유대 전통이 유랑생활과 함께 수반된 간편한 전통들 속으로 전환되는 시점이었다. 기원전 586년에 첫 성전 파괴를 경험한 후 디아스포라가 형성되었다. 그러나 나라의 최후 파멸은 바—코바 (the Bar-Kochba) 반란이 로마에 의해 진압되었을 때인, 700년 후에야 일어났다. 두 번째 성전의 파괴 후 그리고 나라를 세워가는 중에 유대주의는 오늘날까지 살아남아 번성을 이룬 새로운 모델인 랍비적 유대주의로 서서히 진행해 갔다.

힐렐(Hillel)과 아키바(Akiba)와 같은 랍비적 유대주의의 가장 위대한 정신은 그 당시 100년 동안 존재했다. 예수가 탄생했던 세상은 모든 세상의 문제들을 해결하는 데 종교적인 창조성으로 봇물을 이루었다. 그러므로 1세기의 유대주의는 다양성들과 논쟁들로 가득 차있었다라고 말할 수 있다. 랍비적 유대주의의 한계 속에서조차, 논쟁은 당대의 질서였다. 율법의 자잘한 것들이나 삶의 의미를 논쟁하는 것은 랍비 학자들을 지배하는 열정이었다. 매서운 탈무드적인 구절에 보면, 랍비 요아난(Johanan)은 동료 레쉬 라카쉬를 잃고 통곡한다. 왜냐하면, 랍비 요아난은 그의 견해에 대해 교묘하고도 격렬하게 비판하는 다른 랍비를 더 이상 발견할 수 없기 때문이었다.

랍비 전통은 오늘날 많이 연구되어있지만 오랜 기간에 걸쳐 기독교 세계에서는 다 소멸해갔다. 기독교는 예수시대 때까지만 유대주의에 대하여 관심이 있었고, 그 후의 유대주의에 대해서는 단지 세계종교의 진열 상자 속에 있는 별로 중요하지 않은 골동품으로 간주할 뿐이었다. 그러나, 오늘날, 기독교 학자들은 유대주의가 보존되어있는 것만큼 예수를 알 수 있다는 사실에 대하여 깨닫기 시작했다. 그것은 아마도 5세기 내지는 6세기의 랍비적 미드라쉬 – 전설 – 가 예수를 승인하는 전통을 영속케 한다는 점을 이해했기 때문이다. 구전 전승의 세계에서는 어떤 것이 최종적으로 기록된 것이라는 연대추정은 순전히 기회의 산물인 우연일 수밖에 없다. 10세기의 사본에 발견된 한 랍비 전설이 이미 예수가 알았고, 그에 의해 추측되어지고, 넌지시 언급되어진, 그리고, 즉각적으로 그의 청중들에 의해 인식되어진 것일 수 있다.

1세기 유대주의는 많은 것을 유산으로 남겼으나 이어지는 세대에 더 많은 것들을 전하여 주었다. 생생한 묵시적인 상징들과 고대 율법의 설명들, 이야기들, 전설들, 하나님의 사랑에 대한 자상한 가르침들, 그리고 하나님의 복수에 대한 세련된 이미지들, 이러한 모든 것들은 1세기 유대주의의 경건한 삶 속에서 훨씬 더 소용돌이 쳐졌다. 그리고 이 모든 것은 하나님에게 도취된 촌부들의 소박한 호기심을 넘어 오히려 로마제국의 한계 안에서 일어났다.

예수는 본문의 세상 안에서 살았다. 기독교의 가장 중요한 것은 '삶'이고, 유대인에게 가장 중요한 것은 '책'이다. 바로 그 점이 왜 기독교 영성의 가장 인기 있는 작품이 토마스 아 켐피스의 「그리스도를 따라서」(*Imitation of Christ*)인가 하는 점에 있다. 기독교 안에는 따라야할 이상적인 삶이 있다. 그러나 예수 그 자신을 위하여서는 어떤 모델도 없었다. 그 자신의 삶은 이상적인 본문의 견지에 의해 기록되었다. 어떤 유대의 영적인 책이든 독자들에게 모세와 같아지라고 권고하지는 않는다; 오히려 모세의 글들과 후기의 그의 해석가들을 따르도록 시도할 것을 조언한다.

유대주의는 선택에 의한 오직 하나의 본문은 아니다 - 그것은 고대세계의 협소성의 가치에 의거한 본문이었다. 우리는 현재 정보자료들의 다양성을 누리고 있다-텔레비전, 라디오, 끝없이 진열된 책들. 1세기의 랍비들에게 지적 에너지는 성경에 의해 흡수되어졌다. 그것은 단지 성경이 암기되어져야 한다는 것이 아니다 - 그것은 모든 삶의 경험들 속에서 그들의 시금석이었다. 삶은 영혼에 깊이 새겨진 말씀의 인용들의 배경으로 묘사되어졌다. 모든 것은 본문에 다시 언급 된다 - 일상의 일들로부터, 가족에게로, 그리고 비범하지 않은 경험들에까지. 랍비문서들은 랍비들이 학식을 나열하도록 애쓰기 때문이 아니라, 그들이 교육받은 유대인들이고 그러한 본문들처럼 살았기 때문에 그렇게 밀도 있게 내비쳐진다. 성경의 이야기들과 율법들은 자연스럽고 상식적인 이야기들이었다. 그러한 이야기들과 율법들은 삶이 지속적으로 측정될 수 있도록 판단하고 비교하는 척도였다.

어떤 좋은 선생처럼, 예수는 사람들이 살고 있는 곳으로부터 시작했다. 그의 청중들은 성서에 뿌리를 두고 있었다. 왜, 산상수훈에서 예수는 "...너희가 들었으나...그러나 나는 너희에게 이르노니" 라고 그의 말을 시작했을까? 그것은 말씀이 살아있고 늘 현재 가운데 임재하고 있음을 체험하는 사람들을 그가 다루고 있기 때문이다. 본문으로부터 떠나기 위해서조차도, 그것과 함께 시작해야만 한다.

만약 우리가 예수가 말하고 있는 것을 진정으로 헤아리고 싶다면, 우리는 그의 청중들의 마음속으로 들어가도록 시도 해야만 하다. 모든 연설자는, 그의 주제가 얼마나 우주적이든 간에, 특정한 집단에게 연설한다; 만약 우리가 페리클레스(Pericles 역주 : 아테네의 정치가)를 이해하기 원한다면, 우리는 고대 아테네 사람들의 마음속으로 우리 자신을 이입시켜 보아야 할 것이다; 만약 우리가 키케로의 성담곡을 이해하기 원한다면, 우리는 로마 원로원의 회원이 되어져야만 한다. 그리고 만약 우리가 예수님을 듣기를 원한다면, 우리는 고대 유대인이 되어야만 하는 것이다.

그것이 바로 왜 유대인들과 유대주의가 예수를 이해하는 데 크게 기여할 수 있는가 하는 이유이다. 우리는 예수의 첫 번째 경청자들의 종교적인 전제들을 보존해 왔다. 우리는 우리의 기억 속에 우리의 선조들에게 현실이고 실재이었던 본문들을 보존해왔다.

그러나 이러한 지식을 함께 나누는 데에 장애가 되는 두 가지 면이 있다. 종교적 분열로부터 오는 각 면 중의 하나로; 유대인들 입장에서 최선을 다해 말하면, 예수의 운명과 성품에 관하여 지극히 양면적이다. 즉, 많은 사람들은 그가 유대주의를 배신한 것으로 이해한다. 기독교의 입장에서는 예수에 대하여 유대인이 말하는 것을 내켜하지 않는다. 왜냐하면 그리스도인의 생각 속에 예수는 오로지 기독교의 가르침과 교리의 빛 속에서만 이해되어야하기 때문이다.

유대인들과 기독교인들 양쪽 모두 "보르헤스 신드롬(Borges Syndrom)" 이라고 부르는 것에 사로잡혀있다고 볼 수 있다. 아르헨티나의 위대한 작가인 호르헤 루이스 보르헤스(Jorge Luis Borges)는 새로운 작가는 누구나 그 자신의 선구적인 전조들을 창조한다는 점을 지적했다. 즉, 누구도 카프카, 까뮈, 그리고 우나무노와 같은 후기 작가들이 키에르케고르를 그들 전통 라인의 주창자로서 그를 세우는 데 동의하기 전까지는, 그가 실존주의자였다는 것을 알지 못했다. 이제 그의 추종자들 없이는 키에르케고르를 읽는 것은 불가능하다. 마찬가지로 예수도 선구자로서 그를 보지 않고는 읽을 수 없는 것이다. 어떻게 바울, 그리고 어거스틴, 그리고 아퀴나스를 생각하지 않고 예수를 읽을 수 있단 말인가? 어떻게 우리가 십자군전쟁이나, 종교재판, 그리고 피로 얼룩진 문서 비방의 모욕들을 생각함 없이 예수를 읽을 수 있다는 말인가?

이러한 난국으로부터 빠져 나오는 오직 한 길은 학자들의 공동연구 뿐이다. 유대 학자들이나 기독교학자들 양쪽 모두 그들 자신의 공동체의 한계를 넘어서야만 한다; 전자는 예수의 삶을 깊이 있게 살피는 것이고, 후자는 예수와 그의 청중들의 세계를 보여주는 본문 안에 그 자신들이 침잠해 들어가는 것이다.

이러한 학자의 균형 잡힌 모습을 보여주는 점이 이 책의 성과이다. 영(Young) 박사는 랍비적 미드라쉬 세계를 이해하고 그것에 감사한다. 그의 배움이 예수의 가르침을 예수가 살았던 세상의 맥락 속에 자리 잡도록 하였다. 영 박사는 초기 유대 영성의 보고가 담긴 저작들을 섭렵했다. 그는 초대 기독교에 양분을 준 바로 그 원천들을 그의 학문과 그의 삶 속에서 지속적으로 접촉해왔다.

그러므로 이 책은 "얼마나 참으로 예수가 유대인인지!"를 새롭게 조명한다. 그것은, 비록 흔히 그럴 수 있을지라도, 유대인이나 기독교인 모두에게 어떤 놀라운 일이 되어서는 안 된다. 예수는 그의 민족의 토양으로부터 자라났다. 이 책을 읽는 동안 나는 예수님의 가르침이 얼마나 나의 전통과 병행되는지를 깨달으며 몇 번이고 충격을 받았다.

물론 나는 이러한 전통이 갈라져나가는 지점에 관해서 정확히 눈이 띄어졌다. 예수는 자신의 선생들에 의해 주어졌던 것들을 재해석하여 사용하였다. 영 박사의 책은 예수의 가르침을 축소하도록 의도된 것이 아니라 그것의 뿌리들을 드러내 보이고자했다.

우리 시대의 가장 흥분된 프로젝트들 중의 하나는 우리가 발견한 영적인 풍성함을 깨닫도록 우리 자신의 편협성을 뛰어넘게 하는 가능성이다. 자신의 전통에 대한 충성이, 곧 다른 믿음의 소리에 귀머거리가 되어야만 한다는 것을 의미하지는 않는다. 서구, 동구의 영적 전통은 다만 서로의 과거에 대해 말하는 것이 아니라, 지금 현재의 서로에 대하여 말하는 것이다. 유대주의와 기독교 사이의 대화보다 더 중요한 일은 어느 곳에도 없다. 양자 간은 오해와 원한, 그리고 고통들로 너무 적재되어왔다. 굳이 기원부터 말하자면 이것은 가족 논쟁이며, 그리고 이 가족 논쟁들은 소문이 자자할 정도로 고집스럽다. 이러한 열기들이 다소 잦아들고 그리고 우리가 이사야의 영적인 훈계인, "오라, 우리가 서로 변론하자" (이사야 1:18)라는 말을 들을 수 있을 때까지 양측이 기다려야 할 것을 요구한다.

유대인과 기독교인들이 서로 반목된 것보다 얼마나 더 많이 연합되어 있는가를 깨닫지 못한 채 오랜 시간이 걸려왔다. 초월적인 그러나 우리 가운데 가까이 계신 한분 하나님에 의해, 또한 언제나 선함을 원하시는 한분 하나님에 의해, 그리고 사랑을 부여하시는 한분 하나님에 의해 이 세상이 창조되어졌다는 같은 인식으로부터 우리는 함께 시작한다. 이러한 점들은 다른 많은 견해를 갖고 이야기된 가르침들이며, 독자는 이러한 가르침들을 영 박사의 책에서 찾아낼 수 있을 것이다. 이러한 가르침들을 통하여 우리는 단지 한번 있었던 세상을 재발견하는 것에 그치는 것이 아니라, 되어질 세상을 창조하도록 고무될 것이다.

랍비 데이빗 월프
유대 연구소 교수
<u>오스트로 도서관장</u>
유대주의 대학 (University of Judaism)
로스엔젤리스, 켈리포니아

서문

마빈 R. 윌슨 (Marvin R. Wilson)

「유대 신학자 예수」라는 제목의 책을 집어 드는 것은 몇몇의 기독교인들에게는 평범하지 않은 듯이 보여 진다. 현대 교회에 흔히 있는 일반적인 탈유대화를 고려할 때, 그러한 반응은 이해할 만하다. 많은 기독교인들 사이에서 역사적인 인물로서의 예수는 대개 유대주의와 1세기의 유대 문화를 제거한 후에 남겨진 인물이다.

이점은 나의 책상위에 우연히 올려놓아졌던 주일학교 책자를 통하여 수년전에 내 주의를 단번에 끌어당겼다. 그것은 초등학교 어린이들을 위해서 쓰여진 선도적인 교단의 출판사에 의해 출판된 책이었는데, 나의 눈길을 끈 부분은 한 면 가득 예수를 그려놓은 부분이었다. 그는 한 소년의 모습으로 그려져 있었는데, 어느 빌딩의 계단을 올라가는 모습이었다. 그 그림의 하단에 다음과 같은 표제가 붙여 있었다: "예수는 매 주일 교회에 가는 착한 기독교인 소년이었습니다." 나는 거의 내 눈을 믿을 수가 없었다! 여기 이 한 문장 속에서 확연히 드러나는 세 가지의 오류들을 지적할 수 있었다: 예수는 유대인이 아니라 기독교인이라는 점; 그는 회당이 아니라 교회에 다니고 있다는 점; 그리고 그는 안식일이 아닌 주일에 교회에 갔다는 점. 이 그림을 보면서 생각 했다. 만약 이것이 어린이들을 위한 특정한 교회학교에서 가르치고 있는 내용이라면, 오늘날 이 같은 문제가 많은 어른 기독교인들 가운데에 끈덕지게 되풀이되고 있다는 점은 의심할 바 없다. 이러한 기독교인들은 예수의 유대성과 신약성서의 유대적 배경을 이해하는 데 실패할 수밖에 없다. 브래드 영 박사의 책은, 그러므로, 오늘날 교회가 당면한 필요를 깨닫도록 돕는데 참으로 시기적절하다. 이러한 환영받을 만한 책이 독자로 하여금 유대적 예수, 그의 유대적인 가르침, 그리고 그의 유대적인 세계를 대면하도록 돕는다.

교회 내에 수세기에 걸쳐 진행된 반-유대주의와 반-샘족주의가 이제는 복음서의 유대적 배경에 대해 가르치는 자료들을 절실히 필요하게 되는 상황을 만들고 있다. 예수의 신학적인 가르침들은 그 핵심에 있어서 유대적이며, 이스라엘의 토라에 그 뿌리를 두고있다. 브래드 영 박사는 "교회가 유대주의를 거부함으로써 잃어버린 예수"를 올바르게 고찰해왔다. 이 책에서 영 박사는 예수를 그가 살았던 유대적 상황 속에서 이해하려고 시도하였다. 그는 예수의 말씀들이 그 자체의 셈족의 배경 내에서 진가를 발휘하도록 연구하였다. 저자에게 있어서 "예수는 조직체계 내로부터 개혁과 갱신을 중진시키는 인사이다"로 이해된다. 많은 기독교인들이 그 시스템에 대하여 알지 못한 반면에, 영 박사는 그의 독자들에게 유대 신학적 사상을 소개하기 위해 큰 헌신을 해왔다. 그는 히브리 성서, 사해 사본들, 요세푸스, 초기 랍비 문서, 그리고 다른 외경적 유대 자료들을 광범위하게 섭렵하였음을 이 책을 통해 보여주고 있다. 그러나 그 결과로 드러난 것은 어떤 서구적인 개념의 조직적 관념으로 이해한 "유대 신학자 예수"가 아니다. 오히려, 예수 안에서, 영 박사는 개인의 삶속에 있는 행동, 메타포, 신비, 삶 속에서의 경건의 추구, 그리고 하나님의 능력 (단순히 하나님에 대한 사고만이 아닌)과 임재의 경험과 같은 특징들에 의해 구별되는 살아있고 마음 떨리는 신학을 받아들여 사용하는 동방, 또는 히브리적인 신학을 제시한다. 브래드 영 박사는 "유대 신학자 예수"라는 주제를 사용하여 이 책을 저술하는 데 탁월하게 자격을 갖춘 학자이다. 그가 예루살렘에 10

여년 가까이 거주하며 연구해 온 사실, 그리고 세계적인 유대학자, 데이빗 플루서(David Flusser)의 지도 아래 복음서의 연구를 개진한 사실은 탄탄한 신뢰를 형성하는 데 부족함이 없다. 게다가, 성서학의 분야에서 헬라어 뿐만 아니라, 히브리 언어와 초기 랍비 문서를 해석하는 데 이 처럼 잘 훈련된 신약학의 전문가를 발견한다는 것은 상대적으로 매우 드문 일이다. 첨가하여 말하자면, 예루살렘 대학의 공관복음 연구(the Jerusalem School of Synoptic Research)에 관련된 유대교와 기독교 학자들의 그룹과 함께 한 영 박사의 작업은 1 세기의 유대적 모태 내에서 보는 예수의 말씀들에 대한 그의 이해를 더 예리하게 다듬어왔다.

이 책을 집어 들어 연구하기 시작하는 어떤 사람이든 이 책이 단지 "같은 부류의 책들보다 약간 나은" 정도가 아니라는 것을 즉시 깨달을 수 있다; 그것은 예수의 생애와 가르침들에 대하여 쓴 "다양한 그룹"의 책들 중의 또 하나의 책으로 단순히 분류될 수 없다. 목차와 각주들의 배려 깊은 설명은 이러한 사실을 명확히 드러낸다. 유대 자료들의 치밀한 자료 사용을 통하여 영 박사는 예수, 주요한 유대 교사, 그리고 신학자에 대하여 새롭게 조명해냈다. 브래드 영은 공관복음 이야기 뒤의 내막을 꿰뚫어 보고, 예수의 말씀들의 히브리적 배경을 밝혀내는 작업을 한다.

유대적 상황에서 복음서에 기록된 사건들을 파악하고, 예수의 말씀들을 듣는 것은 신약을 하는 모든 연구자들의 소망이 되어야만 한다. 『유대 신학자 예수』는 이 모든 연구들을 가능하도록 돕는다. 본 저서는 복음서 이야기들을 이해할 수 있는 새로운 통찰을 위한 많은 창을 열어준다. 기독교인과 유대교인 모두 읽기에 흥미로우면서도 학문적인 이 탁월한 책을 읽음으로써 많은 유익을 얻을 수 있다. 그의 유대적 배경을 벗겨내고 제거하여 과도하게 잘못 이해된 예수를 위해 세계의 독자들에게 이 책을 기쁘게 추천하는 바이다.

영 박사의 저서는 예수가 어떻게 유대주의의 신학적 기반 속에서 랍비

이며 신학자인지를 입증하기를 원하는 사람들에게 유용한 도구가 될 것이다. 모쪼록 이 저서가 오랜 기간 동안 사랑 받기를 기원한다.

마빈 R. 윌슨
성서와 신학연구의 옥켄가 교수
고든 대학
웬함, 메사추세츠

서언

예수와 그의 종교적 유산

> 나는 청소년기 때부터 줄곧 예수 안에서 나의 위대한 형제를 발견해왔다. 기독교가 예수를 하나님으로, 구원자로서 간주해온 것은 그 자신과 나 자신을 위해서, 내가 이해하려고 노력해야만 하는 가장 중요한 사실로 항상 보여져왔다....그를 향하여 형제애적으로 열려진 관계는 더욱 강하고 명확하게 자라면서, 오늘 나는 이전보다 그를 더 강하고 분명하게 이해하고 있다. 이스라엘의 믿음의 역사 속에서 하나의 위대한 장소가 그에게 속하여있고 그리고 이 장소는 어떤 일상의 범주에 의해서 묘사될 수 없다는 것을 그 어느 때보다 더욱 확신한다.
>
> — 마틴 부버

세계적으로 잘 알려진 대학의 한 저명한 신약학 교수가 학생들에게 "여러분들이 진정한 기독교인이 되려면 먼저 여러분 속에 있는 유대인을 삭제해야 합니다"라고 이야기했다. 그러자 한 여학생이 손을 들고 교수의 이 말에 질문을 하였다. "그것은 예수를 의미하는 것입니까?" 학식 있는 이 교수는 그 여학생의 질문을 깊이 새겨들었다.

교수의 진술과 여학생의 질문을 진지하게 생각해야 한다. 이 진술과 질문은 기독교 기원에 대하여 두 가지의 매우 다른 견해를 보여준다. 나사렛 예수는 누구인가? 여기에서 나는 예수가 신학자라고 논쟁할 것이다. 사실,

예수는 유대주의 위에 그의 신학의 기초를 세웠다. 그는 절대로 그의 문화나 종교적인 유산을 거부하지 않았다. 오히려 그는 경건한 유대인으로서 그의 민족들에게 충실하였다. 그러나 기독교 신앙 체계는 부분적으로는 예수의 가르침들 위에 세워졌지만, 유대 신학에 기초한 그의 가르침의 근본을 무시한다.

세계적으로 명망 있는 한 신약 학자는 유대주의를 기독교 신앙의 기원과 예수에 대해 믿는 모든 것의 반제로써 본다. 그는 그의 신학 속에서 유대 신앙과 관습에 대한 적개심을 무심코 드러낸다. 그러나 그의 제자 중 한 명이 아주 지혜로웠다. 그녀는 예수 자신이 유대인이었다는 사실을 예리하게 지적하였다. 그녀의 안목에 따르면, 예수는 그의 민족들과 함께 있었던 분이었다. 1세기 유대 종교는 기독교라는 신앙의 열매를 생산해낸 뿌리였다. 그러나 예수에 대한 믿음(faith in Jesus)은 때때로 기독교인들로 하여금 예수의 믿음(faith of Jesus)에 감사하기도 이해하기도 어렵게 만들어버린다. 당시 예수와 그의 민족의 종교는 유대주의였다. 예수에 대한 기독교의 믿음은 때때로 예수를 고대 유대주의에서 소외시켜서, 그의 백성으로부터 유배시킨다. 오늘날 나는 갈릴리의 선생 예수로부터 배우고자 하는 새로운 열린 마음과 강한 열망을 느낀다. 사람들은 예수가 말하고자 했던 것을 알기를 충심으로 원하고 있다. 여기에서 우리는 마치 1세기의 청중들이 듣고 그의 말을 이해했던 것처럼 예수님의 메시지를 듣는데 온 힘을 기울일 것이다.

청중은 단호하다. 신학자는 교회를 위하여 그리고 교회에 의하여 쓰여진 기독교의 문서로 복음서를 읽어왔다. 예수가 이방인 가운데 이해되어질 때, 유대 문화와 관습의 심각성은 축소화되고, 결국 모두 함께 잊혀져 버렸다. 그러나 예수가 일 세기 유대주의 상황 속에서 유대인으로 비추어질 때, 전적으로 다른 모습이 드러난다. 진실로 긴 역사를 통해 예수에 대한 각기 다른 많은 묘사들이 있어왔다. 다음에 다루게 되는 예수의 생애와 가르침에 대한 논문들 속에서, 유대 사람들의 풍요로운 유산에 대하여 심도 있게 다룰 것이다. 토라는 한 분 뿐이신 전능하신 하나님과 강한 민족적 정체성 속에 신앙의 뿌리를 두었고; 이러한 경건한 백성들의 고향은 예수가 그의 민족 가운데 가르쳤고 사역했던 배경을 이룬다. 복음서를 이해하기 위해서 역사적 자료들과 삶의 독특한 방식을 설명해주는 새로운 고고학적인 증거가 조심스럽게 연구되어야 한다.

오늘날 기독교의 신앙은 유대 민족을 향한 하나님의 사랑의 메시지와 함께 도전 받아왔다. "좋은 기독교인이 되기 위해 해야 하는 첫 번째 일은 네 속에 있는 유대인을 죽여라"라고 강의 시간에 말한 신약학자는 전통적인 교회 가르침 속에 깊이 뿌리내리고 있는 어떤 한 견해를 무심코 드러낸 것이다. 그의 시작점은 매우 중요하다. 그 교수는 유대주의를 거부하는 것으로 시작한다. 그의 학생은 주목할 만한 질문으로 반응하였다. 그의 말에 대한 그녀의 도전적인 응답은, 그의 종교적인 믿음과 실제의 표현을 거부함으로써, 예수님을 없애는 문제에 대하여 우리에게 경고한다. 가장 확실한 것은 예수는 유대주의를 거부함으로써 시작하지 않았다는 점이다.

예수는 그의 민족과 그 민족의 신앙과 분리할 수 없이 얽혀져 관련되어 있다. 예수를 이해하기 위해서는 우리는 그의 민족과 그 민족의 종교를 사랑하는 법을 배워야만 한다. 그는 파괴하러 온 것이 아니라 성취하러 왔다. 힐렐(Hillel)은, 특별히 십계명을 해석하는 문맥에서, 이와 같은 진술을 하곤 했다. 예수는 토라의 의미를 더욱 견고한 발판 위에 올려놓았다. 그가 유대의 청중들을 향하여 말할 때, 그는 토라의 적합한 해석과 관련된 심각한 문제들을 다루었던 것이다.

1세기의 토라와 유대주의에 관한 학자적인 인식이 초대 교회에 대한 그들의 이해에 크게 영향을 미치기 때문에 예수에 관한 다음의 글들은 본문 연구로 시작한다. 복음서에 기록된 예수의 가르침에 대한 본문 고찰을 출발점으로 한다. 언어 연구, 역사적 연구, 문화적 유산, 그리고 고고학적 발견은 우리가 예수를 이해하는 데 도움을 준다. 한편에서는, 고대 유대주의의 연구가 기독교의 시작에 대하여 풍성한 통찰력을 확실하게 제공할 것이다. 다른 한편에서는, 유대주의가 기독교와 그의 기원과는 관계없는 메시지와 목적을 갖고 있다; 게다가, 이러한 것들은 토라에 뿌리를 둔 유대 민족의 신앙에 의해 표현된다.

그러나 토라에 대한 전통적인 기독교적 견해들은 때때로 예수의 가르침을 이해하기 어렵게 한다. 토라에 대한 네 가지의 다른 견해들을 최소한 발견할 수 있다. 첫 번째는 유대적인 견해이다. 토라는 하나님의 지혜이며, 그것은 그의 뜻을 위해 하나님의 지식과 그의 뜻에 대한 경외심을 가르친다. 토라는 하나님의 본질을 드러낸다. 하나님은 창조주이시고 우주의 주인이다. 토라에 계시된 분으로써 하나님은 모두를 통치하시는 분이시다. 두 번째 견해는 기독교적 견해로, 왜곡된 율법주의로써 옛 언약을 종종 묘사한다. 잘해야 결국, 토라에 대한 기독교적 견해는 양면 가치적이거나 부정적일 수밖에 없다. 세 번째는 유대적 견해에 대한 기독교적인 견해이다. 아마도 이 세 번째 견해가 가장 혐오적일 것이다. 기독교인으로서 우리는 유대주의 자체를 위해 연구하지 않는다. 토라의 유대적 견해는 '행위에 의한 구원'의 종교로서, 단순한 자신의 방법을 획득하는, 제압적인 율법적 종교 조직으로 잘못 묘사되어진다. 하나님의 긍휼하심과 그의 통치에 대한 유대적인 개념은 전통적이고 조야(朝野)한 편견들로 대치되어졌다. 네 번째 견해는 상당히 본질적이지만, 일상적으로 간과되어진다. 그것은 예수의 견해이다. 예수는 토라를 어떻게 이해했는가? 다른 랍비들과 교사들과 같이 예수도 고대 유대적인 신앙과 실천의 매개 변수 내에서 자신의 연구 방법을 발전시켰다. 결과적으로, 예수는 그의 민족으로부터 격리되거나, 유대주의로부터 소외될 수 없었다. 그러나 한 가지 점은 분명하다. 토라를 이해하기를 원하는 사람들은 누구든 유대주의와 유대민족을 결코 부인할 수 없다는 점이다.

본 책자는 기독교의 유대적인 기원 속에서 새로운 통찰에 흥미를 갖는 모든 독자들을 위해 쓴 책이다. 이스라엘의 선도적인 학자들로부터 예수의 생애와 가르침에 대한 학문적인 고찰의 결과들이 넓은 독자층에 더 파고 들어가 영향을 미칠 수 있기를 바라는 것이다. 유대 신학자, 예수라는 주제는 예수의 생애와 가르침의 유대적 배경에 관한 각 장들을 통일성 있게 엮는다. 기독교의 기원은 결코 "네 안에 있는 유대인을 없앰"으로써 이해될 수 없을 것이다. 대신에, 그 학생의 질문은 홀로코스트(대학살) 이후 세대에 속한 우리들에게 마땅히 제기 되어야만 하는 문제이다. 우리는 그의 민족과 그의 신앙을 연결한 그의 끈을 파괴함으로써 예수를 "제거"해서는 결코 안 된다. 유대주의는 참 하나님 안에서 믿는 살아있는 믿음이었다. 초기 기독교에 나타난 유대적 자료에 대한 교회 가르침의 전통적인 태도가 과도하게 예수의 메시지를 왜곡시켜왔다. 예수는 파괴나 대체가 아니라 개혁과 새로운 활력과 생명을 추구하였다.

유감스럽게도 예수의 음성은 교회 종교의 허울과 학자의 논쟁의 소음에 의해 뒤섞여 혼란상태가 되고 있다. 예수의 가르침 속의 유대적 뿌리들을 찾을 때 고대 본문에서 울려나오는 소리들을 새롭게 들을 수 있을 것이다. 현대의 탐구자들을 막아서는 문화적이고 역사적인 장벽들을 극복하는 것은 물론 위험을 감수하게 하지만, 우리에게 예수님에 대한 명확한 시각을 제공하고자 하는 모든 노력에 대해 애쓸 가치가 있다. 나는 복음서 본문의 유대적 뿌리를 탐구하는 이러한 연구들로 말미암아, 예수의 메시지에 더 큰 명확성을 부여할 것이라고 희망한다. 우리의 가장 위대한 도전은 예수의 진정한 목소리를 듣고자 하는 것이다. 초기 유대주의는 예수와 그의 유대적 신학을 적합하게 이해하도록 견고한 기초를 제공한다.

감사의 글

많은 사람들이 배우고 이해하는 탐구의 과정 속에 있는 나를 도왔다. 『유대인 신학자 예수』의 글을 쓰는 동안 나를 후원하고 예수에 대하여 명확히 이해하도록 도와준 동료들과 나의 특별한 친구들에게 감사를 표한다. 물론 모든 책이 여러 사람들과 함께 작업한 결실이지만, 특별히 본서는 나의 연구에 영향을 주었고, 나의 노력을 격려하고, 비평적인 사고를 기꺼이 베풀어 왔던 유대교와 기독교 연구의 뛰어난 전문가들에게 큰 빚을 지고 있다.

우선 가장 먼저, 히브리 대학교의 데이빗 플러서(David Flusser) 교수님의 이루 말할 수 없는 영향력에 대해 감사를 드린다. 초기 유대주의와 기독교 기원에 대한 깊은 존중을 나타내는 플루서 교수의 저작은 예수와 복음의 심각한 연구를 하는 모든 사람을 위해 중요하다. 나는 그의 따뜻한 우정과, 예리한 위트 그리고 날카로운 사고를 마음속에 깊이 품고 소중히 여긴다. 나에게 있어서는 그의 발아래에 앉아 토라의 말씀들을 서로 나누었던 일들은 하나의 삶이 변형되는 큰 경험이 되었다. 그와 함께 작업해 온 모든 사람이 똑같지는 않을 것이다. 그러나 그의 에너지와 비젼은 내 삶에 큰 영향을 주었다. 그의 학문에 대한 진정성과 그의 영의 강력함, 그리고 역사적 예수를 꿰뚫어내는 통찰력은 나의 이후의 학문적 지도와 영감의 풍성한 원천이 되었다. 그의 학문적인 조언은 늘 나에게 많은 혜택을 누리게 했다.

고전 헬라어, 사해사본, 랍비 문서, 그리고 복음서들에 대한 그의 이해를 높이 평가한다.

또한 로버트 리슬 린세이(Robert Lisle Lindsey) 박사님께 깊은 감사를 드린다. 그는 마가복음서의 히브리어 번역에 개척자이며, 공관복음서의 상호 관계성에 대하여 새로운 분석을 시도했다. 그의 헬라어 원본의 분석과 히브리어 지식은 나의 복음서 연구를 증대시켜주었다. 예루살렘에 머무는 동안 린세이 박사는 나를 지도하였고 내가 연구를 지속할 수 있도록 격려해주었다. 그가 퇴직하여 오클라호마에 머물렀던 수 년 동안, 우리는 매우 결실이 있는 토론의 시간을 가졌고, 그로인해 나는 많은 유익을 누렸다. 그의 우정과 학문성은 이 책을 쓰는 내내 지속적인 동반자가 되어주었다.

수 년 동안, 나는 히브리 대학교의 슈므엘 사프라이(Shmuel Safrai)교수와 함께 비유 연구와 관련된 문제들을 논하여왔다. 그의 통찰력은 가치를 따질 수 없을 만큼 놀라왔다. 스테반 R. 노틀리(Stephen R. Notley)박사는 본서의 적지 않은 분량을 기꺼이 읽어주셨고 도움되는 충고를 아끼지 않았다. 그의 문서와 지리적 배경에 대한 지식에 경의를 표한다. 여기 털사에서 나는 브나이 에므나 회중(B' nai Emunah Congregation)의 막 분 핏쩌만(Mac Boone Fitzerman) 랍비와 함께 활발한 대화를 나누는 즐거운 시간을 가졌으며, 그의 학문적 직관과 창의성으로부터 종종 혜택을 받았다. 나는 그의 우정에 대해 깊이 감사하고 기독교인과 유대인들 사이의 이해를 확장시키기 위한 그의 헌신에 대해 깊이 경의를 표한다. 털사의 유대-기독교인 대화 모임 회원인 쉐일라 머드(Sheila Mudd)는 친절하게 원고를 읽어주었고 매우 가치 있는 조언을 아끼지 않았다.

나의 친구이며 동료인 조셉 프랑코빅(Joshph Frankovic)은 늘 격려와 도움을 베풀어 주었다. 그는 전체 원고를 읽고, 본 저서의 개선을 위해 중요한 제안을 아끼지 않았다. 그의 학문적인 통찰력을 높이 평가하며, 그의 지치지 않는 노력에 감사한다. 그의 편집적인 제안은 본문의 많은 논쟁들을 명확하게 해주었다. 강의실에서 그를 학생으로 만날 수 있는 것에 특권을 느끼며, 유대 신학 대학원의 박사과정에서 진행될 그의 연구들을 보게 되는 것은 또 하나의 보상이라고 생각한다. 소수의 기독교인만이 교회와 회당 사이의 관계에 대한 그의 심오한 이해를 알 수 있을 것이다. 프랑코빅의 학문성은 본 저서를 더 쉽게 접근하도록 만들었고, 많은 어려운 이슈들을 쉽게 이해하도록 정리해 주었다.

로이 B. 블리자드(Roy B. Blizzard) 박사는 예수와 초기 유대주의에 대한 교회의 이해를 재평가하도록 교회 내에서 많은 사람들을 도전하였다. 블리자드 박사와 그의 아내 글로리아(Gloria)의 방법에 감사하며, 학문성을 증진시키고 나를 격려하며, 기독교의 기원을 연구하는 학생들을 도왔던 일에 감사한다. 그들은 유대 공동체와 함께 의미 있는 관계들을 발전시키고 히브리 연구를 원하는 많은 기독교인들의 뒤에서 든든한 후원자가 되어왔다. 그의 사려 깊은 조언들과 복음서의 학문성에 관한 그와의 토론들은 매우 가치가 있다고 평가한다. 이러한 일련의 연구들은 기독교계에 폭넓은 독자층을 형성하고 있는 그의 저널, *Yavo Digest*,에 서문적인 형태로 나타났다. 그의 딸인 조지아 리 크리프톤(Georgia Lee Clifton)은 이 연구들을 편집하고, 본서에 괄목할만한 기여를 했다. 그녀의 남편인 데니스 크리프톤(Dennis Clifton)도 학문적인 분야에 활발하게 참여해왔다.

그들의 우정은 나의 아내 제니스(Janice)와 나에게 큰 의미를 준다. 블리자드 가족 모두에게 크게 감사하며, 앞으로 더 진행되는 교육과 학문성에 대한 그들의 에너지 넘치는 노력에 경의를 표한다. 이 책을 데니스와 조지아 리 클리프톤에게 감사하며 헌정하는 바이다.

오랄 로버트 대학교, 신학부에서 함께 일하는 나의 동료 교수들과의 긴밀한 작업 관계를 언급해야만 하겠다. 로이 E. 헤이든(Roy E. Hayden) 박사는 이 책의 많은 부분을 읽었고 나에게 든든한 격려를 해주었다. 하워드 어빈(Howard Ervin) 박사는 몇 가지의 언어적 문제들을 정리할 수 있도록 도움을 주었고, 로버트 맨스필드(Robert Mansfield) 박사는 이 책의 여러 부분들을 읽고 도움을 주었다. 본 신학부의 학장인 폴 G. 채플(Paul G. Chappell) 박사는 이루 말할 수 없는 에너지와 헌신을 쏟는 분으로, 학문에 있어서 탁월성을 보는 그의 안목과 기독교의 유대적 뿌리에 대한 그의 감사는 이 책이 쓰여지는 데에 많은 도움을 주었다.

고고학적인 유물의 사진 입수에 도움은 준 이스라엘 고대 유물 당국 (Israel Department of Antiquities)에 감사한다. 이스라엘 정부와 학문적 연구 공동체가 발견과 탐구에 후원해주었다. 유물당국자들 또한 학문적인 교환과 진보에 큰 도움과 후원이 되어주었다. 나의 저서의 토론을 예증하는 삽화가 있는 고문서를 사용할 수 있게 해준 것에 감사한다. 히브리 대학교에서 나의 연구는 예수와 그의 민족과의 관계와 1 세기 유대주의에 대한 우리의 전통적으로 왜곡된 개념의 몇 부분에 대해 도전함과 동시에, 이 책에 나타난 나의 사고의 방향을 잡아주었다.

이 책의 서문을 기꺼이 써준 나의 사랑하는 친구 마빈 윌슨(Marvin Wilson) 박사와 데이빗 월프(David Wolpe) 랍비에게 감사한다. 유대교 지도자와 기독교의 지도자로부터 각각 두 개의 서문을 이 책에 포함한 것은 나의 소망이었다. 두 분 모두 학자인 동시에 그들의 존경하는 공동체의 지도자들이다. 자신들의 공동체를 향한 헌신된 봉사와 그들의 깊은 학문에 경의를 표한다. 그들은 학문적 교류와 자신을 내어주는 삶의 본을 보임으로써 기독교인들과 유대인들 사이에 상호이해의 교량을 놓아주었다. 이 책의 독자들이 데이빗 월프와 마빈 윌슨의 훌륭한 학문을 탐구하기를 소망다. 윌슨 박사의 책, 『우리의 조상 아브라함 (Our Father Abraham)』은, 나의 학생들 간에 인기 있는 교제이다. 랍비 데이빗 월프의 사려 깊은 책인 『부서진 마음의 치료자(Healer of Shattered Hearts)』는 거룩한 본질에 대한 탁월한 묘사로 기독교인들과 유대인들에게 도전해왔다. 기독교인들은 유대인들과 기독교인들을 함께 연합시키는 풍요로운 유산에 대한 새로운 학문적 접근과 유대주의에 대한 새로운 관점을 여는 랍비 울프의 메시지를 들을 필요가 있다. 기독교인으로서 나는 예수에 대한 이 책이 교회와 회당의 신앙 공동체들 사이에 이해를 두텁게 하기를 소망한다.

  나의 많은 휴식 시간이 연구하고 글을 쓰는데 쓰여졌다. 나의 아내 재니스의 헌신과 『유대 신학자 예수』와 같은 프로젝트에 대한 그녀의 참여를 높이 평가한다. 우리의 아들, 마태 데이빗도 우리를 바쁘게 했고, 그의 성장을 지켜보는 것이 기쁨이었다. 나의 부모님이신 국회의원 존과 클라우덴 영(Senator John and Claudeen Young)은 나의 학문적인 작업을 열심히 격려하셨다. 그들의 이해와 이러한 노력을 위한 열성적인 후원에 감사한다.

  이 책이 평신도와 학자들 양쪽에 영향을 주어, 1세기의 문화적 배경 안에 있는 예수를 이해하도록 견실한 기초를 제공하는 것이 나의 소망이다. 이 책의 강점은 많은 사람이 함께 일한 결실에 있다. 나의 삶은 나의 학생들만큼이나 학자들과의 교류의 많은 기회들로 풍요로워졌다. 모두가 나를 가르쳤다. 이 책이 출판되도록 필요한 도움을 주신 다른 많은 사람들 모두에게 감사하는데 시간과 공간이 모자를 정도이다. 주고받는 학문적인 교류는 문제점을 예리하게하고 이슈를 다듬는다. 증거는, 그러나, 항상 명확한 의견의 일치를 허용하지는 않는다. 이 책의 어떤 결점이나 미비한 점은 모두 나의 탓임을 분명히 한다.

약자표

이 책에 사용된 대부분의 약자는 일반적인 독자들에게 익숙해야 한다. 유대사전(*Encyclopaedia Judaica*)은 많은 약자들을 위해 표준적인 안내서로써 고려되어져 왔다. 아래 약어 목록을 표기함으로 편리하게 참조되기를 바란다.

AB	Anchor Bible
Ant.	*Jewish Antiquities* (see writings of Josephus)
b.	Babylonian as in Babylonian Talmud
b.	ben (son in Hebrew) or bar (son in Aramaic)
B. Bat.	*Baba Bathra*
B.C.E.	Before the Common Era, as B.C.
Ber.	*Berakhot*
C.E.	Common Era, as A.D.
chap.	chapter
ET	English translation
Ger.	German
Git.	*Gittin*
hal.	halakhah
Heb.	Hebrew
j.	Jerusalem as in Jerusalem or Palestinian Talmud
Jos.	Josephus

KJV	King James Version
LCL	Loeb Classical Library
LXX	Septuagint
m.	Mishnah
MS	manuscript
NASB	New American Standard Bible
NIGTC	New International Greek Testament Commentary
NIV	New International Version
NT	New Testament
NTG	New Testament in Greek (edited by the American and British Committees of the International Greek New Testament Project with the aim of providing a complete critical apparatus)
OT	Old Testament
PAM	Palestine Archaeological Museum
R.	Rabbi
Radak	Rabbi David Kimchi
Rashi	Rabbi Shelomo ben Yitzchak
RSV	Revised Standard Version
San.	*Sanhedrin*
Shab.	*Shabbat*
Taʿan.	*Taʿanit*
t.	Tosefta
TDNT	*Theological Dictionary of the New Testament*
Yeb.	*Yebamot*

Transliterations

Most of the Hebrew, Greek and Aramaic transliterations will follow the guidelines set forth on these two charts. Some inconsistency will appear in quotations and in some names. Generally the recognized English forms of Hebrew names has been followed. So instead of the transliterated form of the Hebrew name "Yehudah," the reader will find "Judah," the more common English form of the name.

GREEK

Α α ᾳ	a		Υ υ	u
Β β	b		Φ φ	f
Γ γ	g		Χ χ	ch
Δ δ	d		Ψ ψ	ps
Ε ε	e		Ω ω ῳ	ō
Ζ ζ	z		αι	ai
Η η ῃ	ē		ει	ei
Θ θ	th		οι	oi
Ι ι	i		υι	ui
Κ κ	k		ου	ou
Λ λ	l		ευ	eu
Μ μ	m		ηυ	ēu
Ν ν	n		ντ	nt
Ξ ξ	x		μπ	mp
Ο ο	o		γκ	ngk
Π π	p		νγ	ng
Ρ ρ ῥ	r rh		ʽ	h
Σ σ ς	s		ʼ	—
Τ τ	t			

Hebrew

א	not transliterated	ר	r
בּ	b	שׁ	sh
ב	v	שׂ	s
גּ	g	תּ	t
ג		ת	
דּ	d	ג׳	dzh, J
ד		ז׳	zh, J
ה	h	צ׳	tz
ו	v—when not a vowel	ַ	a
ז	z	ָ	a
ח	ch	ֲ	a
ט	t	ֵ	e
י	y—when vowel and at end of words—i	ֶ	e
		ֱ	e
כּ	k	ְ	e (only *sheva na* is transliterated)
כ,ך	kh		
ל	l		
מ,ם	m	ִ	i
נ,ן	n	ִי	i
ס	s	ֹ	o
ע	not transliterated	וֹ	o
פּ	p	ֻ	u
פ,ף	f	וּ	u
צ,ץ	tz	ֵי	ei; biblical e
ק	k		

서론
예수 유대인 신학자

    그 기원으로 보자면 유대주의의 극치와 확증이 될 수 있는 기독교의 메시지가 아주 초기부터 유대주의에 대한 거절과 부정 속으로 전환되기 시작했다; 유대적 신앙의 쇠퇴와 폐기는 교리와 확신을 가져왔다; 새 언약은 새로운 국면과 폭로가 아니라 고대 종교의 폐지와 그에 대한 대치로서 인식되었다; 신학적인 사상이 유대주의에 대한 반제의 분위기 안에서 그 자체의 개념을 주도했다. 뿌리의 관련성과 빚진 은혜를 인정하기보다는 오히려 대조와 모순의 시각으로 보기 시작했다. 율법의 종교로서 유대주의, 은혜의 종교로서 기독교; 유대주의가 하나님의 진노를 가르친다면, 기독교는 사랑의 하나님을 가르친다; 유대주의가 노예주의적 순종의 종교라면, 기독교는 자유인에 대한 확신이다; 유대주의가 배타주의라면, 기독교는 보편주의이다; 유대주의가 의인의 행함을 추구한다면, 기독교는 의인의 믿음을 선포한다. 옛 언약의 가르침은 두려움의 종교를 만들었고, 새 언약의 복음은 사랑의 종교를 만든다.
    — 아브라함 조슈아 헤셸(Abraham Joshua Heschel) —

    기독교인으로서 우리는 바울을 교회의 첫 번 신학자라고 보는 경향이 있다. 나는 이러한 연구법이 최악의 신학이라고 확신한다. 기독교는 예수로 시작한다. 더욱이 신앙 전통으로서 기독교적 믿음은 창시자의 풍부한 문화적, 종교적 유산의 모든 것을 총 망라해야만 한다.
    예수는 신학자이다. 그의 풍부한 천재성과 예리한 위트는 복음서의 이야기들 속에 보존된 그의 다채로운 비유들과 독창적인 가르침들 속에 녹아져있다. 비록 현대의 문화와 종교적인 신조들이 현대 독자들로 하여금 1세기에 유대인 청중들이 들었던 같은 방법으로 그의 메시지를 이해하기 어렵게 만든다 할지라도, 예수의 신학적 깊이는 결코 간과될 수 없다. 예수는 사도 바울이 신학자인 만큼 더 모든 면에 그러하다. 사실, 토라의 교사로서 예수의 훈련이나 경험은 이방인에 대한 유대인 사도인 바울의 교육을 훨씬 능가한다.

예수가 유대인이라는 사실이 오늘날 거의 질문 되지는 않지만, 그의 삶을 이해하기 위한 그 자체의 훨씬 더 세부적인 관련문제들을 일상적으로 지나쳐버린다. 예수가 유대인일지라도 그의 신학이 때때로 마치 이미 기독교인이었던 것처럼 다루어진다. 예수는 단 한 번도 교회에 참석한 적이 없었다. 성탄절을 지킨 적도 없었다. 그는 부활절 주일에 새 옷을 입고 나온 적도 없었다. 그의 문화적 오리엔테이션은 그의 민족의 신앙 경험 속에 깊이 뿌리내리고 있다. 하나님의 사랑과 인간의 존엄성에 관한 그의 가르침은 제 2 성전 시기에 속한 유대 종교 사상의 토대에 기초를 둔다. 이러한 역사의 매력적인 시기에 대하여 배우면 배울수록 예수에 대하여 더 많은 것을 알 수 있다. 예수는 회당에서 예배를 드렸다. 그는 유월절을 지켰다. 그는 유대사람이 율법에 따라 요리한 정결한 음식(kosher good)를 먹었다. 그는 예루살렘에 있는 성전에서 기도 시간을 드렸다. 예수가 받은 유대 종교 유산이 그의 삶과 일상 경험의 모든 차원에 영향을 미쳤다.

예수는 유대 신학자로서 이해되어져야만 한다. 그의 신학은 그 핵심에 있어서 유대적이다. 유대주의와 기독교 사이의 관계에 있어서 비극적인 역사가 예수의 강력한 음성을 듣는 것을 지극히 어렵게 만들었다. 유대 회당에 대한 교회의 공격은 예수에게서 그의 종교적 유산을 벗겨냈다. 기독교인으로서 우리는 유대와 유대주의에 대한 잘못된 편견들을 배웠다. 유대 민족에 대한 증오는 예수를 그의 신학으로부터 분리하면서 장벽을 설치했다. 종족으로는 그는 유대인으로 간주되지만, 종교적으로 그는 타락한 유대 종교 체제를 개혁하는 데 실패한 기독교인으로 남는다. 그런 접근 방식은 실패다. 예수는 그의 종교적 사상이나 실천에 있어서나, 그의 민족적 배경에 있어서 양쪽 모두 유대적이다.

예수에 대한 새로운 접근 방식이 긴급히 요청된다. 오늘날 기독교인이나 유대인이나 양측 모두 서로를 이해하기를 원한다. 대학살의 시기 이후에 우리는 진정한 사랑과 상호 존중이 편견과 완고한 신앙적 고집의 현존하는 위험을 뿌리 뽑을 수 있다는 것을 소망해야만 한다. 예수는 그의 시기에 유대주의를 이루는데 절대 필요한 구성요소로 보여져야만 한다.

예수의 유대 신학은 현재의 독자들을 놀랍고 경이롭게 한다. 예수의 가르침들은 그의 유대적 배경에 밀접하게 연결되어져 있고, 그것은 피와 살보다 더 깊이 흐른다. 예수의 유대주의는 하나님의 형상으로 창조된 각 사람의 측정할 수 없는 가치와 하나님에 대한 그의 심오한 신학 안에 나타난다. 예수는 유대인이다. 그는 또한 신학자이다. 이러한 두 사실은 결코 분리될 수 없다; 예수는 유대 신학자이다.

예수의 신학이 그의 가르침과 비유들을 통해 알려진다면, 그 인격도 또한 삶의 사건을 통하여 알려진다. 복음서에서 예수의 삶의 경험들은 메시야적 드라마로서 묘사된다. 그 출생은 평범한 출생이 아니다. 많은 사람들의 공통점에 유사한 반면, 새로운 시작을 알리는 비범한 사건이었다. 예수의 세례는 요단강에서 자신들의 몸을 물속에 잠그기 위해 들어가는 유대 광야의 세례 요한의 추종자들의 일반적인 경험보다 훨씬 더한 경험이다. 죽음의 순간에도 예수의 경험은 차별적이어서, 신학자 예수의 삶을 고찰할 때 반드시 그의 죽음을 연구해야만 한다. 죽음은 인간의 보편적 경험이다. 그러나 복음서의 이야기에서 예수는 부활을 경험하기 위해 죽었다.

왜 예수는 죽임을 당했는가? 로마제국의 최고 권력, 대중적인 종교운동들과 권력 균형을 유지하기 위한 다양한 지역 권력자들 사이의 정치적 음모, 그리고 첨예한 갈등의 시기에 이 질문은 다른 방법으로 질문되어질 수 있다. 예수가 나쁜 유대인이었기 때문에 죽임을 당했는가? 또는 그가 선한 유대인이라 죽임을 당했는가? 미숙한 역사적 관점으로 누가 그의 죽음에 대해 비난 받아야 하는가? 본디오 빌라도의 로마 법정에서 예수의 처형에 대한 원인은 막대하게 제국정부의 작정된 정책과 정치에 더 관련되어진다. 그것은 혁명적인 신학이나 종교적 격변과 관련된 것보다는 모든 유대적 메시야 대망 사상을 근절시키려는 의도였다. 예수의 신학이 그의 죽음을 촉발한 것은 아니다. 예수는 그의 신앙의 유산에 대한 헌신된 유대적 충성으로 말미암아 죽임을 당하였다. 예수 재판과 처형의 배경은 유대인들이 그들의 종교적 헌신으로 박해를 당하고 무엇보다도 옛 메시야 사상이 넘쳐나는 역사의 어려운 시기의 종교적 환경 속에서 설명될 수 있다.

그러나 복음서들은 예수가 죽음으로부터 살아났다고 선포한다. 무덤은 유대 메시야를 감금할 수 없었다. 살아나신 주의 선포는 복음서에 소중히 간직됨으로써 초대교회의 설교의 핵심이 되었다. 메시야 예수는 미래에 대한 예언적 예보를 준다. 그의 메시야적 과업은 고난 받는 종으로써, 종말론적 심판자로써 두 가지 모습의 오심 속에서 오직 완성되어질 수 있다.

다음의 계속되는 장에서 나는 예수의 삶과 가르침에 대한 복음서의 이야기들과 함께 시작할 것이다. 접근 방식은 예수의 삶의 사건들의 메시야적 드라마, 그의 왕국 선포, 비유적 예시들 속에 있는 그의 신학적 기초, 그를 죽음으로 이끈 갈등, 미래에 관한 호기심어린 예언들을 추적한다. 예수 당대의 자료들 또는 예수의 말씀의 창조적인 힘에 영향을 준 자료들로부터 유대적인 유사성을 조사할 것이다. 그러한 자료들은 그들의 원래의 문맥 속에서 그들 자신의 메시지를 찾기 위해 연구되어야 한다. 그러나 유대적 유사성에 대한 고려함 없이 복음서가 계속 서양 문화를 통해서만 걸러진다면, 예수는 상당히 오해되어지고, 완전히 다른 면으로 해석될 수 있다. 유대 신학자 예수가 세상을 끊임없이 변화시키고 있다. 그러나 교회의 지도자들과 탁월한 학자들을 포함한 세상은 예수를 자주 놓치고 있다. 예수의 삶의 오리지날한 유대 환경에 대한 이해가 예수와 그의 메시지에 새로운 비젼을 보여줄 것을 기대한다.

목차

삽화 목록 …… 5
추천사/ 임열수 …… 6
역자의 글 …… 9
한국 번역을 위한 서문 …… 11
추천의 글 …… 14
서문 …… 22
서언 …… 26
감사의 글 …… 31
서론 …… 40

제1부 예수의 생애 – 메시아의 드라마 …… 47

1. 메시아의 탄생과 천사들의 노래 • 49
2. 메시아의 세례 • 62
3. 시험받으신 예수 • 81
4. 기적, 선포, 치유 신앙 • 91

제2부 예수의 하나님 나라 신학의 유대적 뿌리 …… 107

5. "침노를 당하는 천국" 인가 "침노하는 천국" 인가? • 109
6. "천국은 마치 …과 같으니" • 140
7. "화평하게 하는 자는 복이 있나니…" • 154
8. 논쟁과 어린 아이들 • 167

9. 예수, 안식일, 그리고 율법 • 178
10. 이혼과 간음에 대한 예수의 말씀 • 190
11. 감사하는 삶 • 198

제3부 예수의 비유에 나타난 유대 신학 ········· 209

12. 예수님의 비유속에 나타나는 유대인의 은혜관 • 211
13. 자비로운 아버지와 잃어버린 두 아들 • 229
14. 묵은 포도주가 더 좋다! • 245
15. 비유들에 나타난 친구들과 원수들 • 255
16. 추쯔파(Chutzpah)로서의 믿음! • 266
17. 바리새인과 세리 • 279

제4부 유대인 메시아와 로마의 정치 ········· 299

18. 하나님 나라의 기초 • 301
19. 예수의 변화 • 312
20. 아들인가 포도원인가? • 324
21. 빌라도? 아니면 유대민족? • 337

제5부 미래 메시아 ········· 357

22. 예수께서 가르치시는 인자—인간인가? 신인가? • 359
23. 학자들 안에 있는 예수—플러서(Flusser)와 신학자들 • 375

후기 ······ 403
참고문헌과 학습 도움 ······ 409

PART 1.

예수의 생애 – 메시아의 드라마

우리는 교회의 신앙과 복음서의 신앙을 더 이상 대조적으로 볼 수 없다. 왜냐하면 복음서 자체는 교회에서 온 것이기 때문이다. 만일 복음서가 그 기원을 사도들의 설교와 가르침에 기초하고 있다고 한다면, 그리고 기독교 교회에 의해 형성되고 보존된 것이라고 한다면, 복음서에 기록된 그리스도를 믿는 신앙은 엄밀히 말하자면 '초대 교회가 가르친 그리스도'에 기초한 것이다.
- 레이몬드 E. 브라운(Raymond E. Brown) -

1
메시아의 탄생과 천사들의 노래

복음서에 기록된 예수 탄생의 이야기는 하나님의 구원의 계획과 약속된 구속자인 메시아의 오심에 관한 유대 신앙에 대하여 들려주고 있다. 메시아의 탄생은 결코 평범한 일이 아니다. 이 사건은 예언과 천사들의 방문으로 특징지어진다. 눅 2:14의 천사들의 노래는 메시아에 대한 유대인들의 내적 갈망을 보여준다. 메시아의 과업에 대해 정의내리는 이 경배와 찬양의 언어들은 풍성한 유대적 배경을 가지고 있다.

흠정역(KJV)에 기록된 천사들의 찬송의 세 가지 구조는 크리스마스 무렵이면 자주 인용되어 우리에게 익숙하다: 1. "지극히 높은 곳에서는 하나님께 영광" 2. "땅에서는 평화" 3. "사람들에게는 호의(goodwill)". 흠정역이 천사들의 찬송을 세 부분으로 나누어 기록하고 있는 반면, 대부분의 현대 번역본들은 이 천사의 노래를 두 부분으로 기록하고 있다: 1. "지극히 높은 곳에서는 하나님께 영광이요" 2. "땅에서는 기뻐하심을 입은 사람들 중에 평화로다." 흠정역은 메시아의 오심의 우주적인 의미를 강조하고 있다. 기뻐하심은 모든 사람을 위한 것이다. 그러나 현대 번역본들은 그의 오심이 가치 있는 사람들에게, 곧 "기뻐하심을 입은 사람들"에게만 국한됨을 가리키고 있다. 이 노래에 대한 번역의 차이는 우리가 흔히 생각하는 것보다 훨씬 더 중대한 문제를 안고 있다. 데이비드 플러서(David Flusser)는 전자의 번역, 곧 흠정역의 삼중 구조를 강하게 지지한다.[1] 본 장에서는 복음서에서의 메시아의 탄생에 대한 유대적 배경을 살펴보고, 메시아적 과업의 본질을 이해하기 위해 천사들의 노래의 의미를 고찰하게 될 것이다.

복음서의 본문들은 후기 제2성전 시대의 특징인 유대 메시아 사상의 풍부한 다양성에 기초하고 있다.[2] 복음서를 연구할 때, 우리는 자신의 과업에 관한 예수의 독특한 메시지를 깨달을 수 있어야 한다. 메시아 과업을 1세기 유대주의의 전통과 기대들에 기초하여 생각하는 것 역시 독특하고 혁신적인 특징들을 포함한다. "지극히 높은 곳에서는 하나님께 영광, 땅 위에는 평화, 사람들에게는 호의" 혹은 다른 번역본에 기록된 대로 "지극히 높은 곳에서는 하나님께 영광이요 땅에서는 기뻐하심을 입은 사람들 중에 평화"라고 한 천사들의 노래는 학문적인 불일치의 쟁점이 되어 왔다.[3] 우리가 고대 유대 사상의 맥락에서 메시아 탄생의 의미를 고찰한다면, 천사들의 노래를 삼중 구조의 송영으로 이해하는 것이 확실히 더 나은 것임을 알게 될 것이다. 먼저, 메시아의 탄생 이야기의 배경은 반드시 역사적이고 문화적인 상황 속에서 다루어져야 한다.

구원 역사에서 특별한 임무를 수행하게 하시려고 하나님께서 택하신 중요한 성경 인물들에게는 대개 출생을 둘러싼 예외적인 사건들이 있었다. 성경은 그러한 인물을 소개할 때, 개인의 기적적인 출생에 대한 설명을 포함하고 있다. 종종 기적으로 태어난 아기는 하나님의 큰 목적 가운데에서 중대한 사명을 감당하도록 운명 지어진 것으로 여겨졌다. 구원과 구속이 가능한 것은, 하나님께서 하나님의 일을 하도록 태에서부터 개개인을 기름부음 받을 자로 구별하셨기 때문이었다.

구약 성경에는 많은 기적적인 탄생이 기록되어 있다. 예를 들면, 아브라함과 사라도 이삭을 기적적으로 낳았다.[4] 성경은 "여호와께서 말씀하신 대로 사라를 돌보셨고 여호와께서 말씀하신 대로 사라에게 행하셨으므로 사라가 임신하고 하나님이 말씀하신 시기가 되어 노년의 아브라함에게 아들을 낳으니"(창 21:1-2)라고 기록하고 있다. 이삭에게는 하나님의 계획 속에서 이루어야 할 독특한 과업이 있었다. 이삭의 출생 외에도, 이스라엘을 블레셋의 손아귀에서 구했던 삼손의 출생, 기름부음을 받은 선지자로써 하나님을 섬겼던 사무엘의 출생 등은 성경에 기록된 기적적인 출생의 예들이다(삿 13:3, 24; 삼상 1:2, 20). 많은 랍비들은 모세까지도 기적의 아이[5]라고 생각했다. 이삭, 삼손, 사무엘, 그리고 모세 등은 하나님의 계획 가운데에서 특별한 역할을 감당한 사람들이다.

랍비들에 따르면 예언과 신적 간섭이 모세의 출생 가운데 있었다. 그의 독특한 사명은 예언된 아기 예수처럼[6] 모세의 누이 미리암(Miriam)도 모세에 관한 예언에 나타난다. 모세가 태어나기 전, 미리암은 자신의 남동생의 운명을 예언하였다. 모세는 메시아 사상의 모델이 된다. 탈무드에 따르면 미리암은 "장차 나의 어머니가 이스라엘을 구원할 아들을 낳을 것이다"라고 예언한다. 모세가 태어났을 때 집안 전체는 빛으로 가득했으며 그녀의 아버지는 일어나 미리암의 머리에 입을 맞추고는 미리암에게 "내 딸아, 네 예언이 성취되었구나"라고 이야기한다.[7]

미리암은 모세의 과업에 대해 예언하였다. 하나님은 이스라엘을 구원하는 데 그녀의 갓 난 동생을 사용하실 것이다. 가족들은 히브리 아이들을 죽이려고 했던 이집트의 파라오로부터 모세를 지키고자 노력했으며 결과적으로 이것은 이스라엘을 노예 상태에서 구원하게 되는 큰 목적을 이루게 된다.

누가복음에는 예수의 탄생 이야기에 앞서 세례 요한의 가족과 그의 기적적인 출생에 관한 설명이 기록되어 있다. 아마도 누가는 이 사건을 기록하기 위하여 요한의 생애와 사역에 대한 자료를 사용하였을 것이다.[8] 여하튼 누가복음에 기록된 사건들은 하나님께서 하나님의 전략을 성취하시기 위하여 세례 요한의 부모인 엘리사벳과 스가랴와 같은 평범한 가족들의 소원을 어떻게 사용하셨는지 알려주고 있다. 그들은 아이를 원했고, 그들이 기도하자 하나님께서 초자연적으로 개입하심으로써 세례 요한이 태어나게 된다. 그의 사명은 예수님의 길을 예비하는 것이었다. 놀랍게도 자녀가 없어서 아이를 낳게 해달라고 소망했던 한 가정의 사적(私的)인 열망으로 인하여 예수님의 오심을 예비하는 하나님의 거룩한 계획 속에 있는 더 큰 목적을 위한 길이 열리게 된다.

밤에 양떼를 돌보던 목자들은 평범한 이스라엘의 노동자였다. 그들의 사회적인 지위에 대해서는 확실히 알 수는 없지만, 그렇게 존경받는 사람들로는 여겨지지 않았던 것으로 보인다.[9] 어떤 사람들은 그들이 성전에서 쓸 희생양들을 돌보고 있었다고 주장하기도 하지만, 이것은 본문에 전혀 암시되지 않는다. 오실 왕(coming king)에 관하여 들었다는 동방 박사들에 관한 마태의 설명과는 달리, 누가복음에는 초라한 목자들이 등장한다. 그들은 예수의 탄생의 목적을 묘사하는 복된 노래를 불렀던 천사들의 현현을 경험했다.[10] 유대 역사에서 중요한 인물들과 관련하여 흔히 초자연적 사건이 묘사되고 있음을 볼 때, 천사들의 현현과 그들의 찬송은 히브리 메시야 사상의 주요한 부분을 형성한다. 메시아 탄생이 천사들에 의하여 전해질 것이라는 기대는 1세기의 상황에서 결코 낯선 것이 아니었다.

이중 구조의 번역 – "지극히 높은 곳에서는 하나님께 영광이요 땅에서는 기뻐하심을 입은 사람들 중에 평화로다" – 과 삼중 구조의 축복 – "지극히 높은 곳에서는 하나님께 영광이요 땅에는 평화, 사람들에게는 호의로다" – 의 차이는 예수님의 메시아 사역을 이해하는 데 있어서 매우 중요하다. 이 두 번역의 차이는 헬라어의 한 단어를 어떻게 해석하느냐에 달려있다. "호의(goodwill)"라는 헬라어인 유도키아(eudokia)를 주격으로 해석하면 삼중 구조로 번역하는 것이 옳다. 하나님의 자비로운 호의는 모든 사람을 위한 것이다. 그러나 헬라어의 시그마(sigma – ς의 발음은 영어의 s 발음과 같다)가 유도키아(eudokia)라는 단어 뒤에 붙여지면, 이 단어는 소유격이 되어 다음과 같이 번역된다; "기뻐하심을 입은 사람들에게". 이 때의 시그마는 단어를 소유격(eudokias)으로 바꾸어 이중 구조로 번역할 수 있는 근거를 제공한다. 신뢰할 만한 누가복음의 헬라어 사본들은 이 본문의 두 가지 형태를 모두 보여준다. 즉 시그마(ς)가 빠진 사본도 있고(주격), 시그마가 붙은 사본도 있다(소유격).[11] 시그마가 있는 본문은 소유격이 되어 그 백성들이 어떤 사람들인가를 정의해 준다. 이 번역에 따르면, 평화는 오직 기뻐하심을 입은 사람들에게만 약속된 것이다. 개정 표준역(RSV)에 번역된 대로, 평화는 "하나님이 기뻐하시는 사람들에게(among men with whom he(God) is pleased!)" 약속된 것이다. 호의(eudokia, goodwil)라는 헬라어는 히브리어 '라쯔온(ratzon-70인역 역대상 16:10; 시 5:11)'의 번역이다.

사해 사본은 이 라쯔온(ratzon)이라는 단어를 자주 사용한다. 데이비드 플러서(David Flusser)는 사해 사본의 단어를 연구한 후, 이 단어가 사해 공동체에서 예정론의 분파(sectarian) 신학을 설명하는 기술적인 단어라고 보았다.[12] 하나님의 호의를 받은 사람들에게 선택이 예정된 것이다. 그들은 자비로운 하나님의 은혜를 받을 뿐이다. '호의'로 번역되는 '라쯔온'의 특별한 의미는 플러서가 고찰한 바와 같이, 하나님의 은혜가 보다 우주적인 것으로 이야기되는 히브리 성경의 용례와는 그 의미가 다르다고 볼 수 있다. 적어도 전통적인 유대 해석은 '라쯔온'이라는 "호의"의 의미를 사해 공동체처럼 제한하지는 않는다. 브루스 메쯔거(Bruce Metzger)는 이중 구조 본문에 관하여 "사해 사본이 발견되기 전에는 '하나님께서 크게 기뻐하시는 사람'(men of God's good pleasure)이라는 표현이 전혀 불가능하지는 않을지라도, 히브리어로 일반적이지는 않은 표현이라고" 논평하였다.[13] 그러나 사해 사본의 발견으로 그 표현은 히브리 분파에 이미 있던 것으로 드러났다. 히브리어로 두 가지 해석이 모두 가능하고 두 본문이 모두 본문의 전통에 따라 강한 지지를 받고 있기 때문에, 이 여러 가능성 중에 어떻게 읽는 것이 더 나은가를 결정하는 것은 참으로 어렵게 되었다.

그럼에도 불구하고 누가복음의 문맥과 유대적 예배식(jewish liturgy)의 배경은 누가복음 2장 14절을 삼중 구조로 해석하는 것이 훨씬 더 타당하다는 근거를 제공한다.

1. "지극히 높은 곳에서는 하나님께 영광"
2. "땅 위에는 평화"
3. "사람에게 호의로다"

비천한 목자들에게 나타났던 천사들은 그들에게 이렇게 말했다. "무서워하지 말라 보라 내가 온 백성에게 미칠 큰 기쁨의 좋은 소식을 너희에게 전하노라"(10절). "온 백성에게 미칠"이라는 구절은 평화의 소식을 선택받은 어떤 집단에 제한하지 않는다.[14] 플러서는 사해 분파 신학에 대한 연구에서, 이 분파 집단은 하나님의 호의(ratzon)를 자신의 집단에 속한 선택된 사람들에게만 제한시키고 있다고 지적한다. 그들의 주장대로라면, 하나님의 평화와 호의가 다른 누구에게 주어질 수 없었다. 그들의 제한된 공동체 밖에 있는 모든 사람들에게는 영원한 형벌만이 예정된 것이었다. 그 집단에는 자유의지와 같은 개념이 허용되지 않았다. 그들은 하나님의 길을 따를 것인가 말 것인가를 결정할 수 있는 권리가 개인에게는 없다고 믿었다. 그들은 선한 영이든 악한 영이든 개개인은 이미 영을 가졌다고 생각했고, 그것은 곧 그 사람과 하나님과의 관계까지도 미리 결정지어졌다고 믿었다. 그러므로 "기뻐하심을 입은 사람(men of goodwill)"이라는 그들의 표현은 그 종교 집단의 회원들을 위한 기술적인 용어로 사용된 것임을 알 수 있다.[15] 성경에서 자주 발견되었던 이 용어의 광의적인 히브리 의미가 사해 공동체에 의해 무시된 것이다. 후대 기독교 필사가들이 어떻게 유도키아(eudokia)의 소유격 형태를 쓰기 시작했는지를 이해하기는 쉽다. 왜냐하면 그 표현은 구원이 하나님의 호의를 입기로 예정된 사람들에게 제한적으로 주어진다는 사해 공동체의 신학적인 이해를 드러내고 있기 때문이다. 반면에, 메시아 탄생의 찬송을 삼중 구조로 번역한 것은 하나님의 호의가 모든 사람에게 주어지는 것임을 선포하는 것이다. 이는 누가복음 2장 10절에서 가장 확실하게 지지를 받는다. 기쁜 소식은 모든 사람을 위한 것이다. 그러므로 분명히 누가복음 2장 14절의 송영을 세 부분으로 번역한 것이 더 타당하다. 흠정역(the King James Version)은 세 부분으로 훌륭하게 번역을 해주고 있다.

플러서는 이 본문에 대한 보다 폭넓은 유대적 이해 속에서, 전통 예배식의 송영들과 누가복음의 삼중 본문이 강한 유사성을 가지고 있음을 주목하였다. 이사야 6장 3절에 기록된 천사의 찬송이 그 예이다. 그들은 "거룩하다 거룩하다 거룩하다 만군의 여호와여 그 영광이 온 땅에 충만하도다"라고 외쳤다. "여호와는 거룩하다"고 세 번 거듭 반복되고 있다. 이야기에서 '세 가지'의 법칙과 삼중구조의 송영은 민간 설화의 잘 알려진 특징이며 친숙한 문학 장치이다.[16] 하늘 보좌를 둘러싼 천사들의 찬송에서도 "거룩하다"는 말이 세 번 사용되었다. 이 구절의 아람어 탈굼은 고대 유대인들이 이사야서의 이 본문을 어떻게 이해했는지에 대해 통찰력을 던져주고 있다. 더욱이 그것이 삼중구조를 가지고 있다는 면에서 누가복음 2장 14절과 현저하게 유사하다.[17] 이사야서의 탈굼은 다음과 같다.

1. "그가 임재하신 집, 지극히 높은 하늘에서 거룩하다
   (Holy in the highest heaven, the house of his Presence)"
2. "그가 전능의 능력으로 지으신 땅 위에서도 거룩하다
   (Holy upon the earth, the work of his might)"
3. "온 땅이 그의 영광으로 충만하도다. 만군의 여호와는 세세 무궁토록 거룩하다
   (Holy for endless ages is the Lord of hosts; the whole earth is full of the brightness of his glory)"

메시아의 탄생에 관하여 목자들에게 들려준 천사들의 찬송은 유대 전통에서 이사야의 환상 속의 천사들의 삼중 구조 형식의 화답 기도(litany)를 반영한다. 첫 번째 송영은 높은 보좌에 앉아 계신 전능하신 왕으로서의 하나님을 찬양하는 가장 힘 있는 단어들을 포함하고 있다. "지극히 높은 곳에서는 하나님께 영광"이라고 했던 누가의 기록은 "그가 임재하신 집, 지극히 높은 하늘에서 거룩하다"고 했던 이사야서의 탈굼과 댓구를 이룬다. 누가복음의 두번째 찬송 — "땅 위에는 평화" — 은 이사야의 그 다음 송영 — "그가 전능의 능력으로 지으신 땅 위에도 거룩하다" — 에서 메아리친다. 누가복음에서 가장 중요한 구절, "사람에게는 호의"라고 하는 구절은 탈굼역 이사야서의 세 번째 찬송, "온 땅이 그의 영광으로 충만하도다"라는 구절과 댓구를 이룬다.

메시아의 탄생에 대한 천사들의 메시지는 우주적인 것이다. 전능하신 하늘의 하나님께서는 땅위에 평화를 세우시고 그의 자비로운 뜻을 모든 사람에게 알리기 원하신다. 그의 거룩한 은혜는 모든 인류에게 주어지는 것이다. 천사들의 기쁜 소식을 완전하게 이해하려면, "평화"의 히브리적 의미를 다시 생각해 보아야 한다. 그것은 완전함이요 전부를 의미한다. 예수님은 평화의 왕으로서 일컬어진다. "왕"이라는 단어는 왕정의 공식 직책을 가리키는 말이다. 예수님 당시, "왕"은 전쟁을 책임지는 사람이었다. 그러나 예수님은 전쟁을 감독하러 오신 분이 아니었다. 그는 평화의 왕으로 모든 사람에게 완전함과 구원을 주기 위해 오셨다. 하나님의 호의는 예정된 몇몇 사람에게만 제한되는 것이 아니라 하나님의 거룩한 자비를 받는 모든 사람을 위한 것이다. 예레미아스(Jeremias)에 의하면 "호의(ratzon)"는 구약 히브리어 성경에서 56번이나 쓰여졌다고 한다. 그 중에 적어도 37번은 하나님의 선하신 기쁨에 관한 것이었다.[18] "호의(ratzon)"라는 단어는 하나님의 축복과 그의 거룩한 자비를 가리키는 말이다. 신명기 33:24의 "기쁨이 되며(satisfied with goodwill)"라는 구절은 "여호와의 축복으로 충만하도다"라는 말과 대구를 이룬다. "호의(또는 기쁨)"는 여호와의 축복이다.

"호의"라는 단어는 1세기 유대인들에게 깊은 의미가 있는 말이었다. 이 단어는 신명기 3장 24절과 같은 구약성경에서만 사용된 것이 아니라, 예수님 당시의 유대 문학에서도 인간에게 자비로우심과 긍휼하심을 표현하기 원하시는 하나님의 열심을 표현하는 말로 사용되었다. "솔로몬의 시편(the Psalms of Solomon)에서도 "호의"는 하나님의 선하심을 표현하고 있다. "오, 여호와 우리 구주여, 우리와 우리 자손들에게 영원히 당신의 호의(eudokia)가 있기를 (원합니다). 저희는 (거기에서) 영원히 떠나지 않을 것입니다."[19] 거룩한 호의는 하나님의 큰 기쁨이 성취될 때에 표현된다. 그의 뜻은 이루어졌다. 그래서 주기도문에서 예수님은 그의 제자들에게 "당신의 뜻이 하늘에서 이룬 것 같이"라고 가르치셨다. "뜻"을 가리키는 이 말이 히브리어로는 라쯔온(ratzon)이다. 이 단어는 하나님의 더 높은 목적과 선한 의지를 의미하는 말로 하나님이 진정으로 원하시는 것이 무엇인지를 보여준다. 그는 사람들이 그의 평화와 구원을 경험하게 되기를 원하신다. 메시아의 탄생은 평화, 곧 하나님의 완전하심이 모든 사람에게 알려지게 된 것을 의미했다. 하나님의 자비로운 뜻은 예수님께서 오심으로 모든 인간들에게 드러났다. 그의 오심은 누가복음 2장 10절에 기록된 대로 "온 백성"을 위한 것이었다. 천사들의 노래에서 "호의(goodwill)"는 메시아 예수의 탄생에서 계시되고 있는 하나님의 거룩한 자비(God's divine favor)를 말한다. "지극히 높은 곳에서는 하나님께 영광이요, 땅 위에는 평화, 사람에게는 호의로다!"

주

1) David Flusser, "Sanktus und Gloria," in *Abraham unser Vater: Festchrift für Otto Michel zum 60. Geburtstag* (ed. O. Betz, M. Hengel, and P. Schmidt; Leiden: Brill, 1963) 129-52; reprinted now in D. Flusser, *Entdeckngen im Neuen Testament* 1.226-44. Jean Daniélou는 플루서의 접근방법에 호의적으로 동의한다, *The Infance Narratives* (New York; Herder and Herder, 1968) 63,
2) R. E. Brown의 *The Birth of the Mesiah* (New York; Doubleday, 1977/ revised 1993) 425-427.
3) 데이비드 플러서(David Flusser)가 천사의 노래의 삼중 구조를 확신 있게 주장하는 반면(각주 1 참조), 오늘날에는 이중 구조의 번역이 더 많이 받아들여지고 있는 실정이다. 이러한 입장에 있는 사람들은 많은 연구를 했는데, 그 예로 E. Vogt의 *The Scrolls and the New Testament* (ed. K. Stendahl; New York: Harper, 1957) 중 "눅 2:14의 Peace among Men of God's Good Pleasure" 114-17이나 휘츠마이어(J. A. Fitzmyer)의 *Theological Studies* 19 (1958) 225-27의 "Peace upon Earth among Men of His Good Will"(눅 2:14), 랜디 부쓰(Randy Buth)의 *Jerusalem Perspective* (1989. 11/12월호) 6-7의 "The Sons of His Will"을 참고하라. 휘츠마이어는 후자의 입장에 대한 자신의 견해를 분명하게 제시하고 있다. 또한 휘츠마이어의 훌륭한 주석 [The Gospel according to Luke](AB 28; New York: Doubleday, 1981) 1.410-12도 참고하라. 그러나 위의 연구 중 어느 것도 눅 2:14의 삼중 구조를 받아들이게 하기 위해 플러서가 제시하는 증거들을 다루지 않고 있다. 최근의 소논문으로는 플러서의 논문 일부분만이 제시될 수 있을 것이다.
4) 창 18:10; 21:1-3을 보라. 이스마엘에 관하여는 창 16:11을 보라.
5) 데이비드 더브(David Daube)의 *The New Testament and Rabinic Judaism* (Peabody: Hendrickson, [1956] 1994) 5-9를 읽어보라. 알랜 켄스키(Allen Kensky)의 훌륭하고 흥미 있는 연구인 "Moses and Jesus: The Birth of a Savior"

Judaism 42 (1993) 43-49도 함께 참고하라.
6) 눅 2:25-38 참고
7) B. *Megillah* 14a and see parallel traditions b. *sotah* 13a; Mechilta de Rabbi Simeon bar Yochai on Exodus 15:20 (Epstein and Melamed, p. 100); Exodus Rabbah 1:22; Numbers Rabbah 13:19; Midrash mishle 14.
8) 예수님에 관한 기사와 유사한 자료들이 세례 요한의 생애에 관한 기록에 사용되었다거나, 그의 제자들에 의해 그 자료가 돌고 돌았다고 해도 이는 결코 놀랄 만한 것이 아니다. 세례 요한의 출생에 관한 이야기들은 예수님의 생애에 관한 본문의 일부분이 되었을 수 있다. 누가복음의 앞부분에서, 누가는 그가 그에게 예수 그리스도의 생애를 이해하게 해주는 모든 이용 가능한 자료들을 사용했다고 말하고 있다. 세례 요한의 자료가 수세기 동안 남아있지 않았다고 하더라도, 그러한 문학 작품은 그 당시 사람들에게는 널리 퍼져있었을 것이다.
9) Fitzmyer, *Luke* 1.408에서 바로 지적한 대로, "메시야 탄생의 소식은 종교적 또는 세속적 지도자들에게 먼저 알리지 않으시고, 여러 다른 일들로 바쁜 그 땅의 천민들에게 알려주셨다." 그 기쁜 소식은 존귀하고 막강한 권세자들에게 알려진 것이 아니라 평범한 백성들에게 주어졌다.
10) 죠셉 프랭코빅(Joseph Frankovic)은 천사의 찬송의 우주적인 메시지라는 것은 천사들이 불확실한 사람들로 여겨진 천한 목동들에게 나타났다는 사실로 입증된다고 주장했다. 당시의 분위기에서 목동들이 "기뻐하심을 입은 사람들(선택받은 사람들-역자 주)"로 인정될 수 있었겠는가? "기뻐하심을 입은 사람들"이라는 말은 차라리 목동들에게보다는 동방박사들에게 더 잘 어울리는 말이다.
11) 사본의 증거에 대한 고찰에 대하여는 브루스 메쯔거의 *A Textual Commentary on the Greek New Testament* (New York:United Bible Societies, 1975) 133과 휘쯔마이어의 [Luke] 1.411을 보라. 메쯔거와 휘쯔마이어 모두 두 부분으로 나누어지는 해석에 대하여 사본 고찰을 통하여 강하게 주장하고 있다.
12) 플러서의 연구 pp. 130, 149를 참고하라.
13) B. Metzgre, *Textual Commentary* 133. 두 문서 모두 히브리어로는 분명히 가능하다. 그러나 종교적인 목적을 위한 소종파의 의도가 사해 사본의 히브리 단어 뒤에 숨겨져 있다. 히브리어 *ratzon lebene adam*의 보다 정확한 재현은 천사들의 노래의 삼중 본문으로 더 잘 이루어질 것이다.
14) 눅 2:10의 "온 백성에게"라는 구절(*panti to lao*(헬), *lakol haam*(히))은 "기뻐하심을 입은 사람"로 제한되지 않고 적어도 모든 이스라엘 백성을 향해 열려있다.

눅 2:10 "내가 온 백성에게 미칠 큰 기쁨의 좋은 소식을 너희에게 전하노라"는 주의 천사의 말 속에서 드러나는 대로, "온 백성"은 곧 구원사 속에서의 모든 열방을 가리키고 있다.

15) 적어도, 눅 2:10의 구절 "온 백성에게"(헬, panti to lao / 히, lakol haam)은 출판되지 않은 사해 사본 4Q 418(PAM 41.908: E. Tov와 Stephan J. Pfann 공저 *The Dead Sea Scrolls on Micrfiche* Leiden: Brill, 1993과 R. Eisenman 과 J. Robinson의 *A Facsimile Edition of the Dead Sea Scrolls* Washington D. C.: Biblical Archaeology Society, 1991, vol.1, plate 506에서만 나타난다. "기뻐하심을 입은 사람"(meanshe ratzon)이라는 구절(문자적으로 해석하면 "호의의 사람들로부터")은 출간되지 않은 사해 사본 4Q418(PAM 41.908: E. Tov 과 Stephan J. Pfann 공저의 *The Dead Sea Scrolls on Microfiche*, Leiden: Brill, 1993과 R. Eiseman과 J. Robinson의 *A Facsimile Edition of the Dead Sea Scrolls,* Washington, D.C. : Biblical Archaeology Society, 1991, vol.1, 506)을 보라. *Thanksgiving Scroll* 전에 출판된 사본 중에 있는 "당신의 호의의 아들들"(bene ratzonchah)(1QH 4.32f., 11.9)와 "호의의 선택을 받은 사람들" (bachire ratzon)(1QH 8.6)이라는 표현을 보고 많은 학자들은 "기뻐하심을 입은 사람들(men of goodwill)"이라는 표현을 히브리어의 관용적 표현이라고 생각하게 만들었다. 그러나 이러한 조어(造語)는 사해 사본에 배타적인 신학과 소종파적 색채가 짙게 깔려있음을 반영해주고 있다. 종종, 데이비드 플러서는 내게 사적인 자리에서 "내 견해로는, '기뻐하심을 입은 사람' 같은 구절은 히브리어로 만들어질 수 없는 말이라고 생각 한다"고 했다. 사해 사본에 나오는 모든 구절들이 반드시 훌륭한 히브리 표현이 되어야 한다는 것도 있을 수 없다. 브루스 메쯔거는 "사해 사본이 발견되기 전에는 '하나님의 선하신 기쁨의 사람(men of God's good pleasure)'이라는 표현이 히브리어의 표현에서 전혀 불가능한 것은 아니지만, 일반적이지 않은 것으로 여겨졌다"고 했다(메쯔거, [Textual Commentary], 133). 사해 사본상의 증거는 가능한 모든 통찰을 가지고 평가되어야 한다. 나는 "기뻐하심을 입은 사람"이라는 구절이 히브리어에서 전혀 불가능한 것은 아니라고 해도 매우 있기 어려운 표현이라고 하는 플러서의 의견에 동의한다. 사해 사본들은 사해 종파의 신학적인 윤곽을 반영하고 있으며, 이 독특한 히브리 조어에는 다소 억지가 있는 듯하다. 그들은 기뻐하심을 입은 사람들을 구원받기로 예정된 공동체의 빛의 아들들로 보았다. 그러나 고대 유대의 가르침에서는 '하나님의 호의(God's goodwill)'이라고 하는 표현이 더 잘 쓰여질 수 있었다.

16) 예를 들어, (1) 제사장 (2) 레위인 (3) 사마리아인-이렇게 삼중 구조를 취하는 선한 사마리아인의 비유와 같이, 이야기들의 삼중 구조는 그 논점을 중 명한다기보다는 눅 2:14을 "사람에게는 호의"로 번역하는 것을 지지한다(출 20:4 참조). 비유에 관한 연구로는, H. McArthur와 R. Johnson의 책 *They also Taught in Parables* (Grand Rapids: Zondervan, 1990) 132-34.을 보라.
17) 특별히 Flusser, "Sanktus und Gloria" 151을 보라.
18) J. Jeremias, "Anthropoi eudokias(Lc 2. 14)" *Zeitschrift fur die neutestamentliche Wissenschaft* 28 (1929) 13-20.(특별히 p.16)을 보라.
19) 솔로몬의 시편 8:39. R.H. Charles, *Apocypha and Pseudepigrapha of the Old Testament* (Charendon: Oxford, 1977) 2. 642.를 보라. 대부분의 권위 있는 학자들은 솔로몬의 시편이 본래 히브리어로 기록되었다가 헬라어로 번역된 것이라고 보고 있다. R. Wright, *The Old Testament Pseudepigrapha*(ed. J. Charlesworth; New York: Doubleday, 1985) 2.640.의 "Psalms of Solomon"도 참고하라.

2

메시아의 세례

예수님의 생애에 관해 널리 읽혀지는 유명한 책 중의 하나인 데이비드 프리드리히 스트라우스(David Friedrich Strauss)의 책 (1835)에서, 저자는 예수께서 그의 죄를 회개하고 정결해지실 필요를 느끼셨기 때문에 세례를 받았다고 주장했다.[1] 결국, 요한의 세례는 회개를 위한 것이었다. 과연 예수님이 요한에게 세례를 받으신 이유는 무엇인가? 스트라우스의 주장과는 정반대로, 신약 성경은 예수님을 죄 없으신 분, 하나님의 기름 부음을 받은 자로 묘사하고 있다. 게다가, 예수님의 세례에 관한 복음서의 기사들은 예수께서 세례 받으신 이유에 관하여 이야기하기 보다는 세례 사건을 둘러싸고 일어난 일들과 하늘로부터 들린 음성에 관심을 집중하고 있다.[2] 이제 랍비 문서나 1세기 유대 역사가 요세푸스 저작에 대한 깊은 연구와 사해 사본의 연구를 통해 우리는 예수님의 세례 기사를 새롭게 볼 수 있게 되었다.[3] 보다 올바른 안목을 갖기 위해 우리는 1세기 유대인의 눈으로 이 사건을 보아야 한다.

예수와 성령

예수의 세례의 참된 의미는 하늘의 음성을 통하여 주어진 힘 있는 메시지와 그 사건에 대한 구체적인 설명을 통하여 드러난다. 이 점에 있어서는 누가가 큰 영향을 미치고 있다. 왜냐하면 누가는 공관복음서 기자들 중에서, 예수가 하나님의 아들이심을 가장 잘 강조하고 있기 때문이다. 앞으로 살펴보게 되겠지만, 헬라어 원문에 보다 충실한 모펫(Moffatt) 역은 시편 2장 7절 이면에 숨어있는 메시야 사상을 직접 인용하고 있다. "너는 내 아들이라 오늘날 내가 너를 낳았도다." 그러므로 이 장에서는 유대적 배경의 이해를 가지고 예수님의 생애에서 가장 중요한 세례 사건을 고찰하게 될 것이다. 유대 자료들은 1세기 이스라엘의 형편과 예수님이 받으신 세례의 깊은 의미를 보다 분명하게 전달해주고 있다. 스트라우스의 책으로부터 한 가지 사실은 확실하다: 세례 요한이 복음서 기사의 중심적 인물이라는 것, 세례 요한이 백성들에게 회개하고 물세례를 받으라고 선포하였다는 것, 그리고 그의 사역은 광야에서 논쟁을 불러일으키면서 장차 '오실 이'의 길을 준비했다는 것이다.

세례 요한과 사해 사본

복음서는 더 큰 이가 오실 것에 대해 선포했던 열정적인 히브리 선지자로 세례 요한을 묘사하고 있다. 요한은 죄를 미워했다. 그는 그의 메시지를 듣는 모든 사람들의 마음을 뜨겁게 감동시켜서 거룩함을 추구하도록 했다. 그는 요단강으로 와서 회개의 세례를 받으라고 백성들을 권하였다.

최근 사해 사본은 요한의 사상에 대한 풍부한 통찰력을 더해주고 있다. 고대 사본들 중에는 사해 공동체에 새로 가입하는 사람들에 대한 특별한 규율들을 약술하는 문서들도 나오고 있다. 그들은 고된 훈련, 힘든 시험과 엄격한 심사 등을 거쳐, 정식 회원이 되기까지 여러 가지로 "빛의 자녀"로서 자신들의 거룩함과 선택받은 것에 대해 증명해 보여야 했다. 예를 들면,

입 회원들은 사해 분파 집단의 일원으로 받아들여지기 전에 자기의 재산을 모두 포기하고 그 모든 재산을 공동체에 헌납해야 했다. 또한 쿰란 공동체 회원들은 세례를 베풀기도 했다.

세례에 대한 그들의 견해에 따르면, 개개인은 세례 의식에서 물에 잠기기(ritual immersion) 전에 먼저 거룩해야만 했다. 개인적인 경건과 거룩함을 통하여 심령의 깨끗함을 얻지 못한다면, 세례로써 육체를 정결하게 할 수는 없었다. 사해 분파는 의식(儀式)적인 순결을 강조하였고 침례를 행하였다. 예수와 성령 고고학자들은 사해 분파의 본거지로 여겨지는 텔 쿰란(Tel Qumran)에서 많은 침례 장소들을 발견했다. 이 많은 침례 장소들은 유대의 종교법에서 규정하는 규칙에 따라 만들어졌다.

쿰란에서 세례받기를 원하는 개인들은 물속으로 들어가기 전에 먼저 죄로부터 정결해야만 했다. "그들이 자기들의 죄악으로부터 돌아서지 않았다면…… 물속으로 들어가서는 안 된다: 하나님의 말씀을 범하는 자들은 모두 정결치 못하기 때문이다."[5] 모든 회원들에게 분파의 가르침의 진리를 깨달아야 할 것과, 하나님께로 돌아와서 공동체의 율법 해석에 따른 계명들을 지켜야 할 것이 요구되었다. 세례는 공동체의 기준에 따른 바른 삶을 살지 못하는 사람들에게는 주어질 수 없었다. 세례를 통하여 정결해지기를 원하는 모든 사람들에게 "공동체의 규범"은 법이 되었다.

> 그는 온전한 사람으로 인정되지 못할 것이다. 그는 어떤 속죄를 통하여서도 정결하게 되지 못할 것이며, 정결하게 하는 세례를 통해서도 깨끗하게 되지 못할 것이다. 강이나 바다도 그를 거룩하게 할 수 없고 아무리 목욕을 해도 씻겨지지 않을 것이다. 불결함, 그는 불결하게 될 것이다. 그가 하나님의 교훈을 무시하는 한 그는 하나님의 뜻 안에 있는 공동체 내에서 어떤 가르침도 받지 못할 것이다.[6]

'강과 바다의 깨끗하게 하는 물'이라는 구절에 주목해 보라. 유대 미쉬나(Mishnah)의 교훈에서, 침례식 용으로서 정결하게 하는 최고의 생수는 강이나 바닷물이라고 정의하고 있다(m. Mikvaot 1:6). 사람들은 빗물이나 강물을 모아서 만든 생수에 잠기게 되어있었다. 이와 유사하게, 세례 요한도 생수로 여겨졌던 강에서 세례를 주었다. 사해 분파가 세례 전에 종교적 정결함을 요구했다는 사실도 중요하다. 세례를 원하는 사람들은 침례식 때 물에 들어가기에 앞서서 먼저 죄악으로부터 돌이켜야만 했다. 사해 공동체에 있어서 회개는 침례보다 선행되는 것이었다.

세례 요한도 같은 기준을 제시했다. 세례를 원하는 자는 먼저 죄로부터 돌이켜서 정결한 마음으로 물로 나아와야 했다. 회개는 세례로 가는 길을 준비하는 것이었다. 그러한 점에서 예수의 정결한 삶은 장애물이 아니라 오히려 요한의 세례에 반드시 필요한 것이었다. 요세푸스는 요한의 가르침에서 세례가 몸을 정결하게 한다면, 회개는 영혼을 정결하게 하는 것이었다고 기록했다. 요세푸스는 세례 요한에 관하여 이렇게 증언하고 있다:

> 헤롯은 그(세례 요한)를 잡아 죽였지만, 요한은 의로운 인물이었다. 그는 유대인에게 서로 의를 행하고 살 것과 하나님 앞에서 경건하게 살 것을 강조하면서, 그렇게 하고야 비로소 세례를 받으라고 주장하였다. 요한의 견해로 이것은 세례가 하나님에게 받아들여지기 위해서 필요한 예비행위였다. 범한 죄를 용서받기 위해서가 아니라 이미 바른 행위에 의해 영혼이 완전히 정결하게 되었음을 암시하는 몸의 구별로서 세례를 받아야 한다.[7]

요한은 백성들에게 경건하고 올곧은 행동과 삶을 촉구했다. 세례 요한의 활동의 중심지는 텔(Tel) 쿰란이나 사해 사본이 발견된 동굴들과 지리적으로 근접해 있었다. 게다가 세례에 대한 세례 요한의 신학적인 이해는 사해 종파가 가지고 있었던 그것과 유사한 것으로 보인다. 요한은 사해 공동체의 회원이었을까? 학자들은 이 문제를 놓고 논쟁을 벌이고 있다. 여하튼 세례 요한과 사해 분파 사이에는 많은 유사점이 있는 것이 사실이다. 그럼에도 불구하고 둘 사이에는 뚜렷한 차이점이 있다. 예를 들면, 누가는 광야로 가서 세례 요한의 설교를 듣고 죄를 회개했던 세리와 군인들에 대해 기록하고 있다.

사해 공동체의 중심지는 요한이 활동하던 곳과 가까이 있었다. 사해 공동체의 회원이 되기 원하는 세리나 군인들은 모든 재산을 팔고 사회를 떠나 거룩한 단체의 금욕적인 삶에 동참해야 했다. 견습생으로서의 수련 기간을 통해 그들의 참됨이 증명되면 그들은 공동체의 회원으로 받아들여졌다. 그러나 누가에 따르면, 세례 요한은 죄 사함을 열망했던 사람들에게 다른 해답을 주었다. 세리들이 요한에게 "우리는 무엇을 하리이까?" 하고 물었을 때 그들은 회개를 통한 하나님과의 바른 관계를 추구하고 있었다. 그들은 하늘 아버지와의 바른 관계를 새롭게 하기를 원했다. 세례 요한은 그들에게 이렇게 말했다. "부과된 것 외에는 거두지 말라"(눅 3:13). 군인들도 요한에게 같은 질문을 했다. "우리는 무엇을 하리이까?" 그러자 요한은 "사람에게서 강탈하지 말며 거짓으로 고발하지 말고 받는 급료를 족한 줄로 알라"(눅 3:14)고 권면했다. 요한은 '문제가 될 것 같은 직업'을 그만 두거나 사회를 떠나라고 말하지 않음으로써 쿰란의 종교 공동체들과는 현격한 대조를 이루었다. 요한은 그들이 자신들의 모든 재산을 팔아 광야에서 마지막 날을 기다리는 제자들의 단체에 들어와야 한다고 요구하지 않았다. 그 대신 그의 예언적인 메시지는 백성들로 하여금 사회의 한 가운데에서 거룩한 삶을 살 것을 요구했다. 쿰란의 종교적 사고방식은 요한의 이러한 접근을 용납할 수 없을 것이다. 그들은 구원이 자기들의 금욕적인 제자의 삶에 참여하는 선택된 소수에게만 예비 된 것이라고 믿었다. 그들에게 있어서 구원이란 참 빛의 아들로서 자기 자신을 드러낸 사람들에게만 주어지는 것이었다. 그 외의 모든 사람들은 거부되어야 했다.[8]

이러한 차이점에도 불구하고, 적어도 세례에 대한 요한의 의견은 사해 공동체의 가르침과 일치했다. 아마도 요한은 그들의 교리를 잘 알고 있었던 것 같다. 어쩌면 요한은 한 때 그 분파의 회원이었는지도 모른다. 그러나 세례 요한은 이 분파가 가지고 있었던 배타적인 자세와 증오의 감정들을 거부하였고, 그러한 요한의 거부는 분파 운동과 요한을 직접적으로 연관시키는 것을 불가능하게 만든다. 세례 요한은 의에 대한 열정을 가지고 있었다. 그는 하나님의 은총(favor)을 "모든" 이스라엘에게 선포했다. 불의함에서 돌이키는 자에게 세례를 주면서 백성들에게 설교하는 사역을 하던 세례 요한은 결코 사해 종파의 일원이 아니었다. 그는 결코 쿰란 종파의 배타적인 교리를 받아들이지 않았을 것이다. 세례 요한은 선지자로서 모든 사람에게 회개를 요구했다. 나아가서 그는 모든 빛의 아들들에게 혹은 어둠의 아들들에게 '미리 지어진 운명'이 있다는 사실보다는 '개인의 선택'을 중요시했다. 세례 요한은 다가오는 심판 전에 그들의 삶을 다시 새롭게 하기를 원하는 모든 자들에게 하나님의 선하심을 증거 했다. 요한은 그의 메시지를 받아들인 모든 사람들에게 매일 매일의 삶 속에서 구속을 힘입어 거룩한 삶을 살면서, 사회의 각 분야에서 영향력을 미치며 활동할 것을 당부했다.

세례 요한과 예수

예수는 세례 받기 위해 세례 요한에게 나아갔다. 누가는 모든 백성이 다 세례를 받은 것처럼 예수도 세례 받은 것으로 기록하고 있다. 그러나 세례에 대한 누가의 설명 중 가장 특이한 것은 하나님의 음성이다. 마태복음과 요한복음만이 예수가 세례 받으신 이유에 대한 암시를 주고 있다.[9] 마태는 예수와 세례 요한 사이의 상호 관계에 대하여 좀 더 많은 정보를 주고 있다. 마태복음에서 세례 요한은 오히려 예수에게 세례를 베풀어달라고 청하였다. 그러나 예수는 자신도 세례 받아야 할 것을 끝까지 주장하였다. 그는 모든 의를 이루는 것이 합당하다고 말씀하였다. 그는 다른 인간이 가지는 모든 필요를 동일하게 느꼈고, 요한의 예언적 사역으로 이미 시작된 구속의 과정을 확증하기 위하여 세례를 받은 것이다. 누가의 기록은 이를 확증해 주고 있다. 예수는 뭇 백성들과 함께 하였다. 그는 완전한 인간이셨다.

세례 사건을 기록한 누가복음의 모펫 역은 예수와 그의 특별한 사명을 기록한 중요 헬라어 사본들에 충실한 번역본이다. 우리는 고대 유대교를 염두에 두고 예수의 세례에 대한 누가의 설명을 주의 깊게 살펴보아야 한다.

> 이제 모든 백성이 세례를 받았을 때, 그리고 예수님께서 세례를 받고 기도하실 때에, 하늘이 열리고 성령이 형체로 비둘기처럼 그에게 임하셨다. 그리고 하늘에서부터 음성이 들려왔다. "너는 내 아들, 내 사랑하는 자, 내가 오늘 너의 아버지가 되었도다(Thou art my son, the Beloved, to-day have I became your father)." (눅 3:21-22, 모펫 역)

음성과 메시지

모펫 역에서 묘사하는 음성(voice)은 시편 2장 7절("너는 내 아들이라 오늘날 내가 너를 낳았도다")과 이사야서 42장 1절("나의 택한—")을 인용한다. 이사야서 42:1의 "나의 택한(히브리어로 bachiri)"이라는 말은 "나의 사랑하는"과 유사한 말이다. 실제로 모펫의 번역에서 문제 구절의 음성을 원문에 더 가깝게 번역한다면 아래와 같이 될 것이다:

"너는 내 아들, 나의 택한 자, 오늘날 내가 너를 낳았도다(You are my son, the chosen, today I have brought you forth)."

이 번역은 히브리어 성경을 읽는 듯한 착각을 일으키게 한다. 이 번역은 산상에서의 변화시 들린 음성과 시편 2장 7절과 이사야 42장 1절을 암시하는 예수의 세례 사건의 본문에 대한 서구적 해석 사이에 뚜렷한 차이가 있음을 보여준다.[10] 일부 교부들은 누가복음에서 시편 2장 7절의 인용이 사람들로 하여금 오해를 불러일으킬지도 모른다고 걱정하였음에 틀림없다. 그들은 그 구절이 '예수님께서 세례 받으실 때에 하나님의 아들로 입양되었다'는 가르침으로 오해될까봐 두려워했다. 예수는 단순히 선한 사람이었고, 그의 개인적인 경건 때문에 하나님의 아들로 입양 되었다라고 주장하는 양자론은 초대 교회 지도자들에 의하여 거부되었기 때문이다. 그러나 시편 2장 7절의 인용은 조직신학의 양자론(養子論, Adoptionism)과는 아무런 관련이 없음을 알아야 한다.

히브리 사상에서, 시편 2편은 여호와의 기름부음 받은 자에 대한 기록이다. 이것은 메시아 예언의 글로서, 하나님의 기름부음 받은 자를 일컫는 것이다. 시편 2편은 "너는 내 아들이라 오늘날 내가 너를 낳았도다"라고 선포한다. 본래 그것은 백성들에게 자유를 가져다 줄 하나님의 대리인으로서 이스라엘의 왕에 대한 언급이었을 것이다. 백성들은 그 아들이 왕으로서 섬기는 하나님에 의하여 보호되었고 보존되었다. 그러나 예수 당시, '아들'은 하나님의 구원 계획을 성취할 미래의 구원자로 여겨졌다. 그는 백성들에게 변화를 가져다 줄 하나님의 대리인으로 나타날 것이다. 그는 인간의 필요를 채워주기 위해 치유하고 온전하게 하는 사역을 행할 것이다.

세례 때에 들린 시편 2장 7절의 더 나은 번역은 통상적으로 "내가 너를 낳았도다(I have begotton thee)"로 번역되는 히브리어 동사를 "내가 너를 이끌어내어 생기게 하였도다(I have brought thee forth)"라고 표현할 수 있다.[11] 하나님은 아이를 나오게 하여 세상 모든 사람들이 볼 수 있도록 해주는 산파와도 같다. 예수는 세례 때 하나님의 아들이 된 것이 아니다. 그러나 바로 그 세례 때에 예수가 모든 사람에게 그 모습을 드러내었다. 그 이야기를 듣는 모든 사람들은 하늘의 음성과 그 메시지로 인해 두려움과 경이로움을 느끼도록 초청된다. 그 음성은 히브리 성경의 위대한 두 구절을 암시하고 있다. 첫째는 시편 2장 7절로, 이는 하나님께서 백성에게 구원을 가져올 하나님의 기름 부음 받은 자를 묘사한다고 믿어지는 구절이다. 시편 2장 2절에서, 시편 기자는 "세상의 군왕들이 나서며 ... 여호와와 그 기름부음 받은 자(히, mashicho)를 대적하며"라고 설명한다. 두 번째 본문은 이사야 42장 1절로써 이 본문도 여호와의 기름부음 받은 종으로서 선택받은 자에 관하여 이야기한다. "보라, 내가 붙드는 나의 종, 내 마음에 기뻐하는 나의 택한 사람을 보라 내가 나의 신을 그에게 주었은즉 그가 이방에 공의를 베풀리라." 두 번째 본문은 예수의 세례를 이해하는 데 중요하다. 이 구절은 사역을 위한 성령의 권능부여에 대하여 말하고 있다. 예수는 세례 시에 백성들에게 나타나셨고, 그의 어려운 사명을 이루기 위하여 성령의 권능을 받으셨다.

성령과 메시아

유대적 배경은 예수의 생애에 있어 중요한 이 세례사건을 우리가 더욱 풍부하게 이해할 수 있도록 해준다. 하늘로부터 음성이 들렸다고 하는 것은 그 당시에 흔히 알려진 일들임을 기억해야 한다. 랍비 문서에서 '딸의 음성(a daughter voice, 히 bat kol)'으로 언급되는 울리는 음성(an echo voice)은 때때로 비둘기의 우는 소리나 새의 지저귀는 소리에 비유되었다.[12] 어떤 랍비들은 그것이 바로 하나님의 음성의 메아리(an echo)였다고 생각했다. 후기 선지자들의 사역의 쇠퇴와 함께, 백성들은 딸의 음성으로부터의 인도하심에 의지하였다. 최후 구속의 선지자가 나타날 때, 성령은 다시 돌아올 것이고 예언은 백성들을 위하여 갱신될 것이다. 그 후에야 구속과정이 강력하게 추진될 것이다.

유대 문학에서 하늘의 음성은 때때로 하나님의 뜻을 선포한다. 유명한 랍비 요세(Jose)의 이야기는 탈무드에서 잘 알려진 이야기이다.

> 랍비 요세가 말한다. 나는 길을 가고 있었다. 나는 기도하기 위하여 폐허가 된 예루살렘의 한 건물로 들어갔다. 거기에서 복되신 분 엘리야가 나타나서 내가 기도를 마칠 때까지 문 앞에서 나를 기다렸다. 기도를 마치자, 그는 내게 말했다. "당신에게 평화가 있기를. 내 주와 선생이여!" 그리고 또 "내 아들아, 왜 네가 이 폐허 속으로 들어왔느냐?"고 물었다. 그래서 나는 "기도하기 위해서 입니다"라고 대답했다. 그러자 그는 다시, "너는 길에서 기도해야 한다"고 했다. 그래서 나는 다시 물었다. "지나가는 행인들이 제 기도를 방해할까 두렵습니다." 그러자 그는, "너는 약술된 언어로 기도해야 한다"고 말했다. 그래서 나는 그에게 세 가지를 배웠다. 우리는 절대 폐허가 된 건물로 들어가면 안 된다는 것과 길 위에서 기도해야 한다는 것, 그리고 축약된 기도를 암송해야 한다는 것이다. 그는 또 이렇게 말했다. "내 아들아 이 폐허 속에서 무슨 소리를 들었느냐?" 그래서 나는 비둘기처럼 우는 하나님의 음성; "화로다 자녀들아 내가 너희들의 죄로 인하여 내 집을 무너뜨렸고, 내 성전을 불태웠으며 너희들을 열방 가운데 흩었도다" 라고 하는 음성을 들었다고 대답하였다.[13]

복음서에 기록된 예수의 세례 사건에서와 같이, 랍비 요세는 기도시간에 하나님의 음성을 들었다. 예수가 세례 받으실 때, 성령이 비둘기 같이 예수에게 임하였다. 하늘의 음성은 예수의 사명을 선포했다. 랍비 요세도 기도 시간에 중요한 메시지를 전해주는 음성을 들었다. 그 음성은 비둘기 우는 소리에 비유되었다. 그 메시지는 거룩한 성 예루살렘을 폐허로 남겨놓은 성전 파괴의 국가적인 재앙을 다루고 있다. 이 이야기는 하늘에서 들린 음성과 비둘기 우는 소리 같은 서술적인 요소가 후기 고대(late antiquity)의 유대 문학에도 나타났음을 보여준다.

대중적인 믿음과는 반대로 유대사상에서 비둘기가 언제나 성령님과 관계되지는 않는다. 랍비 요세 이야기에서, 비둘기 우는 소리는 울리는 음성(the echo voice)의 소리를 묘사한다. 종종 비둘기는 이스라엘 백성을 가리키기도 했다.[14] 호세아 선지자는 유대 백성들을 비둘기에 비유했다. 이집트가 그들을 취했지만, 하나님께서는 그의 백성들을 구원하실 계획을 가지고 계셨다. 쫓겨난 비둘기는 집으로 돌아오게 될 것이었다(호 11:11). 그러나 랍비 시므온 벤 조마(Simeon ben Zoma)의 경우처럼, 어떤 랍비 이야기에서는 성령의 움직임을 비둘기의 그것과 비교함으로써 천지창조 동안 하나님의 영의 활동을 묘사하고 있다. 창세기의 창조 기사에서, 성령은 수면 위에 운행(히, merachefet)하셨다고 기록되어 있다.

랍비 시므온 벤 조마는 그 구절을 묵상한 후 자신이 이해한 것을 이렇게 설명하고 있다.

> "나는 창조를 깊이 묵상하고 있었다[그리고 결론에 이르렀다]. 위와 아래의 물들 사이에는 좁은 공간이 있다(there is but two or three finger breaths)"고 그(조마)는 대답했다. "왜냐하면 여기에 '그리고 하나님의 신'이 날았다(blew)고 쓰여 있지 않고, 마치 비둘기가 날개 짓을 치며 [그가 운행하는 둥지 위를] 닿듯 말듯하게 나는 것처럼 '운행하였다'고 쓰여져 있기 때문이다."[15]

랍비 조마는 창조의 이야기를 다루면서 그 깊은 의미를 생각했다. 성령은 둥지 위를 날아다니는 비둘기처럼 수면 위에 운행하셨다. 이 이야기를 가지고 유대 사상에서 성령은 비둘기로만 상징된다고 결론을 내리는 것은 잘못이다. 그러나 성령의 움직이심은 비둘기가 날갯짓을 하며 자기 둥지

위를 은혜스럽게 날아다니는 것에 비교될 수 있다.

　아마도 이것이 예수의 세례의 핵심일 것이다. 성령 강림 현상은 흔히 생각하는 상징적 의미보다 더 큰 의미를 지니고 있다. 하나님의 영은 움직이고 계시며 예수에게 권능을 수여하고 계시다. 마치 비둘기가 그에게 하강하는 것과 같이 인간 경험의 차원에서 그것은 너무도 확실하고 실제적이다. 사역을 위한 성령의 권능수여는 예수의 세례에서 가장 중요하다. 비록 때때로 비둘기가 성령이나 이스라엘 백성을 상징한다고 생각되었지만, 그것은 실제로 초자연적인 영역으로 우리의 시야를 열어준다. 비둘기의 출현은 성령 강림의 중대한 사역 때문에 경외심을 더해 준다. 하나님은 사역을 위해 예수에게 권능을 수여하셨다.

　랍비들은 종종 메시아의 오심과 성령의 강림을 연결해서 생각했다. 하나님의 기름부음을 받은 자는 그 사명을 완성하기 위해 하나님의 권능을 받을 것이다. 흥미 있는 것은, 고대 랍비들이 천지 창조 때의 성령의 사역을 논할 때조차, 메시아를 의미하는 구절들을 통해 구속이 전개되고 있음을 암시하고 있다고 생각했다. 그들은 "하나님의 영은 수면에 운행하시니라"는 창세기의 구절을 이렇게 해석했다. '하나님의 영은 수면에 운행하셨다'는 구절은 '여호와의 영이 그 위에 강림하시리니' (사 11:2)[16] 라고 했을 때의 그 '메시아의 영'을 암시하고 있다. 랍비들은 창세기 1장 2절의 "하나님의 영은 수면위에 운행하시니라"는 구절을 이렇게 창조적인 해석으로 풀어서 읽었다. 그리고 그들은 그 구절이 이사야 11장 2절의 "여호와의 영이 그 위에 강림하시리니"라는 말씀과 연관이 있다고 생각했다. 랍비들에게 이사서 11장 2절의 "그(him)"는 하나님의 기름부음 받은 자 곧 약속하신 메시아 외에는 아무도 될 수 없었다. 물론 메시아 사상이 복잡하고 다양하다는 것도 기억해야 한다. 창세기 1장 2절이나 이사야 11장 2절과 같은 성경 구절들은 다양하게 해석될 수 있고, 반드시 메시아의 오심에 대한 것으로만 관련해서 생각할 수는 없다. 그럼에도 불구하고 이 본문들에 대한 메시아적 해석은 고대 유대 히브리어 성경 주석에 꾸준히 반영되었다.

하나님은 선하시다는 유대 신앙에 뿌리를 둔 메시아 사상은, 과거 역사와 미래의 운명의 인식에서부터 발전했다. 하나님께서 과거에 이스라엘 백성들을 구원하셨던 것처럼, 그는 다시 이스라엘 백성들을 건져내실 것이다. 과거에 그가 모세같이 기름부음 받은 선지자를 사용하셨던 것처럼, 미래에도 성령으로 권능을 입히신 택한 종을 사용하실 것이다. 하나님의 임재(히, Shekhinah)의 영광은 사명을 완성하도록 기름부음을 받게 될 미래의 선지자의 사역 속에서 드러나게 될 것이다. 그러나 초기 유대 가르침에 따르면, 많은 이스라엘의 현자들은 성령께서 선지자들을 통하여 말씀하시고 구원의 기적을 일으키시던 선지 시대는 끝났다고 믿었다. 성경의 후기 선지자들이 죽자, 성령도 떠나셨다고 생각했다. 딸의 음성(a daughter voice), 또는 하늘의 음성(heavenly echo)은 예언적 영감을 대신하는 것으로 여겨졌다. 성령은 예언이 갱신되는 적당한 때가 올 때까지 떠나 계신 것으로 가르쳐졌다. 그 때가 와서 백성들이 준비되면, 성령의 예언적 사역은 다시 시작될 것이라고 생각했다. 아마도 그 때는 메시아와 같은 카리스마적인 인물에 의해 시작될 것이었다. 그 때, 곧 메시아 시대에, 성령은 하나님의 큰 뜻을 이루실 것으로 여겨졌다.

우리 랍비들은 이렇게 가르쳤다; "학개, 스가랴, 말라기와 같은 마지막 선지자들이 죽자 성령(예언적의 영)은 이스라엘에게서 떠나갔다. 그러나 그들은 여전히 하늘의 음성(Bat-kol)을 들을 수 있었다. 랍비들이 여리고의 구리야(Gurya)의 집의 위층에 모였을 때, 하늘의 음성(Bat-kol)이 들렸다. "너희들 가운데 모세에게 임했던 것처럼 거룩한 임재(Shekhinah-성령)를 받을 만한 사람이 하나 있다. 그러나 너희 세대에는 이것이 임하지 않을 것이다."라고 하였다. 현인들은 그 사람을 힐렐(Hillel) 장로라고 생각했다. 그래서 그가 죽자 그들은 슬퍼하면서 말하였다. "슬프다. 경건한 사람, 겸손한 사람, 에스라의 제자여(그가 떠나갔구나)."[17]

탈무드의 이 흥미로운 이야기는 예수의 세례와 많은 유사점을 가지고 있다. 우리는 즉각적으로 성령님, 하늘의 음성, 그리고 경건한 한 인물에 대한 묘사에 주목하게 된다. 탈무드에서의 그 인물이 힐렐이라면 복음서에서의 특별한 인물은 예수다.

탈무드에서는 하늘의 음성이 현자의 무리 가운데에서 들렸다. 그들 가운데에는 모세와 같이 성령을 받을만한 사람이 하나 있다고 했다. 이 선언이 앞으로 이룰 결과들은 놀라운 것이었다. 그 이야기는 하나님의 구속 계획을 민감하게 알려주는 것처럼 보인다. 모세는 그 백성을 노예 상태로부터 구원하기 위해 사용된 하나님의 도구였다. 하나님의 영을 받은 사람마다 모세처럼 기름부음 받은 선지자의 사명을 성취해야 했다(신 18:18). 그러한 사람이 현자들 가운데 있었다. 그는 그 일을 감당할 만한 사람이었다. 비록 스가랴나 학개, 말라기 같은 선지자들이 죽은 뒤 성령 안에서 계시되는 하나님의 쉐키나가 이스라엘에서 떠나갔지만, 모세와 같은 새로운 선지자가 성령을 회복하고 백성들에게 구속을 가져다 줄 것이었다. 모든 사람들은 이러한 인물로 힐렐을 유력하게 생각했다. 그는 예언적 권능을 받을 만한 사람이었으나, 그의 세대에 이루어질 일은 아니었다. 현자들은 백성들이 준비되고 바른 지도자가 준비되면 하나님께서 구속의 사역을 시작하실 것으로 기대했다. 경건이 바로 그 이야기의 강조점이다.

이 전에 출간되지 않은 사해 사본 가운데에서, 메시아 사상에 대해 더 명확한 실체가 드러나고 있다. 와이즈(S. Wise)와 타버(J. Tabor)는 자신들이 번역한 히브리 사본 4Q287 중에서 "성령이 그의 메시아에게 임하였다(The Holy Spirit rested on His Messiah)"는 구절에 주의를 기울여 줄 것을 주장했다. 또 다른 단편 사본에서는 병든 자를 고치고 가난한 자들에게 하나님의 은총을 선포하는 메시아의 기름부음이 묘사되어 있다.[18] 이 본문을 더 잘 이해하기 위해서는 많은 연구가 필요하겠지만 사역을 위해 성령께서 권능을 더하셨다고 하는 구절은 예수의 세례에 대한 복음서의 기록을 이해하는 데 중요한 통찰력을 제공해 준다. 세례 요한은 예수에게 세례를 준다. 이 때 히브리 선지자 에스겔의 경험을 다시 생각나게 하는 사건, 곧 하늘이 열리는 사건이 일어난다(겔 1:1). 비둘기의 극적인 하강은 기적적인 사건을 동반한다. 하나님께서 말씀하셨던 것이다. 예수가 사람들에게 알려지고 그의 사역이 시작된다.

데이비드 플러서(David Flusser)는 그 사건의 배경이 고대 유대교에 있다고 본다. 예수의 경험에 수반되는 많은 특별한 현상들과 묘사적 요소들은 바로 그의 메시아적 사역을 가리킨다. 더욱이 그러한 것들은 유대 문학에서 많이 나타난다. 플러서는 "메아리치는 음성들은 당시 유대인들 사이에서 흔한 현상이었다. 그리고 자주 이 음성들은 성경 구절들을 말하는 것으로 들려졌다. 황홀한 경험과 함께 성령의 권능으로 덧입혀지는 것은 요단강에서 요한에게 세례를 받았던 사람들에게는 그다지 특별한 경험은 아닌 것 같다."고 말한다.[19] 복음서들은 유대인들을 위해서 쓰여 졌으며 유대인들의 공통된 경험을 기록하고 있다는 사실을 기억하는 것이 중요하다. 그러나 세례 때에 들린 하나님의 음성의 메시지는 예수의 특별한 사명에 집중하고 있다. 그는 하나님의 아들이고, 여호와의 권능의 종이다.

스트라우스(Strauss)는 예수가 다른 사람들과 마찬가지로 자신의 죄 때문에 세례를 필요로 했다고 주장했다. 그러나 복음서 기자들은 이 사건을 둘러싼 현상들을 강조하고 있다. 왜냐하면 그는 평범한 분이 아니기 때문이다. 길모어(A. Gilmore)는 이렇게 말했다.

> 그가 목수의 의자에 앉아서 일하신 것, 그의 피로, 배고픔, 유혹과 슬픔이 보여주는 것과 마찬가지로, 예수의 세례는 그가 얼마나 완전하게 인간의 삶 속

으로 들어오셨는지, 그가 누구인지를(He being what He was), 첫 단계가 마지막도 내포하고 있음을 보여준다. 그러한 점에서 세례는 성육신 그 자체와 마찬가지로 항상 의식적으로 예견되는 어떤 것은 아닐지라도 이미 논리적으로, 그리고 신학적으로 십자가를 내포하고 있다.

확실히 예수도 속죄의 날을 위한 모든 기도를 드리실 수 있었고, 또 유월절 제사도 드리실 수 있었다. 그는 모든 독실한 유대인들이 제 2 성전 시대에 그랬던 것처럼 종교적인 활동을 하셨다. 누가복음은 이 부분을 보다 명확하게 묘사해 주는 듯하다. 모든 백성들이 세례 받은 것처럼, 예수도 세례받기 위하여 물속에 들어가셨다. 그는 모든 인간 경험에 참여하였다.

하지만 동일시와 정체성을 혼동하지 말아야 한다. 예수는 모든 사람에게 손을 뻗치고 있으며 인간과 동일시하고 있지만 그는 또한 신비스럽고 놀라운 방법으로 하나님의 아들이시다. 예수는 어떤 사람과도 같지 않으시지만, 또한 그는 모든 인간과 같은 분이다. 시편 2장 7절에 기록된 그의 아들 됨은 하늘의 음성으로 선포되고 있다. 아들은 아버지와 같고 아버지는 아들과 같다. 우리는 예수의 생애와 가르침을 깊이 묵상하는 가운데 하나님의 은혜와 자비를 이해해야 한다. 세례 받을 때, 그는 그의 메시아 사역을 이루도록 성령의 권능으로 덧입혀졌다. 그는 상처받아서 치유가 필요한 사람들을 돕기 위한 종으로 왔다. 우리는 백성들 가운데 계신 예수를 보아야 한다. 예수는 그 백성들이 경험하는 일들을 몸소 겪었으며, 세례 요한에게 직접 세례를 받으실 정도로 모든 사람들의 필요를 자신에게도 똑같이 필요한 것으로 동일시하였던 것이다.

예수의 세례는 1세기 이스라엘의 삶의 정황 속에서 유대적 배경을 이해할 수 있도록 풍부한 통찰력을 주고 있다. 사해 사본, 요세푸스, 랍비 문학과 복음서들은 유대 백성들의 경험을 생생하게 그려주고 있다. 고대 이스라엘의 메시아 사상은 하나님의 목적을 성취하시기 위하여 성령의 권능을 받을 선지자의 오심을 내다보았다. 예수의 세례는 백성에게 나타나신 메시아와 그의 사역의 시작을 극적으로 그리고 있다. 요단강가에서, 예수는 성령의 권능을 받았다. 예수는 메시아 사역을 완성할 분이었고, 하나님의 나라는 예수의 생애와 가르침으로 앞당겨졌다.

주

1) David Friedrich Strauss, *The Life of Jesus Critically Examined* (Philadelphia: Fortress, 1972) 237-39. 스트라우스의 책은 독일어로 1835년에 출판되었지만, 예수님의 생애와 가르침에 대하여 후대의 학자들이 아직도 만족할만하게 답변하지 못한 어려운 문제들을 제기했다.
2) 마 3:13-17; 막 1:9-11; 눅 3:21-22; 요 1:29-34을 보라. 본인은 이 책에서 제임스 모펫(James Moffatt)의 훌륭한 번역 *A New Translation of the Bible* (London: Hodder & Stoughton, 1948)을 사용했다.
3) David Flusser, "The Baptism of John, and the Dead Sea Sect," eds. C. Rabin과 Y. Yadin, *Essays on the Dead Sea Scrolls* (Jerusalem: Hekhal Ha-Sefer, 1961) 209-39 (Hebrew)와 W. Brownlee, "John the Baptist in Light of the Dead Sea Scrolls" in *The Scrolls and the New Testament* (ed. Krister Stendahl; New York: Harper, 1957)을 보라.
4) 오늘 사해 공동체의 정체에 관하여는 학자들 간에 꾸준히 토론되고 있다. 개인적으로 나는 그들이 에세네파(Essenes)라고 확신한다. 최신 연구로는 Todd Beall, *Josephus' Description of the Essenes Illustrated by the Dead Sea Scrolls* (Cambridge: Cambridge University Press, 1988)과 James VanderKam, "The People of the Dead Sea Scrolls: Essenes or Sadducees?" *Bible Review* (April, 1991), VanderKam의 *The Dead Sea Scrolls Today* (Grand Rapids: Eerdmans, 1994) 71-92.
5) *The Manual of Discipline* (1QS) 5.13-15 (J. Licht's Hebrew version, 132-

33)과 G. Vermes의 영문판 *The Dead Sea Scrolls in English* (London: Penguin Books, 1988) 1QS 5, 68쪽을 보라. Vermes는 히브리 본문의 영문 번역판의 제목을 *The Manual of Discipline the Community*로 붙였다. 다음 가르침에 의해 전달되는 같은 사상과 비교해 보라, "그는 우리를 진리와 하나 되게 하시는 성결의 영에 의해 죄 사함을 받을 것이며, 그의 죄악은 의와 겸손의 영에 의해 속함을 받게 될 것이다. 정결케 하는 물이 그 육체에 뿌려지고 깨끗케 하는 물로 거룩하게 될 때, 그가 모든 하나님의 명령에 그의 영혼이 겸손하게 순종함으로써 정하게 될 것이다. Vermes, *The Dead Sea Scrolls in English*, 1QS 3.4-6, 64쪽을 참고하라.

6) G. Vermes, *The Dead Sea Scrolls in English*, 1QS 3.4-6, 64와 David Flusser, *Jesus* (New York: Herder and Herder, 1969) 25-43을 보라.
7) Josephus, Ant. 18.116ff. (18, 5, 2), Loeb edition, 80ff.
8) *Community Rule* (1QS) 1. 11, "... 그들은 모든 빛의 자녀들을 사랑할 것이며... 모든 어둠의 자식들을 증오한다..." (Vermes, The Dead Sea Scrolls in English, 62). 나는 세례 요한과 에세네 파의 관계의 이해에 도움을 준 플러서에게 사의를 표하고 싶다. Flusser, *Jesus* 25를 보라.
9) 누가는 예수님의 기도와 성령이 비둘기같이 강림한 상황에 대한 설명을 덧붙이고 있다. 마태복음에서 요한은 예수님을 설득했다. 그는 오히려 예수님이 자기에게 세례를 주어야 한다고 했다. 그러나 예수님은 이 모든 의를 이루는 것이 마땅하다고 했다. 그는 요한의 운동으로 드러난 구속의 과정을 확증했다. 요한은 '오실 이'를 선포하면서, 백성들에게 하나님께로 돌아갈 것을 촉구했다. 메시아 사상에 관하여는 Joseph Klausner, *The Messianic Idea in Israel* (New York; Macmillan, 1955)와 James Charlesworth, ed., *The Messiah* (Minneapolis: Fortress, 1992)를 참고하라.
10) 다른 번역본에서는 세례 때에 들린 하늘의 음성이 변화산에서 들린 하늘의 음성 (마 17:5; 막 9:7; 눅 9:35)과 같은 것으로 기록되어 있다. 사본상의 증거에 관하여는 *The New Testament in Greek: The Gospel according to St. Luke* (Oxford: Clarendon, 1984) 68f. 와 Bruce Metzger, *Textual Commentary* 136을 참고하라. 그러나 모펫(Moffatt)이나 본인은 메쯔거의 결론에 동의할 수 없다.
11) 저명한 히브리어와 신약 학자 Robert L. Lindsey는 이 번역을 지지했다(사적인 서신교환을 통해). 이렇게 해석하는 것은 A. Huck에 의해 받아들여지고 Heinrich

Greeven, *Synopse der drei ersten Evangelien* (Tubingen: J. C. B. Mohr, 1981)과 M. E. Boismard 와 A. Lamouille, *Synopsis Graeca Quattuor Evangeliorum* (Paris: Peeters, 1986)에 의해서도 지지되고 있다.

12) Saul Lieberman, *Hellenism in Jewish Palestine* (New York: Jewish Theological Seminary, 1962) 192-99와 Richard Steven Notley, "The Concept of the Holy Spirit in Jewish Lteratuer of the Second Temple period and 'Pre-Pauline' Christianity,"(Ph.D. diss.: Hebrew University, 1991) 160-81 을 보라. The Tosafot of b. Sanhedrin 11a regard the 'Daughter Voice' as an echo of the voice of God.

13) b. Ber. 3a를 보라.

14) 이스라엘이 이집트로부터 도망하는 것을 비둘기가 독수리로부터 도망하는 것으로 비유한 랍비의 비유를 보라. *Mechilta* on Exod 14:9-14, Lauterbach, 1.211.

15) Genesis Rabbah 2:4 (Soncino Press의 영문판, 17-18)과 Albeck's Hebrew edition, 1.16-17를 보라.

16) Ibid.

17) b. San. 11a(Soncino Press의 영문판, 46)과 j. Sotah 9.14; b. Sotah 48b, 33a; b. Yoma 9b를 보라. 문맥에서 후대의 다른 사람들 역시 하나님의 임재(Shekhinah)를 받을 만한 사람들이 있었다는 것을 기억하는 것이 중요하다.

18) S. Wise와 J. Tabor, "The Messiah Text" *Biblical Archaeology Review* (November/December, 1992) 62를 보라. Roy Blizzard는 이 본문에 대한 나의 이해에 영향을 주었다. 그는 그의 사해 사본 연구에서 고대 유대교와 히브리 성경들을 폭넓게 이해해야 한다고 주장했다(사적인 의견교환을 통해). 사실은, S. Wise와 J. Tabor의 번역에는 어느 정도의 자질이 필요하다. 대개 사본들은 단편들이며, "그의 메시아(His Messiah)"라는 번역이 누구를 의미하는지 알아내는 것은 매우 어렵다. 상상컨대, 사본들은 제사장, 선지자, 또는 왕족들 뿐만 아니라 성령으로 기름부음 받은 구속자 메시아를 가리키고 있다. 성령은 사명을 수행케 하기 위하여 개인에게 권능을 더하신다. S. Reed, M. Lundberg, E. Tov, Stephen J. Pfann, *The Dead Sea Scrolls on Microfiche* (Leiden: Brill, 1993), PAM 43.314.를 보라.

19) Flusser, *Jeeus* 29를 보라.

20) A. Gilmore의 *Christian Baptism* (London: Lutterworth, 1959) 94-95를 보라.

3

시험받으신 예수

예수가 시험받으신 사건은 요단강에서 성령이 임하셨던 사건에 뒤이어서 일어났다. 요단 강가에서의 깊은 영적 경험 후에, 예수는 악한 권세와 직접 대면하였다. 사단은 극적으로 나타나서 십자가의 고통 없이도 구속의 목적을 성취할 수 있는 기회가 있다고 예수를 유혹한다. 사실, 예수는 신성의 문제를 직면하고 있었다. 사단은 예수에게 자신을 증명해 보이라고 요구하지 않는다. 오히려 사단은 예수의 세례 시에 확증한 대로 예수가 하나님의 아들임을 증명하기 위하여 시도한다. 그 시험은 하나님과 그의 목적에 관한 것이었다. 예수가 받은 시험은 신적 성격과 메시아적 사역에 초점을 맞춘 시험이었다. 하나님은 누구이신가? 어떻게 그의 구속의 목적이 성취될 수 있을 것인가? 헬라어로 된 사단의 질문에는 실제적인 조건이 암시되어 있다. 그 질문들은 다음과 같이 번역될 수 있을 것이다; "네가 하나님의 아들이기 때문에..."[1] 예수는 사단에게 굳이 자신이 하나님의 아들인 것을 증명해 보일 필요가 없었다.

반대로, 세 가지 시험은 하나님의 본질, 완전한 신뢰를 받으실 가치가 있는 분의 정체성, 그리고 절대적인 믿음의 순종에 대해 집중되어 있다. 구약 성경에서는 하나님만이 예배와 사랑을 받으실만한 분이시다(신 6:4-5). 복음서에 기록된 예수의 시험 받은 사건은 그의 생애와 가르침에 관련된 문서들의 모든 이야기들 가운데서도 논쟁의 여지가 있는, 가장 오해될 소지가 있는 것 중의 하나이다(마 4:1-11; 막 1:12-13; 눅 4:1-13). 그럼에도 불구하고, 예수의 광야 경험은 그의 원래 사명과 그의 메시아적 사역을 정의 내리는 데 매우 중요한 단서를 제공한다. 이 단락에서 우리는 사단의 세력에 정면 대결하는 예수의 분투를 보게 된다. 우리는 이 장에서, 누가복음에 따르면, 매우 높은 성전 건물 꼭대기에서 일어났던 세 번째 시험—종종 가볍게 지나가버리는 마지막 시험인—에 관심을 집중하게 될 것이다(눅 4:9-11).[2]

요단강 세례 시, 성령의 권능을 받고 사역을 시작하라는 부르심 후에, 예수는 사단에 의해 시험받았다. 누가에 따르면 성령은 예수를 사역에 초청함과 동시에 시험받도록 광야로 인도하였다.[3] 40일 동안 금식했던 모세와 엘리야처럼, 예수도 이 준비 기간[4] 동안 하나님의 붙잡아주심을 의지하며 음식과 물을 금하였다. 광야에서 예수는 자신의 사역의 비전을 분명하게 보기 원했다. 예수가 육체적으로 연약해지자, 사단은 그를 음식으로 시험하기 위해 왔다. 다방면에서 예수는 이스라엘 백성—40년 동안 광야에서 그들의 마음 속에 있는 것을 보이기 위해 하나님께 시험받은—의 대표로 묘사된다(신 8:3-9). 세례 시에 지명된 하나님의 아들(눅 3:22, 38) 예수는 이스라엘 나라가 광야 방황을 통해 시험 가운데 들어갔던 것과 매우 흡사하게 광야로 들어간다.[5] 거기에서 예수는 악과 싸움을 치르게 된다.

> 네 하나님 여호와께서 이 사십년 동안에 너로 광야의 길을 걷게 하신 것을 기억하라 이는 너를 낮추시며 너를 시험하사 네 마음이 어떠한지 그 명령을 지키는지 아니 지키는지 알려 하심이라 너를 낮추시며 너로 주리게 하시며 또 너도 알지 못하며 네 열조도 알지 못하던 만나를 네게 먹이신 것은 사람이 떡으로만 사는 것이 아니요 여호와의 입에서 나오는 모든 말씀으로 사는 줄을 너로 알게 하려 하심이니라(신 8:2-3).

이 이야기의 배경은 유대인의 히브리 유산에서 발견된다. 예수의 제자들은 그가 시험 당한 이야기를 들으며 위에 인용된 성경 구절들을 마음속에 떠올렸을 것이다.

해석자들이 저지르는 가장 큰 오류들 중의 하나는, 그 시험이 실제로 있었던 것임을 깨닫지 못하는 것이다. 광야를 방황했던 이스라엘 백성들처럼, 예수도 시험받았다. 예수는 그들과 똑같이 넘어질 수도 있었을 것이다.[6] 사람들은 종종 예수는 돌을 떡으로 만들 수도, 세상의 권세 잡은 사단에게서 이 세상의 통치권을 받았을 수도, 만일 그가 사단의 말처럼 '믿음으로' 성전 꼭대기에서부터 자신을 죽도록 던졌더라면 천사들에 의해 구원받을 수도 있었을 것이라고 잘못 주장하곤 한다. 그러나 아무 것도 진리보다 더 나아갈 수는 없다. 그 시험은 메시아의 구속 사역을 완전히 붕괴시킬 수 있는 확실한 시험으로 보인다. 속이는 자 사단은 끊임없이 이러한 시험으로 하나님의 궁극적인 계획을 좌절시키기를 원했다.

모든 시험은 본래부터 하나님의 유일성을 부인한다. 유대의 원 청중들은 유대 백성들의 역사적인 신앙의 큰 확증인 울림, '이스라엘아 들으라(Shema Yisrael)'를 들어왔을 것이다; "이스라엘아 들으라 우리 하나님 여호와는 오직 유일한 여호와이시니"(신 6:4). 이 구절(쉐마)은 그것이 구약에 기록되어 있다고 해서 이스라엘의 시험과만 관계있는 것이 아니라, 그의 백성을 대표하고 사단과의 싸움에서 신명기 6-8장을 인용하는 하나님의 아들, 예수의 시험과도 관계있는 것이다.[7] 사단은 예수에게 자기 자신을 예배하고 자신의 권능을 인정할 것을 요구하고 있다. 그러한 행동은 이스라엘의 하나님을 부인하는 것이 될 것이며, 토라의 가르침에 정면으로 도전하는 행위가 될 것이다. 여호와는 하나이시며, 하나님 한 분만이 예배와 전적 신뢰의 대상이시다. 그 시험은 하나님이 누구신가에 대한 것이었다. 여호와는 하나님이시요, 하나님만이 예배 받으셔야 한다. 이것이 세 가지 시험들에 담긴, 보다 깊은 의미들이다.

그 시험들은 실제적이었다. 매번 예수는 아버지의 주되심을 부인하라는 시험을 받았다. 사단은 하나님께 대항하고 도전함으로써 선한 목적을 이룰 수 있을 것이라고 이야기했다. 첫 번째 시험은 하나님의 공급하심을 부인하는 것이었다. 하나님께서는 예수가 금식하는 동안 그를 붙잡아주셨다. 따라서 사단의 도전을 받아들이는 것은 하나님의 공급하심이 불충분했음을 고백하는 셈이 된다. 예수님은 말씀으로 대답하셨다; "사람이 떡으로만 살 것이 아니요". 자신들에게 만나를 공급하시는 하나님을 의지하며 사막을 방랑했던 이스라엘 백성들과 비슷한 형편이 펼쳐진다.

두 번째 시험은, 누가복음 4장 5절 이하에 의하면, 하나님의 주권에 관계된 것이다;

> 마귀가 또 예수를 이끌고 올라가서 순식간에 천하만국을 보이며 가로되 "이 모든 권세와 그 영광을 내가 네게 주리라 이것은 내게 넘겨준 것이므로 나의 원하는 자에게 주노라 그러므로 네가 만일 내게 절하면 다 네 것이 되리라"

하나님께서 모세가 죽기 전에 이스라엘 땅을 보여주셨던 것과 같이(신 34:1 이하), 마귀는 예수에게 천하만국을 다 보여주었다. 마귀는 예수가 자신을 경배하기만 하면, 그 모든 것을 예수의 통치 아래 두며, 그에게 그러한 권세의 영광을 주겠다고 약속했다. 다니엘 7장 13절 이하에 따르면 피조물에 대하여 권세를 가지실 수 있는 분은 하나님뿐이시다. 하나님만이 우주의 왕이시며, 사단의 권세는 제한적이다(욥 1:9-12 참조). 하나님의 주권에 대한 유대 개념에 의하면 사단의 그러한 주장은 잘못된 전제에 기초한 것이다. 하나님에게 속한 것을 사단이 줄 수는 없다. 따라서 이 시험의 참 본질은 하나님의 주되심을 부인하게 하려는 것이었으며 마귀를 예배함으로 우상 숭배에 빠지게 하려는 것이었다. 예수는 다시 성경 말씀으로 대답하였다(눅 4:8); "기록하기를 '네 하나님 여호와를 경외하며 그를 섬기라'(신 6:13) 하였느니라." 토라로부터의 이 인용문은 이스라엘의 쉐마(Shema)라는 더 큰 문맥 속에서 나온 것이다. "이스라엘아 들으라 우리 하나님 여호와는 오직 유일한 여호와시니"(신 6:4).

성전에서의 마지막 시험은 예수가 광야에서 받은 시험 가운데 절정을 이룬다. 예레미아스(J. Jeremias)는 예수가 이 이야기를 그의 제자들에게 한 것은 장기적인 계획 속에서 하나님의 나라를 위한 더 높은 목적을 이루는 대신에 단기간의 정치적인 성공을 받아들이지 말라는 경고를 주기 위한 것이었다고 주장했다. 그 정황은 유월절 첫날 저녁 마지막 만찬 때가 될 수 있다고 추측할 수 있다.[8] 공관복음서들은 시험받으신 기사를 기록하고 있지만, 하나같이 그 교훈이 언제 제자들에게 전해졌는지에 대해서는 침묵을 지키고 있다. 학설에 따르면, 마지막 만찬은 이 교훈이 전달된 완벽한 기회로 보여 진다. 예수의 광야 시험 이야기는 그 광야적 배경의 풍성한 비유적 표현으로 인하여 유월절 강론으로 적합했을 것이다. 예수의 죽음의 위기는 밤의 어두움 속에서 희미하게 드러났다. 메시아의 잘못된 기대로 인한 위협은 반드시 극복되어야만 했다. 제자들에게는 하나님의 나라의 일에 초점을 맞추려하기보다 정치적 야망을 따르게 될 위험성이 다분히 있었다. 열심당원들(The Zealots)은 하나님의 통치가 군사적인 저항과 활발한 정치적 투쟁을 통해 이루어질 수 있을 것이라고 믿었다. 그러나 예수는 하나님의 구속적인 권능을 통해 치유의 메시지를 선포하셨다. 하나님의 통치는 하나님 자신으로부터만 온다. 하나님의 목적을 이룰 수 있는 지름길을 찾으라는 유사한 유혹들이 앞으로도 계속 나올 수 있다.

'성전의 날개'(헬, epitopterygion, 히, kanaf)라 불리는 곳 위에 서서 이제 사단은 성경을 인용하면서 예수에게 성공할 수 있는 쉬운 길을 받아들이라고 손짓하고 있다. "성전의 날개(Wing of the temple)"를 보다 문자적으로 번역하면 "성전 꼭대기"라는 보다 친숙한 단어로 바꿀 수 있다. 기독교의 전설에 따르면 예수의 마지막 시험 장소를 헤롯 성전의 옹벽인 남동쪽 모퉁이의 성전 꼭대기로 보고 있다. 이 전통은 십중팔구 틀린 것이다. 복음서 기자들의 생각 속에 성전의 날개는 틀림없이 보다 중앙에 위치해 있었을 것이다. 아마도 예수는 보다 넓은 시야를 제공해 주었을 지성소의 가장 높은 곳에 위치해 서있었을 것이다. 아무런 고고학적 증거는 없을지라도, 임재의 날개는 그것이 잘 보이는 곳에 세워져 성전을 둘러싸고 보호하고 있었을 것이다. 여하튼 도시 위로 150피트 정도 솟아오른 안쪽 지성소에서 그 시험이 있었다면 그 곳에서의 시야가 더 좋았으리라 생각된다.[9] 예수가 그 위험한 꼭대기에서 자신을 던지셨더라면, 백성들은 예수의 움직임을 따라 몰려들었을 것이다. 하나님께서는 그를 구하셨을 것이다. 결국, 시편의 약속은 천사들이 그를 모든 해악으로부터 지킨다고 말한다. 분명히 하나님은 그를 보호하셨을 것이다. 시편 91편은 지성소의 하나님의 피난의 "날개"(4절) 아래에 있는 그 분의 보호하심에 대하여 이야기하고 있다. 그 "성전의 날개"는 하나님의 끊임없는 보호하심의 이미지를 불러일으킨다. 사단은 시편의 일부만을 인용하여 예수에게 뛰어내리게 하려고 온갖 노력을 기울이고 있다. 성전은 지성소, 피난처, 안전의 상징이다. 그의 백성에 대한 하나님의 보호를 상징하는 '성전의 날개' 아래에서는 아무도 죽을 수 없다. 마귀는 시편 91편 11절을 인용하면서 인간이 걸을 수 있는 정상적이고 자연스러운 길을 의미하는 "네 모든 길에"라는 표현은 빠뜨렸다. 그 길은 자살하기 위해 엄청난 높이에서 뛰어내리는 상황은 포함되지 않을 것이다. 예수가 인용한 토라의 구절은 하나님의 성품과 인간의 책임을 분명히 한다. 예수는 사단의 유혹에 대해 "주 너의 하나님을 시험하지 말라"(신 6:16)고 맞서 싸우셨다.

그러나 마지막 시험의 참된 본질은 그 시대 사람들이 가졌던 메시아 신앙의 관점을 이해할 때에 비로소 파악될 수 있다. 성전은 구원의 메시지를 선포하기 위해 그 신성한 법정을 사용할 구원자 메시아의 활동과 긴밀한 연관을 가지고 있었다. 유대 미드라쉬—비록 후대의 것이기는 하지만—는

성전에서의 메시아의 활동을 이렇게 기록하고 있다;

> 우리 선생님들은 우리의 왕 메시아가 나타나실 때에 그가 오셔서 성전 지붕 위에 서실 것을 가르쳐주셨다. 메시아는 이스라엘에게 선포하실 것이며 겸손한 자에게 말씀하실 것이다. "네 구속의 때가 임하였다! 만일 네가 믿지 않는다면 — 보라 내 빛이 네 위에 비취리라…" (페시크타 라바티(Pesikta Rabbati) 36).[10]

만일 이 전승 또는 이와 유사한 전승이 예수의 시대에 있었다면, 그것은 사단의 시험의 본질과 장소를 분명하게 해줄 것이다. 그것은 시험이 참으로 메시아 사역의 본질에 집중되어 있음을 알려준다. 메시아는 성전 지붕(날개?) 위에 서서 "네 구속의 날이 임하였다!"고 선포하실 것이다. 사단은 예수가 모든 사람들이 그의 사명의 본질과 목적을 이해할 수 있도록 초자연적인 권능 속에서 나타남으로써 자기 자신을 메시아로 드러내기를 요구하고 있었다.

초기의 역사적 자료들 중 또 다른 참고자료에서 성전에서의 메시아의 출현을 강하게 암시하고 있다. 요세푸스는 주전(C.E) 70년, 외세를 뒤엎고 독립적인 종교 국가를 건설하려는 열심당의 민족주의적 희망들을 산산이 부숴버린 로마 제 10 군대의 성전 파괴를 기록하고 있다.

열심당원들은 어느 정도의 신적인 개입이 그들이 일으킨 운동을 구원하리라 믿었기 때문에 로마 제국의 월등한 군사력에 대한 공포를 극복할 수 있었다. 그들은 메시아의 구원을 기대했다. 그 유명한 열심당의 주동자, 시몬 바 기오라(Simon bar Giora)는 로마의 원수들과 용감하게 싸웠다. 그러나 그는 곧 예루살렘과 성전을 위한 싸움에서 이길 승산이 없다는 것을 깨닫고 멀리 탈출해버리기로 했다. 요세푸스는 시몬과 그의 충성스러운 동지들이 바위 절삭기를 이용하여 성전의 비밀 지하 터널들을 통해 빠져

나가려고 했다고 증언하고 있다. 요세푸스는 당시의 상황을 이렇게 설명하고 있다;

> 시몬은, 겁을 줌으로써 로마인들을 속일 수 있다고 상상하면서, 흰 겉옷을 입고 그 위에 자주빛 망또로 차려입고, 전에 성전이 서 있던 그 지점에서(at the spot) 땅으로 나왔다.(요세푸스, 유대전쟁기 7.27-30)

시몬을 본 백성들은 그를 약속된 메시아였다고 생각하면서 두려움으로 얼어붙었다. 아마도 메시아가 결국 나타났다고 생각했을 것이다.

요세푸스의 자료는 참으로 성전 건물을 둘러싼 메시아적 기대들을 가리키고 있다. 요세푸스의 증언 중, "그 곳에서"라는 말은 성전 지역, 그 중에서도 날개가 있던 지점을 가리키는 것으로 보인다.

구원의 역사를 위하여 그 모든 분파들과 함께 마지막 시험은 절정으로 치닫고 있었다. 예수는 사단의 속임에 넘어갈 것인가? 구속의 "빠른 길"을 택하실 것인가? 아니다. 예수가 가르친 나라는 하나님의 유일하심위에, 그리고 그의 평화의 통치의 필요 위에 세워질 것이었다. 사탄의 유혹에 굴복하는 것은 하나님을 얕보는 것이 될 수 있다.

기독교인에게 예수는 평화의 왕으로 불린다. 그는 패배처럼 보이는 십자가를 통해 가장 위대한 구속을 이루었다. 세상의 왕들은 그러한 겸손을 알지 못한다. 예수의 능력은 정치권력과 같지 않다. 예수만이 로마의 끔찍한 십자가 위에서의 죽음의 패배를 하나님과 그의 백성들을 위한 승리로 바꿀 수 있었다. 예수는 세상의 정치권력을 모두 줄 것이니 아버지의 주 되심을 부인하라는 시험에 굴하지 않았다. 그럼에도 불구하고, 그는 하나님의 큰 목적들을 성취함으로써 그의 나라를 세울 것을 결심하였다. 예수는 하나님께 순종하도록 모든 사람들을 부른다. 그는 정치적인 메시아가 되지 않는 메시아 사역의 본질을 재 정의하셨다. "기록하였으되"라는 강력한 답변은 죄를 짓게 하는 유혹을 만나는 모든 사람들의 경험 속에서 다시 울려 퍼진다. 사단은 더 고귀한 목적에 호소함으로써 의의 옷을 입은 것처럼 보이지만 실상은 그 속에 악의 옷을 입고 있었다. 하나님의 신성에 대한 분명한 통찰력을 갖고 있는 예수는 자신을 넘어뜨리고 망하게 하려는 사단의 시험을 조롱했다. 이 세 가지 시험들은 하나님과 그의 구속 목적에 관한 분명한 교훈을 준다. "너는 나 외에는 다른 신들을 네게 있게 말지니라"

주
—

1) Fitzmyer, [Luke], 1.515를 보라.
2) 공관복음서 문제에 관한 주제들에 대해서는, 저자의 책 *Jesus and His Jewish parables* (Mahwah, N.J.: Paulist Press, 1989) pp.129-163을 보라. 마태는 세 가지 시험의 순서를 바꾸었다. 세 가지 시험의 절정은 누가복음에 잘 보존되고 있다(요일 2:16의 세 가지 유형의 시험과도 비교해 보라).
3) 눅 4:1을 보라. 누가만이 성령께서 예수님을 인도하셨다고 기록하고 있다. 이것은 그 자신의 강조점을 보여주는 것이다(눅 1:41, 61; 행 2:4, 4:8, 31, 9:17, 13:9 등도 참고하라).
4) 출 34:28; 왕상 19:8을 보라. 평범한 유대 금식은 물과 음식 둘 다를 금하는 것이었다. A. Even Shoshan의 사전(히브리어) 1127쪽과 Yoma 8장도 참고하라. 40일 동안 물과 음식 없이 어떤 사람이 지낼 수 있다는 것은 기적적인 사건으로 여겨졌다. 하나님만이 그러한 금식에서 예수님을 살리실 수 있었고, 돌덩이를 떡덩이로 만드는 것은 하나님의 공급하심과 그의 주되심을 부인하는 것이 되었을 것이다.
5) B. Gehardsson, *The Testing of God's Son* (Lund: Gleerup, 1966)을 보라.
6) 다른 견해에 관해서는, John Nolland의 역작 *Luke* (WBC; Waco: Word, 1989), 1.179를 보라. Nolland는 "하나님의 아들로서 예수가 돌을 떡으로 만들 수 있는 능력을 가지고 계셨다는 것은 사단에게나 예수님 자신에게 의심의 여지가 없었다"

고 주장한다. 이러한 전통적인 접근은 많은 사람들에 의해 지지되고 이해되고 있는 반면, 시험의 본질은 매우 심각한 것이었다. 아들의 특권을 이기적 목적을 위해 사용하게 되는 것보다 더 큰 위험성이 있었다.
7) 신명기 6-8을 주의 깊게 읽고 그 연계성을 깊이 이해할 수 있어야 한다.
8) J. Jeremias의 예수의 비유, *The Parables of Jesus* (London:SCM, 1972) p.123을 보라. 예레미아스는 이 이야기가 마지막 만찬 때에 제자들에게 이야기되었을 것이라고 예리하게 지적하고 있다. 유월절은 고대 이스라엘의 광야 경험으로 가득 차 있는 기간이었다. 예레미아스는 "시험 이야기들은 Mashal의 형태로 하신 예수님의 말씀이다. 예수님은 자신이 정치적 메시야로 나서라는 유혹과 시험에서 승리하신 것을 말씀하셨다. 이것은 아마도 제자들에게도 그와 유사한 시험을 잘 이길 수 있게 하시려는 경고였을 것이다"라고 이야기했다. 이러한 예수님의 열정으로 마지막 만찬 뒤에 승리가 주어졌다. 예레미아스는 예수님께서 "이제 자신의 반대자들에게 사단은 정복되었으며 그리스도는 사단보다 위대하심을 주장하신다"고 결론을 맺고 있다.
9) 예루살렘 성전의 높이는 90피트 정도였고 주위의 부속 건물들은 60피트 정도 되었다. 엠파이어 스테이트 빌딩(Empire State Building) 같은 고층 건물들이 도시 안에 빽빽하게 들어서 있는 것에 익숙해 있는 서구인들은 고대 대리석 건물이 어떠했는지에 대한 충분한 이해를 가지지 못하게 된다. 이집트의 피라미드처럼 유대 성전은 바라보기에도 웅장한 건물이었음에 틀림없다. 예루살렘의 지형 때문에, 헤롯의 건물 디자인의 웅장함은 순금의 번쩍거림과 인상적인 높이로 도시 위에 우뚝 솟아서 매우 아름다운 모습이었을 것이다.
10) P.Billerbeck, *Kommentar zum Neuen Testament aus Talmud und Midsrasch* (Munich: Beck, 1978), 1.151. 본인의 견해로는, 예수님의 시험에 대한 연구 가운데 David Flusser, *Der Versuchung Jesu und ihr judischer Hintergrund* (Judaicy 45 ,1989) pp.110-128가 가장 뛰어난 연구라고 생각한다.

4
기적, 선포, 치유 신앙

복음서는 예수의 생애 가운데 일어난 많은 기적들을 기록하고 있다. 예수는 하나님의 통치의 능동적인 힘을 선포하기 위하여 종종 기적을 사용하였다. "내가 만일 하나님의 손을 힘입어 귀신을 쫓아내는 것이면 하나님의 나라가 이미 너희에게 임하였느니라"[1]고 예수는 선포한다. 그의 치유 사역은 병든 사람들을 도와줌과 동시에 하나님의 은혜의 능력을 나타내는 것이다. 그러나 그가 병을 치유할 때 그의 가르침은 기적 그 자체만큼이나 중요한 것임을 볼 수 있다. 기적에 관한 이야기는 흔히 진리의 선포를 함께 수반한다. 때때로 그 메시지는 도움을 구하는 사람의 믿음을 확증한다. 우리는 기적과 메시지, 그리고 치유 신앙(healing faith)이 이러한 사건들 속에 포함되어 있음을 깨달아야 한다.

불행하게도 우리 기독교인들은 예수의 기적 사역에 대한 유대적 배경을 거의 알려고 하지 않는다. 우선적으로 기적을 묘사하는 유대 자료들을 주의 깊게 연구해서 각각의 특정한 상황 속에서 이해해야할 필요가 있다. 유대의 세계관은 기적의 개념을 끌어안는다. 하나님의 주권이 제한되지 않는다. 존경받는 유대 학자 막스 카두신(Max Kadushin)은 그의 책 『랍비적 사고(The Rabbinic Mind)』에서 "기적(히, Nissim)의 출현이 어떤 의미에서 사물의 기대되는 질서라고 말하는 것은 절대 과장이 아니다"[2]라고 말했다.

따라서 유대적 배경에서 예수의 기적에 대한 주의 깊은 연구는 기적과 예수의 하나님 나라 선포의 의미, 그리고 참된 믿음의 본질에 대한 우리의 인식을 더욱 깊이 있게 할 수 있을 것이다. 복음서 이야기에 나타나는 치유 신앙은 고대의 신자들을 흥분시키고 당황하게 했던 것처럼 현대의 독자들의 마음을 흔들어 놓는다. 유대인들은 자기 백성을 돕고 구원하시기 위해 기적을 일으키시는 선하신 하나님의 주권에 대한 견고한 전통을 갖고 있다.

복음서들은 예수가 일으킨 많은 기적의 장면을 기록하고 있다. 그는 자연에 대한 기적을 일으켰다. 그는 폭풍을 잠잠하게 하였고 물 위를 걸었다. 귀신을 쫓아냈고 마귀의 세력으로 눌려 있던 자들을 자유롭게 하였다. 그는 백성들의 육체적인 질병을 치유하였다.

복음서 기적들의 유대적 배경

초기 유대 자료에서 유사한 기적들을 발견할 수 있다. 물론 히브리 성경은 하나님의 초자연적인 행위에 대한 기록으로 가득 차 있다. 이러한 기적들 가운데 일부는 구속적인 성격을 가진 것이 있다. 이집트의 속박으로부터 이스라엘 백성들을 구원할 때 홍해가 갈라진 기적이 바로 그 예이다(출 14:21-31). 다른 기적들은 히스기야 왕이 병 낫기를 위하여 기도했을 때, 그의 생명이 연장되었던 것과 같이 더 개인적인 기적들이다(사 38:1-8). 그러나 탈무드 문서 역시 기적적인 치유의 이야기들과 무서운 가뭄을 끝내는 비를 위한 기도가 응답되는 이야기들을 담고 있다. 이스라엘 백성들은 하나님의 임재와 그의 주권적인 능력에 대해 예리하게 인식한다. 유대 학자 게자 베르메스(Geza Vermes)는 기적을 믿고 기도의 응답으로서의 초자연적 사건들을 경험했던 백성들의 경건한 종교운동을 "카리스마적 유대교(Charismatic Judaism)"라고 불렀으며 이것에 대해 진술하였다.[3]

복음서의 기적들이 합리론주의자들과 현대 회의론자들에 의해 의문시된 반면에 복음서 저자들과 초기 독자들은 예수를 기적 행사자로 보았다. 고대 유대교의 소위 카리스마적 흐름과 연관을 갖고 있던 초기의 많은 랍비들도 기적을 일으킨 것으로 알려져 있다. 솔로몬 쉐흐터(Solomon Schechter)는 기적을 종교적인 신앙 안에서 이해하는 것이 중요하다고 지적하였다. 사실, 히브리 성경에 기록된 대부분의 기적은 탈무드 문학에도 유사성을 보인다. 랍비들의 세계관 속에서, 하나님은 인간과 유리될 수 없다. 쉐흐터의 통찰은 다시 한 번 새겨볼 가치가 있다.

> 반(半)합리주의자들(semi-rationalist)에 의해 기적의 중요성을 축소시키려는 많은 시도들이 있음에도 불구하고, 기적의 빈번한 발생은 신자와 회의론자 모두에게 문제가 되는 종교의 가장 중요한 시험 중의 하나로서 항상 남아있게 될 것이다; 신자에게는 그것의 초인간적 본질의 표적으로, 회의론자에게는 그것의 의심스러운 기원의 증거로서. 따라서 우리는 기적이 랍비적 유대교의 핵심적인 요소를 형성했는지의 여부를 파악하는 데 관심이 있다. 이러한 입장에서 탈무드를 본다면 우리는 결코 실망하지 않게 될 것이다. 성경에 있는 기적기사는 대부분 랍비 문헌에서도 발견되는 종류의 것들이다.[4]

기적을 행하는 랍비들은 그들의 겸손과 경건으로 인해 찬사되어진다. 예수의 경우와 마찬가지로, 기적 기사에도 여자들과 아이들이 등장한다. 아래의 이야기에서, 하나님께서는 경건하고 겸손한 랍비 아바 칠키아(Abba Chilkiah)에게 응답해 주시기 전에, 그의 경건한 아내의 기도에 먼저 응답하셨다. 두 사람은 모두 비를 내려달라고 기도했다. 그러나 비구름은 그 여인이 하나님께 자비를 간구하고 있는 곳에서 일어났다. 유대인들은 기적을 믿었다. 많은 사람들은 농부였고, 그들의 농경 중심의 생활은 특별히 자연계에서 역사하시는 하나님께 민감해지도록 했다. 비록 농부들이 완벽하게 자기 일을 한다고 하더라도, 그가 풍성한 추수를 할 수 있으려면 여전히 하나님의 은총을 구해야 했다. 하나님의 손에 있는 날씨와 다른 자연 조건들은 농부를 돕거나 농작물을 망칠 수 있었다. 따라서 탈무드 문학에서 비를 구하는 이야기들을 찾는 것은 그렇게 어려운 일이 아니다.

> 아바 칠키아(Abba Chilkiah)는 원을 그리는 자 쵸니 [오니아스(Onias)]의 손자였다. 랍비들은 세상에 비가 필요할 때면 언제나 그에게 전갈을 보냈다. 그가 기도하면 비가 내렸다. 한 번은 이런 경우가 있었다; 비가 절실하게 필요하게 되자, 랍비들은 아바 칠키아에게 두 명의 현자들을 보내어 비를 위해 기도하도록 했다… 아바 칠키아는 그의 부인에게 말했다. "나는 저 현자들이 비 때문에 온 것을 알고 있소, 우리 함께 지붕 위로 올라가서 기도합시다. 비록 우리에게는 아무 공로가 없지만 거룩하신 분, 복되신 분께서 자비를 베푸셔서 비를 내려주실 수도 있지 않소." 두 사람은 지붕 위로 올라갔다. 그는 이 구석에, 그의 아내는 저쪽 구석에 섰다. 그런데 구름이 아내가 서 있는 쪽에서 먼저 생겼다. 아바 칠키아는 지붕에서 내려와서 현자들에게 말했다. "당신들은 왜 여기에 왔소?" 그러자 그들은 대답했다. "랍비들이 우리를 당신에게 보냈습니다. 선생님. 비를 위해서 기도해 주십시오." 그러자 그 즉시 그는 "당신들로 하여금 더 이상 아바 칠키아를 의지하지 않게 해 주신 하나님은 복 되도다" 하고 외쳤다. 그들은 다시 "선생님, 구름이 왜 당신의 아내가 서있던 곳에서 먼저 일어나고 그 다음에 당신 쪽에서 일어났습니까?" 그러자 그는 대답했다. "내 아내는 늘 집에 있으면서 가난한 자들에게 빵을 주었기 때문이오. 내가 가난한 자들에게 주는 돈을 그들은 즉시 즐길 수 없지만, 내 아내가 그들에게 주는 빵은 그들이 즉시 즐길 수 있기 때문이오. 아니면 아마도 우리 이웃에 든 어떤 강도와도 관련이 있을지 모르오. 나는 그들이 죽게 되기를 기도했지만, 그녀는 그들이 회개하도록 기도 했소 (그리고 그들은 결국 회개 했소).[5]

비를 구한 기도에 응답받은 이 기적 이야기는 아바 칠키아와 그의 아내의 전설적인 경건에 둘러싸여 있다. 그녀는 가난한 자들에 대한 그녀의 관심으로 칭송을 받는다. 겸손한 아바 칠키아는 그의 기도가 기적적으로 응답되었을 때 자기에게 쏟아진 공동체의 칭송과 명성을 피하려고 노력한다.

유대 문학에서 많은 이적 행사자들은 종교적 경건의 뛰어난 본보기인 '원을 그리는 자 쵸니(Choni the Circle Drawer)'와 혈연관계에 있다.[6] 유대 문학에서 대부분의 기적들은 자연계의 기적이었다. 극심한 가뭄 때에는, 유대의 경건한 이적 행사자들이 기도했고, 그러면 하나님은 응답하셨다.

> 한 번은 그들이 '원을 그리는 자 쵸니(Choni the Circle Drawer)'에게 말했다. "비를 내려 주시도록 기도해 주십시오." 그는 "밖에 나가서 [비로 인해] 부드러워지지 않도록 유월절 오븐을 들여오시오."라고 대답했다. 그가 기도했는데, 비가 오지 않았다. 그러자 그는 원을 그려서 그 안에 서서 하나님께 이야기했다. "오, 우주의 하나님, 당신의 자녀들이 제게로 와서 도움을 청합니다. 저는 당신 앞에서 그 집의 아들과 같기 때문입니다. 저는 당신께서 당신의 자녀들에게 자비를 베푸실 때까지 이 원 안에서 꼼짝도 하지 않을 것을 당신의 이름으로 맹세합니다." 그러자 하늘에서 비가 아주 조금씩 떨어지기 시작했다. 그는 다시 아뢰었다. "저는 이런 비를 위해 기도한 것이 아니라, 저 빈 저수지와 웅덩이들, 그리고 동굴들까지도 충분히 채울 수 있는 비를 구했습니다." 이번에는 비가 매우 세차게 내리기 시작했다. 그는 "저는 이렇게 심한 비를 구한 것이 아니라, 축복과 기쁨과 은혜의 비를 위해 구했습니다." 그러자 비가 적당히 내렸다.[7]

비가 내리지 않을 때면 백성들은 그 경건한 랍비에게 가뭄을 끝내게 해달라고 청하였다. 그러면 그 랍비는 땅바닥에 원을 그리고 그 가운데 서서, 하나님께 비가 올 때까지 원 밖으로 나가지 않겠다고 말하는 담대한 사람이었다. 그러나 쵸니(Choni)는 또한 경건하고 성스러운 사람이었다. 그는 자기 자신을 "그 집의 아들(son of the house)"이라고 불렀다. 이것은 어떤 면에서 예수가 자기 자신에 대해 인식한 것과 유사하다. 하나님은 이러한

기도들에 응답하셨고, 기도의 응답으로 비가 올 때 그것은 위대한 기적으로 여겨졌다.[8]

카리스마적 랍비들 사이에서 기도는 비뿐만 아니라 치유를 위해서도 제공되었다. 경건한 랍비 차니나 벤 도사(Chanina ben Dosa)는 치유를 위한 그의 기도가 응답될 것인지 어쩐지를 기도하는 동안 그가 경험하는 느낌이나 강도를 통해 말할 수 있었다.

> 랍비 차니나 벤 도사에 관하여, 그가 병자들을 위하여 기도할 때, "이 사람은 살 것이며 저 사람은 죽을 것이다"라고 말하곤 했다고 전해진다. 사람들이 "당신이 그것을 어떻게 알 수 있습니까?" 하고 물으면 그는 대답하기를 "만일 내 기도가 내 입에서 잘 나오면 나는 그 병자가 은혜를 입은 것을 알 수 있고, 만일 기도가 잘 나오지 않으면 그 질병이 치유되지 않을 것임을 안다"라고 대답했다.[9]

차니나 벤 도사는 많은 병자들을 위해 기도했다. 어떤 때에는 치유의 기적이 일어났고, 어떤 때에는 그의 기도가 응답되지 않았다. 그는 그의 입에서 기도가 유창하게 나올 때, 그의 요구가 하나님께 상달되었는지의 여부를 구별할 수 있었다. 한 번은 유명하고 크게 존경받는 율법학자 조하난 벤 자카이(Johanan ben Zakhai)가 와서 그에게 그의 병든 아들을 위해 기도해 달라고 부탁했다.

요하난 벤 자카이같이 학식 있는 랍비들과 지도자들이 왜 챠니나 벤 도사 같은 초라한 랍비에게 자기 아들의 병을 고쳐달라는 기도를 부탁했을까?

> 랍비 챠니나 벤 도사가 요하난 벤 자카이에게 토라 연구를 위해 찾아갔을 때 랍비 요하난 벤 자카이의 아들은 병들어 있었다. 자카이는 챠니나에게 부탁했다, "내 아들 챠니나여, 내 아들이 살아날 수 있도록 기도해 주시오." 그

말을 들은 챠니나는 그의 머리를 자기 무릎 사이에 넣고 기도했다. 그러자 그가 살아났다. 요하난 벤 자카이는 "만일 벤 자카이(ben Zakai)가 무릎 사이에 머리를 틀어박고 하루 종일 기도했어도, 하늘에서는 아무런 응답도 없었을 것이다!"라고 했다. 그의 아내는 그에게 말했다. "그러면 챠니나는 당신보다 더 큽니까?" 그러자 그는 아내에게 대답했다. "그렇지 않소! 챠니나는 왕의 종과 같고 나는 왕의 대신과도 같소." 10)

요하난 벤 자카이는 그러한 기적적인 기도 응답을 받은 경험이 없었다. 그의 아내는 그에게 그 이유를 물었다. 자카이의 대답은 당시 경건한 챠니나 벤 도사와 같은 대중적인 기적 행사자들과 학식 있는 랍비들 사이에 있었던 긴장을 보여주고 있다. 챠니나를 왕의 종이라고 한다면, 요하난 벤 자카이는 궁정의 대신과도 같았다. 챠니나 벤 도사를 왕의 종으로 설명하는 것은 예수님을 묘사할 때 사용되었던 용어와 매우 비슷하다.

이번에는 랍비 가말리엘의 아들이 병들었다. 가말리엘은 챠니나 벤 도사에게 두 제자를 보내어 자기 아들을 위해 기도하여 병을 낫게 해달라고 부탁했다. 챠니나 벤 도사는 그 부탁을 받고 기도하는데, 기도의 느낌이 강렬하여 그 기도가 응답될 것을 알았다. 챠니나는 그 아들이 병 고침을 받았다고 선언했다. 가말리엘의 제자들은 챠니나 벤 도사의 민감성에 크게 놀랐다. 그들은 챠니나가 그 아들이 병 고침 받았다고 선언했던 바로 그 때에 그 아들이 회복되었다는 것을 나중에 알고 이 사실에 주목했다.

> 우리 랍비들은 이렇게 가르쳤다: 가말리엘의 아들이 병들었을 때에, 가말리엘은 랍비 챠니나 벤 도사에게 두 제자를 보내어 기도를 부탁했다. 챠니나는 그 제자들을 만난 뒤, 다락방으로 올라가서 기도했다. 챠니나는 기도를 마치고 내려와서 그들에게 말했다: "가라. 열병이 그에게서 떠나갔다." 그러자 그들이 대답했다. "당신은 선지자입니까?" 그는 그들에게 대답했다, "나는 선지자도 아니고 선지자의 아들도 아니다. 이것은 내가 은혜를 입은 방법이다. 내

기도가 내 입에서 유창하게 나오면, 그 병자가 은혜를 입었음을 안다. 그러나 그렇지 않으면, 그 병자의 병은 낫지 않을 것임을 안다." 그들은 앉아서 그가 말한 그 시간을 주목했다. 그들이 가말리엘에게 돌아왔을 때 가말리엘은 그들에게 말했다; "경배하라! 너희들은 그 병을 덜어줄 수도 없었고 심하게 더할 수도 없었지만, 어떤 일이 일어났는지 보아라. 바로 그 시로 그 열은 내 아들에게서 떠나가고 그는 마실 물을 달라고 했다."[11]

"그 시로 나은"(마 8: 13) 백부장의 종의 경우처럼 가말리엘의 아들의 경우에도 먼 거리에서 기적이 일어났고, 랍비 차니나 벤 도사는 언제 그 기적이 일어났는지를 말할 수 있었다.[12]

이러한 많은 이야기들과 복음서 사이의 흥미로운 중요한 유사점은 기존의 종교적인 기득권층과 카리스마적 능력으로 기적을 일으키는 사람들과의 갈등에서 찾아볼 수 있다. 보다 더 학문적인 랍비들은 종종 경건한 기적 행사자들을 비판했다. 그러므로 초니가 땅 위에 원을 그리고 그 안에서 움직이지 않을 것을 맹세하고 비를 내려달라고 기도했을 때, 그는 바리새파의 지도자 시므온 벤 셰타(Simeon ben Shetah)의 비판을 받았다. 이러한 비판에도 불구하고, 그의 신학에 관해서는 그가 바리새인으로 여겨진다. 예수님도 신학에 있어서는 바리새파에 가까우셨다. 시므온의 비판의 말에 주목해보라;

> 시므온 벤 셰타가 그(초니)에게 사람을 보내어 말했다. "만일 당신이 초니가 아니었다면, 나는 당신에게 추방령을 내렸을 것이오. 그러나 내가 당신에게 무엇을 할 것인가? 당신은 하나님을 괴롭히고 있소. 그리고 그는 당신의 뜻을 이루실 것이오. 아버지를 괴롭히는 아들처럼 당신은 그렇게 하나님을 괴롭히고, 하나님은 당신의 뜻을 이루실 것이오. 그리고 당신에게 대하여 성경이 '네 부모를 즐겁게 하며 너 낳은 어미를 기쁘게 하라' (잠 23:25)고 말씀하고 있소.[13]

예수님도 이와 유사한 비판을 받으셨다. 그는 안식일에도 병을 고치셨다. 그는 안식일의 법을 깨뜨리지 않으셨다. 그는 할 수 있는 대로 안식일에도 고통을 덜어주시기를 원하셨다. 대부분의 종교적 권위는 생명을 보존하는 것이 안식일 율법보다 우선하는 것처럼 치유도 생명을 구하는 것의 연장으로서 안식일 율법보다 우선한다는 예수의 관점에 동의하였을 것이다. 그러나 시므온은 초니의 극단적인 행동을 비판한다. 초니는 성미 급하게 땅바닥에 원을 그려 그 안에 서서 하나님께서 기도에 응답하실 때까지 원 밖으로 나가지 않겠다고 말했다. 이것은 대담한 행동이었다. 시므온 벤 셰타는 말하기를 "내가 당신에게 무엇을 할 것인가?"라고 했지만, 실제로 초니는 율법을 어기지 않았기 때문에 그에게 아무 것도 할 수 없었다. 예수님은 기적을 행하셨다. 하지만 사람들이 그에게 무엇을 어떻게 할 수 있겠는가? 그는 율법을 어기지 않으셨으므로 그를 어떻게 할 수 없었다. 기적을 일으키는 사람들과 학문적인 랍비들 사이에 긴장이 있었음은 분명하다.

치유자 예수

예수의 치유 사역은 각 개인의 위대한 가치에 기초하고 있다. 예수의 권능과 치유 신앙의 대표적인 예는 중풍병자의 치유 이야기에서 볼 수 있다(마 9:1-8; 막 2:1-12; 눅 5:17-26). 예수는 기적을 행하시기 전에 강력한 선포를 하셨다. 예수는 단순하게 말한다. "작은자야 안심하라. 네 죄 사함을 받았느니라"(마 9:2). 그는 이 중풍병자에게 용서를 선포한다. 긴장감이 돈다. 비판이 있을지라도 예수는 불화를 다룬다. 예수는 그의 교훈의 타당성을 행동으로 확증함으로써 이러한 비판들에 답을 준다. 마침내 모든 사람들이 그 기적을 보고 하나님께 영광을 돌리게 된다. 그들은 하나님의 선하심을 깨닫게 되는 것이다.

중풍병자의 치유는 예수의 기적 사역(Jesus' miracle-working ministry)에 대한 확실한 예가 된다. 중풍병자는 신실한 친구들에 의해 예수에게 옮겨져 왔다. 그는 걷지 못했기 때문에 남에게 의지할 수밖에 없는 사람이었다. 그의 상태는 너무 심해서 자신이 거절당했다는 것과 쉽게 죄책감을 느낄 수 있는 상태였다. 병의 원인은 늘 죄의 탓으로 잘못 돌려진다. 이 고통받는 사람의 죄가 그를 병에 걸리게 했을까? 예수의 용서 선언은 상처받은 이 사람에게 자신이 용납되어졌다는 느낌을 갖게 했고 치유는 그 안에서 일어났다. 용납됨은 또한 치유 자체이다. 예수가 치유의 기적을 행할 때 하나님의 은혜의 충만한 힘이 나왔다. 그는 정죄하지 않는다. 예수는 용서의 힘을 지닌 한 단어를 말하고 용납이 그 위력을 발휘하기 시작한다. 이 기사에서의 핵심 구절은 예수의 말씀이다. "작은자야 안심하라, 네 죄 사함을 받았느니라"(마 9:2). 이것은 예수의 기적 사역 전체 가운데 매우 중요한 구절이다. 이 극적인 선포로 중풍병자의 죄를 용서하고, 예수는 그에게 사랑을 줄 뿐만 아니라, 그를 용납하고 받아주며, 무엇보다도 그가 그렇게도 절실하게 필요로 하는 용서를 경험하게 한다.

유대 문학에서 중풍병자와 그의 친구들의 믿음과 같은 참된 믿음(true faith)은 하나님의 주권에 기초해야만 한다. 랍비들은 이스라엘 백성들의 광야 경험에서 그 예를 찾았다. 백성들이 불뱀의 공격을 받았을 때, 하나님께서는 모세에게 놋 뱀을 만들게 하셨다. 하나님께서는 놋뱀을 통해 그들을 치유하기 원하셨다. 하지만 랍비들에 따르면, 놋뱀은 치유와는 전혀 관계없는 것이었다. 그들이 하나님을 믿었을 때, 뱀에 물린 사람들이 나음을 입었다. 그들은 놋뱀을 믿은 것이 아니라 하나님을 믿은 것이었다.

"여호와께서 모세에게 이르시되 불뱀을 만들어 장대 위에 매달아"(민 21:8) 이제 뱀은 죽이거나 살리는 것인가? (아니다.) 그것은 단순히 "모세가 그대로 행했을 때, 이스라엘 백성들은 모세를 바라보고 모세에게 그러한 일을 명하신 하나님을 믿게 되면 치유해 주실 것"을 의미한다.[14]

믿음은 하나님과 함께 시작한다. 하나님은 선하시다. 그는 주권의 하나님이다. 하나님을 믿는 믿음(faith in God)은 믿음을 믿는 믿음(faith in faith)과 혼돈되어서는 안 된다. 예수의 사역에서, 치유는 하나님과 하나님의 선하심에서 시작된다. 예수는 중풍병자의 치유를 위한 방법으로 사랑을 베푸셨고 그를 받아들이셨다. 예수는 하나님의 은혜를 나타내기 위하여 용서를 선포하였다. 선지자처럼 예수는 살아있는 비유를 행하였다. 그는 단지 말씀하였고, 그 사람은 걸었다. 복음서에서의 치유하는 믿음은 문제 자체에 초점을 맞추지 않으며 오히려 하나님의 선하심과 자비를 깨달음으로써 하나님에게 초점을 맞춘다. 복음서에서 예수는 백성들에게 "하나님을 믿으라"(막 11:22, 마 6:25-34)고 가르친다.

복음서의 치유의 이야기와 유사한 내용을 담고 있는 랍비 문서는 예수의 사역 가운데 일어난 사건들에 대한 풍부한 문화적인 유산을 보여주고 있다. 복음서의 치유 기사들은 탈무드의 기적적인 치유 기사와 매우 유사하다. 여러 면에서 예수는 "원을 그리는 자, 쵸니"와 같은 입장에 서기를 편하게 여겼던 것 같다. 하지만 다른 면에서 예수는 완전히 단독으로 전혀 다른 "입장"에 선다. 그의 깊은 자기 인식은 이러한 랍비들의 겸손한 경건과는 차원을 달리 하는 것이었다. 물론 예수는 말과 행동 속에서 겸손을 강조하였다. 탈무드의 기적과 비교했을 때, 예수의 기적은 기도의 결과로 이루어진 것이 아니었다.[15] 그는 단지 말씀하였고, 기적은 일어났다. 그러한 점에서 예수의 치유 사역은 그들의 기적과 비교될 수 없었다.[16] 이 중풍병자의 경우, 예수는 죄 사함을 통한 은혜의 말씀을 선포했고, 그 다음에 치유가 일어났다.

아마도 백성들은 예수가 중풍병자를 고치기 전까지 그의 말씀의 참 의미를 완전히 이해하지 못했을 것이다. 예수가 그를 고친 후에야 그들은 하나님의 선하심을 깨닫고 하나님께 영광을 돌렸다. 유대인들의 전통은 하나님의 은혜를 인정한다. 경건한 사람들은 "죄를 범하지 않는 자에게 복이 있을 것이요, 범죄한 자들이라도 하나님은 그를 용서해 주실 것입니다"[17]라고 기도했을 것이다. 하나님은 그의 사랑으로 어려움에 있는 인간들을 용서하시고 치유하신다.

데이비드 플러서는 위의 기도가 하나님께서 기적을 일으키셨을 때 드려졌던 초기 유대의 축도를 반영한다고 주장하였다. 하나님께서 복을 주실 때, 유대인들은 "인간의 자손들을 위해 큰 이사를 행하신 하나님께 복이 있을지어다"라고 응답해야 한다.[18] 예수께서 중풍병자를 고치셨을 때, 백성들은 하나님께 찬양을 드렸다. 그들은 예수에게 주어진 특별한 권위를 깨닫고, 중풍병자의 연약함을 고쳐주신 하나님을 찬양했다.

모든 선은 하나님에게서 나온다. 유대 전통에서, 어떤 사람이 하나님의 창조물로부터 이익을 얻었을 때, 하나님께 감사를 드리는 것이 요구된다. 땅은 여호와께 속한 것이다(시 24:1). 그리고 우리는 하나님께 감사와 찬양을 드려야 할 이 세상으로부터 매시간 하나님의 선하심으로 인해 복을 받으며 살고 있다. 모든 것이 그에게 속해 있다. 우리는 감사와 찬양으로 하나님의 은혜를 받는다. 믿음은 그의 선하심과 은총에 초점을 맞춘, 하나님 중심적인 것이어야 한다.

하나님과 그의 은혜를 믿는 것은 하나님을 천지의 창조자로 전적으로 신뢰하는 것이다. 믿음은 하나님이 어떤 분인 것과 그의 권능에 모든 것이 달려 있음을 인정하는 것이다. 복음서의 기적적인 치유는 하나님의 나라를 드러낸다. 그 나라는 예수가 치유의 기적을 행할 때 충만한 능력 속에서 도래한다. 왜냐하면 구원을 베풀고 하나님의 주권을 펼쳐 보이는 것은 바로 하나님의 손가락이기 때문이다. 하나님의 계획은 한 개인의 삶의 모든 영역에 온전함과 치유를 가져다주신다.

예수는 중풍병자를 용서하시고 권능의 말씀으로 그를 치유한다. 하나님의 주권에 대한 믿음의 결과로서의 예수의 죄 사함의 선포는 예수의 최고 권위를 보여준다. 이를 본 백성들은 하나님을 찬양한다. 그 나라, 즉 하나님의 초자연적 능력의 왕적인 주권은 치유의 기적에 의해 실현되었다.

주

1) 눅 11:20과 마 12:28
2) Max Kadushin, *The Rabbinic Mind* (New York: Bloch, 1972) 156-157을 보라. "그러므로 여러 가지를 언급하자면, 랍비 Phinehas ben Ya'ir은 강물이 세 번이나 갈라지도록 하였으며 Nakdimon ben Gorion의 기도로 낮이 길어졌고 태양은 하늘에서 빛났을 뿐만 아니라 '원을 그리는 자' 호니의 기도의 응답으로 비가 왔는데 이와 비슷하게 다른 때에는 다른 사람의 응답으로 비가 왔다고 이야기된다. Tannaim의 몇몇은(some of the Tannaim) 'Nissim〔기적〕에 익숙해있다고 말해지며 이 구절은 김조의 나훔이나 시므온 벤 요하이 같은 유명한 선생에게 뿐만 아니라 랍비 하니나 벤 도사의 아내에게도 해당된다.
3) Geza Vermes, *Jesus the Jew* (London: Collins, 1974) 58-82. 특별히 David Flusser, *Judaism and the Origins of Christianity* (Jerusalem: Magnes, 1988) 535-42.
4) Solomon Schechter, *Aspects of Rabbinic Theology* (New York: Schocken, 1961) 5-6.
5) B. Taan. 23a와 상응 이야기(parallels). 랍비 메어의 아내인 베루리아의 경건은 또한 b. Berakhot 10a의 비슷한 이야기에서 축하된다. 또한 다음의 책에서 복음서와 관련된 랍비적 기적의 형태(form) 연구를 보라: Laurence J. McGinley, *Form-Criticism of the Synoptic Healing Narratives* (Woodstock, Md.: Woodstock College, 1944) 96-118.
6) 코니의 이야기는 16장, "chutzpah로서의 믿음"에서 더 충분히 논의될 것이다.

7) M. Taan. 3:8. 또한 데이빗 플러서의 다음의 책에 대한 서문을 보라. R.L Lindsey, *A Hebrew Translation of the Gospel of Mark* (Jerusalem: Baptist House, 1973) 5.
8) 요세푸스는 코니와 내전 중에 그가 이용당한 방식에 대해 언급하였다. 다른 형제에 대항하여 싸우고 있던 한 형제는 군사적 승리를 위해 그의 강력한 기도를 구하였다. "자 어떤 Onias [원을 그리는 사람, 코니]가 있었는데 그는 의인이며 하나님의 친구였다. 한 번은 그가 비가 내리지 않는 기간에 그 가뭄을 끝내달라고 하나님께 기도한 적이 있었는데 하나님은 그의 기도를 들으시고 비를 내려 주셨다. 이 사람은 내전이 격심해지는 것을 알았을 때 스스로 몸을 숨겼다. 그러나 그는 캠프로 붙잡혀 가서 자신의 기도로 가뭄에 종지부를 찍었던 것과 같이 아리스토불루스와 그의 동료 반역자들을 저주하라고 요구받았다. 그의 거절과 변명에도 불구하고 그는 무리에 의해 말하도록 강요받았다. 그는 그들 가운데 서서 말했다, '오 하나님, 우주의 왕이시여 내 옆에 서 있는 이 사람들은 당신의 백성이며 포위당한 사람들은 당신의 제사장들입니다. 그러므로 나는 당신이 이 사람들을 대적하는 저들의 말에 귀를 기울이지 않기를 간청합니다. 또한 이 사람들이 당신에게 부탁하는 일도 생기지 않기를 간청합니다.' 그가 그렇게 기도하기를 마쳤을 때 그를 둘러싸고 있던 악한 무리들은 그가 죽기까지 돌을 던졌다." 요세푸스, Ant. 14.22-24.
9) M. Ber. 5:5
10) B. Ber. 34b.
11) Ibid.
12) 요 4:46-54를 보라. 눅 7:1-10의 병행구절은 시간을 언급하지 않는다.
13) M. Taan. 3:8.
14) *Mechilta de Rabbi Ishmael on Exod 17:11*를 보라 (Horovitz 179; Lauterbach, 143)
15) 이에 대한 유일한 예외는 나사로의 부활에 관한 요 11의 이야기일 것이다.
16) 마이어는 예수의 생애의 연구에서 기적의 중요성을 축소시키는 것에 대해서 현명하게 경고한다. Ben F. Meyer, *Aims of Jesus* (london: SCM, 1979) 158을 보라:

기적을 최소화하는 태도는—만일 그것이 유대나 헬라의 주위 세계의 대중적 천재에 축소되어 이해하는 환원성에 전제하고 있다면—특별히 오해될 수 있다. 예수의 기적은 마술이 아니었다. 종교적 신앙의 맥락에서의 예수의 말씀은 기적을 불러 일으켰다. 기적은 하나님의 통치를 나타냈다. 세계와 역사와 육체적 삶(bodily life)

에 대한 하나님의 통치의 성취는 기적을 통하여 조명되었다. 이 성취는 또한 추수(harvest), 결혼(wedding), 축제(banquet), 세상의 마지막(Weltvollendung)으로 표현되며 단순한 끝이 아니라 세계의 성취적 종말(consummation)과 재창조를 나타낸다.

17) t. Sukkah 4:2과 그 병행구절을 보라. 이 말은 옛날의 경건한 사람들과 관련이 있으며 코니의 써클에서 종교적인 신실한 사람들에 대한 묘사일지도 모른다. 이러한 랍비적 가르침에 내 주의를 집중하게 해준 데이비드 플러서에게 감사한다.

18) Pseudo-Philo 26:6을 보라; M. R. James, *The Biblical Antiquities of Philo* (Hoboken, N.J.: kTAV, 1971) 154. 이러한 송축에 대하여 David Flusser, *Judaism and the Origins of Christianity*, 535-42를 보라. 초기 유대의 기적 행사자들에 관하여는 Flusser의 chapter, ibid., 543-51을 보라. 이것은 "육과 혈에 그 분의 영광을 주신 하나님께 복이 있을지어다" 또는 "육과 혈에 그 분의 지혜를 주신 하나님께 복이 있을지어다" (b. Ber. 58a) 같은 다른 송축들과 유사하다. David Flusser와 함께 쓴 내 책의 chapter, "Messianic Blessings in Jewish and Christian Texts", Ibid., 280-300을 보라.

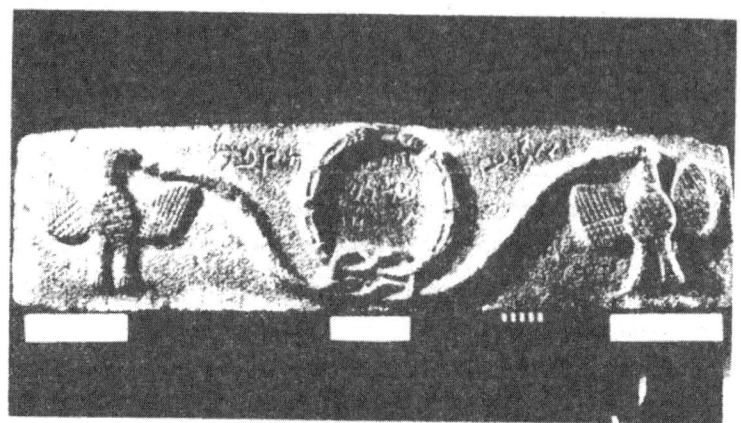

엘리저 하카마의 회당의 창문위에 댄 가로대

고라신 회당의 "모세의 권좌(seat of Moses)"

PART 2.

예수의 하나님 나라 신학의 유대적 뿌리

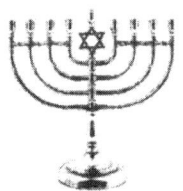

어려운 것에는 두 종류가 있다. 그냥 이해하기 어려운 것이 있는가 하면, 너무 쉬워서 이해할 수 없는 어려운 것도 있다. 이해하기 어려운 예수의 말씀들을 역동적으로 유사한 개념으로 설명하면, 그 말씀들은 너무 쉬워져서 이해할 수 없는 어려운 것이 된다. 마크 트웨인(Mark Twain)은 성경에서 그를 괴롭혔던 것은 그가 이해하지 못한 것이 아니라 오히려 이해한 것들이었다고 많은 사람들을 위해 이야기했다. 예수의 말씀들에 대해서는 특히 더 그러하다.

- F. F. 브루스 (F. F. Bruce) -

5
"침노를 당하는 천국"인가 "침노하는 천국"인가?

예수는 천국을 하나님의 능력을 힘입어 세상에서 활동하는 어떤 힘으로 보았다. 그는 곤고한 가운데 있는 백성들을 가르치고 치유하면서 점점 강렬해지는 하나님의 은총을 경험했다. 예수가 매일의 삶 속에서 하나님의 임재를 예리하게 인식했다는 것은 아래와 같은 말씀에서 느낄 수 있다; "그러나 내가 만일 하나님의 손을 힘입어 귀신을 쫓아내는 것이면 하나님의 나라가 이미 너희에게 임하였느니라", "세례 요한의 때부터 지금까지 천국은 침노를 당하나니 침노하는 자는 빼앗느니라."[1) 복음서 전통에서 예수는 그가 사람들을 가르칠 때 하나님의 통치의 힘을 경험한 것으로 묘사된다. 예수의 사역들의 역사적 정황 속에서 이 구절들은 어떻게 올바로 해석될 수 있을까?

예수의 사역은 평범하지 않았다. 그는 귀신을 쫓아내고 고통당하는 백성들을 위해 사역하였다. 그는 하나님의 통치에 중심을 둔 가르침으로 제자들을 도전하게 하였다. 그가 한 일은 특별한 것이었다. 그를 따르던 일단의 사람들은 인격적인 만남 속에서 하나님의 통치를 역동적으로 경험했다. 사람들은 예수를 따르면서 다른 사람들을 도왔고 자기 자신을 하나님에게 헌신하였다. 상처 받은 세상 속에서 자유롭게 분출되는 강력한 치유의 동력인 하나님의 통치의 주제는 세례 요한에 관한 예수의 말씀 속에서 보다 더 분명하게 드러난다. 선지자들은 세례 요한 때까지만 기능하였고, 이제는 하나님의 나라가 "침노를 당한다". 나중에 살펴보겠지만, "침노를 당하나니"라는 번역보다는 "천국이 침노한다(Kingdom of heaven *breaks forth*)"는 능동적인 번역이 본문의 원래의 의미에 훨씬 더 가까울 수 있다.[2] 사람들이 예수의 가르침을 받아들이고 이를 실천할 때, 하나님의 나라는 역동적인 운동 그 자체로부터 강하게 전진해 오는 것이다. 세례 요한은 감옥에 있을 때에 그의 제자 둘을 예수에게 보내어 그가 정말 오실 이, 곧 메시아인지 아니면 또 다른 사람을 기다려야 하는가를 물었다. 예수는 자신의 사명과 예수의 사명을 준비했던 세례 요한의 역할에 관하여 설명해야 했다. 모든 선지자들의 사역들이 세례 요한의 사역에 이르러 절정에 도달하였다. 세례 요한은 막혀진 벽에 돌파구를 만들어서 예수의 사역의 길을 열고 그 길을 준비한 것이다. 우뚝 선 두 사람-세례 요한과 예수-은 위와 같이 구속 사역을 묘사한 기사 속에서 소개된다. 그런데 "(천국이) 침노를 당하느니라"의 참 뜻은 무엇일까? 이것이 어떻게 하나님의 나라와 예수의 사명과 관련되어지는가? 복음서 번역에 대한 올바른 접근 없이는 우리는 예수의 말씀으로부터 매우 중요한 가치를 잃게 된다. 왜냐하면 잘못된 번역들은 원어가 가지고 있는 풍요로운 상징성을 강탈해 버리기 때문이다.

성경 번역의 기술은 항상 신학과 문화에 영향을 준다. "세례 요한의 때부터 지금까지 천국은 침노를 당하나니 침노하는 자는 빼앗느니라"는 흠정역(KJV)의 마 11:12의 번역은 많은 신학자들에게 영향을 주었고, 서양 문화 가운데 이와 같은 표현이 발견된다. 예수의 이 말씀은 적절치 못하게 번역되었고 잘못 이해되어 왔으며 이로 인해 세례 요한과 관련되어 있던 원래의 상황이 종종 무시되어졌다. 오랫동안, 이 구절은 두 가지의 해석 중 하나의 해석을 취해왔다. 첫 번째로, 이 구절은 천국이 침노하는 사람에 의하여 공격받고 있는 것을 묘사한 것으로 여겨졌다. 둘째로-훨씬 더 불행하게도— 어떤 학자들은 예수가 폭력을 천국 복음의 일부분으로 주창하였다고 제안한다. 그들은 예수가 열심당원이었거나 아니면 그가 정치적인 목적을 이루기 위해 물리적인 힘을 옹호했다는 점에서 열심당원 같았다고 주장한다. 그러나 어떻게 예수의 제자들을 한 면으로는 열심당원 같은 '폭력의 사람'으로, 다른 면으로는 '화평하게 하는 자'로 특징지울 수 있겠는가? 예수의 이 말씀은 세례 요한의 사역이 예수의 사역과 연합할 때, 그 원래의 1세기 유대적 배경 안에서 적절하게 번역되고 연구되어야 한다. 본 장에서는 세례 요한이 벽에 돌파구를 만드는 부수는 자로서 역할을 한 것이 다루어질 것이다. 요한이 만든 그 돌파구를 통하여 천국은 앞으로 나아간다. 예수와 그의 사명은 "천국이 침노한다"는 구절의 핵심적인 초점이다. 선지자들은 결국 세례 요한에 도달한다. 그런 다음 세례 요한은 예수를 위한 길을 준비한다. 그러나 이제 예수의 추종자들의 운동은 고통 받는 세상에 치유와 총체성의 힘을 역동적으로 촉진시킨다.

어떻게 천국이 침노를 당할 수 있는가? 이 구절은 흠정역의 번역에 따르면 뜻이 잘 통하지 않는다. 그럼에도 불구하고, 이미 신약의 인정된 번역이 얻은 대중성과 권위 때문에 흔히 수정본을 보는 눈은 회의적이다. 다양한 권위 있는 번역본들이 서로 불일치할 때조차도 헬라어 사본의 새로운 번역은 환영받지 못한다. 한 예로, 신 국제성경(NIV)은 예수의 말씀을 이렇게 번역하고 있다; "세례 요한의 날부터 지금까지 천국은 힘 있게 전진해 왔고, 강한 자가 그것을 붙잡을 것이다." 아마도 신 국제성경의 번역은 다른 영어 번역본들보다는 마 11:12의 의미에 더 가까운 것 같다. 여기에서는 신 국제성경과 유사한, 헬라어 본문의 새로운 번역이 제시될 수 있다. 미가 2:13("길을 여는 자가 그들의 앞서 올라가고 …")을 본문의 구약 배경으로 볼 때, 이러한 예수의 말씀의 히브리적 기원에 대한 질문은 측정할 수 없을 만큼 가치가 있다. 주의 깊은 성경 번역은 매우 중요하며, 이 중요성은 간과되어서는 안 된다. 각 단어는 주의 깊은 연구를 필요로 한다. 신 국제성경에서 번역한 바와 같이 천국이 강하게 앞으로 나아간다고 하는 사상은 본문의 원래 의미에 훨씬 가깝다. 천국 메시지는 예수의 가르침에서 우위를 차지하기 때문에, 마태복음 11장 22절은 그 복음서에 올바르게 접근하기 위한 본질적인 주요한 구절이 된다. 그러므로 본문의 천국에 관한 예수의 가르침을 충분히 이해하기 위해서는 각 헬라어 단어와 그 자체의 히브리적 배경뿐만 아니라 1세기 유대 사상이 신중하게 검토되어야 할 것이다.

바른 번역:
"천국은 침노하나니…(The Kingdom Breaks Forths…)"

흠정역(KJV)에서 "침노를 당하나니"로 번역된 헬라어 단어는 '비아조(biazo)' 이다. "침노를 당하나니"는 좋은 번역이 아니다. 위에서 간략하게 살펴본 바와 같이, 신 국제성경(NIV)은 이 헬라어 동사를 "강하게 전진하는(forcefully advancing)"으로 번역했다. 이 번역은 "침노를 당한다"는 수동형 번역보다 더 적절하다. 왜냐하면 능동형의 의미가 그 동사와 관련된 힘과 하나님의 통치의 운동이 조금씩 앞으로 나아가고 있다는 사실을 제대로 전달해주기 때문이다. '앞으로 돌진한다(breaks forth)'는 것을 의미하는 히브리 동사 '파라쯔(paratz)'는 때때로 70인역에서 '비아조'로 번역되었다.[3] 헬라어 동사 '비아조'에는 분명히 '앞으로 돌진하는' 동작의 의미가 포함되어 있다.[4] 더욱이 이 구절의 히브리적 배경은 실제로 강한 힘을 가지고 터져 나오는 동작을 나타내는 것이다. 따라서 이러한 상황으로 미루어 보건대 이 문장에서의 가장 좋은 번역은 "앞으로 돌진하는"이다.[5] 동작은 내부에서 시작되어 바깥쪽으로 움직인다. 헬라어의 중간태가 의미하는 것은 동작의 재귀형이다. 천국의 힘의 근원은 바깥쪽이 아니라 안쪽에 있다. 마찬가지로 같은 헬라어 동사에서 유래된 '비아스타이(biastai)'

라는 명사는 흠정역에서 "침노하는 자(the violent)"로 번역되었고 신 국제성경(NIV)에서는 "강한 자(forceful men)"으로 번역되었다. 그러나 '비아스타이'는 동사 '비아조'에서 유래하며, 또한 미 2:13과 밀접한 연관이 있으므로, 이 명사는 성 안쪽에서부터 벽을 뚫고 나와 출구를 더 크게 만드는 사람(the ones making the breach wider as they break out from within the wall) 곧 "길을 뚫고 여는 사람(the breakers)"으로 번역되어야 한다. 그들은 천국과 함께 (벽을) 뚫고 나오는(break out) 사람들이다. 의심할 여지없이 예수의 전체 말씀은 미가 선지자의 말과 관련이 있다.

> 길을 여는 자(the breaker, haporetz)가 그들에 앞서 올라가고 그들은 달려서(break through, partzu) 성문에 이르러서는 그리로 따라 나갈 것이며 그들의 왕(malkam)이 앞서 행하며 여호와께서 선두로 행하시리라 (미 2:13)

여기에서 "길을 여는 자"와 "그들의 왕", 이 두 인물은 매우 중요하다. "길을 여는 자"는 히브리어로 한 단어, haportez(the breaker)이다. 이 두 인물은 "천국은 … 침노하나니"라고 하신 예수의 말씀과 관련이 있다. 미가 2:13의 상반절, "길을 여는 자가 그들의 앞서 올라가고"는 "세례 요한의 날부터 지금까지 천국은 침노하나니…"라는 예수의 말씀과 관련이 있다. 천국이 돌진하도록 한 사람은 바로 세례 요한이다. 플러서는 세례 요한에 관하여 "그와 함께 세계 역사의 결정적인 사건인 종말이 시작 된다"[6]고 했다. 요한은 부수는 자(the breaker, 히 haporetz)였다. 그는 돌파구를 열었다.

미가 2:13은 양떼들로 가득한 양의 우리를 연상하게 한다. 이스라엘에서는 흔히 목자들이 양떼를 돌볼 때, 양의 우리 대용으로 임시 울타리를 세우곤 한다. 그들은 돌을 모아서 임시변통으로 우리를 만들었다. 목자들이 원형의 우리를 고안해냈을 수도, 바위가 많은 산언덕의 동굴과 같이 이미 존재하는 자연적인 울타리를 이용했을 수도 있다. 어쨌든 그들은 반원 모양으로 돌 울타리를 쳐서 그 동굴이나 자연적인 울타리를 막을 것이다. 요 10:9은 예수의 말씀을 이렇게 기록하고 있다. "나는 양의 문이니…" 문자적으로 해석하면, 예수는 양 우리의 입구에 눕는다는 뜻이 된다. 선한 목자는 잠을 자면서도 양 우리의 입구에 누워서 인간 문을 만든 셈이 되는 것이다. 목자들은 양 떼를 보호하고 돌보기 위하여 부지런히 일하며 양들의 안녕을 위해서 목숨을 걸기도 한다. 이스라엘에서는 밤에 양떼를 보호하기 위해 양 우리를 만드는 것이 일상적이었다.

양떼들이 임시로 만든 좁은 양 우리에서 하룻밤을 지내고나면, 바깥으로 뛰쳐나가고 싶어 한다. 목자는 아침에 돌무더기 울타리의 일부를 헐어버릴 것이다. 그는 양들을 밤새도록 가두었던 담을 부수어 길을 여는 것이다. 울타리로부터 나오기를 갈망했던 양들은 있는 힘을 다해 뛰쳐나올 것이다. 그들은 밖으로 뛰쳐나가기 위하여 임시변통으로 만든 울타리를 부서뜨리기도 하는 것이다.

미가서의 역사적인 상황에서 미가 선지자는 본문에서 외국으로 잡혀가 포로 생활하는 유대인의 모습을 그리고 있었을지도 모른다. 한편, 목자가 임시로 만든 양 우리에 출구를 만드는 것을 암시하는 그 단어는 구속의 과정을 묘사하는 데 풍부한 은유적 가능성을 가지고 있다. 히브리적 사고로 하나님은 포로를 해방시키는 길을 만들기 위해 두 인물, 즉 미 2:13에 따르면 나오는 "길을 여는 자(the breaker)"와 "왕(the king)"을 사용하실 것이다. 양 우리에서 긴 밤을 갇혀 있은 후 풀려나기를 갈망하는 양들처럼, 백성들은 하나님이 주도하시는 일에 반응할 것이다: "그들은 달려서(partzu) 성문에 이르러서는 그리로 따라 나갈 것이며 그들의 왕(malkam)이 앞서 행하며 여호와께서 선두로 행하시리라"(미 2:13). 미가서에 언급된 두 인물뿐만 아니라, 말라기 선지자는 여호와의 오시는 길을 준비할 엘리야 선지자에 대해서도 언급했다. 세례 요한에 대해 말씀하실 때, 예수는 말라기를 인용하셨다: "기록된 바 보라 내가 내 사자를 네 앞에 보내노니 그가 네 길을 네 앞에 준비하리라 하신 것이 이 사람에 대한 말씀이니라"(마 11:9-10).

미 2:13이 부수는 자(haporetz)와 그와 함께 앞으로 돌진하는(partzu) 사람 둘 다를 언급하고 있다는 사실은 "천국이 침노한다"(poretzet(히), biazetai(헬))는 구절과 "돌진하는 자"(portzim(히), biastai(헬))라는 구절 사이의 관계를 이해하는 데 매우 의미심장하다. 그 구절에서 행동은 결정적이다. 부수는 자는 길을 열고, 우리 안에 있는 자들은 안으로부터 뛰쳐나온다(The breaker makes a breach and the ones inside the sheepfold break forth from within). 박해의 사상, 즉 양 우리 안에 있는 양떼가 길이 마련된 후에 공격을 받는다는 생각은 불가능하다.

미 2:13의 주요한 초점은 왕이다. 그는 우리로부터 뛰쳐나오는 무리를 선두에 계신 여호와와 함께 인도한다. 이 구절에서 묘사되는 드라마틱한 행위의 두 주역은 부수는 자(the breaker)와 왕인 것이다. 데이비드 플러서는 이 두 인물이 구속의 도래에 관한 유대인의 기대 속에서 주요한 역할을 감당하고 있다고 보았다. 플러서는 "엘리야는 길을 열기 위해 먼저 올 것이었고, 그 다음에 그들의 왕, 메시아와 함께 승리한 사람들이 뒤따라 올 것이다."[7]라고 하였다.

지금까지 우리는 문제 구절의 첫 번째 부분이 이렇게 번역되는 것이 낫다는 것을 살펴보았다: "세례 요한의 때부터 지금까지 천국은 앞으로 돌진하나니(the kingdom of heaven breaks forth)....". 그러나 나머지 구절 역시 심각한 질문을 던져주고 있다. 이 구절을 신 국제성경(NIV)은 "강한 자가 그것을 붙잡는다(and forceful men(the breakers)lay hold of it)"로 흠정역은 "침노하는 자는 그것을 힘으로 취하리라(and the violent take it by force)"로 번역하고 있다. "~을 붙잡는다"(NIV) 또는 "힘으로 취한다"(KJV)로 번역된 헬라어 동사는 '하르파조(harpazo)'이다. 이 두 단어, 즉 '비아스타이(biastai, NIV에서 "forceful men")'와 '하르파조(harpazo,

NIV에서 "lay hold of")'를 어떻게 번역하는 것이 가장 좋을까?

이 문제에 관한 고찰을 위해, 린제이(R. L. Lindsey)는 이와 병행 기사가 되는 눅 16:16의 하반절, "사람마다 그리로 침입하느니라(and every one breaks out with it)"을 살펴 보았다. NIV는 눅 16:16을 "사람마다 그 속으로 그 자신의 길을 힘으로 밀고나간다 (and everyone is forcing his way into it)"으로 번역하였다.[8] 린제이가 눅 16:16을 "사람마다 그리로 침입하느니라"로 번역한 것은 분명히 옳다. 그렇다면 마태복음의 기록은 어떻게 되는가? 린제이의 견해에 따르면, '하르파조',즉 '붙잡는다(lay hold of)' 또는 '힘으로 취한다(take by force),'라는 동사는 마태복음 편집자에 의해 서술적으로 사용되었다. 그는 이 동사가 마태복음이 편집될 때, 마태 문서 자료에 첨가된 것이라고 생각했다. 린제이는 문제 구절의 가장 좋은 히브리역은 *"meyame yochanan hamatbil vead atah malchut shamayim poretzet vekol poretz bah"*, "세례 요한의 때부터 지금까지 천국은 그리로 돌진하나니 (From the days of John the Baptist until now, the kingdom of heaven breaks forth with it)"이라고 하였다. 여기에서 문제 구절은 마 11:12a의 "세례 요한의 때부터 지금까지 천국은 앞으로 돌진하나니"와 눅 16:16b의 "사람마다 그리로 침입하느니라"[9]로부터 재구성되고 있다. 그의 재구성은 분명히 하나의 가능한 접근이다. 그러나 또 다른 접근도 있다.

린세이의 잘 논증된 견해와 관련하여, 마태의 두 번째 부분도 훌륭한 의미를 만든다. 1세기 유대인 독자들은 마 11:12b의 자료 문서로부터 히브리 숙어를 들었을 것이다. '하르파조'라는 용어는 "먼저 그의 나라와 그의 의를 구하라(seek)"(마 6:33)에서와 같이 "추구하다(to pursue)"라는 의미를 전달해준다. 헬라어 동사, '하르파조'는 때때로 성서 히브리어의 '가잘(*gazal*, 훔치다)', '라카흐(*lakach*, 취하다)', '라카드(*lakad*, 사로잡다)', 또는 성서 이후의 히브리어(postbiblical Hebrew)인 '나탈(*natal*, 가지다)', '타파스(*tafas*, 쥐다, 붙잡다)' 등으로 번역된다. 아마도 이 헬라어 동사는 실제로는 '라다프(*radaf*, 추구하다)', 또는 '바케쉬(*bakesh*, 구하다)' 같은 히브리어를 표현하는 말로 사용되었을 것이다. 본인은 '라다프(*radaf*, 열심히 추구하다)'로 번역하는 것이 최선의 번역이라고 생각한다. 그렇다면 이 구절은 히브리어로 "*muyame yochanan hamatbil vead atah malchut shamayim poretzet vehaportzim rodfim [mevakshim] otah*", "세례 요한의 때부터 지금까지 천국은 돌진하나니, 돌진하는 자는 그것을 추구하느니라[찾느니라](From the days of John the Baptist until now, the kingdom of heaven breaks forth and those breaking forth are pursuing [seeking] it)" (마 11:12)로 번역될 수 있다. 위의 번역은 헬라어 사본의 의미를 더욱 분명하게 전달해준다. 마태복음의 이 구절을 이렇게 번역함으로써 전달되는 의미는 시 34:14의 "평화를 찾고 그것을 추구하라(*bekesh shalom verodfehu*)"는 구절과 유사할 것이다. 사해 사본에서, 히브리 단어 '라다프(to pursue earnestly)'는 흔히 이와 유사하게 사용된다. 유대 광야의 종파의 회원들은 열심히 의와 지혜를 구하도록 권면 받았다.[10] 마 11:12b의 핵심은 양 우리를 뚫고 나오는 무리들(ones breaking out)을 드라마틱하게 그리고 있다는 것이다. 그들은 삶 속에서 온 힘을 기울여서 하나님의 목적을 능동적으로 추구한다.

어쨌든 문제 구절의 두 번째 부분의 지배적인 사상은 하나님의 통치의 보다 높은 가치들에 초점을 맞추는 것이다. 천국과 함께 돌진하는(breaking forth with the kingdom of heaven) 무리들은 모든 노력을 기울여서 하나님의 통치 원리들을 추구한다. 그들은 주님의 일을 위한 열정을 지니고 있다. 그들의 삶의 모든 면에서 하나님의 통치를 추구한다. 그들은 천국의 멍에를 받아들여 도움을 필요로 하는 사람으로 가득 찬 이 세상에 치유하시는 사랑의 구속적인 권능이 임하는 것을 보기를 추구하는 왕의 신하들이 된다.

세례 요한의 예수에 대한 의문

세례 요한은 예수에 대해 의문을 가지고 있었다. 요한은 예수에게 제자들을 보내어 질문하게 했다. "당신이 오실 그 분입니까? 아니면 우리가 다른 사람을 기다려야 합니까?" 이 질문은 예수의 세례에 관한 복음서의 기사들과 앞뒤가 맞지 않는 것처럼 보인다. 요단강가에서 세례를 베풀 때에 요한은 복음서에서 하늘로부터 들린 음성에 대한 증인으로 그려지고 있다. 마태복음에서, 그는 먼저 예수에게 세례주기를 거부했다. 왜냐하면 그는 예수가 누구신지 알고 있었기 때문이다. 그런데 후에 그가 감옥에 있는 동안, 세례 요한은 그의 두 제자를 예수에게 보내어 예수의 사명의 본질에 관한 매우 심각한 질문을 하게 했다. 요한은 왜 그러한 강한 의심들을 갖게 되었는가?

요한이 예수의 사역에 대해 가진 회의는 유대적 메시아관에 그 뿌리를 두고 있다. 이 문제는 정말로 메시아 사역의 정의와 이해가 내포하고 있다. 요한은 그 시대의 다른 사람들과 마찬가지로, 구원자의 오심을 기대했다. 그러나 그가 기대한 구원자는 예수 같은 사람이 아니었다. 기름 부음 받은 자는 고난 받는 종보다는 다윗 왕과 같은 인물로 생각되었다. 그는 로마와 그 앞잡이들이 유대인들 위에 얹어놓은 외압의 굴레를 깨뜨릴 인물로 기대되었다. 세례 요한은 아마도 로마의 그러한 정치적 압제로부터 해방을 가져다 줄 메시아를 기대했던 것 같다. 당시 세상은 정치-경제적 체제가 너무나 타락하였었기 때문에, 백성들의 개혁만으로는 충분하지 않았다. 하나님에 의한 어떤 초자연적 개입이 필요했다.

히브리 선지자들은 백성들이 하나님께로 완전히 돌이킬 것과 평민들의 문제를 풀어줄 수 있는 사회적 개혁을 내다보았던 반면에, 유대 묵시가들은 세상 질서의 완전한 변혁을 기대했다. 단순히 개혁되거나 안에서부터 갱신된 도시가 아니라 새 예루살렘이 필요했다. 세례 요한은 훨씬 더 종말론적인 생각을 가지고 있었던 것으로 보인다. 말하자면 그는 메시아 사역을 위해 오실 분의 출현과 함께 급박하게 임할 마지막 때를 기대했던 것이다. 오실 이는 그의 도래를 선포하는 사람보다 더 큰 사명을 가지고 있다고 그는 설명했다. 요한은 오실 이의 앞에서 그의 도래를 선포하는 자로서 일한다. 그는 그의 오심을 준비한다. 그러나 요한은 오실 이의 신발의 끈도 감히 맬 수 없는 사람이었다. 그리고 오시는 이는 백성들에게 물과 성령으로 세례를 베풀 것이다.

히브리 선지자들과 묵시가들의 마음속에 있는 심판에 대한 다양한 이미지들은 복음서에 기록된 세례 요한의 말에 뚜렷이 나타나 있다. 악한 자들은 심판의 불 속에서 타게 될 것이며, 의로운 자들은 성령의 거룩한 은총으로 세례 받게 될 것이다. 하나님의 은혜는 그 분의 초자연적 개입을 고대하는 자들에게 나타날 것이다. 그들은 반드시 진실한 마음으로 주님께 돌아와야 한다. 그들이 추구하는 삶의 방식도 변해야만 한다. 그들의 삶은 새로운 의의 길을 따라가야 한다. 복음서 초반부에서 요한은 예수를 이 세상 질서에 변화를 가져올 분으로 인식했던 반면, 이제 그는 예수가 진정 '오실 이' 인가에 대한 의심을 갖게 되었다. 그는 또 다른 메시아를 기다려야 하는 것인가?

요한은 예수의 자기인식에 대해 더 많은 것을 알기 원했다. 공관복음서의 세 경우에서 우리는 예수가 자신의 메시아직에 관한 질문에 대해 어떻게 접근하셨는지 분명하고 직접적으로 묘사하는 것을 볼 수 있다. 가야바는 예수에게 "네가 그리스도이거든 우리에게 말하라"(눅 22:67)고 다그쳤다. 예수는 베드로에게 물으셨다. "너희는 나를 누구라 하느냐?"(눅 9:20) 여기에 세 번째 사건이 있다. 세례 요한이 예수에게 질문을 던졌다. "오실 그이가 당신이오니이까 우리가 다른 이를 기다리오리이까?" 위의 세 경우에서 제기된 이슈는 아직도 역사를 통해 반복되고 있다. 사람들은 예수에 관해 무엇을 말했는가? 예수는 자기 자신에 대해 무엇을 말했는가? 공관복음서의 이 세 경우에서, 문화적으로 조건 지워진 답변이 주어진다. 각각의 경우에서 복음서를 기록한 저자들은 예수가 그의 사명에 부여한 강력한 중요성을 인식하였다. 만일 그들이 대중을 위해 다윗왕의 정치적 왕국을 재건할 메시아를 기대했다면, 예수는 그런 기대에 부응하는 인물은 아니었다. 그러나 만일 사람들이 이사야서의 여호와의 종과 같이 도움이 필요한 사람들의 치유자를 구한다면, 그들은 실망하지 않았을 것이다. 예수의 자의식은 히브리 선지자들의 저작 속에 있는 여호와의 종에 대한 그의 견해에 깊이 새겨져 있었다. 이와는 대조적으로 세례 요한은 종말론적 심판의 환상이 실현되기를 보기 원했다. 요한은 참으로 비극적인 인물이었다. 그는 그 자신이 가지고 있었던 신학의 희생자였다.[11]

세례 요한의 의문은 그의 메시아관으로부터 비롯된다. 아마도 그는 "오실 이"라는 용어를 종말적인 심판자로 이해했을 것이다. "오실 이"는 다니엘서나 에녹서에 기록된 묵시적인 환상들에 묘사된 인자 같은 분일 것이다. 오실 이는 모든 권세와 정사를 받기 위해 "옛적부터 항상 계신 자" 앞에 서실 것이다. 다니엘은 이에 대해 생생하게 묘사하고 있다; "내가 또 밤 환상 중에 보니 인자 같은 이가 하늘 구름을 타고 와서 옛적부터 항상 계신 이에게 나아와 그 앞으로 인도되매 그에게 권세와 영광과 나라를 주고..." (단 7:13-14). 에녹서(the book of Enoch)에서도 오실 이는 "인자"로 표현된다. 에녹서는 비록 교회나 회당에 의해 거룩한 책으로 받아들여지지 않아서 성경에 포함되지는 않았지만, 예수 당시의 유대인들은 이 책을 널리 읽고 있었다. 에녹서는 유대인들이 오실 이를 어떻게 생각했는지에 대해 상당한 정보를 제공하고 있다. 예를 들어, 한 단락을 읽어보면, "모든 심판은 인자에게 주어질 것이다. 그는 죄인들이 죽어서 땅을 떠나는 날 멸망 받게 하실 것이고... 인자가 나타나면, 그의 영광의 보좌 위에 앉으실 것이며..."[12] 다니엘서와 같이 에녹서도 "오실 이"를 마지막 때에 하나님의 심판자가 될 인자로 묘사하고 있다. 세례 요한이 심판의 불로 세례를 베풀 오실 이에 대하여 말할 때에 도끼가 나무뿌리 위에 놓여있는 것처럼 그의 까부르는 키가 그의 손에 있다고 말한 것으로 보아, 그는 아마도 완전히 새로운 세계 질서를 세울 인자에 의한 갑작스런 묵시적 변화를 기대하였을 것이다. 죄인들은 멸망할 것이고, 의인들은 성령으로 세례를 받게 될 것이다. 하나님의 구속은 역사 속으로 극적인 발생 가운데 완성되어질 것이다. 인간사의 자연적인 과정에 하나님께서 개입하셔서 현재의 타락한 세상 질서를 결정적으로 심판할 것이다. 의로운 자들은 구원받게 될 것이며, 악한 자들은 저주를 받게 될 것이다.

요한이 많은 사람들에게 세례를 베풀었던 요단강가에서 예수에 대해 어떤 희망을 가졌든지 간에, 오실 이에 대한 그의 기대는 예수의 사역 속에서 성취되고 있지는 않았다. 헤롯 안티파스(Herod Antipas)에 의해 사해 정북쪽 요단강 동쪽 강변에 있는 마케루스(Machaerus) 성채에 갇혀 있는 동안, 세례 요한은 예수와 예수의 메시지, 그리고 그의 사명에 대해 회의를 가지게 되었다.[13] 아마도 요한은 자기 자신의 운명이 당시 불의한 정치적, 재판 체계의 균형에 달려 있었기 때문에, 다니엘의 묵시가 성취되기를 간절히 원했는지도 모른다. 모든 히브리 선지자들과 환상가들이 오실 이를 기다려왔다. 그는 누구신가? 그는 언제 오실 것인가? 요한의 마음속에서는, 만일 예수가 약속된 바로 그분인, 오실 이라고 한다면, 그는 그의 사명에 앞서서 움직여야 했다. 시간이 없었다. "오실 이"가 할 일들이라고 요한이 생각했던 것들을 예수는 하지 않고 있었다. 이스라엘의 모든 역사와 제2 성전 시대의 사람들과 마찬가지로 요한은 다른 종류의 메시아를 기대했다. 세례 요한의 제자들에게 예수는 요한이 듣기 원했던 것을 대답해 주지 않으셨다. 최소한, 예수의 대답은 세례 요한에게 위협적인 도전만을 던져준다. 게다가 예수의 대답은 우리에게 그가 메시아의 사명을 어떻게 이해하고 있는지를 말해주고 있다. 오실 이에 대한 예수의 견해와 세례 요한의 기대는 전혀 달랐다.

예수의 경고

"나를 인하여 실족하지 아니하는 자는 복이 있도다"라고 하신 예수의 분명한 경고는 헬라어나 영어 번역보다 훨씬 더 강한 히브리어의 뉘앙스를 가지고 있다. 예수는 강한 어조로 두려운 경고를 하고 있다. 그 경고는 세례 요한에게 심각한 잘못에 대해 주의를 준다. 세례 요한의 질문에 대한 대답으로 예수는 "너희가 가서 듣고 보는 것을 요한에게 고하라"고 말씀하셨다. 그리고 그는 잘 알려진 이사야서의 말씀(사 29:18-19, 35:5-6), 즉 악한 자와 의로운 자들을 심판하실 최후 심판자로서 보다는 고통 받는 인간의 치유자로서의 여호와의 종의 사역을 묘사하는 말씀을 인용하셨다. 심판을 가져올 키를 손에 들고 있는 대신, 예수는 고통 받는 세상 속에 있는 사람들의 상처를 싸매어주고 계신다. 가난한 사람들은 예수와 그 제자들의 사역을 통해 전해지는 하나님의 은총의 복된 소식을 듣는다.

예수의 대답 중에 "실족하다"라는 말은 요한에게는 강한 어조로 들렸을 것이다. 이 말의 뜻은 중대한 문제에서 실패하거나 죄를 짓는다는 말이다. 요한은 예수의 사역의 중요성을 보지 못했다. 예수는 요한의 제자들에게, 가서 요한에게 그들이 눈으로 본 예수의 사역과 요한에게 했던 경고의 말, 즉 "나를 인하여 실족하지 아니하는 자는 복이 있도다"라는 말을 전해 주라고 하셨다. 실제로 예수는 메시아 사역을 규정지으시고 단호하게 경고하셨다. 그는 백성들 가운데에서 성취되고 있는 그의 사명을 요한이 받아들이도록 열심히 권면하셨다. "여자가 낳은 자 중에 세례 요한보다 큰 이가 일어남이 없도다"라고 세례 요한을 칭찬하시면서, 천국에서는 극히 작은 자라도 저보다 크다고 언급하셨다. 세례 요한은 뒤에 남겨졌고 하나님 나라 운동으로부터 제외되었다. 예수는 요한에게 경종을 울리셨다. 그는 기름부음 받은 자를 대망하는 마지막 선지자였지만, 요한은 예수에 의해 규정된 메시아 사역을 이해하지 못하였다. 요한이 가진 오해는 1세기 유대교의 다양한 메시아 기대들에 그 기원을 가지고 있다. 요한은 잘못된 종말론적 시나리오를 붙잡고 있었던 것이다. 그 시나리오는 세례 요한으로 하여금 예수의 천국 운동에 동참하지 못하게 했다.

유대인의 메시아 기대들

제2 성전 기간 동안 오실 메시아에 대한 견해들은 다양하였고 결코 단일하지 않았다.[14] 복음서에서 세례 요한조차 예수의 목적을 오해했다는 사실은 이런 잘못된 기대들을 세례 요한 혼자만 가지고 있지 않았음을 알려준다. 많은 사람들이 메시아의 사역에 대해 더 큰 정치적 차원을 기대했다. 어떤 집단에서는 제사장과 같은 영적 지도자로서의 두 번째 메시아와 함께 다윗 왕과 같은 정치적 메시아를 기대하고 있었다. 아마도 예수의 사역에 있어서 가장 걸림이 되는 부분은 그가 십자가에 못 박히게 될 것이라는 사실이었다. 제2성전 시기에 어느 백성도 죽임을 당할 메시아에 대해서 생각했다는 증거는 거의 없다. 그러나 예수께서는 배척받아 이방인에게 넘겨져 십자가에 못 박히실 인자에 대해 말씀하셨다. 한편 그는 장차 오실 인자가 의로운 심판과 만국의 왕의 역할을 감당하게 될 것을 말씀하셨다. 그러나 그 중간시기 동안에 예수는 백성을 가르치고 질병을 치유하는 순회 랍비와 같았다.

이와 같은 이스라엘의 다양한 메시아적 기대의 상황 속에서 많은 종교적 또는 세속적 백성들에게 예수의 사역은 충분히 이해될 수 없었다. 사두개인과 제사장들과 같은 집단은 자기들이 가져왔던 메시아의 환상을 버릴 수 없었다. 또 다른 사람들은 바리새인들처럼 어려운 때에 있게 될 하나님의 도우심을 구했다. 많은 백성들이 이집트의 종살이에서 이스라엘을 건져주신 것처럼, 하나님께서 이스라엘을 압제자 로마로부터 해방시켜 주실 것으로 기대했다. 전에 하나님께서 모세를 사용하셔서 외세의 속박으로부터 백성을 건지셨다. 모세는 하나님과 백성 사이의 중재자였다. 그는 백성들에게 말씀을 가르치고 기적을 행한 선지자였다. 백성들이 여호와와 그의 종 모세를 믿었을 때에 그들은 이집트로부터 해방되었다. 여하튼, 예수의 말씀을 듣는 백성들은 세례 요한을 선지자적인 역할의 견지에서 논하였다.

그들은 외세의 압제로부터 구원을 이루는 성스러운 전략들에 관련한 수많은 전통들을 깊이 고려하곤 한다. 사해 사본에서 볼 수 있는 것처럼 히브리 선지자들의 글은 백성들의 당시 삶의 상황에 곧바로 적용되었다. 신 18:18을 읽어보면, "내가 그들의 형제 중에서 너(모세)와 같은 선지자 하나를 그들을 위하여 일으키고..." 라는 말씀이 있다. 그들은 모세의 역사적 계승자인 여호수아만을 생각한 것이 아니라 제2의 출애굽에 의하여 새로운 구속의 기적을 일으킬 선지자의 도래를 바라보았다. 고대 후기에 많은 유대인들이 히브리 성경을 연구했으나, 그들의 타락한 압제자들과 함께 하는 일상적인 경험 속에서 현재의 발전에 이르도록 그들의 관심을 지속하게 하였다. 그들은 하나님께서 백성들을 위해 더 좋은 어떤 것을 갖고 있다고 충심으로 믿었다. 모세와 같은 두 번째 선지자는 변화를 가져올 것이다. 그러나 이 모든 것이 어떻게 일어날 것인가 하는 것이 많은 연구와 토론의 주제였다.

이러한 유대교의 다양성에도 불구하고, 예수는 요한에게 주의할 경고를 보냈다. "나를 인하여 실족하지 아니하는 자는 복이 있도다." 세례 요한의 역할에 관하여 예수가 무리들에게 말씀하실 때, 그는 엘리야와 같은 선지자로 그를 일컬음으로써 높은 평가의 개념들을 사용한다. 그는 요한의 사역을 천국의 길을 여는 위대한 자로 비유했다. 오실 메시아에 대한 다양한 견해에도 불구하고, 비록 어떤 사람들은 여호와의 기름부음 받은 자의 오심에 대한 대중적인 믿음을 회의주의와 무관심으로 보았을지라도, 예수는 당시에 널리 알려져 있던 일반적인 전통을 넌지시 비치고 있다. 제2 성전 시대 동안 회자되었던 메시아 사상의 풍성한 다양성은 활발한 연설과 의견 교환을 위한 토론의 장을 제공한다.

학식 있는 사람들로부터 덜 교육받은 사람들에 이르기까지 의견들이 분분했을지라도, 이스라엘의 한분 하나님의 선하심에 대한 유대인의 충만한 신앙은 하나님께서 자기 백성들을 무한정 고통 가운데 두지 않으실 것이라는 사상을 길러왔다. 백성들이 히브리 선지자들의 글을 읽을 때, 그들은 하나님께서 그들의 세대에 말씀하시는 것과 그 분의 궁극적 목적의 드러냄, 즉 그 분의 백성인 이스라엘의 구원을 믿었다. 놀랄 필요 없이 미 2:13과 말 3:1은 기름부음 받은 구속자의 오심으로 인도하는 사건들을 묘사하고 있는 예언으로서 함께 묶여져서 연구된다. 두 우뚝 솟은 인물이 미가나 말라기의 예언에서 나타난다. 예수는 세례 요한을 말라기서에서의 엘리야로 불렀을 뿐만 아니라, 그가 그렇게 했을 때 메시아의 오심에 대한 당시의 믿음을 넌지시 비춘 것이었다. 엘리야와 메시아는 둘 다 미 2:13의 대중적인 유대적 해석으로부터 나온 것이다.

두 인물이 기대되었다. 첫 번째 인물은 엘리야 같은 인물이다. 그는 백성들 가운데에서 위대한 영적 부흥을 통해 메시아의 오실 길을 준비하게 될 것이다. 선구자로서의 엘리야와 그 뒤에 오시는 예언적 구속자의 시나리오는 예수의 시대 동안에 있었던 백성들의 구속에 관한 다양한 가르침에 깊이 뿌리를 두고 있다. 그 가르침에서는 구속을 위한 이 두 인물의 모습이 극적이고도 상세하게 그려진다. 고대의 히브리 성경 학자들은 히브리 선지자들에 대한 그들의 해석 속에 하나님의 목적에 대한 선명한 인식을 갖는다. 선지자들의 영원한 열정은 그들의 예언에 대한 대중적인 유대적 설명 가운데 느껴진다.

엘리야가 먼저 오리라

더 고귀한 하나님의 목적 안에서 선지자들의 열정과 그들의 역할은 랍비 요하난(Johanan)의 아래와 같은 말에 반영되어 있다: "모든 선지자들은 오직 메시아의 날을 위해서만 [모든 선한 것을] 예언했으나, 오는 세상에 관하여는 '주 외에는 자기를 앙망하는 자를 위하여 이런 일을 행한 신을 옛부터 들은 자도 없고 귀로 들은 자도 없고 눈으로 본 자도 없었나이다'(사 64:4)[15]라고 말하였다." 랍비들은 선지자들의 메시지의 주요한 특징을 메시아의 날들로 간주한다. 메시아 대망은 다음과 같은 예수의 말들 속에서 드러난다. 예수는 세례 요한에 관하여 "모든 선지자들의 예언이 세례 요한 때까지"라고 말씀하셨다. 선지자들의 사역의 궁극적인 이유는 바로 그들의 날 저편을 가리키기 위함이었다. 세례 요한의 때부터 지금까지 천국은 침노하며, 우리가 그것을 제대로 이해할 수 있다면, 요한은 기름부음 받은 구속자의 오심에 앞서서 길을 준비하기로 되어있는 엘리야의 역할을 성취한다.

말라기는 장차 올 주의 날에 관해 말하면서 엘리야의 이름을 언급했다. 선지자 엘리야는 고대 회당의 예배 시에 히브리 예언서를 읽는 하프 토라(Haftorah)의 축복에도 언급되어 있다. 엘리야의 유력한 역할은 말 4:4-5의 말씀에 반영되어 있다.

> 너희는 내가 호렙에서 온 이스라엘을 위하여 내 종 모세에게 명한 법 곧 율례와 법도를 기억하라 보라 여호와의 크고 두려운 날이 이르기 전에 내가 선지 엘리야를 너희에게 보내리니 그가 아비의 마음을 자녀에게로 돌이키게 하고 자녀들의 마음을 그들의 아비에게로 돌이키게 하리라 돌이키지 아니하면 두렵건대 내가 와서 저주로 그 땅을 칠까 하노라 하시니라

말라기 선지자는 결론에서, 엘리야 자신이 하나님의 계획 속에서 특별

한 임무를 수행할 것으로 묘사하고 있다. 그러나 예수님은 말라기로부터 다른 구절을 인용하셨다. "보라, 내가 내 사자를 보내리니 그가 내 앞에서 길을 준비할 것이요 또 너희가 구하는 바 주가 갑자기 그의 성전에 임하시리니 곧 너희가 사모하는 바 언약의 사자가 임하실 것이라"(말 3:1). 이 성구에는 두 인물, 즉 내 사자(my messanger)와 주(the Lord)가 등장한다.

말 3:1에서와 같이 미 2:13에는 중요한 두 인물이 나타난다. "길을 여는 자(haporetz)가 그들의 앞서 올라가고 그들은 달려서(partzu) 성문에 이르러서는 그리로 따라 나갈 것이며 그들의 왕(malkam)이 앞서 행하며 여호와께서 선두로 행하시리라." 미가에서, 두 인물은 호칭으로 묘사된다. 이 두 인물, 즉 길을 여는 자(the breaker)와 그들의 왕(their king)은 주로 엘리야와 메시아를 언급하는 것으로 해석되었다. 장차 이루어질 구속에 대하여 아름다운 묘사는 교훈적인 미드라쉬인 페시크다 라바티(Pesikta Rabbati: 풍부한 성경 해설뿐만 아니라 거룩한 날들에 대한 초대 유대교의 가르침으로 가득차 있다)에 잘 보존되어 있다.

> 거룩한 자, 복되신 자가 이스라엘을 구속할 때, 메시야가 오시기 삼일 전, 엘리야가 먼저 와서 이스라엘의 산들 앞에 설 것이다.... 그 때에 거룩한 자, 복되신 분이 자신의 영광을 나타내시고 그의 나라가 세상의 모든 거민들에게 드러나게 될 것이다. 기록된 대로 길을 여는 자(the breaker, haporetz)가 그들 앞서 올라갈 것이며, 그들은 달려서 성문에 이르러서는 그리로 따라 나갈 것이다. 그들의 왕은 앞서 행하며 여호와께서 선두로 행하시리라(미 2:13).[16]

이스라엘 백성들의 마지막 구속에 대한 묘사는 메시아에 앞서서 올 엘리야의 출현을 생생하게 그리고 있다. 엘리야와 메시아는 모두 하나님 나라의 영광에 관해 이야기하는 유대 미드라쉬에 기록되어 있으며, 그 증거 본문으로 미 2:13을 인용하고 있다. 미 2:13의 "길을 여는 자(the breaker)"라는 말의 중요성과 세례 요한과 엘리야에 관한 예수의 말씀에서 천국이

"앞으로 나아간다"고 언급한 것은 더 분명해진다.

"길을 여는 자(the breaker)"와 "앞으로 나아가는(break forth)"(KJV, "침 노를 당하나니", NIV, "강하게 전진하는")으로 묘사되는 천국의 운동은 둘 다 히브리어로 똑같은 단어가 사용되었다.[17] 세례 요한은 길을 여는 자와 같다. 그러나 이 예수의 말씀과 대응을 이루는 또 다른 유대 자료는 더욱더 자세하다. 이 자료는 미 2:13의 의미를 설명하는 중세 유대 해석가 랍비 데이비드 킴치(Rabbi David Kimchi (Radak))의 초기 자료에 인용되어 있다. 고대 유대 주석가들은 그 구절에서 두드러지는 두 인물, 즉 길을 여는 자와 그들의 왕을 날카롭게 인식했다. 라닥은 초기 유대 자료를 인용함으로써 미 2:13을 해석하였다.

> 복된 기억의 선생님들의 말씀과 미드라쉬의 말씀은 '길을 여는 자'를 엘리야로, '그들의 왕'을 다윗의 자손으로 가르쳤다.[18]

미가에서의 왕은 다윗의 자손으로 여겨진다. '다윗의 자손'이라는 말은 이스라엘의 메시아적 기대와 관련된 용어이다. 그는 왕 메시아이다. 복음서에서 "천국은 침노 한다"라고 했을 때의 능동태 동사는 "길을 여는 자"에 관한 미가의 예언과 관련이 있다. 메시아의 오심에 대한 유명한 유대 변론들에서, 성경 학자들은 메시아 시대를 준비하는 기간에 사회에서 변화가 시작되어야 할 것으로 생각했다. 엘리야와 같은 선지자가 먼저 온 뒤에 구속이 임하게 될 것이다. 왕 메시아는 그 선지자 뒤에 구속 사역을 완성하시기 위해 오실 것이다. 예수님은 위대한 영적 각성이 자신의 사역의 준비로서의 요한의 선지적 사역으로 이루어진 것으로 보았다. 데이비드 플루서는 라닥(Radak)이 했던 미 2:13 주석과 세례 요한과의 관계에 대한 자신의 통찰을 논하면서 이를 잘 설명하고 있다.

데이비드 킴치는 "길을 여는 자"를 엘리야로, "그들의 왕"을 다윗의 자손으로 해석하였다. 예수께서도 알고 계셨던 것으로 보이는 이 해석에 따르면, 엘리야는 길을 열기 위해 먼저 와야 했다. 그리고 앞으로 헤치고 나아가는 자에 뒤이어 그들의 왕, 메시아가 오실 것이다. 예수에 따르면, 엘리야 세례 요한은 이미 왔고, 결단의 용기를 가진 사람들이 이제 천국을 힘으로 취하게 된다.[19]

양 우리는 세례 요한의 사역으로 넓게 뚫렸다. 세례 요한의 예언적 설교로 펼쳐진 드라마는 이미 고대 히브리 선지자들이 예견한 바였다. 하늘나라는 예수의 치유 사역과 함께 결정적으로 전개되었다. 그는 백성들에게 하나님을 사랑할 것과 모든 사람을 하나님의 형상대로 지음 받은 존재로서 존엄성을 가지고 보아야 할 것을 가르치셨다. 선지자들의 꿈은 하나님의 구속사의 전환점을 마련한 세례 요한에 의해 성취되었다. 그러나 이제 천국은 강하고 힘차게 앞으로 돌진한다. 하나님의 은총의 강렬함이 억압의 외압과 치유에 대한 내적 필요로부터 고통당하는 세상에 온전함을 가져다줄 때 영적 갱신은 초자연적 잠재력을 갖는다. 그러므로 예수는 미가 2:13의 왕의 이미지로 동일시되어야만 한다.

유대교와 초대 기독교에 관한 연구로 저명한 유대 학자요 세계적으로 잘 알려진 데이비드 플러서는 미가 2:13에 대한 초기 히브리 주석과 그 주석이 천국이나 세례 요한의 역할, 그리고 예수 자신의 사역에 대한 예수의 말씀을 이해하는 데 중요한 단서를 주고 있음에 주목할 것을 요청했다. 플러서의 학문적인 직관력은 그를 미가서의 말씀, 곧 "길을 여는 자"에 대한 유대적 해석과 "천국이 침노하나니"라는 예수의 말씀을 연관 지어서 생각할 수 있게 해 주었다. 이 유리한 관점에서 예수의 말씀은 그가 자기 자신과 자신의 메시아 사역을 어떻게 생각하셨는가에 대한 심오한 통찰력을 주고 있다.

흥미 있는 것은, 17세기의 기독교 학자 에드워드 포코케(Edward

Pococke, 1604-91)도 라닥의 미가서 주석을 읽은 것에 기초하여 이와 똑같은 결론에 이르렀다는 사실이다. 포코케는 뛰어난 학자였고 인상적인 언어학자였다. 그는 5년간(1630-35) 영국 군목으로 알레포(Aleppo)에서 근무하면서 유대 문학의 풍부함에 접근했던 것 같다. 그가 알레포의 저명한 쉐파르딕(Shephardic) 랍비와 라닥의 미가서 주석을 놓고 토론을 했을 가능성도 있다. 포코케는 아라비아어에도 능통했기 때문에 그러한 대화는 아마도 아라비아어로 이루어졌을 것이다. 포코케는 세례 요한과 예수와의 관계를 바로 이해하는 데 있어서 라닥의 주석은 중요하다고 설명했다.

> 그에게 그것은 그렇게 되어질 것으로 약속된 것이고, 또 그렇게 드러났다. 그것은 약속된 대로 그 안에서 선하게 이루어졌다. 이러한 점에서 "부수는 자(Haporets)"라는 이름은 그에게 정말 어울린다. 그러나 만약 어떤 사람이 יפרה(Haporets), 부수는 자"나 מלכם(Malcam), 그들의 왕"이 구별되는 두 인물을 의미한다고 생각한다면, 이 구절의 해석을 위해 그로 하여금 고대 유대인들이 말한 것이 무엇인지 귀를 기울이도록 해야 한다. 부수는 자(Haporets, the breaker)는 엘리야이고 그들의 왕(Malcam, their King)은 다윗의 아들, 다윗의 가지이며, 이것을 이해할 때에 비로소 우리는 우리 주님께서 세례 요한이 오리라 했던 엘리야였다고 하신 것을 이해할 수 있게 된다.[20]

포코케는 미 2:13의 언어와 라닥의 유대적 해석을 살펴본 후, 마태복음의 해석을 위하여 미가의 중요성에 대해 언급했다. 세례 요한은 엘리야이고, 예수는 가지(the branch), 즉 다윗의 자손이다. 요한의 사역으로 초래된 엄청난 영적 부흥과 함께 사람들이 앞으로 나아가고 있기 때문에 천국은 그려진다. 포코케는 계속 말한다:

> 세례 요한의 때부터, 천국은 침노를 받았고, 침노한 자가 힘으로 그것을 취했다(마 11:10, 12). 말하자면 사람들이 문을 부수고 통과하는 것처럼 그의 설

교에 의해 그들이 들어오고 나갈 수 있는 회개의 문이 열렸다. 그에게 "부수는 자(또는 길을 여는 자)"라는 이름을 붙이는 것은 쉽다. 그러므로 우리는 여기에서 그리스도와 그에 앞서는 자 세례 요한에 대한 가장 훌륭한 예언을 가지게 된다.[21]

포코케는 언어학자로서 복음서를 바르게 이해하기 위해서는 성경의 언어들이 중요하다는 것을 깊이 인식하고 있었다. 플러서와 포코케는 미 2:13의 유대적 해석과 세례 요한과 천국에 대한 예수의 말씀 사이의 관계를 설명하기 위해서 많은 다른 단어들을 사용했지만, 그들의 주장은 같은 것이었다. 요한은 길을 여는 자와 동일시된다. 예수는 가지, 즉 다윗의 자손의 역할을 성취하시기 위해 선포하고 계신다. 따라서 20세기의 유대 학자 데이비드 플러서나 17세기 기독교 학자 에드워드 포코케 둘 다는 각자 독립적으로 유사한 결론에 이르렀다. 그 사실, 즉 그들의 일치된 결론은 그들의 종교적인 입장보다 더 중요하게 생각되어야 한다. 두 사람은 모두 유대 문학을 배운 사람들이다.[22]

어려운 이 예수의 말씀, "세례 요한의 때부터 지금까지 천국은 침노를 당하나니 침노하는 자는 빼앗느니라"는 말씀에 대한 우리의 언어적, 역사적 연구의 결론을 짓기 위해, 우리는 세례 요한과 천국에 대한 예수의 말씀을 훨씬 더 잘 이해하게 해 주는 원래의 유대의 상황에 비추어 본문을 보다 낫게 번역할 것이 요구된다. 린지에 따르면 언어적으로 훨씬 더 좋은 번역이 가능하다. "세례 요한의 때부터 지금까지 천국은 침노하나니 모든 사람이 그리로 침입하느니라"(마 11:12a, 눅 16:16b). 마태복음과 더 가깝게 번역하면, 이 절은 "세례 요한의 때부터 지금까지 천국은 침노를 당하나니, 침노하는 자는 그것을 빼앗느니라"(마 11:12)로 번역될 수 있다.

역사적으로 미 2:13과 말 3:1이하의 구절에 대한 유대적 해석은 하나님의 구속 계획을 완성할 두 중요한 인물에 관하여 가르친 것을 볼 수 있다.

유대 성경 해석가들은 백성들을 회개로 이끌 엘리야와 같은 선지자를 기대했다. 그는 각 사람들로 하여금 여호와의 날을 준비하게 하면서 자녀들의 마음을 하늘 아버지에게로 돌아오게 할 것이다. 구속 계획 속에서 두 번째 인물은 가지, 즉 다윗의 자손일 것이다. 그는 다윗처럼 백성들에게 평화와 자유를 가져다 줄 것이다. 예수가 요한을 길을 여는 자라고 말씀하실 때, 그는 요한을 장차 올 엘리야에 비교하여 말씀하셨다. 길을 여는 자로서의 세례 요한의 사역의 결과로서 천국은 이제 예수의 치유 사역 안에서 앞으로 전진 하고 있다. 백성들은 하나님의 권능을 경험한다. 그들은 예수의 메시지를 듣고 이를 실천하도록 도전받는다. 다윗의 자손으로서 예수는 도움을 필요로 하는 인류의 치유자이고, 천국 제자들의 선생이다. 따라서 만일 요한이 엘리야라면, 예수는 다윗의 자손이다. 약속된 기름부음 받은 자가 온 것이다. 예수는 자신의 숭고한 사역과 강한 자기인식을 드러내신다. 세례 요한은 다른 사람을 기다릴 필요가 없었다. 예수는 자신이 하나님의 기름부음 받은 자임을 분명하게 주장하셨다. 예수는 자신이 메시아임을 말씀하고 계셨던 것이다.

오늘날 우리가 우리 자신의 교단적인 배경이나 신학적인 입장 밖에 있는 사람들에게 무조건적인 사랑을 표현하는 것은 매우 어렵다. 이것은 기독교인들이 정통 유대교를 살아있는 신앙으로 생각할 때 특별히 그러하다. 정통 유대교는 예수의 역사적인 신앙(the historical faith of Jesus)에 대한 참 증인이다. 그러나 예수에 대한 기독교의 신앙은 하나님의 약속, 영원한 언약들, 그리고 예수가 살았던 것처럼 사는 인내의 신앙 공동체에 뿌리를 둔 역사적인 유대적 신앙과 실제를 보존하기 위해 주의 깊게 노력해온 사람들에게 넘을 수 없는 장벽을 만들 수 있다. 그들은 고대 유대교의 장자 신앙을 간직하고 있다. 이스라엘 백성들의 종교 생활을 그대로 따르셨던 예수처럼, 현대 유대인들도 고대로부터 내려온 그들의 신앙을 소중히 여기며 간직해 오고 있다.

현대 기독교인들은 유대교 신앙의 현대적 표현들을 대할 때에 예수가 제자들에게 가르쳐주신 무조건적 사랑이 그들의 태도를 특징지워야 한다. 우리는 왜 1세기의 대다수 유대인들이 예수를 거부했는지 이해해야 한다. 결국, 구약 선지자들 가운데 최고봉에 서있는 세례 요한마저도 예수를 의심하지 않았는가? 메시아 사역의 이슈는 중단되거나 메말라지지 않았다.

한편 현대의 유대 공동체 멤버들이 예수가 하나님의 구속 계획의 정점이라고 믿고 있는 기독교인들에게 예수가 얼마나 중요한 분인지를 항상 이해한 것은 아니다. 그의 사역은 아직 완성되지 않았다. 그러나 예수는 고난 받는 여호와의 종으로, 치유자와 선생으로 왔다. 기독교 신앙에 따르면 예수의 죽음은 죄와 부패함을 구속하는 능력을 가지고 있다. 그가 다시 오셔서 메시아 사역을 완성하시겠다고 하신 그의 약속은 교회의 기초 교리를 이루고 있으며, 이는 메시아의 오심에 관한 많은 전통적 유대 가르침들과 그리 멀지 않다. 두 진영의 어떤 사람들은 메시아의 초자연적 오심에 관해 회의를 표시해 오고 있기는 하지만, 기독교인과 유대교인들은 모두 (메시아를) "기다린다". 유대인은 메시아가 첫 번째로 오실 것을, 기독교 공동체는 두 번째 오실 것을 기다리고 있기 때문에, 하나님을 "기다리는 것"은 두 신앙 전통에서 공유되는 인간의 경험이다. 유대교와 기독교의 종교적인 유산은 교회와 회당의 회원들에게 공통된 근거를 주고 있다. 그 둘은 불의로 가득차서 고통 받는 세상에 하나님께서 가져다주실 "온전함"을 갈망하고 있다.

1세기 대다수의 유대 군중은 예수를 약속된 메시아로 생각했다. 또 다른 많은 사람들은 그를 거부했다. 2,000년의 논쟁과 의심의 비극적인 역사가 지난 오늘, 오랫동안 지체해온 상호 간의 용납이 이제 신실한 사랑과 진실한 존경으로써 이루어질 때가 무르익었다. 기독교인들은 유대인들을 잘못 박해해 왔다. 오늘날 각각의 신앙 공동체가 1세기 유대인들이 예수를 메시아와 구주로 받아들이기도 했고 거부하기도 했다는 역사적인 상황을 이해하게 되면서, 우리는 서로의 신앙을 이해하는데 작은 걸음을 내딛게 되었다. 현대 그리스도인들이 세례 요한에 대해, 그리고 그가 예수에게 세례를 베푼 뒤에 가졌던 그의 진지한 의심에 대해 동정을 보여주는 것이 참으로 가능한일인가? 예수께서 다양한 메시아적 기대를 가지고 있던 군중들에게 자신의 메시아 사역을 가르쳐 주었다는 사실에 비추어볼 때, 세례 요한의 의심은 충분히 이해할 만하다. 다른 측면에서 유대교 공동체의 회원들은 (훨씬 더 열려 있어서) 예수의 생애와 사역이 자기 조상들의 메시아적 기대들을 만족시켜 주었다는 것을 기꺼이 인정하는 것처럼 보인다. 그러나 기독교인으로서 세례 요한과 같이 예수의 메시아 사역에 대해 의문을 품고 있는 유대교 형제들의 신앙을 존중하는 것은 훨씬 더 어렵다. 기독교인들이 예수에 대한 신앙을 고백하지는 않지만 예수의 믿음을 살고 있는 유대 공동체 식구들을 용납하고 받아들일 수 있는가? 예수의 타협될 수 없는 메시지인 사랑에 대한 가르침에 따라 신학적인 편견을 극복해야 한다. 유대교와 기독교는 모두 평화의 추구를 설교하고 있다. 기독교인들과 유대교인들이 서로 존경하며 각자에게 귀를 기울일 때에 더욱 풍성하게 서로의 유산을 누릴 수 있게 된다.

메시아 대망(The Messianic Hope)

유대인의 메시아 대망은 무엇보다도 유일하신 참 하나님이 인간의 고통에 관계하고 계시며, 그가 도와줄 누군가를 보내실 것이라는 깊은 믿음에 뿌리를 두고 있다. 유대인들은 이스라엘이 이집트에서 종 되었을 때 그들에게 해방을 가져다 준 모세가 왔던 것처럼 누군가가 올 것이라고 생각했다. 이스라엘은 노예상태의 고통으로부터 빠져나갈 수 있는 기적을 필요로 했다. 모세는 사명을 성취하도록 부르심을 받았다. 메시아적 구속자들(messianic deliverers)은 어느 정도 모세와 같을 것이다. 그들은 곤고한 백성들의 고통을 덜어주도록 기름부음 받는다. 어떤 면에서 예수는 그의 사역을 계속 하시기 위해 제자들을 세우셨다. 그들은 하나님의 통치의 메시지를 가지고 앞으로 돌진한다. 기름부음을 받은 공동체를 통해 계속되는 메시아적 과제는 잃어버리고 깨어진 인류를 그 고통 가운데에서 건져주는 사명을 이룰 때 비로소 발견된다. 피조물을 향한 하나님의 사랑은 유한한 인간 존재에 의해 표현되어야 한다. 하나님께서는 모든 인간의 연약함을 가진 모세를 사용하셔서 노예 된 백성들에게 희망을 가져다 주셨다.

예수를 뒤따르는 사람들의 메시아 대망은 사람들을 도우시는 그의 사역과, 장차 있을 그의 재림에 초점을 맞춘다. 예수의 제자들 앞에 펼쳐진 사역은 위대하다. 예수의 사역은 그의 가르침의 본을 보이는 제자들의 행동들 가운데에서 드러난다. 그들은 그의 명령을 준수하면서 그들의 선생님을 뒤따른다. 다시 와서 메시아의 구속 사역을 완성하시겠다는 예수의 약속은 그의 초기 제자들의 마음속에 강하게 각인되어 있었다. 해가 바뀌어갈수록 언젠가 있게 될 예수의 재림에 대한 신앙은 때때로 쇠퇴해 왔다. 그럼에도 불구하고 재림 신앙은 아직도 많은 사람들에게 생생한 희망과 확실한 약속으로 남아 있다. 그러나 이제 메시아의 사역은 기름부음 받은 신앙 공동체에 맡겨졌다. 기독교인들에게는 예수님의 본을 따라 사는 사랑과 용서, 용납의 삶이 요구된다.

세례 요한의 때부터, 준비 작업이 이루어졌다. 이제 천국은 앞으로 전진하고 있으며, 모든 사람들은 천국과 함께 돌진하고 있다. 하나님의 통치는 예수의 역동적인 메시지와 함께 각각의 새로운 세대에 도전하고 있다.

천국은 마지막 때로 제한되어서는 안 된다. 게다가 예수는 하나님의 통치 목적을 완성하시기 위해 결코 폭력을 주장하시거나 정치적 통치를 옹호하시지 않았다. 앞에서 고찰한 예수의 말씀에서, 그의 제자들은 공격받고 있지 않다. 뿐만 아니라 폭력을 겪고 있거나 폭력적인 사람들로 묘사되고 있지 않다. 그는 통치의 정당한 수단으로 폭력이나 물리적인 힘을 사용할 것을 가르치지 않으셨다. 예수는 사랑과 용서, 용납을 강조하셨다. 천국은 사람들을 돕기 위해 역사하는 하나님의 능력이다. 예수는 구원을 주시기 위해 오셨다. 그는 생명의 길을 가르치기 위해 오셨다. 그는 그의 제자들에게 자신의 뒤를 따르라고 말씀하셨다.

예수는 "모든 선지자와 율법이 예언한 것은 요한까지니 만일 너희가 즐겨 받을진대 오리라 한 엘리야가 곧 이 사람이니라"(마 11:13-14)고 말씀하셨다. 모든 선지자들이 그의 오심을 내다보았다. 천국은 하나님의 통치이다. 세례 요한이 길을 예비한 후 예수의 활동에서 하나님의 통치를 볼 수 있다. 하나님의 통치는 하나님의 백성이 하나님의 목적을 이루기 위해 그의 권능을 받을 때 실현된다. 이 권능은 마지막 때를 위해 준비된 것이 아니다. 오히려 사람들이 그들의 삶 속에서 하나님의 구속적 권능을 경험할 때 천국은 지금 전진하고 있는 것이다. 그들이 이웃을 도울 때 하나님께서 그들을 위해 행하신 것을 나눈다. 예수는 긴급한 인간의 필요에 의해 파선한 이 세상에 살고 있는 상처받은 사람들에게 구원과 치유를 가져다주시기 위해 오셨다.

주

1) 눅 11:20; 마 12:28; 마 11:12; 눅 16:16. 이 구절들을 그 맥락에서 연구하라. 바알세불 논쟁(마 12:22-30; 막 3:22-27; 눅 11:14-23)과 세례 요한의 질문(마 11:2-15; 눅 7:18-28; 16:16)을 보라.
2) 주석가들의 서로 다른 견해의 요약에 대해서는 W. D. Davis and Dale Allison, *The Gospel according to St. Matthew* (International Critical Commentary;

Edinburgh; T.& T Clark, 1988), 2254-56과 또한 G. R. Beasley-Murray, *Jesus and the kingdom of God* (Grand Rapids: Eerdmans, 1986) 91-96. Davis 와 Allison은 이 말을 마지막 때에 선과 악이 싸울 때 천국이 공격을 당하는 것을 가리키는 말로 이해한다. 그들은 첫 번째 절을 천국이 공격당하는 것을 의미하는 수동태로 본다. 그렇지만 그 헬라 단어는 또한 천국 내부에서부터의 행위를 묘사하는 중간태로 이해될 수도 있다. 그들은 종말론적 시련 기간 동안 천국 설교가들의 박해를 언급하는 해석을 선호하는 한편 "'천국이 권능과 힘으로 밀고 들어간다' 라는 번역도 가능하다고" 인정한다. Beasley-Murray는 이 절의 종말론적 강조에 동의하지만 이 절의 첫 번째 부분의 번역에서 중간적 의미를 주장한다. 이 점에서 그는 본문의 원래의 의미에 분명히 더 가깝다. 그는 적절한 번역으로 "천국은 강력하게 (세상 속으로) 폭발하고 있으며 폭력적인 사람들은 천국을 강하게 공격하고 있다"고 제안한다. "천국이 강력히 폭발한다"는 중간적 의미에 대한 그의 주장은 힘이 있는 반면에 두 번째 부분의 번역은 적절치 못한 것 같다. 적어도 누가복음 16:16b의 병행구절인 "사람마다 그리로 침입하느니라(and every one enters it violently, RSV)"는 천국을 공격하는 사람들이 아니라 천국에 들어가기 위하여 힘써서 노력하는 사람들을 묘사하는 것 같다. 적어도 이것은 RSV의 번역자들이 헬라어, eis auten biazetai를 (바르게) 이해한 방식이다. 그러므로 NIV는 누가복음 16:16b를 "and everyone is forcing his way into it"이라고 번역한다. 이러한 접근을 받아들이는 John Nolland의 누가복음 3.821과 비교해보라. 이러한 질문들은 더 깊이 논의될 것이다. 여기에서 우리는 R. L. Lindsey와 함께(개인적인 대화) "천국이 앞으로 나아가고 있으며(break forth) 사람들도 천국과 함께 앞으로 나아간다" 와 같은 번역을 제안한다(특히 Flusser, Jesus, 38-40[Ger.], 40[ET]를 보라).

3) Daube, *New Testament and Rabbinic Judaism*, 285ff에서 마태복음 11:12의 단어에 관한 중요한 논의와 비교해 보라. 비록 Daube가 70인역에 반영된 바와 같이 biazo의 가능한 번역으로서 paratz를 알고 있기는 하지만 그가 "원래의 구조에 대한 어떠한 제안도 추측으로부터 나온 것이다"(p., 300)라고 결론내릴 때 크게 주의하고 있음을 보여준다. 70인역 본문에서 히브리 동사 paratz의 번역과 사무엘하 (2 Kgs, LXX) 13:25, 27, 그리고 열왕기하 (4 Kgs, LXX, acc. to A) 5:23을 연구하라. 헬라어의 biazo는 받아들여진 동의어였다.

4) W. Arndt and F. W. Gingrich, *A Greek-English Lexicon of the New Testament and Other Early Christian Literature* (2d ed.; Chicago: University of Chicago, 1979) 140-41, "intr. makes its way w. triumphant force"를 보라. 또한 H.

G. Riddel and R. Scott, *A Greek-English Lexicon* (Oxford: Clarendon, 1976) 314, "having broken through all these restraints" 또는 "may sail out by forcing their way"와 TDNT, 1.609-14에서 G. Schrenk의 논의를 보라. 불행하게도, 나찌 독일 시대의 반유대적 정서의 무언가가 Schrenk의 논의의 어떤 부분에 영향을 미친다. 그는 수동적 의미를 받아들인다. 그러나 Schrenk는 "첫 번째 가능성은...intr. mid.의 의미로 biazetai를 취하는 것이다.: '하나님의 통치는 권능(power)과 힘(force)과 기세(impetus)로 밀고 들어간다'" (p. 610)라고 관찰하면서 Melanchthon, F. C. Baur, Zahn, Harnack 등의 견해에 주의를 기울인다. 언어적 증거와 예수의 사역에서 이 말에 대한 원래의 유대적 맥락의 연구로부터 이 첫 번째 가능성은 마음에 드는 많은 것을 지니고 있다. 그러므로 이 말은 "천국은 돌진하고 있다(breaks forth)라고 번역되어야 한다.

5) 또한 R.L.Rindsey, *The Jesus Sources* (Tulsa: HaKesher, 1990) 77-81을 보라.

6) Flusser, 38-40 [Ger.], 40[ET]. 플러서의 통찰 없이는 이러한 본문들이 적절히 이해되지 못할 것이다. 그는 "예수의 견해로 요한은 마지막 때에 하나님의 길을 준비하고 있었던 선지자, 곧 돌아와야 했던 엘리야였다. 요한과 함께 종말은 시작 된다-세계 역사 안으로의 결정적인 분출(decisive eruption).

7) Ibid.

8) NAB(New American Bible by the Catholic Biblical Association of America)의 누가복음 16:16b에 대한 훌륭한 번역을 보라. "and people of every sort are forcing their way in".

9) Lindsey, *Jesus Sources*, 75-83과 그의 *Jesus, Rabbi and Lord: The Hebrew Story of Jesus behind our Gospels* (Oak Creek, Wis.: Cornerstone, 1990) 101-4를 보라. 나는 이 구절에 관한 런제이와의 사적인 대화로부터 받은 통찰력들에 감사하는 바이다. 데이비드 플러서는 이 절의 언어적 배경과 초기 유대 사상에서의 원 자료들에 설명해주었다. 런제이는 마 11:12a와 눅 16:16b의 히브리어 재구성을 제안하였다.

10) Lindsey, Jesus Sources, 75-83과 그의 *Jesus, Rabbi and Lord: The Hebrew Story of Jesus behind our Gospels* (Oak Creek, Wis.: Cornerstone, 1990) 101-4를 보라. 나는 이 구절에 관한 런제이와의 사적인 대화로부터 받은 통찰력들에 감사하는 바이다. 데이비드 플러서는 이 절의 언어적 배경과 초기 유대 사상에서의 원 자료들에 설명해주었다. 런제이는 마 11:12a와 눅 16:16b의 히브리어 재구성을 제안하였다.

11) 세례 요한은 그가 종말이 아주 가까이 왔다고 느꼈기 때문에 도덕적으로 결함이 있는 헤롯 안티파스를 그렇게 강하게 공격했을 것이다. 요한은 부분적으로 그의 종말론에 의해 동기를 부여받았다. 확실히 그는 그의 기대대로 살지 않았던 예수에게 실망을 느꼈다.
12) 에녹 69:27-29, M. Black, *The Book of Enoch* (Leiden: Brill, 1985) 66을 보라.
13) 요세푸스, Ant.18.116-119의 설명을 보라. 데이비드 플러서가 한 역사적 주석을 지적하는 것은 중요하다. 그는 Machaerus의 언급은 아마도 요세푸스의 실수였을 거라고 제안한다. 요세푸스는 그가 쓴 문맥 때문에 Machaerus를 언급하였다: "Machaerus, 그것은 Aretas와 헤롯의 영토 사이의 경계였다"(Ant. 18.111). 플러서의 접근에 따르면 세례 요한은 그가 처형당했을 디베랴(Tiberias)에 구금되어 있었을 것이다.
14) 메시아적 과업에 관하여 크게 다양한 견해가 존재했다는 사실은 평가절하될 수 없다. 이의 조사를 위해서는 Joshep Klausner의 작업을 보라. 그가 시작한 연구는 완성되지 않았다. Klausner, *The Messianic Idea in Israel*과 Charlesworth, *The Messiah*를 보라.
15) b. Sanh. 99a; b. Ber. 34b; 그리고 b. Shab. 63a를 보라. 또한 David Flusser, *die rabbinischen Gleichnisse und der Gleichniserzähler Jesus* (Bern: Peter Lang, 1981) 270f. 그리고 Brad Young and David Flusser, "Messianic Blessings in Jewish and Christian Texts", in Flusser, *Judaism and the Origins of Christianity*, 294.
16) Pesikta Rabbati 35; 영어번역본, W. Braude, *Pesikta Rabbati* (New Haven: Yale University, 1968) 2.674-75를 보라. 히브리어로는 고전적인 Meir Friedmann의 책, 161a를 보라.
17) 위의 주 2를 보라. Ladd는 이 말이 수동태이든 중간태이든 관계없이 세상 속에 천국이 임한 것을 나타낸다고 믿는다. 천국은 현재의 경험 속으로 들어온 하나님의 통치의 미래적 영역으로서 실현되어 왔다. G.E.Ladd, *Jesus and the Kingdom: The Eschatology of Biblical Realism* (Londom: SPCK, 1966) 197, n.18을 보라. 래드는 천국에 관한 그의 연구를 *The Presence of the Future* (Grand Rapids: Eerdmans, 1980)에서 개정하였다. 래드는 "하나님의 나라는 하나님이 왕이시며 역사를 하나님의 목적에 도달하도록 역사 속에서 하나님이 행동하는 것을 의미 한다"(Ibid., 331)고 말한다. 래드에게 천국은 주로 현재의 실재라기보다는 미래적 통치의 임재이다. 그는 "만일 천국에 계신 하나님이 역사 속에서 행동

해왔다면 그 분은 역사를 그의 천국에 이르게 할 것이다(If God has acted in history in this Kingdom, he will bring history to his Kingdom)"(p. 332) 라고 말한다.

18) *Mikraot Gedalot* (New York: Schocken, 1938) 417b에서 미가서 2:13에 관한 Radak의 주석을 보라.

19) Flusser, 38-40 [Ger.], 40 [ET]. Radak이 Pesikta Rabbati 35를 말하고 있었을 수는 있지만 그렇지는 않은 것 같다. 그는 더 이른 자료를 인용하고 있는 것 같다.

20) Edward Pococke, *A Commentary of the Prophecy of Micah* (Oxford: Oxford University, 1676) 22-25. 나는 포코케의 주석에 주의를 끌게 해준 내 친구 Doug Hill에게 감사하는 바이다. 마태복음 11:12와 미가 2:13 사이의 관계에 관한 내 강의를 들은 후 Hill은 포코케의 주석을 검토하여 17세기의 히브리 학자가 미가 2:13과 마 11:12의 초기 유대적 설명이 의미하는 바를 이해하였다는 사실을 발견하였다. 나중에 내 학생들 중의 하나인 James Thacker은 이 본문에 관한 훌륭한 M.A. 학위논문을 썼는데 그도 또한 쟝 칼뱅의 전통에 대한 힌트를 발견하였다. 분명히 칼뱅은 Abarbanel의 학식 있는 가족의 일원이었던 랍비들 중의 한 랍비와의 만남을 통해서 유대적 가르침에 익숙해있었을 것이다. 똑같은 이름을 가진 랍비들이 많이 있었기 때문에 누가 랍비 Barbinel로서 언급되는지를 찾아내는 것은 어려운 일일 것이다. 어쨌든 칼뱅이 에드워드 포코케가 미가 2:13과 마 11:12의 함축된 의미를 찾아낸 똑같은 방식으로 그 가르침의 중요성을 이해하지 못했다는 것은 분명하다. John Calvin, *Commentary on Micah* (trans. T, Parker; Edinburgh: T. & T. Clark, 1986) 210-11과 James Thacker, "The Kingdom of Heaven is Breaking Forth: A Study of the Relationships between Matt 11:12-13, Luke 16:16, and Micah 2:12-13" (M.A. thesis, graduate School of Theology, Oral Roberts University, 1990) 63-72를 보라.

21) Pococke, *A Commentary on the Prophecy of Micah*, 22-25.

22) 결론적인 분석에 있어서, 그 구절에 대한 플러서의 연구는 훨씬 더 객관적이다.

6
천국은 마치 ...과 같으니

예수는 천국의 사전적 정의를 내리지는 않는다. 그러나 그의 말씀을 듣는 자들에게 "천국은 마치 무엇과 같다"라는 단순하지만 매우 힘 있는 비유를 들려준다. 비록 예수가 듣는 자들이 쉽게 이해하도록 단순한 시각적인 언어(simple word pictures)를 사용했지만 그의 가르침에서 "천국(the kingdom of heaven)"이라는 중요한 기술적인 용어에 대한 주의 깊은 연구는 현대에 와서 "천국"의 원래의 의미가 습관적으로 오해되어 왔음을 보여준다. 천국에 관한 예수의 가르침은 그의 천국 비유들의 메시지 속에서도 주의 깊게 그려진다.[1] 오늘날 천국 메시지는 과거의 그 어떤 때보다도 활발하게 재검토되고 있다.[2]

그러면 예수의 비유들을 그대로 듣는 것이 가능한가? 천국 비유의 메시지는 과연 무엇인가? 그 비유들이 들려진 원래의 상황을 재현할 수 있을까? 초대 유대 문헌들은 예수의 비유들이 들려진 원래의 상황에 대하여 많은 통찰력을 제공한다. 사실, 만약에 해석가들이 랍비 문헌 가운데 유대 현인들의 비유적 방법에 대한 지식을 가지고 있지 않다면, 예수의 비유들의 메시지는 편파적인 분석이나 현대적 해석의 다양성 속에서 그 참된 의미를 잃어버릴 수밖에 없다. 천국의 의미를 해석해내려는 현대의 주석가들에 의해 수많은 접근들이 나름대로 시도되고 있지만 그들 역시 혼선을 거듭하고 있다. 확실히 그들 모두가 옳을 수는 없다.

학자들과 천국

저명한 독일의 신약학자 요하네스 바이스(Johannes Weiss)와 전 세계에 잘 알려진 의사요 신학자인 알버트 슈바이쳐(Albert Shcweitzer)는 천국은 장차 올 심판의 날에 대한 것만을 언급하는 종말론적인 용어라고 주장했다. C. H. 다드(C. H. Dodd)와 요아킴 예레미아스(J. Jeremias) 역시 천국의 미래적 의미를 강조하였다. 이와 비슷하게 세대주의자들은 천국은 현재의 교회 시대의 결말의 때인 천년왕국 전까지는 나타나지 않을 것이라고 주장한다. 그러나 반면에 "천국은 지금(kingdom now)" 운동하고 있다고 주장하는 신학이 점점 우세해지고 있는데, 그들의 주장에 따르면 천국은 주의 재림을 위해 길을 준비하는 인간의 노력에 의해 땅 위에 세워진다는 것이다. 일반적으로 말해서, 어떤 기독교인들은 천국이 죽음 뒤의 삶에 대한 것이라고 믿는다. 그들은 천국에 들어가기 위해서는 먼저 죽어야 한다고 생각한다. 그러나 유명한 복음주의 신약학자 죠지 래드(G. E. Ladd)는 천국을 "이미 그러나 아직은 아닌(already but not yet)"것으로 가르쳤다. 하나님의 다스리심은 미래에 드러나게 될 것이지만, 그러나 래드의 견해에 의하면 하나님의 능력의 일부 흔적들이 현재에도 역사하고 있다는 것이다. 이렇게 여러 이론들이 분분한 속에서, 천국 비유를 연구한다는 것은 더욱 어려운 일이 되어졌다. 그러나 겨자씨와 누룩의 비유들을 통해 좀 더 명확한 설명을 기대할 수 있으리라 생각한다. 예수는 이 비유들을 통하여 하나님의 통치를 현 시대에도 점진적으로 자라는 힘으로 설명하였다.

과연 천국이 먼 미래에서만 드러나게 될 것인가? 하나님의 백성들은 이 땅 위의 현 정치 질서 속에서 힘과 지도력의 위치를 확보함으로써 그의 왕권을 세울 수 있을 것인가? 천국은 죽음으로써만 경험되는 어떤 것인가? 예수의 교훈을 통해 보면, 천국은 세상에 온전함과 치유를 가져다주는 힘이다. 예수는 마지막 때보다는 현재의 경험을 강조하면서 천국을 말씀하고 있다. 그는 그의 제자들이 그러한 천국의 일을 계속 진행해 가기를 원하였다.

C. H. 다드는 아마도 예수가 사용한 "천국"이라는 용어에 대해 의문을 제기한 학자 중 가장 영향력 있는 저자요 신약학자일 것이다. 그는 복음서들이 하나님의 통치가 마치 예수의 사역 당대에 실현된 것처럼 말하고 있다고 생각했다. 다드는 천국이 예수의 현재의 사역 속에서와 미래에 어떻게 둘 다 공존할 수 있는지 그 해답을 찾으려고 노력했다. 그는 "실현된 종말론(realized eschatology)"이라는 용어를 만들어냈다. 이 말은 어떻게 미래의 천국이 예수의 현재의 사역 속에서 "전례 없는, 그리고 반복될 수 없는(unprecedented and unrepeatable)" 방법으로 나타났는지를 설명해 주고 있다. 따라서 다드에 따르면, 천국은 여전히 먼 미래의 사건이었지만, 예수의 사역 기간 동안에만 활동하고 있었다. 그러나 이러한 천국의 양상은 미래의 통치를 먼저 맛본 것에 불과하며, 이것은 반복될 수 없는 것이었다. 다드는 "그것(천국)은 '실현된 종말론'으로서의 예수의 사역을 대표한다. 말하자면 '실현된 종말론'이라는 것은 전례가 없고 반복될 수 없는 일련의 사건들 속에서 현재 활동 중에 있는 '장차 임할 나라의 능력'이 이 세상에 미치는 영향력임을 가리킨다"라고 진술했다.[3]

다드의 말은 적절치 못하다. 게다가 바이스의 견해나 슈바이쳐의 견해, 그리고 세대주의자들이나 그 밖에 논의될 수 있는 많은 사람들의 주장에 또한 실수가 있다.[4] 그들 중 무엇보다도 예수의 메시지를 묵시 문학의 맥락에서만 해석하려 했던 바이스에게 우선적으로 잘못이 있다. 그러나 여기에서 우리는 데이비드 플러서의 중대한 공헌과 예수의 비유에 대한 그의 새로운 접근, 그리고 공관복음서간의 관계에 관한 린제이(R. L.

Lindsey)의 제안들을 토대로 천국에 관한 예수의 짝을 이루는 두 비유(two partner parables)를 통해 검토하고자 한다.[5]

비유에서의 성장(Growth in the Parables)

예수는 천국에 관한 그의 메시지를 설명하기 위해 시각적인 언어를 자주 사용하였다. 천국은 정말로 무엇과 같은가? 쌍둥이 비유인 겨자씨의 비유와 누룩의 비유는 천국에 관한 예수의 가르침의 기초를 보여준다. 그 비유들은 모두 천국의 점진적인 성장에 대해 설명한다. 마가복음에는 겨자씨 비유만 기록되어 있는 반면에(4:30-32), 마태복음과(13:31-33) 누가복음에는(13-18-21) 두 비유가 모두 기록되어 있다. 마가는 아마도 두 비유들을 다 알았지만 누룩의 비유를 삭제함으로써 그의 복음서를 간략하게 하려고 했을 것이다. 그는 두 비유가 같은 메시지를 전달한다고 생각했던 것 같다. 여기에서 우리는 마태복음이나 마가복음보다 더 간략하게 기록되어 있는 누가복음의 본문을 고찰하게 될 것이다.[6]

> 하나님의 나라가 무엇과 같을까 내가 무엇으로 비할까 마치 사람이 자기 채전에 갖다 심은 겨자씨 한 알 같으니 자라 나무가 되어 공중의 새들이 그 가지에 깃들였느니라.
> 또 가라사대 내가 하나님의 나라를 무엇으로 비할까 마치 여자가 가루 서 말 속에 갖다 넣어 전부 부풀게 한 누룩과 같으니라 하셨더라(참조. 마 13:31-33; 눅 13:18-21; 막 4:30-32).

이 비유를 연구할 때 염두에 두어야할 점은, 첫째로 이 비유의 초자연적인 측면이 간과되지 않아야 한다는 것이다. 작은 씨앗 하나가 점점 자라서 큰 나무가 되는 과정이 기적으로 묘사되고 있다. 떡 반죽 가운데의 누룩의 작용에 대해서도 이 점은 마찬가지다. 성장 – 이 놀라운 꾸준히 계속되는 과정 – 은 사람들의 눈에 참으로 경이로운 것으로 보여졌을 것이다. 위의 두 예화의 주요한 주제는 기적적인 성장이다. 현재 상황이 갑작스럽게 역전되는 사상은 점진적인 성장에 관한 이러한 비유들과 부합되지 않는다. 예수는 심판과 보상의 날이 하나님의 계획 가운데 있다는 것을 분명하게 가르치셨지만, 하나님의 통치의 지속적인 성장의 개념을 미래에 있을 심판의 주제와 결코 연결시키지 않았다. 천국은 훨씬 더 깊은 함축적인 의미를 포괄하고 있다.

이스라엘에서 작은 겨자씨는 소금 한 알 정도의 크기를 가진 것이었다. 그것이 꽤 큰 관목으로 자라서 새들이 쉴 수 있는 가지를 낼 수 있게 된다. 게다가 겨자씨는 바위나 척박한 땅에서 뿌리를 잘 내리기로 유명하다. 그 씨는 건물의 돌 틈이나 바위 산 기슭에서 자라게 될 것이다. 그 식물과 뿌리의 자연적인 성장 과정은 문자 그대로 그것이 자라남에 따라 큰 돌들을 움직인다는 것이다. 이 비유의 단순성은 작은 겨자씨의 성장과정으로부터 떠오르는 천국에 대한 깊고 강력한 이미지를 만들어내는 데 있다.

그러므로 우리는 비유의 모든 설명들 하나하나에 특별한 의미를 부여하려는 함정에 빠지지 말아야 할 것이다. 비유는 실체를 그려내는 것이지 그 자체가 실체는 아니기 때문이다. 청중은 결코 비유를 가르치는 사람에 의해 만들어진 이미지의 모든 요소를 풍유적으로 이해하려는 오류를 범하지 말아야 한다. 비유를 말하는 사람은 반드시 의사소통이 가능하게 해야 한다. 이 비유의 경우에 있어서 예수는 히브리 성경의 이미지를 암시하는 듯 보이지만 그 이미지들은 그의 특정한 주제를 전달하기 위해 창조된 것이다.[7] 분명한 점은 위의 두 비유의 메시지가 점진적이고 중단되지 않는 성장의 모습을 드러낸다는 점이다.

첫 번째 비유에서의 성장의 메시지는 두 번째 비유를 통하여 보강된다.

예수는 빵을 굽는 사람 또는 누룩의 발효시키는 특성을 경험한 사람이라면 누구나 다 알 수 있는 과정을 묘사하였다. 누룩은 그 발효의 과정을 통해 반죽의 양을 세 배정도 부풀린다.[8] 여기에서 우리는 다시 한 번 비유가 묘사하고 있는 각 요소에 대한 의미를 부여하려는 시도를 하지 않도록 주의해야 한다. 예를 들어, 어떤 본문에서는 누룩이 인간의 본성 가운데 있는 악을 가리키는 단어로 사용되기도 한다. 사도 바울은 어떻게 "적은 누룩이 온 덩이에 퍼지는가"(고전 5:6)에 대해 말하고 있다. 그는 고린도 교인들에게 "너희는 누룩 없는 자인데 새 덩어리가 되기 위하여 묵은 누룩을 내버리라"(고전 5:7)고 경고했다. 유월절 기간 동안 모든 누룩은 각 가정에서 제거되어야 했다. 탈무드에서도 누룩은 악한 것으로 이해되고 있다.[9]

누룩을 힘으로 이해한 랍비들의 견해

그러나 복음서의 비유에 의해 묘사된 누룩은 아주 긍정적이다. 누룩의 성장과 발효의 과정은 천국의 성장과 유사하게 묘사된다. 랍비 문헌은 누룩이 떡덩이를 발효시키는 것과 같은 시각적인 언어 표현이 부정적인 이미지에만 사용되는 것이 아니라 긍정적인 이미지에도 사용될 수 있음을 보여준다. 실제로 두 예화에서, 랍비들은 평화(Shalom)의 강력하고 긍정적인 자질과 토라를 배우는 일을 누룩의 발효되는 작용에 비교했다. 첫 번째 예에서 레위의 아들 여호수아(Joshua)는 누룩의 능력과 샬롬의 월등한 자질에 주의를 기울이는 "평화와 누룩의 비유(the parable of Peace and Leaven)"를 말하고 있다.

평화와 누룩

> 평화는 위대하다. 왜냐하면 평화와 땅과의 관계는 누룩과 떡덩이의 관계와 같기 때문이다. 거룩하신 분, 복되신 분께서 땅에 평화를 주시지 않았다면, 칼과 야수가 세상을 황폐하게 하였을 것이다.[10]

평화가 누룩에 비교된다! 레위의 아들 랍비 여호수아는 인간 경험의 모든 면에서의 평화, 조화, 그리고 온전함을 의미하는 위대한 히브리적 개념인 "샬롬"과 누룩의 활동을 비교했다. 그는 떡덩이를 발효시키는 누룩의 생생한 사상적 이미지에 사로잡혔다. 누룩은 유대인의 생각 속에서 강하고 긍정적인 속성을 가지고 있다. 세상에서 퍼져나가는 평화의 권능은 떡덩이 속의 누룩의 영향에 의해 잘 예시된다.

유대 문헌의 두 번째 예화에서, 토라의 내적 힘이 누룩의 활동과 비교된다. 데이비드 플러서는 토라의 연구에 대한 랍비의 가르침으로부터의 중요한 상응 구절에 주의를 기울였다. 현인 차야 바 아바(Chaya bar Abba)[11]는 비록 이스라엘 백성이 하나님을 저버렸지만, 그들이 토라를 계속 연구하는 한 모든 것을 잃어버린 것은 아니라고 가르쳤다. 그들이 잘못된 이유로 토라를 연구하여 정작 하나님의 명령에 순종하는 것을 포기할 수도 있다. 그러나 만일 그들이 성경을 연구하는 데 집중한다면 토라의 누룩, 곧 내적인 힘과 능력이 백성들을 하나님께로 되돌아오게 할 것이다.[12]

토라의 누룩

> ... 랍비 차야 바 아바는 이렇게 가르쳤다; "기록되기를 '너희 조상들이... 나를 배반하고 내 율법을 지키지 않았기 때문이다' (렘 16:11). 만일 그들이 내 토

라를 지키기만 했더라면! 참으로 그들이 나를 배반할지라도, 그들이 계속해 내 토라를 연구한다면 모든 것이 다시 좋아질 것이다. 왜냐하면 그들이 나를 배반했을지라도, 그들이 내 토라를 연구하는 일을 계속 한다면 토라의 누룩〔내적인 힘〕은 그들의 그러한 참여를 통하여 매우 강력하게 되어 그들을 내게로 돌이키게 할 것이다."

다른 말로, 토라는 강세적인 또는 저항할 수 없는 힘을 가지고 있다는 것이다. 백성들이 하나님을 저버린다고 할지라도 그들이 토라를 계속 연구하면 그 내적인 힘이 그들을 하나님에게로 돌이키게 영향을 줄 것이다. 그들이 올바른 동기 없이 율법을 연구할 수도 있다. 혹은 토라를 연구한다 하더라도, 그것을 실천하지 않을 수도 있다. 그럼에도 불구하고, 백성들이 하나님의 율법을 연구하는 한, 그 안에 있는 누룩과 같은 내적인 힘은 그들을 하나님에게로 돌이키게 할 것이다. 토라의 가르침을 배우고 연구하면 위대한 능력을 소유하게 된다. 토라는 누룩으로 언급되는 내적인 힘을 가지고 있다. 랍비 차야 바 아바는 한 개인이 토라를 연구할 때 일어나는 어떤 기적적인 과정을 설명하기 위해서 누룩의 이미지를 사용하였다. 마찬가지로 예수도 그의 제자들이 그들의 의지를 하나님에게 복종하고 그가 그들을 통하여 구원을 전파하도록 허락할 때 일어나는 초자연적인 어떤 과정을 설명하기 위해 같은 누룩의 이미지를 사용하고 있는 것이다.

현대의 해석가들은 종종 천국의 메시지를 잘못 해석하곤 한다. 천국은 미래에 관한 것이 아니다. 그 나라는 사람이 죽어야만 비로소 들어간다는 의미에서의 천국이 아닌 것이다. 그것은 교회나 어떤 교단을 가리키는 것도 아니다. 또한 그것은 인간 지도자들이 관리하도록 넘겨진 어떤 것도 아니다. 예수는 그 나라를 정치적인 이데올로기나 프로그램으로 보지 않았다. 천국은 정치적 활동을 통해서 다른 사람에게 강요될 수 없는 어떤 과정이다. 천국은 오직 하나님 한분에 의해서만 온다. 그것은 고통 받는 인류를 치유하게 하는 세상 가운데 있는 하나님의 능력이다. 그러므로 예수는 미래적인 관점으로 천국을 정의하지 않았다. 그는 하나님의 통치를 현재의 자신의 경험으로부터 이해하였다. 천국은 이 땅에서 앞서서 경험되는 어떤 것이다. 하나님께서 출애굽의 기적을 일으키셨을 때, 백성들은 그의 통치가 영원하다고 찬양했다(출 15:19). 성경의 기적은 하나님의 주권을 드러낸다. 예수의 마음으로는, 천국이 반복될 수 있다고 보았다. 그는 그의 제자들에게 세상을 고치던 그의 사역을 계속하라고 가르쳤다. 예수와 그의 초기 제자들에게 있어서 천국은 그들의 개인적인 삶 속에서 지금 경험되는 현재의 강력한 힘이었다.

복음서에 따르면, 예수는 천국이 다음과 같다고 가르친다: (1) 하나님의 명령에 순종하도록 선택된 백성들 가운데 나타나는 하나님의 통치(마 6:33), (2) 구속적 목적의 치유와 구원에서 현시되는(manifest) 하나님의 권능(눅 11:20), (3) 세상에 하나님의 구원을 가져오는 운동 속에서 예수의 제자가 된 백성(마 5:3 이하). 각 개인은 하나님의 통치를 선택하고 그의 권위를 받아들인다. 하나님은 초자연적인 구속적 활동 속에서 극적으로 진행해 나아간다. 하나님의 나라는 애굽으로부터 해방되는 이스라엘 백성의 기적적인 구원 사건에서 보여진다. 예수에게 하나님의 통치는 그의 제자들이 그의 일을 계속하고 그의 가르침을 실천할 때 그 제자들의 활동에서 뿐만 아니라 그의 기적을 일으키는 권능 속에서 현시된다.

예수는 "심령이 가난한 자"가 천국을 얻게 될 것이라고 말했다.[13] 예수를 따르던 사람들은 애통하는 자들이다. 그들은 온유하다. 그들은 하나님의 의에 주리고 목마르며 그의 구원을 갈망한다. 그들은 자비로우며 마음이 청결하다. 예수에 의하면 천국 백성들은 화평하게 하는 자들이다. 예수는 자기를 따르는 자들은 다른 편 뺨도 돌려대며 오 리뿐만 아니라 십 리까지도 동행해 주어야 한다고 하였다(마 5:38-42). 천국에서 가장 큰 자는 다른 사람을 섬기는 사람이며 하나님의 보다 높은 목적이 성취되도록 이 땅에서 기꺼이 고통을 견디는 사람이다. 예수는 우리가 하나님의 뜻에 복종하고 자신의 멍에를 질 때에 비로소 구원이 가능하다고 믿었다. 다른 사람에게 미움 받는 누군가가 자기를 미워하는 사람에게 사랑을 돌려줄 때, 박해받는 누군가가 진심으로 용서하는 법을 배울 때, 천국의 내적인 힘은 자유롭게 된다(released). 참으로 그러한 힘은 도움을 필요로 하는 이 세상에서 치유와 구원의 기적을 일으킬 수 있다.

예수는 비유로 하나님의 통치에 대해 가르쳤다. 그는 천국의 점진적인 성장을 겨자씨의 신비로운 힘과 누룩의 불가해한 발효시키는 특성과 비교하면서 비유를 통하여 생생하게 설명한다. 하나님의 나라는 다른 사람들의 삶을 지배하기 위해 선택된 특별한 몇몇 지도자들의 손에 맡겨둔 것이 아니다. 또한 천국은 심판의 날을 위해 보존된 미래의 사건으로만 볼 수 없다. 그 나라는 예수의 가르침에 순종하기로 결단하고, 하나님의 구속적인 권능을 그들의 삶에 받아들이며, 도움을 필요로 하는 이 세상에서 제자도와 섬김의 도를 실천하는 사람들에게는 현존하는 실체이다. 천국은 바로 여기에 있다! 그것은 마치 나무로 자라는 겨자씨와 같다. 그것은 또한 반죽 전체를 부풀리는 누룩과도 같다.

주

1) 복음서 비유 속에 있는 하나님 나라에 관한 예수의 가르침에 대한 훨씬 더 광범위한 연구를 위해서는 나의 책, *Jesus and His Jewish Parables*, 189-235를 보라.
2) Ibid. 최근의 학문적 논쟁에 대한 제한적인 토의에 대해서는 Gösta Lundström, *The Kingdom of God in the Teachings of Jesus* (Richmond: John Knox, 1963); W. Kissinger, *The Parables of Jesus: A History of Interpretation and*

Bibliography (Metuchen, N.J.: Scarecrow Press, 1979); N. Perrin, *Jesus and the Language of the Kingdom* (Philadelphia: Fortress, 1976); 그리고 W. Willis, *The Kingdom of God in 20th-Century Interpretation* (Peabody, Mass.: Hendrickson, 1987)를 보라.

3) C.H.Dodd, *The Parables of the Kingdom* (Glasgow: Collins, 1961) 41; Jeremias, *Parables of Jesus*, 230을 보라.

4) G.E. 래드의 매우 중요한 연구와 "이머 그러나 아직(already but not yet)"이라는 복음서에서 가르치는 하늘나라에 관한 그의 이론은 도드의 노력과 매우 비슷하다. Ladd, *Jesus and the Kingdom*과 G.R.Beasley-Murray, *Jesus and the Kingdom of God* (Grand Rapids: Eerdmans, 1987)을 보라. Beasley-Murray는 래드보다 더 천국의 의미를 미래로 밀어버리는 경향이 있다. 도드의 실현된 종말론(realized eschatology)은 예수의 사역에서 래드나 비슬리-머레이보다 더 완전한 하나님의 통치의 임재(the presence of the rule of God)를 감지한다.

5) Flusser, *Die rabbinischen Gleichnisse*; Lindsey, *A Hebrew Translation of the Gospel of Mark*; 그리고 린제이의 책, *Comparative Greek Concordance of the Synoptic Gospels* (3 vols.; Jerusalem: Dugith, 1985)에서 그의 서론적인 글을 보라.

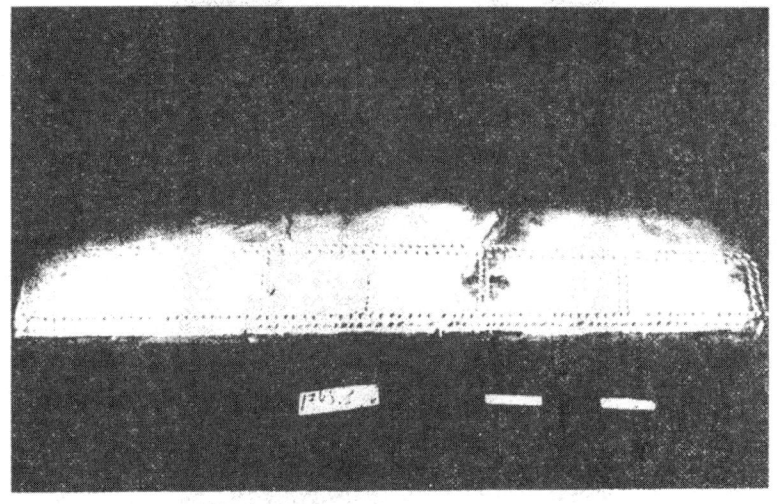

"가야바의 아들 요셉"의 석관 뚜껑

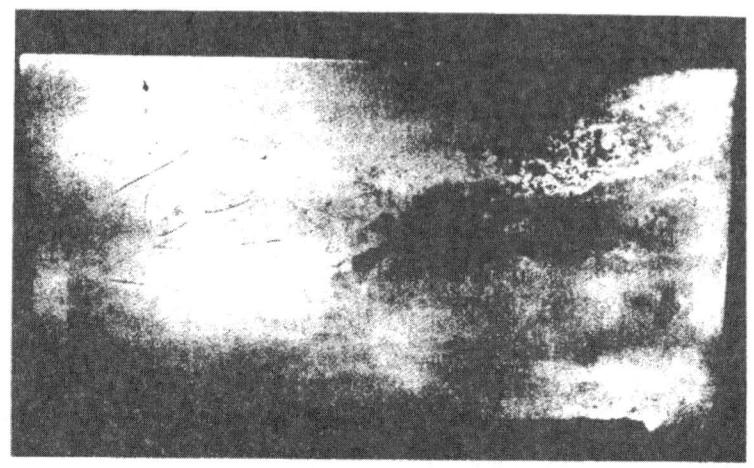

대제사장, "가야바의 아들 요셉"의(뼈를 넣은 석관) 납골당

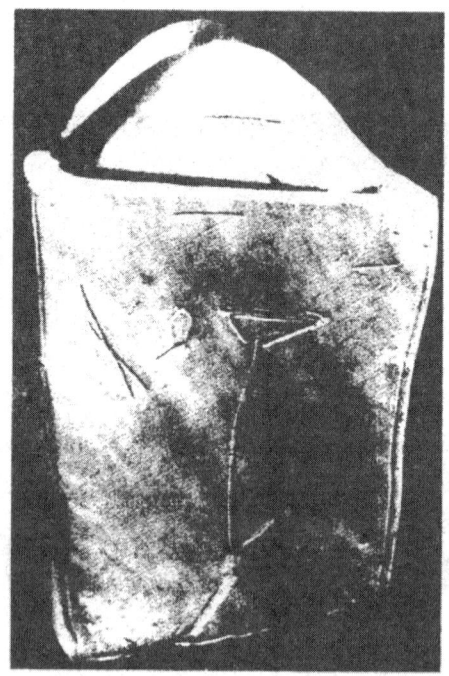

"가야바" 가족 납골당

6) 공관복음서의 병행구절(the synoptic parallels)인 마 13:31-33; 눅 13:18-21; 그리고 막 4:30-32 사이의 유사성과 차이점을 연구하라. 겨자씨의 비유에서 누가와 달리 마태와 마가복음은 유사성을 보여준다. 마가복음에는 누룩의 비유가 없다. 마태와 누가복음은 누룩의 비유에서 두드러진 동사적 동일성을 보여준다. 마가는 마태의 어법에 영향을 미쳤다. 마가는 그의 원자료를 축약하였으므로 누룩의 비유를 포함하지 않았다. Lindsey, H*ebrew Translation of the Gospel of Mark*, 19-22와 린제이의 *Comparative Greek Concordance of the Synoptic Gospels*에서 서론을 보라.
7) 겔 17:23과 단 4:12, 21을 보라.
8) 창 18:6에 언급된 정확히 같은 양을 보라.
9) b. Ber. 17a을 보라; 그리고 또한 마 16:6, 12; 막 8:15; 눅 12:1을 보라.
10) M. Higger, *The Treatises Derech Eretz*, 2.248, 84. 또한 I. Abrahams, *Studies in Pharisaism* (reprint, New York: KTAV, 1967) series 1, 51ff를 보라. 나의 책인 *Jesus and His Jewish Parables*, 205-12에서 나는 겨자씨와 누룩의 비유를 유대적 배경의 빛 아래에서 좀 더 광범위 하게 논의하였다. 또한 Flusser, *Die rabbinischen Gleichnisse*, 206ff.와 228, n. 31을 보라. 아마도 여기에서 어떤 편집자들이 히브리어의 누룩(seor)을 빛(or)으로 취한 반면에 의심할 것도 없이 더 어려운 읽기인 누룩이 원래의 것임에 틀림없다는 사실은 주목할 만한 가치가 있을 것이다. Joshua ben Levi에 관하여는 *Encyclopaedia Judaica* (Jerusalem:Keter, 1978) vol.10, col. 282f를 보라.
11) amoraic sage, Chaya bar Abba에 관해서는 W. Bacher, *Die Agada der palästinesischen Amoräer* (Strassburg: Karl Trübner, 1892-99) 2.174-204와 "?iyya bar Abba" in *the Encyclopaedia Judaica*, vol. 8, col. 796을 보라. 바벨론에서 태어났지만 그는 위에서 인용된 R. Joshua ben Levi 같은 유명한 현자들과 친해질 수 있었던 이스라엘로 이주하였다.
12) Pesikta Derab Kahana 15:5 (Mandelbaum's edition of the Hebrew Text, 1.254; 영문번역판인 W. G.Braude and I. Kapstein, Pesikta de-Rab Kahana (Philadelphia: Jewish Publication Society, 1975) 279를 보라. j. Chagigah 76c, chap.1, hal.7의 병행구절을 보라.
13) 마 5:3ff.와 눅 6:20ff. 그리고 또한 이 책의 제7장, "화평하게 하는 자는 복이 있나니"를 보라.

7

"화평하게 하는 자는 복이 있나니 …"

예수는 "화평하게 하는 자는 복이 있나니 그들이 하나님의 아들이라 일컬음을 받을 것임이요"(마 5:9)라고 말씀하였다.[1] 예수의 이 말씀은 너무나 잘 알려지고 귀가 닳도록 들어와서 그 참된 의미를 오히려 놓치고 만다. 예수는 이 구절의 역동적인 복음서 본문에서 삶을 새롭게 정의하고 있다. 사실, 팔복에서 예수의 교훈은 그의 전체 메시지의 주요한 핵심을 드러낸다(마 5:3-13; 눅 6:20-23). 이 구절들은 예수의 제자들의 독특한 삶의 방식을 묘사하며, 그것은 예수 자신의 본보기를 모델로 하고 있다. 이 장에서는 산상수훈에 나타나는 팔복 가운데 한 복을 유대적 배경을 통하여 검토하려한다(마 5:9). 예수가 인용한 성경을 연구할 때, 히브리어, 사해 사본, 그리고 랍비 문헌들은 예수의 메시지의 원래의 의미를 깨달을 수 있도록 풍부한 통찰력을 제공해 준다. 쓰라린 전쟁의 체험과 깨어진 가정, 그리고 금이 간 우정 등으로 가득 찬 삶 가운데서, 예수의 제자들은 이렇게 도전 받는다: "화평하게 하는 자는 복이 있나니 그들이 하나님의 아들이라 일컬음을 받을 것임이요"(마 5:9)[2]

"화평하게 하는 자는 복이 있나니…"라고 말하면서, 예수는 "화평"이라는 단어로 청중의 주의를 끌어낸다. 평화에 대한 헬라어 단어인 '에이레네(eirene)'는 일반적으로 전쟁이 없는 상태를 의미한다.[3] 그러나 평화를 의미하는 히브리어 '샬롬'은 훨씬 더 넓은 의미를 가지고 있다. 이 단어는 세 자음(sh(ש), l(ל), m(ם))에 기초하고 있으며, "완전하게 또는 온전하게 만든다(to make complete or whole)"는 뜻을 가지고 있다. 성경에서 어떤 이가 다른 사람이 평안한지 그 안부를 물을 때, 그는 단순히 이렇게 물었다. "당신의 샬롬이 어떻습니까?" 이 말은 그 사람의 건강이나 영적인 상태, 심지어 그 사람의 물질적인 상태까지 모두 포함하는 말이다. 본질적으로 샬롬이라는 말은 한 개인의 안녕(well-being)과 내적인 힘의 모든 면을 다 포함하는 것이다. 히브리어의 "평화"는 온전함 또는 완전함을 의미한다. 확실히 이 말은 한 인간의 치유와 구원을 일컫는다. 인생의 곤경으로부터 구원을 받은 자는 하나님의 은혜와 자비로 말미암은 온전함을 통해 하나님의 평화를 경험한다. 히브리 단어 '샬롬'은 또한 전쟁이 없는 상태, 투쟁의 완화, 또는 갈등의 해결 등을 의미하기도 한다. 그러나 훨씬 더 자주 이 단어는 통합된 인격으로서의 한 개인의 영적, 육체적 안녕을 의미하곤 한다.[4] 랍비 문헌에서 힐렐(20 B.C.E)은 모세의 형이요 대제사장이었던 아론을 평화를 추구한 사람으로 묘사한다. 힐렐은 "아론의 제자가 되어 평화를 사랑하고 추구하라. 다른 사람을 사랑하며 이웃을 토라로 이끌라"(Avot 1:12)[15]고 가르쳤다. 따라서 초기 유대 사상에 따르면 아론은 백성들의 온전함을 원하고 있음을 볼 수 있다. 미쉬나에 나오는 이 구절은 예수의 가르침의 배경으로 매우 중요하다. 이 구절은 하나님의 백성들 사이의 조화에 대한 유대적인 이상을 묘사하고 있다. 힐렐은 평화를 추구했던 사람의 한 모델로서 아론을 언급했을 뿐만 아니라, 다른 사람들도 아론의 모범을 따라야 한다고 가르쳤다. 아론은 평화를 사랑했을 뿐만 아니라 그것을 열정적으로 추구했다. 이것이 함축하는 바는 평화를 추구하고, 평화를 얻기 위하여 때때로 값비싼 희생을 기꺼이 치러야만 한다는 것이다.

힐렐이 전했다는 가르침은 아론의 제자들에 대해 말한다. 마찬가지로 마 5:1에서 산상수훈의 축복은 예수의 제자들에게 선포된다. 아론의 제자들은 그들의 선생이 그랬던 것처럼 평화를 추구하도록 가르침 받았다. 예수는 제자들에게 평화를 이루는 사람이 되라고 가르친다. 사해 사본은 청중을 "심령이 가난한 자"라는 용어로 정의했다. 최근의 연구를 통해, "심령이 가난한 자"라는 표현은 구체적인 사회적 상황을 가지고 있는 것으로 드러났다.[6]

사해 공동체는 그들의 회원이나 제자들을 "심령이 가난한 자"라고 불렀다. 예수도 또한 자신을 따르는 사람들을 향해 이와 똑같은 용어를 사용하셔서 말씀하셨다. "심령이 가난한 자는 복이 있나니 천국이 저희 것임이요"(마 5:3).[7] "심령이 가난한 자"라는 용어는 제자들에게 사 61:1("여호와께서 내게 기름을 부으사 가난한 자에게 아름다운 소식을 전하게 하려 하심이라"), 또는 사 66:2("무릇 마음이 가난하고 심령에 통회하며 내 말을 듣고 떠는 자 그 사람은 내가 돌보려니와")과 같은 구약 성경을 생각나게 했다. 제자들은 개인적인 차원에서 "가난한 자" 또는 "온유한 자"와 같은 단어들이 언급되는 성경의 본문들을 잘 알고 있었다(예를 들면, 습 2:3).[8] 이 성경 구절들은 예수의 제자들의 특징을 묘사하는 것으로 보여진다.

사해 사본의 발견으로, 우리는 예수가 그의 제자들을 "심령이 가난한 자"라고 칭했다는 강력한 증거를 얻었다. 이러한 용어들은 예수의 유대 제자들 속에 깊은 의미를 수반하는 풍부한 성경적 유산을 공유하고 있음을 암시한다. 그러므로 예수의 제자들 속에서 산상수훈의 사회적 맥락을 발견할 수 있다. 그들은 복 있는 자들이며, 하나님의 인정과 확증을 가진 자들이다. 그러나 그들은 그들에 관하여 묘사한 대로 살기위해 몸부림쳐야만 했다. 그들은 "심령이 가난하며" "온유하다". 그렇다. 그들은 "화평하게 하는 자들"이다. 하나님 자신이 "지극히 높은 곳에서"(욥 25:2) 평화를 만드시는 분으로 성경에 묘사되고 있다. 예수는 화평하게 하는 자들은 "하나님의 자녀(sons of God)"로 불리어지게 될 것이라고 말하였다. 히브리어로 "~의 아들"이라는 표현은 종종 어떤 사람의 제자를 일컫는 말로 사용되곤 한다. 제자들은 그 선생을 모방하면서 그와 같이 된다. 아론의 제자가 되는 것은 곧 아론과 같이 되어 화해를 통해 평화를 증진시키는 자가 되는 것을 의미한다. 위대한 유대교 선생 힐렐은 백성들에게 아론의 본을 받아 평화를 추구함으로써 아론의 제자 중 하나가 되라고 격려했다. 영어로 이 말은 더 발전되었다. "그 아버지에 그 아들(Like father-like son)" 히브리인들의 생각도 이와 비슷하다. "그 어머니에 그 딸(Like mother-like daughter)". 아이들은 외모뿐만 아니라 특별히 행동에서 부모를 닮기 마련이다. 하나님의 자녀가 되기 위해서 우리는 그 분을 닮아야 한다. 화평하게 하는 자들은 그의 자녀로 일컬음을 받을 것이다.

유대 사상에서 아론을 화평하게 하는 자로 생각하는 것은 지극히 당연한 일이다. 그는 하나님에 의해 다음과 같은 강력한 말로 이스라엘 자손에게 복을 빌도록 명령받았다. "아론과 그의 아들들에게 말하여 이르기를 너희는 이스라엘 자손을 위하여 이렇게 축복하여 이르되 여호와는 네게 복을 주시고 너를 지키시기를 원하며 여호와는 그 얼굴을 네게 비추사 은혜 베푸시기를 원하며 여호와는 그 얼굴을 네게로 향하여 드사 평강 주시기를 원하노라 할지니라 하라"(민 6:23-26). 마지막 부분에서 "평강 주시기를 원하노라"는 구절은 전쟁이 그치는 것에 관해 이야기하는 것이라기보다는 영적인 온전함과 안녕을 가리키는 말이다. 더욱이 민수기의 문맥은 하나님의 거룩한 은총과 영적인 축복과 관련이 있다. 아론과 그의 제자들은 평화를 추구했다. 그들은 제사장으로서 하나님과 백성들 사이의 중보자였을 뿐만 아니라 깨어진 관계에 있는 개인들 사이의 중재자이기도 했다. 랍비들에 따르면, 제사장들은 가정의 문제들을 치유하려고 노력했다. 그들은 불화하고 있는 부부 사이에서 평화를 회복시켜 주었다. 우리는 이것을 초기 랍비 문헌인, "Avot deRabbi Nathan"에서 알 수 있다. 이 문헌은 앞서의 힐렐의 말에 더하여 아론의 제자의 자격요건을 하나 더 추가하고 있다: "아론의 제자가 되어 평화를 사랑하고 추구하며, *남편과 아내 사이의 평화*

를 *증진시키라.*"⁹⁾ 다른 말로 하면 랍비들은 힐렐의 말을 가정에서 평화를 증진시키라는 뜻으로 생각했다. 아론과 그의 제자들은 분쟁을 조정했다. 남편들과 아내들은 서로 평화롭게 살아야만 한다.

따라서 유대적 상황에서, 평화와 조화를 증진시키는 일은 무엇보다도 우선되는 것이다. 랍비들은 평화를 이루기 위해 일했던 아론의 방법을 설명하기 위해 한 이야기를 소개하고 있다.

> 두 사람이 싸움을 하고 있을 때, 아론은 나가서 그들 사이에 앉아 말한다, "내 아들아, 너의 동료가 하고 있는 것을 보아라! 그는 '화로다 나여! 어떻게 내가 눈을 들어서 내 동료의 얼굴을 쳐다볼 수 있겠는가? 그를 공격한 것은 바로 내 자신이기 때문에 그 앞에서 나는 부끄럽구나'라고 말하면서 그의 가슴을 치고 그의 겉옷을 찢고 있다." 아론은 그 사람의 마음에서 모든 증오가 사라질 때까지 그와 함께 앉아 있곤 했다. 그리고는 또 다른 상대방에게 가서 그 곁에 앉아 다시 이렇게 말했다. "내 아들아, 너의 동료가 하고 있는 것을 보아라! 그는 '화로다 나여! 어떻게 내가 눈을 들어서 내 동료의 얼굴을 쳐다볼 수 있겠는가? 그를 공격한 것은 바로 내 자신이기 때문에 그 앞에서 나는 부끄럽구나'라고 말하면서 그의 가슴을 치고 그의 겉옷을 찢고 있다." 그리고 아론은 그 사람의 마음에서 모든 증오가 사라질 때까지 그와 함께 앉아 있곤 했다. 후에 그 두 사람이 만나면 그들은 서로 부둥켜 안고 입을 맞추었다.¹⁰⁾

아론은 화해가 불가능해 보일 때에조차 문제를 조정하는 것을 자기의 책임인 것처럼 생각했다.

아론은 제사장으로서 그가 그의 거룩한 예배를 수종들 때 자신을 하나님과 백성들 사이의 중보자로 여겼다. 그는 하나님과 백성들 사이에 평화를 세우기 위해 봉사했다. 이와 유사하게, 그는 개인 사이에 평화를 이루는 사람으로도 묘사된다. 아론의 아들, 곧 그의 제자가 되려면 그는 평화를 추구해야 한다. 평화는 하나님과 개인뿐만 아니라 서로 대적하는 이웃들 간에도 반드시 세워져야 한다. 너무나 자주 큰 논쟁들이 가정과 친구들 사이에서, 즉 친밀한 인간관계를 형성하고 있는 사람들 사이에서 일어난다.

마 5:9("화평하게 하는 자는 복이 있나니 그들이 하나님의 아들이라 일컬음을 받을 것임이요")의 헬라어 본문과 그 히브리어에서의 의미는 복잡한 언어학적 질문을 내포하고 있다. "평화를 추구하는(pursue peace)"가? 혹은 "평화를 만드는(make peace)"가? 두 동사 모두 어떤 일련의 노력을 발휘한다는 뜻을 함축하고 있다는 점에서는 유사한 의미를 갖고 있다. 아론이 언급된 랍비 문헌에 나타나는 '평화를 추구하도록(히, rodef)'이라는 상응구절과 시 34:14의 "악을 버리고 선을 행하며 화평을 찾아(히, rodef) 따를지어다"는 말씀에 의하여 이해하면, 우리는 전통적으로 번역하는 "평화를 만드는 자는 복이 있나니"라는 구절보다는 "평화를 추구하는 자들은 복이 있나니"라고 예수가 말한 것으로 주장할 수 있을 것이다. 이와 같은 재구성은 마 5:10에 의해 강화될 수 있다: "의를 위하여 핍박을 받은[추구하는]자(히, nirdafei tzedakah)는 복이 있나니 천국이 저희 것임이라". 이 구절은 다음과 같이 번역하는 편이 더 나을 수 있다: "부지런히 의를 추구하는 자들은 복이 있나니(Blessed are those who diligently pursue righteousness)".[11] 반면에 헬라어의 "화평하게 하는 자(peacemaker)"라는 말은 그것이 히브리 숙어로 나타나는 구약의 헬라역과 셈 어법이 자주 나타나는 신약의 성경 구절 이외에는 알려져 있지 않다.[12] 히브리어에서, "화평하게 한다"는 말은 집요한 노력을 가리키는데 이것은 축복의 이미지를 가지고 있다.

히브리 원문이 "화평하게 하는 자"라고 언급하지 않았는데 복음서의 헬라어 번역자가 헬라어에서 사용하지 않는 단어를 말한다면 이상한 일이 될 것이다. 그럼에도 불구하고 "평화를 추구하는 것"(9절)과 "의를 추구하는 것"(10절), 또는 "의를 위한 열망에 의해 추구되는 것" 사이에서 사용되는 낱말 놀이는 주의 깊게 연구되어야 한다.[13]

어떤 경우에서도 팔복에서 그 구절의 의미는 분명하다. 평화를 만들기 위해 또는 평화를 부지런히 찾고 구하는 것에는 노력이 요구된다는 것이다. 평화를 이루기 위해서는 대가를 치러야 한다. 평화를 위해서라면 우리는 다른 사람에게 무엇이든 기꺼이 양보할 수 있어야 한다. 평화를 이루기 위해서 개인의 자존심까지도 희생해야 할 때도 있을 것이다. 한 이웃과의 평화를 위해 대가를 치러내는 것은 매우 가치 있고 중요한 일이다. 왜냐하면 각 개인을 위한 온전함과 내적인 힘이 하나님과 개인의 관계와 연결되어 있기 때문이다. 화평하게 하는 자에게 주어지는 축복과 하나님의 인정함은 모두 하나님으로부터 온다. 하나님과 화평하다는 것은 곧 그가 다른 사람들과의 관계를 바르게 유지해왔음을 의미한다. 샬롬의 히브리적 의미에서 온전해지는 것은 자기 자신을 용납하고 다른 사람을 사랑하며 하나님과의 바른 관계 속으로 들어가는 것을 의미한다.

평화에 관한 유대적 축복들

유대 문학에서 팔복과 절묘하게 상응하는 또 다른 구절을 발견할 수 있다. 그 구절 에서 가르침은 평화(*shalom*)를 장려하며, 그것의 구조와 메시지는 그의 제자들에 대한 예수의 가르침들을 상기시킨다. 이스라엘의 현자들은 개인적인 삶 속에서 하나님께 드리는 경건한 헌신의 표현으로서 성서의 특정한 구절들을 이행하는 사람들에게 평화의 복을 선포한다.

> 토라를 배우는 사람들에게 주어진 평화는 위대하도다, 말씀하기를 "네 모든 자녀는 여호와의 교훈을 받을 것이니 네 자녀에게는 큰 평안이 있을 것이며" (사 54:13)
> 온유한자에게 주어지는 평화는 위대하도다, 말씀하기를 "그러나 온유한 자

들은 땅을 차지하며 풍성한 화평으로 즐거워하리로다."(시편 37:11)

의를 행하는 사람에게 주어지는 평화는 위대하도다, 말씀하기를 "공의의 열매는 화평이요 공의의 결과는 영원한 평안과 안전이라."(사 32:17)[14]

랍비적인 축복의 문학 구조인, "에게 주어진 평화는 위대하도다"는 예수님의 말씀인 "하는 자는 복이 있나니"와 같다. 양쪽 모두 랍비 문서의 "의를 행하는 자들"이나, 혹은 팔복의 "화평하게 하는 자" 등과 같은 제자의 특별한 자격에 대한 설명 후에 이어지는 구절이다. 마치 화평하게 하는 자가 복을 받듯이, 의를 행하는 자들은 큰 평화를 누릴 것이다. 평화를 추구하는 예수의 제자들은 하나님의 용납하심을 받고 하나님의 자녀라 일컬음을 받을 것이다. 게다가, 랍비적인 축복은 성경으로부터 확언과 증거에 부합하는 가르침이 뒤따른다. 의를 행하는 유대인 제자들은 위대한 평화를 소유하게 될 것이다. 왜냐하면 성경이 "공의의 열매는 평화가 될 것이다"(이사야 32:17)라고 가르치기 때문이다. 평화를 위한 랍비적 축복의 잠재력은 선지자 이사야로부터 나온 말씀으로 인하여 이스라엘의 현자들에 의해 확언된다.

예수도 역시 그의 제자들을 위하여 축복을 승인하도록 성경 구절들을 넌지시 암시하곤 한다. 그러나 예수는 성경 한 구절의 단편들에서 힌트를 주든지, 그를 듣는 사람들이 나머지 부분을 채우도록 기대하는 반면에, 랍비들은 성서의 전 구절들을 직접 인용한다. 랍비들과 같이 팔 복 중의 한 복에서는 예수도 시 37:11 전체를 인용하기도 했다: "온유한 자들은 복이 있나니 저희가 땅을 기업으로 받을 것임이요." 더 자주 예수는 "의"와 같은 풍요한 의미를 가득 담은 단어들이나 "심령 안에서 가난한"과 같은 개념들을 사용함으로써 성서 속에 히브리적 생각을 넌지시 드러낸다. 그가 "심령이 가난한 자는 복이 있나니 천국이 저희 것임이요"라고 말할 때, 많은 사람들은 시 24:3-4 - "여호와의 산에 오를 자가 누구며…곧 손이 깨끗하며 마음이 청결하며…" – 를 암시적으로 이해할 수 있다. 이러한 같은 구조가 이스라엘의 현자들의 가르침에 나타난다. 랍비들은 "토라를 배우는 사람들에게 주어진 평화는 위대하도다, 말씀하기를 '네 모든 자녀는 여호와의 교훈을 받을 것이니 네 자녀에게는 큰 평안이 있을 것이며' (사 54:13)라는 말씀을 가르친다. 평화의 축복은, 사 54:13의 증언으로 인하여, 토라의 학생들에 약속되어진다. 예수는 심령이 청결한 자에게 복을 선포한다. 시 24;3-4에 암시된 확증에 부합되는 것으로 인하여, 그들은 하나님을 볼 것이다. 가르침의 방법과 구조는 랍비 문서와 복음서들 간에 매우 유사하다. 팔복은 유대적이다. 언의의 풍요로운 상(像)은 히브리적 사고의 상상력을 잡아낸다. 화평하게 하는 자는, 그들이 하나님과 같기 때문에, 하나님의 아들이라 불릴 것이기 때문에 복을 받을 것이다. 예수는 다른 사람들과 그리고 하나님과 함께 평화를 누리며 사는 길을 가르쳤다. 참된 평화(shalom)는 얻기 쉽지 않다. 예수의 가르침은 영적인 총체성과 웰빙을 생산해내는 삶의 방법에 통찰력을 준다. 그것은 결정적인 노력을 요구한다. "화평하게 하는 자"에 대해 언급함으로써, 예수는 하나님과 다른 사람과 함께 조화와 평화를 추구하며 사는 의미 있고 충만한 삶에 높은 가치를 부여한다. 게다가, 랍비 문서는 신앙 공동체 내에서 평화를 추구하기 위한 배경을 설명하는 많은 양의 자료들을 모아둔다. 팔복의 예수의 말씀은 풍성한 유대적 유산의 조명 속에서 적절히 이해되어진다. 예수의 복음은 삶을 위한 메시지이다. 예수와 같이 랍비들은 하나님과 모든 인류 사이에, 그리고 각 개인과 그의 이웃 사이에서 평화의 추구를 증진시켰다. 예수가 "그러므로 하늘에 계신 너희 아버지의 온전하심과 같이 너희도 온전하라" (마 5:48)라고 가르쳤듯이, 그는 역시 하나님처럼 되려면 평화를 추구해야만 한다고 그의 제자들에게 역설하였다. 하나님은 화평하게하는 분이시다. 자녀들은 그들의 부모를 닮아야 한다. 예수의 제자들은 그와 같아져야만 하고, 참된 평화(shalom)를 향한 큰 필요를 요구하는 세상의 전체성과 치유를 가져오도록 추구해야만 한다. 평화를 추구함으로써 그들은 하나님과 같이 될 것이다. "화평하게 하는 자는 복이 있나니 저희가 하나님의 아들이라 일컬음을 받을 것이요."

주

1) 오늘날 팔복을 번역할 때 "복 있다(blessed)"라는 말 대신에 "행복하다(happy)"라는 말이 흔히 사용된다. 내 의견으로는 이러한 번역은 불행한 것이며 근거가 거의 없는 것이다. 히브리 용어 ashrei (makarios라는 헬라어 단어로 번역된다)는 "행복한(happy)"으로 번역되는 것은 바람직하지 않다. 행복은 기쁨과 같은 의미가 아니다. 그러나 ash-eri라는 단어는 육체적 안녕과 물질적 축복뿐만 아니라 자주 기쁨과 행복이 수반되는 긍정(affirmation), 받아들임(acceptance), 선호(favor)를 의미하는 어원에서 왔다. 아마도 이 용어는 하나님의 긍정과 인정을 나타내는 것으로서 더 잘 이해될 수 있을 것이다. 이것은 행복에 대한 현대적 견해를 초월하는 영적인 의미를 지니고 있다. 복 있는 사람은 하나님의 은총에 뒤따르는 안녕을 소유한다. 그는 하나님의 용납하심과 복을 받는다. 그는 하나님의 긍정뿐만 아니라 하나님에게 속하는 느낌을 가진다. 나는 "복 있는"이라는 번역을 훨씬 선호한다. "복 있는"이라는 말의 풍부한 히브리적 배경에 대해서는 시편의 문맥이나 아이의 출생 때 주어진 하나님의 은총과 관련된 순전한 기쁨(utter joy)의 이야기(e.g., 창 30:13)의 문맥에서 그 용어가 사용되었음을 고려하라.

2) 예수를 뒤따른 제자들은 분명히 화평하게 하는 자로 알려져야만 한다. 화평하게 하는 삶은 제자들이 추구하는 삶의 방식(lifestyle)이다. 그러나 이 말의 더 깊은 의미는 히브리 사상과 문화 속에 묻혀 있다. 히브리 연구는 산상수훈에서 예수의 말들의 원래의 의미를 밝혀준다. 데이비드 플러서가 지적한 바와 같이 팔복(the Beatitudes)에 나타나 있는 복합적인 사상은 유대적 개념에 깊이 뿌리를 두고 있다. 축복들은 시편과 사해 사본과 유사성을 지니고 있다. David Flusser, "Blessed Are the Poor in Spirit," *Israel Exploration Journal* 10 (1960) 1-10을 보라; the revised text in Judaism and the Origins of Christianity, 102-13; 그리고 "Some Notes on the Beatitudes," *Immanuel*

8 (1978) 37-47, revised in *Judaism and the Origins of Christianity*, 115-25. 플러서는 "예수의 팔복과 저주는 유대적이다. 특정한 내용, 개념, 용어, 그리고 대조법을 사용하는 문학적 특징에 있어서 팔복은 더 넓은 복합체의 일부이다" (ibid., 119 [*Immanuel*, 41]).

3) Liddell and Scott, *A Greek-English Lexicon*, 490을 보라. 또한 P. Lapide, *The Sermon on the Mount* (New York: Orbis, 1986) 34.

4) 또한 F. Brown, *The New Brown-Driver-Briggs-Gesenius Hebrew and English Lexicon* 1906, reprint; Peabody, Mass.: Hendrickson, 1979) 1022-24을 보라. 또한 J. Levy, *Neuhebraisches une Chaldaisches Worterbuch uber die Talmudim und Midrashim* (Leipzig: Brodshaus, 1876-89) 4.564; M. Jastrow, *A Dictionary of the Targumim, the Talmud Babli and Yerushalmi, and the Midrashic Literature* (Jerusalem reprint, 1978) 1585-86; 그리고 M. Sokoloff, *A Dictionary of Jewish Palestinian Aramaic* (Ramat Gan, Israel: Bar Ilan University, 1990) 554와 비교하라.

5) J. Hertz, *The Authorised Daily Prayer Book* (New York: Bloch, 1959) 622-23, 그리고 Philip Birnbaum, *Daily Prayer Book* (New York: Hebrew Pulblishing, 1949) 481을 보라.

6) 마태와 누가 사이의 차이를 논의하는 Flusser의 "Blessed Are the Poor in Spirit," 11을 보라. 그는 다음과 같이 주목한다. "가장 중요한 차이는 마태가 '심령이 가난한 (poor in spirit)' 자라고 말하고 있는 반면에 누가는 '가난한(poor)' 자에 대해서 말하고 있다는 점이다. 학자들 사이의 현재의 견해는 마태가 영적 측면을 강조한 반면에 여기에서 누가는 다음의 축복에서처럼(눅 6:21) 예수의 메시지의 사회적 주목을 강조하고 있다는 것이다. 그러나 우리는 이미 마태의 '심령이 가난한' 역시 사회적 맥락을 가지고 있다는 것을 보여주려고 노력해왔다." 우리는 히브리 어법인 "심령이 가난한"이 마태에 의해 만들어졌다고 쉽게 주장할 수 없다.

7) 마 5:3에서 팔복의 첫 번째는 소유격보다는 부분 속격으로 번역되어야 한다. "심령이 가난한 자는 복이 있나니 천국이 저희로부터 있기 때문이다(for from them is the kingdom of heaven)"라고 번역하는 것이 더 낫다. 이것은 부분 속격의 아이디어이다. 소유속격의 번역은 더 널리 사용된다, "심령이 가난한 자는 복이 있나니 천국이 저희 것 임이라(for theirs is the kingdom of heaven)". 그러나 심령이 가난한 자는 천국을 그 자신의 것으로 소유하거나(own) 물건을 가지듯이 가질(possess) 수 없다. 그들은 천국을 구성할(make up) 뿐이다. 예수의 제자들은 하나님의 은총을 경험하는 사람들

의 삶 속에서 하나님의 통치의 힘의 최선봉에 있는 운동을 형성한다. 또한 나의 책, *Jesus and His Jewish Parables*, 203-5에 있는 논의를 보라. 이러한 접근은 W.F. Albright 과 C.S. Mann의 주석, *The Gospel according to Matthew* (AB 26; New York: Doubleday, 1981) 46에서 취해졌다. Albright와 Mann은 "여기에서 가장 좋은 의미는 '천국이 이런 사람들로 구성될 것이다' 이다"(Ibid.)라고 관찰한다.

8) "온유한(meek)"과 "가난한(poor)"에 대한 히브리 단어가 히브리어에서 오직 한 글자가 다르다는 사실을 상기해야 한다. 마지막 글자— "온유한"에서는 vav, "가난한"에서는 yod-를 제외하고는 두 단어의 철자가 같다. 게다가 히브리 필기체 원문에서는 비슷하게 보이는 vav와 yod 두 문자는 필사자에 의해서 자주 혼동된다. 따라서 필사본의 전통에서 가난한 자는 때때로 온유한 자가 되고 온유한 자는 가난한 자가 된다.

9) 'Avot de Rabbi Nathan, version A, chap. 12(저자의 강조). The edition of S. Schechter, 24b와 version A에 대한 다양한 글들을 보라. Version B, chap. 24에서 스바냐 3:2과 시편 37:11로부터의 온유한 자에 대한 언급을 비교하라.

10) 'Avot de Rabbi Nathan, version A, chap. 12와 A.Cohen, I.Brodie, *Minor Tractates of the Talmud* (London: Soncino, 1971) 1.72의 영어 번역을 보라. 또한 데이빗 월프(David Wolpe)의 통찰력 있는 저작, *The Healer of Shattered Hearts: A Jewish View of God* (New York: Henry Holt, 1990)와 *In Speech and Silence: The Jewish Quest for God* (New York: Henry Holt, 1992)을 보라. 월프가 자신의 민감하고 학문적인 저작 속에서 보여주는 바와 같이 하나님의 성품에 관한 우리의 견해는 우리의 전 생애와 모든 상호관계에 영향을 미친다.

11) 그러므로 플러서는 다음과 같이 쓴다. "이것이 히브리 어법이라는 개연성은 훨씬 더 커진다. 왜냐하면 마 5:9의 '화평하게 하는 자'(rodfei shalom)를 다음 절(마 5:10)의 '의를 위하여 핍박받는 자'(nirdefei zedek)에 연결시킨 히브리 단어의 놀이가 있었기 때문이다("Some Notes on the Beatitudes," 122-23[Immanuel, 44-45]). 비슷한 히브리적 구조가 사해 사본, 1QH 5:20-25, Hymn 9에서 나타난다 (J.Licht, Megilat Hahodayot[Jerusalem: Mosad Bialik, 1957] 104, 각주를 보라). G. Vermes는 다음과 같이 번역한다. "그러나 모든 사랑받는 자가 짓밟힘으로부터 함께 일어나도록 수렁 속에 빠져있는 겸손한 자(anavim 또는 온유한 자) 사이에서[당신은 이사를 행하셨습니다], 그리고 의를 위하여 열망하는 자[nimharei tzedek] 사이에서 그렇게 하셨습니다"(네모난 괄호 안에 있는 것은 내가 추가한 것이다; Vermes, Dead Sea Scrolls in English, 179를 보라). 히브리어 본문의 아름다움과 팔복에 대한 그 중요성은 어떤 영어 번역으로도 전달하기 어렵다. Dupont-Sommer는 "의를 위하여 열망

하는"(nimharei tzedek)을 "의에 재빠른(quick unto righteousness)"으로 "사랑받는 가난한"(evyonei chesed)을 "은혜에 가난한(poor of grace)"으로 번역 한다 (A. Dupont-Sommer, *The Essene Writings from Qumran*(Gloucester, Mass.: Peter Smith, 1973] 216). 그 공동체의 구성원들은 의를 행하기를 열망하거나 재빠르며 또한 은혜에 가난한 자들로 묘사된다. 그들은 의를 위한 간절한 바램으로 불탄다.
12) Davis와 Allison, *Matthew*, 1.457f의 논의를 보라.
13) 플러서의 통찰력 있는 논의를 보라. 그는 다음과 같이 관찰 한다. "그러므로 핍박받는 자에 대한 예수의 말은[sic]이었는데 이 또한 단어에 대한 심오한 놀이였다. 하나님의 의를 열망하며 매일의 삶에서 그것을 찾는 사람들은 그것에 도달할 것이다" ("Some Notes on the Beatitudes," 126[*Immanuel*, 46].
14) Sifre Numbers 42 (Horovitz, 47).

8
논쟁과 어린 아이들

어떻게 어린 아이들이 예수의 생애 가운데 일어난 이 요란한 사건에 연루가 되었는가(마 19:13-15; 막 10:13-16; 눅 18:15-17)? 사실 이 사건은 아이들의 행동이 아니라 제자들의 행동에 책임이 있었다! 예수의 생애를 둘러싸고 일어난 논쟁들을 다룰 때, 우리는 예수의 제자들도 때때로 그들의 선생과 충돌했다는 사실을 생각하지 못하는 것 같다. 예수의 제자들은 아이들이 예수에게 오는 것을 막았다. 그들은 서로 누가 더 큰지, 그리고 누가 더 높은 자리에 앉게 될 것인지에 대해 논쟁을 벌이곤 했다.[1] 그럼에도 불구하고 복음서의 주요한 논쟁들이 예수의 제자들의 태도와 관계된 것들이라는 사실은 간과되고 있다. 예수는 많은 경우에서 자신의 제자들을 비판하셨다.

아이들에 관한 제자들의 태도에 있어서도, 예수는 제자들을 혹독하게 책망하셨다. 제자들이 예수를 귀찮게 하지 못하도록 어린 아이들을 가로막았을 때, 예수는 그 일을 계기로 제자들에게 천국에 관하여 더 깊이 가르치는 기회로 삼았다. 1세기 이스라엘과 유대교의 유대적 삶의 정황을 이해하지 못하면 복음서에 기록된 예수를 제대로 이해할 수 없다.

예수와 어린 아이들 사이에서 일어난 이 이야기는 유독 눈길을 끈다. 어린 아이들에 얽힌 예수 당시의 다른 이야기들은 이 사건을 이해하는 데 도움을 줄 것이다. 그러나 안타깝게도, 그런 이야기들은 그다지 많지 않다. 어린 아이들에 관한 이야기들은 사해 사본에서는 나타나지 않는다. 그리고 어린 아이들은 당시의 어떤 기록들에서도 잘 다루어지지 않았다. 위경이나 외경에서조차, 그리고 요세푸스나 필로의 기록에서도 마찬가지이다. 사실, 랍비 문헌에 보이는 몇몇 이야기들만이 상응 구절로서 연구될 수 있을 것이다. 탈무드 문학과 복음서는 둘 다 어린 아이들과 학식 있는 영적 지도자들 사이에서 일어난 사건들을 기록하고 있다.

랍비 문헌의 이야기들은 예수가 가르쳤던 당시의 삶의 정황들에 관해 알 수 있는 자세한 배경들을 담고 있으며, 특히 예수와 당대의 다른 지도자들과의 관계에 대해 말해주고 있다. 예수 당시의 랍비들과 어린 아이들에 대해 알 수 있는 것은 무엇인가? 여기에 차난 하네크바(Chanan Hanechba)와 어린 아이들 사이에서 일어난 한 재미있는 이야기가 있다. 차난 하네크바는 경건한 사람이요, 그의 기도는 기적적인 응답을 받는 것으로 유명했다. 그는 때때로 아바(Abba, 아버지)로 불리기도 했으며, 그런 칭호는 그의 학식에 대한 존경을 나타내는 것이었고, 또 그가 민족적인 인물이었음을 보여주는 영예로운 이름이었다. 그 시대에 다른 몇몇 사람들도 영예의 표로서 이런 칭호를 받았다. 차난 하네크바는 토라의 교훈에 대해 넓은 식견을 가지고 있었음에도 불구하고, 그의 학적, 지적인 능력보다는 경건한 일과 자비로운 행동들, 그리고 기도의 응답으로서의 기적들로 더 유명한 사람이었다. 하네크바(숨은 자)라는 그의 이름은 아마도 자신의 경건한 행동과 능력 있는 기도 생활을 드러내기 꺼려했던 그의 겸손한 모습을 대변해 주는 것 같다.[2] 다른 선생들은 다른 사람들에게 선행을 베푼다든지 개인의 경건을 추구하기보다는 학적인 모습과 토라의 교훈을 강조하는 경향이 있었다. 차난 하네크바도 실천과 영적인 발전에 가장 큰 강조점을 두기는 했지만, 행동을 위한 배움을 거부한 사람은 아니었다.[3]

그는 기도와 믿음으로 어린 아이처럼 하나님께 나아가서 응답받는 사람으로 유명했기 때문에 하네크바보다 더 학적인 랍비들은, 도움이 필요할 때면 언제나 하네크바를 의지했다. 이 사실은 하네크바라는 그의 이름이, 겸손한 모습을 지키려는 그의 성향과 관련이 있다는 것을 어느 정도 설명해주는 것 같다. 탈무드 문헌에서는 차난 하네크바의 생애 중 그와 친척 관계에 있는 어린 아이들 사이에서 일어났던 한 일화가 소개되고 있다.

그 이야기는 여러 가지로 복음서의 삶의 정황에 대한 배경을 잘 이야기 해준다.

혹독한 가뭄 동안 학적인 랍비들은 아이들을 차난 하네크바에게 보내어 비가 오도록 기도해달라고 요청했다. 보다 학적인 선생들과 차난 하네크바 사이의 중재자로 어린 아이들이 보내어졌다는 사실은 그 둘 사이에 있었던 긴장을 암시하고 있다. 그의 할아버지 '원을 그리는 자 쵸니(Choni the Circle Drawer)'도 종교 지도자 시므온 벤 쉐타크(Simeon ben Shetach)로 대표되는 당시의 지식층과 갈등을 가지고 있었다. 쵸니는 대담하게도 땅바닥에 원을 그리고 (그 안에 들어가서) 비를 구하는 기도를 했고, 또 비가 내릴 때까지 그 원 밖으로 나오지 않겠다고 하나님께 이야기했기 때문에 당시의 지식층들과 충돌하곤 했다. 이 얼마나 하늘을 향한 대담한 용기인가! 시므온 벤 쉐타크는 만일 쵸니의 경건한 생활이 아니었다면, 그는 그의 무례함으로 인해 파문당했을 것이라고 말했다. 쵸니는 기적적인 기도의 응답을 받는 사람으로 유명했다. 따라서 삶에 대해 보다 지적이고 학문적인 입장을 취하려고 했던 다른 종교 지도자들과 쵸니 사이의 마찰은 점점 커져갔다.[4] 아이들은 성전 파괴 전의 예수 시대에 살았던 경건한 기도의 사람들에게로 언제든지 나아갈 수 있었다. 그러나 종교 지도자들은 어느 정도 어린아이들로부터 거리를 두었던 것으로 보인다. 비가 오지 않아서 온 나라가 심각한 위기에 처하게 되자, 학적이고 지적인 종교 지도자들은 쵸니의 손자인 차난 하네크바에게 어린 아이들을 보내야겠다고 생각했던 것이다.

차난 하네크바는 거룩한 사람으로 알려져 있었다. 그는 하나님과 친밀한 관계를 가지고 있었고, 어린 아이들을 벗 삼아 집에 머물곤 했던 것으로 여겨진다. 학문적인 율법학자들은 어린 아이들을 하네크바에게 보내어 비를 위해 기도해 달라고 부탁하게 했다. 아이들은 그의 겉옷을 잡고 그에게 이렇게 말했다. "아바, 아바(Abba, Abba, 곧 아버지, 아버지), 우리에게 비를 주십시오!" 차난 하네크바는 그들의 간청함에 감동을 받았고, 그 어린 아이들이 자신을 믿는다는 것을 알게 되었다. 그러나 그는 자신이 비를 내려 줄 수 있는 아버지가 아니라는 것도 알고 있었다. 그는 하늘을 향해 눈을 들고 기도했다.

> "우주의 주인이신 주님, 비를 내려 줄 수 있는 참 아버지가 누구인지도 분별하지 못하는 이 가여운 어린 것들을 위해 우리에게 비를 내려 주십시오"(b. Taanit 23b)

어린 아이들이 순진한 믿음과 경이감을 갖고 그에게 나아갔을 때 하나님께서 기도에 응답하셔서 드디어 비가 내렸다!

복음서에는 예수의 제자들은 어린 아이들이 예수의 축복을 받으려고 오는 것을 막았다. 성경을 연구하는 많은 사람들은 왜 제자들이 그렇게 행동했는지 알기를 원할 것이다. 그러나 어린 아이들을 오지 못하게 막은 이유는 결코 언급조차 되지 않았다. 어린 아이들을 막은 이유가 무엇이었든지 그것은 말할 가치가 있는 중요한 것으로 간주되지 않은 것이다. 예수는 어린 아이들을 자신의 앞으로 부르셨다. 갈등과 논쟁 가운데 제자들 즉, 그들 자신들이 연루되었다.

어린 아이들을 축복하는 관습은 이미 구약에 언급되고 있다(창 9:26-27; 27:28-29; 49). 그리고 그 중요성은 제2성전 시대의 문헌들 속에 강조되어 있다(Ben Sira 3:9). 오늘까지도 유대인 가정에서는 아버지가 자녀들의 머리 위에 손을 얹고 그들을 축복하곤 한다. 이런 일들은 주로 안식일 전날 저녁이나 절기에 있었으며, 자녀들의 결혼을 앞두고 혹은 부모의 임종에 앞서서도 이런 일이 있었다. 유대인의 기도 책은 이러한 가족에 대한 축복을 시 128편을 인용함으로써 묘사한다. 가족의 축복을 위해 시편이 낭독되고, 안식일의 마지막, 즉 그 주가 시작되는 시간에 아이들을 주님께 드리려는 많은 유대인 가정에서 이러한 관습이 시행되고 있었다.

이러한 관습이 모든 초기 자료에서 완전히 입증되지는 않는 반면에, 복음서는 예수에게 축복을 받게 하려고 사람들이 아이들을 데리고 왔음을 기록한다. 오늘날에도 아버지는 그의 손을 아들의 머리 위에 얹고 요셉의 아들들처럼 되게 해달라고 기도할 것이며, 하나님께서 아론에게 주셨던 복을 그에게도 내려 달라고 구할 것이다(창 48:20, 민 6:24-26). 이와 같이 아버지는 자기 딸도 축복하여 그녀가 사라와 리브가와 라헬이나 레아처럼 되게 해 주실 것을, 그리고 주의 평화와 은혜 가운데 그를 품어주도록 기도할 것이다. 예수는 어린 아이들에게 축복해 달라는 요청을 받았다. 예수도 그들을 축복하기 원하셨다. 그러나 제자들은 어린 아이들이 오는 것을 막았다. 아마도 그 때는 예수가 안식일에 회당에서 가르치셔서 피곤하신 때가 아니었나 싶다. 그는 사역을 마치신 날이면 피곤에 지치곤 하셨던 것이다. 안식일이 끝나가던 이때는 어린 아이들이 축복을 받을 수 있는 좋은 기회가 되었을 것이다. 그러나 아무도 그 정확한 시간은 확신할 수 없다. 부모들과 어린 아이들, 친척들과 친구들, 제자들, 그리고 예수가 모여 있는 광경은 활발한 움직임으로 가득 찬 생생한 장면을 연출해 주지만, 아이들은 제자들에 의해서 제재를 당했다.

예수는 더 깊은 천국 메시지를 가르치시기 위해서 자신을 따르는 제자들과의 갈등의 기회를 이용하였다. 예수는 "어린 아이들을 내게 오게 하라..."고 말씀하였다. 그는 천국에 들어가는 것에 관하여 중요한 점을 가르치기 원하셨다. 천국에 들어가는 것은 하나님의 백성 중에 있는 그 분의 통치의 물결에 참여하는 것을 의미한다. 그는 계속 말씀하셨다. "...어린 아이들을 용납하고 내게 오는 것을 금하지 말라 천국이 이런 자의 것이니라"(마 19:14). 예수는 어린 아이들의 성격과 특징들이야말로 그의 제자들이 삶에 대해 가져야 할 자세라고 생각하셨다. 예수는 천국을 그의 제자들과 관련시킨다.

어린 아이들과 경이로움

예수는 어린 아이들에게서 어떤 자질을 보셨는가? 차난 하네크바와 아이들과의 이야기는 아마도 이 질문에 대답할 수 있는 "어떤 기준"을 제공해 줄 것이다. 어린 아이들은 하나님의 선하심에 대한 경이로움과 믿음으로 가득했다. 위대한 현대 유대 철학가요 유대학자 아브라함 조슈아 헤셸(Abraham Joshua Heschel)은 솔로몬처럼 꿈에서 음성을 들었다. 솔로몬은 꿈 속에서 그가 하나님께 구했던 모든 것을 받았다. 솔로몬은 부를 구하는 대신 지혜를 구했다. 헤셸도 꿈을 꾸었다. 그러나 그는 부도, 지혜도 구하지 않았다. 그는 경이로움을 구했다.[5]

경이로움 또는 갑작스런 경탄은 헤셸의 가르침에 있어서 신앙의 기초였다. 아마도 예수는 그가 하나님의 다스리심에 관해 가르치실 때 어린 아이의 눈 속에 나타난 경이로움을 보셨던 것 같다.[6] 헤셸처럼 예수는 하나님에 대한 참된 믿음은 인식된 실재에 대한 성인세계로부터 이끌려 나오게 된 경이로움과 경탄의 느낌에서 기원하는 것이라고 깨달았다. 헤셸은 족장 아브라함의 믿음은 하나님의 임재에 대한 경이와 두려움의 느낌과 함께 시작되었다고 믿었다. "아브라함이 자기 자신의 힘으로 할 수 있었던 모든 것은 경이로움과 놀라움이었다. 살아계신 하나님이 있다는 것을 아는 지식은 하나님께로부터 받은 것이다"[7] 경이로움과 놀라움은 천국에 들어가는 첫 번째 단계이다. 성경에서 믿음이라고 하는 말은 하나님의 임재에 대한 경이로움을 통하여 이해된다. 헤셸은 말한다.

> 그 분(하나님)의 빛은 우리를 비춰시지만, 우리는 그것을 느끼지 못할 수 있다. 경이로움이 전혀 없다면 우리는 장엄한 일에 대하여 계속 귀머거리로 남아있게 된다. 성경에 기록된 하나님의 임재는 우리가 그에 대해 민감해져서 응답하기 전에는 전혀 느낄 수 없는 것이다. 오직 그 말씀대로 살며, 그 파토스(pathos)에 공감할 때에 비로소 우리의 귀가 그의 음성을 듣게 되는 것이다. 성경의 단어들은 가장 섬세한 영혼의 현이 내는 하나님의 화음의 음악 부호들과 같다. 그것은 성경에 기록된 하나님의 임재를 감지하는 거룩함의 느낌이다.[8]

그러나 하나님의 임재에 대한 경이로움은 행동으로 바뀌어져야 한다. 참된 믿음은 우리로 하여금 능동적으로 참여하게 한다. 헤셸은 "우리는 경이로움의 행동(the deeds of wonder)을 통해 경이로움의 감각(the sense of wonder)을 계속 살아있게 해야 한다"고 선언한다.[9] 경이로움의 행동은 도움이 필요한 다른 사람들을 온전하게 하는 열정적인 순종과 관계가 있다.

아마도 이것은 천국 제자도의 핵심일 것이다. 아이들은 경이로 가득 차 있다. 그들은 믿음과 신뢰를 가지고 있다. 차난 하네크바에게 왔던 어린 아이들은 그가 비를 내려 줄 것으로 믿었다. 그들은 천진난만한(childlike) 믿음을 가지고 있었다. 그들의 눈은 경이로움으로 가득했다. 어린 아이들이 그의 겉옷을 잡고 그에게 비를 내려달라고 부탁했을 때, 차난 하네크바는 그들의 천진난만한 경이와 신비스러운 믿음에 감동받았다. 예수가 제자들 속에서 찾고 있었던 자질은 무엇이었는가? 예수는 제자들에게 천국은 어린아이와 같은 자들에게 주어지는 것이라고 말씀하셨다. 예수는 더 이상 상세하게 설명하지 않았다. 이 말씀을 이해하려면 어린아이의 얼굴을 자세히 들여다 보아야 할 것이다. 천국에 들어가기 위해서는 어린아이같이 되어야 한다.

복음서와 랍비 문헌은 모두 어린 아이와 영적 지도자에 관한 이야기들을 담고 있다. 예수는 분명히 제2성전 시대 동안의 유대 백성들의 세계, 특별히 교사들과 차난 하네크바와 같은 경건한 기도의 사람들의 영적인 배경과 밀접히 관계되어 있다. 그럼에도 불구하고, 예수와 어린 아이들 사이의 이야기의 초점은 천국에 관한 가르침에 있다. 그의 백성을 구원하시는 능력 속에 있는 하나님의 통치는 어린 아이와 같은 자들을 위한 것이다. 천국으로 들어가라. 한 제자로서 하나님의 능력을 받으라. 어린 아이와 같이 되라. 어린 아이 같은 신뢰를 가지고 하나님의 권위를 인정하라. 천국에서의 삶은 하나님의 선하심과 은혜에 대한 경이로움으로 가득한 것이리라. 치유하시는 능력과 구원의 은혜 속에 있는 하나님의 통치를 경험하려면, 우리는 먼저 어린 아이처럼 되어서 예수님의 운동에 동참해야 한다. 제자들은 예수가 그들의 행동에 찬성하시지 않았기 때문에 논쟁과 갈등을 일으켰다. 예수는 어린 아이들이 자기에게 오도록 초청하셨다. 그러나 그는 또한 그가 제자들에게 기대하는 것을 설명해주셨다. 예수는 그의 메시지의 의미를 강조하셨다. "내가 진실로 너희에게 이르노니 누구든지 하나님의 나라를 어린 아이와 같이 받아들이지 않는 자는 결단코 거기 들어가지 못하리라"(눅 18:17). 비유적인 행동에 의해 예수는 어린 아이들에게서 많은 것을 배워야 함을 제자들에게 말씀하셨다. 오늘날에도 여전히 어린 아이들은 하나님의 통치하심에 들어가는 것이 무엇을 의미하는지를 어른들에게 가르칠 수 있다.

주

1) 제자들 사이에서 누가 크냐 하는 논쟁, 또는 누가 예수님의 후계자가 되어 그 운동을 이끌어 나갈 것인가에 대한 논쟁은 눅 9:46-48, 막 9:33-37, 마 18:1-5(cf. 눅 22:24-30, 막 10:41-45, 마 20:24-28) 등에 기록되어 있다. 예수는 가장 큰 자는 모든 사람의 종이 되리라고 가르치셨다. 천국에 들어가려면 어린 아이같이 되어야 한다.
2) 우리는 그 이름이 어떻게 발전했는지 확신할 수 없다. 여기에서 우리는 위대한 유대 해석가 라쉬(Rashi)의 제안에 부분적으로 의존하고 있다.
3) 아마도 이 시대의 차난 하네치바 같은 사람들이나 유대 생활에 관한 가장 뛰어난 연구를 해 온 사람은 아돌프 뷰흘러(Adolf Buchler)로서, 그의 책 *Types of Jewish-Palestinian Piety* (London: Jews' College, 1922)을 참조하는 것이 도움이 될 것이다. S. Safrai가 쓴 중요한 논문, "Teaching of Pietists in Mishnaic Literature," *Journal of Jewish Studies* 16 (1965) 15-33과 이 책 4장의 "기적, 선포, 치유하는 믿음"도 참고하라.
4) 많은 학자들과 성경 학도들은 예수의 논쟁적인 사역의 본질을 이해하지 못한다. 예수가 당시 지도자들과 일으키신 갈등은 바리새인들의 교리에 관한 것이 아니었다. 예수는 바리새인들의 교리에 있어서만큼은 대부분 동의하셨다. 오히려 예수의 사명에 대한 이해를 둘러싸고 일어나는 논쟁이 가장 크게 차지하는 주제였다. 예수는 위선자들을 향하여 날카롭게 비판하셨다. 그들은 옳은 것을 말하나 그들이 말한 것을 실천하지 않는 자들이었다(마 23:1-3). R. L. Lindsey와 David Flusser가 지적한 대로, 복음서에서의 예수와 당시 종교 지도자들 사이의 긴장은 쵸니와 챠난 하네치바와 같이 기적을 일으킨 유대인들의 이야기에서도 보이는, 그런 종류의 갈등과 같았다. 예수는 할라카의 문제들을 포함해서 유대 법에 관한 그의 견해를 뒷받침하는 확실한 증거를 언제든지 주실 수 있었다.
5) Abraham Joshua Heschel, *Man is not Alone* (New York: Farrar, Straus, & Giroux 1991) 11, "그러므로 어떤 말이나 관념에 대한 부적응 상태를 가리키는 놀라움이나 갑작스런 경탄은 무엇인가를 확실히 깨달아 알기 위해서 필수적으로 선행되어야 하는 것이다. 우리는 이성과 놀라움이라는 이 두 가지 요소를 통해서 세

상 만물을 바라볼 수 있다는 것을 깨닫게 된다. 이성을 통해서는 세상 만물을 우리의 지식과 관념에 맞게 설명하거나 적응시키고, 놀라움을 통해서는 우리의 마음과 생각을 세상 만물에 맞게 적응시키려 한다. 무엇인가를 아는 지식의 근원은 바로 의심 아닌 놀라움이다.

6) 마 21:15b-16에 대해 주의를 환기시켜준 데이비드 플루서의 통찰력에 깊은 감사를 드린다. 그 예루살렘 입성에서, 예수가 행하신 놀라운 일들에 대한 아이들의 환호와 찬양과 감탄은 그들의 어린아이와 같은 놀라움에 의해 방어되었다. "그리고 예수는 '그렇다 어린 아기와 젖먹이들의 입에서 나오는 찬미를 온전케 하셨나이다 함을 너희가 읽어 본 일이 없느냐' 고 하셨다." 어린 아이들의 두려움과 놀람은 같은 사건을 기록한 마태복음 기록에서 묘사되고 있다. 특출난 토라의 현자인 랍비 여호수아 밴 코라의 이야기를 상기해볼 수 있다. 그는 그의 아들과 함께 말타기 놀이 (playing horse)하는 사람으로 묘사되어진다. 랍비 여호수아는 '유언'에 관련된 할라카적인 논쟁을 해결해 줄것을 요청받았다. 어떤 사람이 그의 아들이 어리석게 행동하는 것을 배울 때까지 그의 재산을 상속 받을 수 없다고 약정하였다. 랍비 여호수아는 그 아들이 자녀들을 갖게 된 후에는 그가 마치 그의 아들과 말타기 놀이를 했던 현자 그 자신처럼 어리석은 행동을 하는 것을 배울 것이라고 설명하였다 (Midrash on Psalm 92:13). L. Ginzberg, *Students, Scholars and Saints* (New York: Meridian Books, 1958) 145를 보라.

7) Heschel, *God in Search of Man* (New York: Farrar, Straus & Giroux: 1976) 152.

8) Ibid., 252.

9) Ibid., 349.

8. 논쟁과 어린이들 177

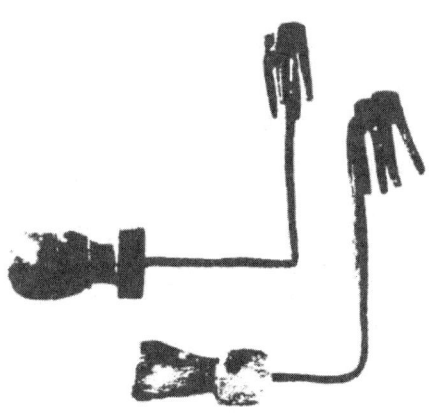

바 코크바(Bar Kochba: ca. 132-135 C.E.)의 시대의 팔꿈치 모양의 열쇠
마태복음 23:2, "왕국의 열쇠"와 비교

9
예수, 안식일, 그리고 율법

<big>안</big>식일과 모세의 율법 준수에 대한 예수의 태도는 수세기 동안 뜨거운 논쟁이 되어왔다. 이에 대한 의견의 불일치는 예수 시대의 유대 관습과 의식들이 대개 무시되었거나 오해되어졌던 사실에 기인한다. 유대 안식일은 어떻게 지켜졌는가? 이 부분에 관한 올바른 지식이 부족하기 때문에 불가피하게 많은 오해들이 생겨나고, 결과적으로 예수의 가르침은 왜곡된다. 예수의 가르침의 깊은 뜻을 되찾기 원한다면 우리는 시간의 장벽을 뛰어넘어 예수가 살았고 가르쳤던 그 역사적 환경 속으로 다시 들어가야 할 것이다. 이 장에서는 세 가지 질문이 논의될 것이다: '예수는 율법을 범했는가?' '그는 하나님의 명령에 불순종하라고 가르쳤는가?' '구전에 대한 예수의 태도는 어떠했는가?' 이러한 주제들에 대하여 보다 자세한 연구를 위해, 우리는 이 장에서 예수와 함께 그 때 그 밀밭으로 들어가고자 한다. 이 사건은 예수와 그의 제자들이 안식일에 밀밭 가운데를 지나갔을 때 일어났다.[1]

예수의 안식일 준수에 관한 논쟁은 초기 유대 관습과 해석에 비추어 살펴볼 필요가 있다. 또한 복음서의 이 이야기는 위의 세 가지 질문에 대해 적절한 해답의 방향을 찾을 수 있게 해 줄 것이다. 예수는 안식일을 어기지 않았다. 그는 아무에게도 계명을 어기라고 가르치지 않았다. 뿐만 아니라

9. 예수, 안식일, 그리고 율법 **179**

예수는 안식일에 대한 논쟁에서 유대 구전의 정통성을 확증하였다. 사실, 예수는 "안식일이 사람을 위하여 있는 것이요 사람이 안식일을 위하여 있는 것이 아니니(막 2:27)"라고 말씀하실 때, 피조 세계의 보다 큰 목적에 대해, 그리고 유대인들의 신관, 인간관 등에 대해 그가 얼마나 깊은 이해를 갖고 있는지를 보여주고 있다.

이 사건의 실체는 아브라함 미트리에 리바니(Abraham Mitrie Rihbany)의 어린시절의 기억들로부터 설명될 수 있다. 그는 이스라엘의 밀밭을 걸어가면서 밀을 뽑아 먹은 것을 생생하게 회상하고 있다. 세기의 전환점에 있던 한 소년, 리바니는 허기를 채우기 위해 줄기에 달려있는 밀을 뽑아 먹기를 좋아하였다.

> 소년 시절, 밀밭을 지나다니는 것은 내게 큰 기쁨이었다. 곡식이 "어린" 시절을 지나면서 익어서 영글게 된다. 이렇게 영근 곡식을 페렠(fereek)이라 불렀고, 이것은 생으로 먹든지 익혀서 먹든지 맛이 좋았다. 나는 밀 이삭을 뽑아 먹으면서 하루 종일도 버틸 수 있었다. 밀 이삭을 움켜쥐고 두 손으로 비비면 기름지고 부드러운, 그리고 향긋한 냄새를 풍기는 밀을 먹을 수 있었다. 태고적부터 근동 지방의 여행자들은 이런 식으로 밀밭을 지나는 것이 허용되었다. 그러나 그 이상의 곡식을 따로 가지고 나갈 수는 없었다.[2]

토라의 교훈에 따르면, 밭을 지나가면서 곡식을 먹는 행위는 분명히 허용된 것이었다: "네 이웃의 곡식밭에 들어갈 때에는 네가 손으로 그 이삭을 따도 되느니라 그러나 네 이웃의 곡식밭에 낫을 대지는 말지니라"(신 23:25). 복음서에서는 제자들이 곡식을 땄을 때에, 바로 이 문제에 대한 논쟁이 일어난 것이다. 그렇게 곡식을 취하는 것은 과연 안식일에 금지된 일로 정해진 것인가? 안식일을 거룩하게 지키는 것은 십계명 중의 하나이다. 하나님의 율법에 순종하는 것과 관련된 그러한 주제들을 잘 이해하는 것은 그리 쉬운 일이 아니다. 예수의 제자들의 행동을 비판한 사람들의 질문을 보다 더 분명하게 이해하기 위해서는 우리도 안식일에 예수와 함께 밀밭으로 들어가야 한다.

사람들의 질문

예수 자신은 이삭을 따지 않으셨다. 굶주려있던 "그의 제자들"이 이삭을 따먹었다. 누가복음에는 제자들이 손으로 곡식을 비볐다는 기록이 나오는데, 이는 중요한 구절이다(눅 6:1). 그러한 제자들의 행동은 사실 법 당국에 의해서 안식일에 할 수 있는 행동으로 받아들여진 것이었다.[3] 안식일은 다른 엿새와 달라야 했다. 그 날은 쉼과 재충전의 날이었고, 평소에 하던 일들은 금지되었다. 예를 들어서, 많은 양의 곡식을 거두는 것은 금지되었으나, 손으로 비벼서 소량의 곡식을 취하는 것은 허용되는 일이었다고 어떤 해석가들은 주장하고 있다. 하여튼 (성경의 해석들이 다양한 것처럼) 관습이라고 하는 것은 언제나 논쟁의 소지가 있는 것이고, 일부 바리새인들은 그러한 행동이 안식일 법을 어기는 것이라고 생각했다. 누구도 이 질문의 중요성을 축소시키지 말아야 한다. 안식일을 지키라는 법은 이미 십계명에 기록된 것이고, 하나님의 섭리로 주어졌기 때문이다.

예수의 제자들의 행동에 대한 일부 바리새인들의 질문은 예수 당시 성경의 가르침에 순종하기를 원했던 모든 사람들의 정당한 질문이기도 했다. 십계명은 지켜져야 하는 것이다. 그러나 하나님의 뜻에 적극적인 태도를 가지고 응답하려는 백성들에게는 바른 성경 해석이 필요했다. 유대인들은 성경적인 진리를 바로 지키려고 애쓰는 가운데, 시내 산에서 하나님이 모세에게 주신 것으로 믿어졌던 구전 전통의 일부인 구전 토라(the Oral Torah)를 가지고서 기록된 안식일 법을 해석하려는 열심을 가지고 있었다. 구전 토라는 기록된 토라 중에서 "분명하지" 않은 부분을 분명히 했고,

이것은 율법에 대한 백성들의 열심과 요구를 만족시킬 수 있었다. 성경이 안식일에 일하는 것을 금지했다면, 우리는 그 하나님의 뜻을 이루어드리기 위해서 "일"의 의미를 해석하고 정의해야 할 것이다. 왜 구전법이 필요한가. 그 답은 매우 간단하다: 우리는 기록된 것을 가지고 있기 때문이다. 기록된 성경이 매일 매일의 삶 속에서 참된 생명과 의미를 줄 수 있으려면 구전 토라에 의해 바르게 해석되어야 했다.

    예수는 그 질문을 멸시함으로 취급하지 않았다. 예수의 태도는 매우 심각하였다. 오히려 그는 일부 바리새인들의 질문으로 야기된 법적 문제에 대하여 납득할 수 있는 기술적인 논쟁과 함께 친절하게 응답하였다. 예수의 전문적인 강론은 할라카(halakhak)의 유대 해석 원리에 기초한 것이었다. 할라카는 사람이 따라야 할 길을 의미한다. 할라카는 유대교의 법체계이며, 613개의 다양한 토라의 명령들을 포함하여, 구전법에서 발견되는 랍비들의 모든 법적 판결들을 포함하는 것이다. 여기에서 예수의 뛰어난 답변의 모든 복잡한 문제들을 다룰 필요는 없지만 그가 그의 대답을 통해서 구전법에 능통하였을 뿐만 아니라 그 법에 대하여 매우 깊은 이해를 가지고 있었다는 사실을 증명하고 있음은 관찰되어야 한다. 아울러 우리가 기억해야 할 것은, 구전 토라는 단일한 해석만을 취하는 엄격한 법조문이 아니었다는 사실이다. 구전 전승은 어느 정도 융통성과 자유를 허용했다. 실제로 구전 토라에 대한 공개 토론은 격렬한 논쟁을 허락하였고 심지어는 독창적인 상상과 다양한 생각이 일어나도록 격려하기조차 했다. 모든 사람들이 안식일은 준수되어야 한다고 생각했지만 분명히 한편의 법적 당국자들은 다른 사람들보다 더 엄격한 자세를 가지고 있었다.

예수와 구전법

구전법은 기록된 율법에서 자주 파생되는 몇몇 어려운 문제들을 덜어 주었다. 예를 들어서, 안식일에는 자르는 것이 금지되었다. 그것은 "일"로 지정된 것이었기 때문이다. 아이가 태어난 지 팔 일째 되는 날에 행하는 할례는 자르는 과정을 요구한다. 안식일에 무언가를 자르는 것은 금지되었기 때문에 사람들은 딜레마에 빠지게 된다. 아기가 태어난 지 팔일 만에 할례를 주라는 율법의 요구를 이루려고 하는데 만일 두 날이 겹치게 되면 안식일을 범해야만 하는 것이다. 이런 경우, 안식일을 지키려고 하면 할례의 법을 어겨야 한다. 두 날이 겹치면, 성경의 두 법 중 어느 하나는 지키지 못하게 된다. 어떻게 해야 하는가? 한 계명을 지키는 것은 다른 법을 깨뜨려야 하는 것을 의미한다. 기록된 법은 그 문제에 대해 직접적이고 명확한 답을 주고 있지 않지만, 유대의 구전 토라(the Oral Torah)는 논쟁의 소지를 풀어주었다. 할라카는 할례법이 안식일보다 상위에 있다고 결정했다. 따라서 갓난아기들은 팔 일째 되는 날—비록 그 날이 안식일이라 하더라도, 또한 안식일에 자르는 것이 엄격하게 금지되어 있었다 하더라도—에 할례를 받을 수 있었다.[4] 안식일에 할례를 행하는 것에 관한 할라카의 결정은 요 7:22-23에 언급되어 있다. 거기에서 예수 자신이 "모세의 율법을 폐하지 아니하려고 사람이 안식일에도 할례를 받는 일이 있거든"이라고 하시면서 구전 토라를 인용하셨다. 고대 구전 전승의 자료들은 언제나 주의 깊게 연구되어야 한다.

안식일에 곡식을 베어 먹은 일에 관해 일부 바리새인들이 의문을 제기했을 때, 예수는 유대 구전의 가르침의 기초 위에서 그의 변론을 펴 나가신다. 이 때 예수는 요한복음에서 할례가 안식일 준수에 앞선다고 말씀하셨을 때처럼, 청중들로 하여금 보다 법적인 원리가 무엇인지를 생각하게 한다. 그는 위와 유사한 증거를 가지고 안식일을 쉼에 관하여 보다 관대한 입장을 취하신다. 예수는 다윗이 자기를 죽이려던 사울 왕의 계략을 피해 달아났을 때에 다윗과 그의 부하들이 진설병을 먹었던 유명한 일화를 들어서 이야기했다. 당시 진설병은 제사장 외에는 아무도 먹지 못하도록 유대교의 법에서 엄격하게 금지된 것이었다. 이러한 점은 복음서에서 안식일 논쟁에 관한 예수의 말씀들에서 분명하게 나타난다.

유대 구전 전승은 예수의 주장에 결정적인 힘을 실어 주었다. 다윗 왕 사건에 대한 전통적인 유대 해석에 따르면, 진설병은 항상 안식일에 구워졌다(레 24:5). 다윗의 생애에서 일어난 그 사건이 안식일에 벌어졌다는 사실로 인해 그 사건은 예수와 예수의 제자들에 관한 바리새인들의 질문에 훨씬 더 잘 들어맞게 된다. 다윗의 사건은 안식일에 일어났을 뿐만 아니라, 그 구절에 관한 유대 성경 주석에 따르면 다윗과 그의 부하들은 너무 굶주려서 생명의 위협을 받고 있었다. 구전 토라의 법적인 판결에서 생명을 위협하는 굶주림은 중요한 의미를 가지고 있다.

유대 구전 전통은 생명의 보존을 매우 강조하고 있다. 성경의 모든 계명들은 인간의 생명을 구하기 위해서라면 잠시 보류되어야만 한다. 바리새인들은 어떤 대가를 치르고서라도 사람의 생명을 먼저 구하려 했다. 이 원리에 대한 유일한 예외들은 우상숭배, 근친상간, 살인이다. 우상숭배, 근친상간, 그리고 살인죄를 범하기보다는 죽음을 선택하는 것이 낫다. 여하튼 생명의 보존은 안식일 준수보다 우선하는 것이었다. 다윗과 그의 부하들은 사울에 의해 쫓기고 있었다. 그들은 몹시 굶주렸고, 전통적인 유대 해석에 따르면 그들의 생명은 위험에 처해 있었다. 성경의 모든 계명들은 생명을 구하기 위해서 잠시 보류될 수 있었다. 그들은 굶주렸고, 그래서 하나님의 전 안에 있던 진설병을 먹었던 것이다. 다윗이 사울의 계략을 피해서 극적으로 탈출했다는 기사는 다윗과 그의 부하들이 심하게 굶주렸다는 것을 언급하지 않지만 구전 전승에서 그들의 굶주림은 생명을 위협하는 것으로 기록되었음에 주목할 필요가 있다. 음식은 생명을 유지하는 데 필수적인 것이며, 때때로 배고픔은 압도적이다. 구전법은 이 극심한 배고픔을 인간의 삶 속에서 흔히 볼 수 있는 연약함이라고 생각했다. 여하튼 충분한 영양 공급이 없었다면 다윗과 그의 부하들은 그 위험스러운 탈출을 감행할 힘을 얻지 못했을 것이다.

유대 학자들은 다윗이 엄청나게 배가 고팠기 때문에 그 날 엄청난 양의 빵을 먹었다고 재미있게 주석하고 있다.[5] 유대 주석가들은 다윗의 생애에서 일어난 이 사건을, '다윗은 거기에서 [하나님의 집에서] 오직 진설병만을 발견했기 때문에, 그에게 말했다. '제게 먹을 것을 좀 주셔서 우리 모두 굶어 죽지 않게 해 주십시오. 생명을 보존하는 것은 안식일을 지키는 것보다 우선입니다''라고 말하면서 생생하게 묘사하고 있다. 예수와 그 청중들은 아마도 다윗의 이야기에 대해 복음서 기사에 기록된 내용보다 더 풍부하게 알고 있었을 것이다. 유대 구전 전승에 있는 이 다윗의 탈출에 얽힌 사건은 생명을 보존하기 위해 음식을 먹은 사실과 그것이 안식일에 일어났다는 사실에 집중하고 있다. 예수는 구전 전승에서 힌트를 얻으시고 사람들이 안식일의 의미를 보다 올바르게 깨닫도록 하기 위해 말씀하셨다.

더욱이 예수는 제사장들과 안식일의 요구사항에 관한 구전 전승을 직접 언급한다. 그는 제사장들이 안식일에 성전에서 제사장의 일을 수행하는 것에 주목한다. 만일 구전 토라의 적절한 해석이 없었다면 아마 제사장들의 그러한 활동들도 "일"이 되었을 것이고 금지되었을 것이다. 복음서에서 이 판결은 후기 유대 자료들과 똑같은 방식으로 정확히 묘사된다.[6] 제사장들은 안식일에 성전에서 그들의 일을 할 수 있었다. 왜냐하면 제사장들의 거룩한 임무는 안식일에 대한 법들보다 우선했기 때문이다. 예수는 구전 전승을 사용하여 그의 제자들의 행동에 이의를 제기했던 사람들에게 대답하셨다. 예수는 구전 토라를 익히 잘 알고 계셨으며, 그 전통적인 유대 해석들과 성문법의 어느 것도 깨뜨리려는 어떤 관심도 나타내지 않았다. 구전 토라는 성경에 기록된 문자들에 참된 힘을 불어 넣어준다.

하나님의 세계는 그의 백성들을 위한 것이다.

예수의 대답은 단순한 사법적인 판정을 넘어서 안식일 준수에 관한 역동적인 접근을 창조해내기 위해 이스라엘의 과거 속으로 넘어 있는 곳까지 도달한다. 사실, 안식일과 사람에 대한 예수의 말씀은 랍비 문헌과 긴밀하게 병행을 이룬다. 대부분의 그리스도인들은 예수의 가르침이 너무나 혁신적이어서 이에 필적할 만한 것은 없다고 배워왔다. 그러나 예수와 예수의 유대적 신학은 피조 세계의 모든 면에 있어서 하나님의 주권을 갈망했던 유대적 유산에 깊은 뿌리를 두고 있다. 예수의 말씀을 랍비들의 말들과 나란히 놓고 보면, 우리는 종종 예수와 다른 유대교 선생들 사이의 중요한 신학적 연계성을 발견하곤 한다. 때때로 고대 유대교 랍비들의 말들은 복음서에 기록된 예수의 말씀과 너무나 유사하다. 예를 들면, 마가복음에서의 안식일 준수에 관한 말씀은 시므온 벤 메나시아(R. Simeon ben Menasya)의 가르침과 거의 흡사하다. 청중들은 마가복음에서 다음과 같은 예수의 말씀을 듣고 도전을 받았다.

> 안식일이 사람을 위하여 있는 것이요 사람이 안식일을 위하여 있는 것이 아니니 이러므로 인자는 안식일에도 주인이니라(막 2:27-28).

예수의 이 말씀과 놀랄 만큼 유사한 진술이 유대 현자 시므온 벤 메나시아에게서도 발견된다.[7] 이 말은 아마도 복음서와 랍비 문헌 둘 다에 공통으로 사용된 어떤 독립적인 자료로부터 취해진 것으로 보인다. 하나님과 하나님의 형상대로 창조된 모든 인간들을 향해 하나님께서 가지고 계신 그 분의 사랑과 돌보심에 대한 유대인들의 이해가 어떠했는지는 안식일의 보다 높은 목적을 설명하는 가운데 묘사되고 있다. 안식일은 백성들의 유익을 위해 주어진 것이다. 우리는 랍비 문헌에서 랍비 시므온 벤 메나시아가 천지창조에 있어서 안식일의 의미에 관하여 말한 것을 읽을 수 있다.

> 안식일은 너희에게 주어진 것이요 너희가 안식일을 위해 주어진 것이 아니니라.[8]

예수의 말씀과 시므온 벤 메나시아의 말은 율법과 종교 생활에 대한 독특한 접근으로 특징지어지는 유대 사상의 주류를 대표한다. 여기에서 시므온 벤 메나시아는 '선물'이라는 개념을 강조하고 있다. 안식일의 전통은 복과 은혜를 위한 특별한 관습으로 하나님의 백성들에게 "주어진다(히, masorah)" 또는 "건네진다". 그러나 데이비드 플러서가 나에게 언급했듯이, 예수의 말씀은 보다 더 깊은 의미를 지닌다.

안식일의 더 깊은 의미는 천지 창조에 대한 유대교의 가르침과 관련이 있다. 잘 알려진 대로, 십계명과 창조의 칠일은 긴밀한 연관을 가지고 있다. 왜냐하면 하나님 자신이 세상을 엿새 동안 만드시고 일곱 째 날에 쉬셨기 때문이다. 하나님의 질서는 일곱 째 날을 쉬는 날로 지킬 것을 명령하신 십계명에서 잘 반영되어 있다. 플루서는 "안식일은 사람을 위하여 있는 것이요..."라고 하신 말씀 중에서, '있는 것이요'로 번역되는 '기노마이(ginomai)'라는 헬라어 단어에 주목했다. 이 단어는 70인 역에서 히브리어 '바라(bara, to create, 창조하다)'라는 단어를 헬라어로 번역할 때 사용된 단어이다. 위의 복음서 구절은 이렇게 번역되는 것이 더 바람직할 것이다: "안식일은 사람을 위하여 창조된 것이요...". 위의 번역은 예수의 말씀을 정확한 히브리어로 표현하려는 노력에서 나온 것이며, 이는 창조 기사에 기록된 하나님의 창조 활동을 함축적으로 암시하게 된다.

전통적인 유대교의 가르침에 따르면, 세계는 모든 인류를 위하여 창조되었다. 게다가 하나님은 첫 번째 안식일이 시작되기 전인 여섯째 날에 인간을 창조하셨다. 아름다운 창조세계는 하나님의 형상대로 지음 받은 인간의 독자적인 활동 영역으로 만들어졌다. 세상의 창조에 대한 더 깊은 의미를 이해하도록, 랍비들은 창조를 비유적인 언어로 묘사한다. 천지창조에 대한 그들의 견해는 유대적 성경 해석에 기초하고 있다. 하나님은 지혜로(잠 8-9) 세계를 지으셨다. 그는 마치 왕이 초대한 손님들을 위해 잔치를 준비하는 것과 똑같은 방법으로 인간을 위하여 세상을 만들어냈다. 주의 깊게, 거룩하신 분은 마치 주인이 초대한 손님들을 염두에 두고 준비하는 것처럼 각 사람들을 염두에 두시고 세계를 디자인하셨다. 하나님은 세상을 창조하시고 모든 것을 준비하신 뒤, 인간을 안식일 바로 전날 창조하여 하나님의 명령을 곧바로 지킬 수 있도록 하였다. 참으로 모든 인류의 대표자로서 아담은 안식일 전 날에 창조되었고, 따라서 그는 하나님의 명령에 대한 응답으로서 안식일에 쉬도록 이끌림 받았다. 가장 위대한 설계가이신 하나님의 가장 멋지고 좋은 작품이 주어졌으며, 하나님은 하나님께 대한 인간의 순종을 대표하는 안식의 날로 그 날을 인정하여 허가하셨다. 인간은 안식일 전날에 창조되었고, 안식일은 모든 인간을 위해 창조되었다.

인간은 안식일 전날에 창조되었고 따라서 무엇보다도 먼저 계명을 준수하는 일을 할 수 있었다. 또 다른 해석은 다음과 같이 좀 더 깊이 설명해준다: "왜 인간이 가장 늦게 창조되었는가?" 이 문제에 대하여 한 비유를 통해 답변할 수 있다. 그것은 잔치를 준비한 한 왕에 비교될 수 있다. 그 왕은 모든 잔치 준비를 마친 후에야 손님들을 청하게 될 것이다. 성경은 "지혜가 그 집을 짓고"(잠 9:1)라고 가르친다. "여호와께서는 지혜로 땅을 세우셨으며..."라고 기록된 말씀과 같이 이 말씀은 거룩하신 하나님께서 지혜로 세상을 지으신 것을 가리켜 말하는 것이다. 따라서 그는 [지혜로] "[세상의] 일곱 기둥을 다듬"으셨다(잠 3:19, 9:1). 이 일곱 기둥은 하나님께서 세상을 창조하신 칠일을 가리키는 것이다. 뿐만 아니라 성경에 지혜가 "짐승을 잡으며 포도주를 섞어서 상을 갖추고"(잠 9:2)라고 기록되어 있는데 이 구절은 세상이 필요로 하는 모든 것뿐만 아니라 호수와 강들을 가리키는 말씀이다. "무릇 어리석은 자는 이리로 돌이키라"(잠 9:4, 16)고 하신 말씀도 생각해 보라. 이 말씀은 아담과 이브를 가리키고 있다.[9]

예수는 위와 유사하며 친숙한 유대적 성경 해석법을 사용하셨음에 틀림없다. 결국, 사람들은 초대받은 손님들이다. 하나님의 아름다운 창조는 모든 인류를 위한 것이다. 안식일은 사람들이 하나님을 향해 우러나오는 사랑으로 그 날을 지킬 때 기쁜 날이 되도록 의도된 것이다. 안식일은 사람들의 유익을 위하여 창조되었다. 그 날은 창세기의 천지창조 기사에서 생생하게 묘사된 안식의 날이다. 세상은 하나님의 형상대로 지음 받은 사람들을 위해 만들어졌다. 그러므로 안식일은 사람들을 위한 것이다. 모든 인류는 안식일 전날에 창조되었다. 예수는 안식일을 폐기하신 것이 아니라, 유대교의 할라카 준수를 인간화시킨, 관대한 접근을 취한 것이다. 또한 이러한 예수의 접근은 시므온 벤 메나시아 같은 많은 유대교 랍비들에 의해 받아들여질 것이 분명하다. 따라서 인자-이 경우에는 모든 인간-는 안식일에도 주인이다. 예수가 "인자(Son of man, ben adam, bar anash)"라는 용어를(단 7:13의 유대 해석에서처럼) 초자연적인 인물을 의미하는 것으로 종종 사용했지만,[10] 다른 많은 곳에서는 일반적인 의미로 사용하시기도 했다.[11] 여기에서 예수는 개인의 신앙생활과 하나님의 계명에 완전히 순종하려고 몸부림치는 것에 대한 인간화한 접근을 가르치고 있다.

예수는 제자들의 행동에 이의를 제기했던 사람들의 도전과 안식일 준수를 이해하고 받아들였다. 예수는 그 문제에 대한 법적인 측면에 응답하기 위해 널리 받아들여지는 유대 할라카의 강론과 해석을 사용하였다. 예수의 말씀은 당시의 유대적 맥락으로 비추어볼 때 매력적인 독창성과 역동적인 진정성을 가진 한 나사렛 선생의 말씀이었다. 예수는 바리새인들이 질문했기 때문에 생긴 그 기회를 사용하여 하나님의 질서와 하나님의 창조 활동에 관해 역설하셨던 것이다. 하나님은 인간의 차원에서 기본적인 것들을 필요로 하는 각 사람과 만나신다. "안식일은 사람을 위하여 있는 것이요 사람이 안식일을 위하여 있는 것이 아니"기 때문이다.

주

1) 마 12:1-8, 막 2:23-28, 눅 6:1-5. 이러한 좋은 질문들이 이 짧은 연구에서는 그리 깊이 있게 다루어지지 못함을 유감스럽게 생각한다. M. Kister, "Plucking on the Sabbath and Christian-Jewish Polemic," *Immanuel* 24/25 (1990) 35-51를 참조하라.
2) Abraham Mitrie Rihbany, *The Syrian Christ* (New York: Houghton Mifflin, 1916) 290-91.
3) David Flusser, *Jesus* (New York: Herder and Herder, 1969) 46, notes p. 140; cf. b. Shab. 128a.
4) b. Yoma 85b와 병행 구절들을 보라.
5) The Yalkut Shimeoni II, 130 on 1 Sam 21:5을 보라. 또한 J. N. Epstein, *Introduction to the Tannaitic Literature* (Jerusalem: Magnes, 1957) 281 (Hebrew)도 참조하라.
6) 예를 들자면, Matt 12:5 and t. Shab. 15, b. Yoma 85b와 병행 구절들을 보라.
7) Rabbi Simeon ben Menasya에 관하여는 *Encyclopaedia Judaica* 14 column 1561과 W. Bacher, *Die Agada Der Tannaiten* 2. 489ff를 보라.
8) The Mechilta de Rabbi Yishmael on Exodus 31:3 (Horovitz, 34)와 병행 구절들을 보라.
9) j. Sanh. 22c, b. Sanh. 38a와 병행 구절들을 보라.
10) 예를 들자면 마 25:31ff같은 곳을 보라. 인자는 종말론적 심판 사역을 행하실 구속자이다. 구속자에 대한 이 고귀한 견해는 아마도 예수의 가르침 중에서 '인자(the Son of man)' 라는 용어의 가장 가장 특징적인 사용일 것이다. 이 용어에 관한 훌륭한 연구로는 W. Horbury, "The Messianic Associations of the 'the Son of man,'" *Journal of Theological Studies* 36 (1985) 34-35을 참고하라.
11) 예를 들면 마 12:31-37, 막 3:18-30, 그리고 눅 12:10같은 곳을 보라. 인자에 맞서서 이야기하는 자는 용서받으나 성령을 거슬러 말하는 자는 용서받을 수 없다. 여기에서는 모든 인간들 가운데 한 사람, 곧 그의 '인성' 을 의미하고 있는 것으로 여겨진다.

10
이혼과 간음에 대한 예수의 말씀

많은 해석가들이 이혼에 관한 복음서의 말씀을 대할 때 당황하고 혼란스러워한다.[1] 예수는 이혼을 허용하였는가? 그리고 예수의 가르침에 따르면 이혼한 후에 재혼은 금지되는가? 잘 알다시피 많은 기독교 교단들이 특정한 상황 하에서만 이혼이나 혼인 취소를 허용하고 있으며 이혼 후 재혼을 금지하고 있다.[2] 이 문제는 수 세기 동안 논쟁이 되어 왔다. 그러나 초기 유대 사상에 대한 이해와 함께 예수의 말씀을 주의 깊게 분석해보면 '예수는 이혼을 간음과 동등하게 보셨는가' 라는 질문과 함께 한줄기 새로운 해석의 빛을 발견해 볼 수 있을 것이다.

이혼에 대한 성서 해석의 이슈로 크게 대두되어 잘 알려진 사례는 아마도 영국의 헨리 8세(1491-1547)와 아라곤의 캐더린(Chatherine)에 관한 사건이었을 것이다.[3] 그 문제에 대해서 종교개혁가와 카톨릭 신학자들, 그리고 이와 관련된 다른 정치인들 사이에서 논쟁이 있어왔지만, 만족할 만한 해결을 보지 못했다. 그러나 그러한 국가적인 굵직한 일보다 더 개인적인 차원에서 생각해 보면, 우리 주변 일상생활 속에서 많은 가족, 친구, 그리고 사랑하는 자들의 자녀들이 가정의 파탄이라는 문제에 직면하고 있음을 볼 수 있다. 많은 목회자들은 사역을 하면서 이 문제에 부딪힌다. 가정의 붕괴는 이혼과 재혼에 대한 질문을 증폭시켰다.

이러한 문제들에 대하여 성경의 가르침을 얻고자 할 때 당시의 유대 자료들을 거의 참고하지 않는다. 이 장에서 필자는 예수가 이혼, 간음, 그리고 재혼에 관하여 말한 복음서의 한 부분을 살펴보고(눅 16:18과 그 상응 구절), 그 주제에 대해 새로운 이해를 줄 수 있는 새로운 해석을 제시하고자 한다. 유대적 배경과 당시의 랍비 문헌들은 예수의 말씀의 본래의 의미를 이해하도록 큰 도움을 줄 것이다. 공관복음의 상호 연관성을 연구할 때 누가복음은 자주 무시되기 때문에, 많은 성경 해석가들은 누가복음에 기록된 예수의 말씀의 의미를 쉽게 간과하곤 한다. 여기에서 우리는 초대 유대교 자료들을 토대로 하여 누가복음 16장 18절의 예수의 말씀을 고찰하려한다.[4] 누가복음 16장 18절의 문맥에 따르면, 예수는 "무릇 자기 아내를 버리고 다른 데 장가드는 자도 간음함이요 무릇 버림당한 여자에게 장가드는 자도 간음" 하는 것이라고 말하고 있다.

우리가 이혼에 관해 연구하기 전에, 결혼과 가정은 예수 당시에 여러 면에 있어서 유대주의의 가장 주요한 기반이었다는 것을 먼저 알아야 할 것이다. 가정은 사랑과 친교의 장소였다. 남편과 아내, 그리고 그들의 자녀들은 한 가정을 이루었고, 그들은 그곳에서 성경을 연구하고 함께 기도하며 서로를 축복하였으며, 이런 것들은 가정생활의 견고한 기초가 되었다. 당시의 유대적 신앙과 경건은 가정에서 평화를 누리도록 강조했다(*shalom bayit*). 그리고 결혼관계를 제정하신 하나님의 유일성을 강조했다. 그럼에도 불구하고, 성경은 이혼이 어떤 경우에서는 가능한 것이라고 분명하게 가르치고 있다(신 24:1-2). 고대 근동 지방에서, 여자는 가정이 파탄될 때 매우 큰 고통을 겪어야 했다. 원래 신명기 24장 1절에서 2절의 구약의 율법은 가정의 연합을 유지시키고 이혼을 방지하기 위한 말씀이었다. 복음서는 예수가 이혼 당하는 아내의 위치를 좀 더 힘 있게 하려고 이렇게 말씀하고 있음을 암시하고 있다.

이 장에서는 "이혼"과 "간음"이라는 말이 종종 오해될 수 있는 본문인 누가복음 16장 18절의 예수의 가르침에 초점을 맞추게 될 것이다. 적지 않은 기독교 성직자들과 평신도들은 예수가 이혼과 간음을 동의어로 사용하셨다고 생각한다. 그러나 어떤 것도 진리로부터 벗어나서는 안 된다. 유대 율법에서 이혼과 결혼이 허용된 것은 분명하다. 그렇다면 예수는 이혼과 재혼에 관한 율법을 폐하신 것인가? 예수는 율법을 무너뜨리기 위해 오신 분이 아니다. 그는 율법을 바르게 해석함으로써 분명한 기초 위에 율법을 세우기 위해 오셨다. 만약 예수께서 이혼을 금지하셨다면 그것은 신명기 24장 1절에서 2절의 토라의 구절을 폐기하는 것이 될 것이다. 그러나 예수는 토라를 바르게 해석하기 원하셨던 것이지, 그것을 파괴하려고 하신 것은 아니었다. 배우자가 이혼의 사건에서 어떻게 보호받을 수 있을 것인가? 어떻게 가정이 보호받을 수 있을 것인가? 당시 유대교 선생들이 이혼을 반대했고, 가정을 매우 신성시 여겼기 때문에 좀처럼 깨지지는 않았다.

 남편과 아내는 하나님의 약속에 의해 하나가 되었다고 생각했고, 가정의 기초는 결국 천지 창조로까지 소급된다. 그 시대에는 중매결혼이 널리 퍼져 있었고, 사람들은 주로 어린 나이에 결혼을 했다. 잠언에서 우리는 "슬기로운 아내는 여호와께로서 말미암느니라"(잠19:14)는 말씀을 읽을 수 있다. 하나님은 창 24장 50절에서 이삭과 리브가를 부부로 맺어주셨다.

 그렇다고 예수가 이혼을 엄격히 금한 것은 아니었다. 누가복음 16장 18절에서 우리는 특별한 상황을 다루는 말씀을 발견할 수 있다. "무릇 자기 아내를 버리고 다른 데 장가드는 자도 간음함이요." 이 구절로 인해 이혼을 간음과 동의어로 볼 수 있는가? 우리가 이 말씀의 유대적 배경을 이해한다면, 그 의미는 보다 분명해질 것이다. 미쉬나에서(Sotar 5.1) 우리는 간음한 연고로 이혼당한 여자가 그 정부와 결혼하는 것을 금지당하는 것을 보게 된다.[5] 예수는 누가복음에서, 재혼을 위한 이혼은 해도 좋다는 식의 성경 해석에 제동을 걸고 불법을 막으려 했는가? 흔히 있는 일이지만, 더 젊고 매력적인 여자와 결혼하기 위해 젊어서 얻은 아내와 이혼하기 원하는 남자들에게 있어서 이혼이란 매우 편리하게 이용될 수 있을 것이다. 미쉬나가 간음한 여인을 예로 들었듯이, 예수는 이와 유사한 경우를 들어 말씀하셨다. 어떤 남자가 다른 여자와 결혼하기 위해 이혼한다면 어떻게 될까? 실제로 예수는 이런 특정한 경우를 들어서 말씀하고 계신 것 같다. 다른 사람과 결혼하기 위해 사용되는 이혼은 간음과 같은 것이다.

누가복음은 "이혼하다"와 "결혼하다"라는 두 동사를 모두 현재 시제로 사용하고 있다. 이와 상응구인 마가복음 10장 11절에서는 이 두 동사가 가정법으로 묘사되었다.[6] 이 두 동사를 히브리어로 본다면 두 행동이 연속적인 동작 관계에 있는 것으로 연결되어 있다 "*kol hasholeach et eshto venose acheret noef*, 무릇 그 아내를 버리고 다른 데 장가드는 자도 간음함이요." 아마도 영어로 아래와 같이 번역해서 읽는다면 그 말씀의 의미를 더 잘 살리게 될 것이다. "Every one who divorces his wife (in order) to marry another commits adultery.(다른 여인과 결혼하기 위해 그의 아내와 이혼하는 모든 사람은 간음하는 것이오.)" 이 새 번역은 예수의 말씀을 보다 분명히 이해할 수 있도록 돕는다.

18절 하반절도 이와 같은 방식으로 이해되어야 한다. 미쉬나의 글을 보면, 한 남자가 재혼하기 위해서 이혼한 여자와 결혼하는 것을 간음으로 간주하고 있다. 이혼 자체는 간음이 아니다. 그러나 실제로는 다른 사람과 재혼하기 위해서 신성한 결혼 서약을 깨뜨리고 이혼하는 경우도 있었다.

이혼과 간음에 관한 예수의 이 말씀은 많은 문제들을 분명하게 이해하도록 해준다. 먼저 예수는 구약 성경의 결혼, 이혼, 그리고 재혼에 관한 가르침을 폐기하기를 원치 않았던 것 같다. 또한 그 가르침을 적용하는 데 제한을 두는 것도 원치 않았다. 한 사람이 다른 사람과 결혼하기 위해 아내와 이혼한다면, 그것은 간음이다. 그러한 행동이 율법의 문자를 어기는 것이 아니라고 말할 수 있는지는 모르지만, 그것은 분명히 율법의 본래의 정신에 위배되는 것이다. 아마도 대부분의 이혼의 경우는 직면한 문제들을 놓고 가정에서 의사소통을 해서 해결점을 찾으려고 하기보다는, 어느 한쪽이 다른 새로운 사람과 만나는 것이 차라리 낫겠다고 생각할 때 생기는 배신에 기인하는 것이라 생각된다. 이런 종류의 결혼 관계는 대부분 계속되어야 했다. 그러나 다른 여자와 결혼하기 위해 배신과 이혼으로 결혼 관계를 깨뜨렸다면, 그는 이혼과 재혼에 관한 구약 성경의 율법을 악용한 것이 된다. 따라서 이것은 간음과 같은 것이다.

예수는 어떤 남자가 다른 여자와 결혼하기 위해 자기 아내와 이혼한다면, 이것은 본질적으로 잘못된 것이라고 말하고 있다. 현자들도 결혼을 매우 중요하게 생각했다. 엘르아살(R. Eleazar)은 남자가 젊어서 얻은 아내와 이혼하면 제단도 눈물을 흘릴 것이라고 말하기까지 했다(b. Git. 90b). 이혼으로 끝날 많은 결혼들이 보호될 수 있다. 부부 간에 평화를 회복하는 것은 칭찬받을만한 일이다. 상처와 분노가 서로의 관계를 갈라놓으려 할 때 모든 가족 구성원들은 가족 간의 갈등을 해소하고 평화를 이루는 것을 중요한 목표로 삼아야 한다.

예수의 한 말씀에 대한 위의 짧은 변론으로 이혼에 관한 예수의 가르침을 둘러싼 모든 문제들을 풀 수는 없다. 그러나 유대문학의 이와 유사한 상응구절에 비추어 한 구절을 연구함으로써 결혼, 이혼, 그리고 재혼 등에 관한 모든 문제가 분명해지기를 기대해 본다. 예수는 결혼, 이혼, 그리고 재혼에 관한 구약의 율법을 폐기하신 분이 아니었다. 그러나 결혼 생활이라고 하는 신성한 경험 속에서, 스스로를 방어하지 못하는 모든 사람들을 보호하기 위해서 토라의 적절한 해석이 필요했다. 이혼은 간음이 아니다. 이혼한 후 재혼하는 것도 간음이 아니다. 그러나 이혼은 간음을 범하는 데에 이용될 수 있다. 가정을 잘 세우고 이끌어가려고 노력하는, 연약한 두 남녀를 보호하기 위해 토라는 그러한 면으로 해석되어야만 했다.

결혼으로 맺어진 부부 중에 어느 한 쪽이 새로운 파트너를 얻으려고 다른 한 쪽을 해치는 데 법 제도가 사용된다면, 율법의 참 목적과 의미가 사

라지게 된다. 아무도 예수의 강력한 말씀의 능력을 약화시키려고 해서는
안 된다. 다른 새로운 사람과 결혼하기 위해 율법을 악용하여 자기 아내와
이혼하는 것은 곧 간음과 같은 것이다.

주
—

1) 공관 복음서는 예수가 결혼, 이혼, 그리고 재혼에 관해 두 가지 상황을 말씀하셨다
고 기록하고 있다(마 19:3-12, 5:32; 막 10:11-12; 눅 16:18). 첫 번째 상황은 마
5:31-32; 막 10:10-12, 그리고 눅 16:18에서 발견된다. 마 5:31-32은 마 19:9에서
중복되고 있다. 첫 번째 상황은 구체적인 적용을 통해 이혼의 합법적인 면을 다루
는 것으로 연구될 것이다. 두 번째 상황은 마 19:3-9과 막 10:2-9에 기록되어 있
다. 여기에서는 이혼의 근거가 이야기되고 있다. 이 장에서 복음서의 이 두 상황을
모두 다룰 수는 없다. 그러나 두 번째 상황에 관하여 우리는 G. Vermes, "Sactar-
ian Matrimonial Halakhah in the Damascus Rule," *Journal of Semitic
Studies* 25 (1974) 197ff를 참고할 수 있다. 이 장에서는 첫 번째 상황이 연구될
것인데, 종종 간과되어 왔던 누가복음을 중심으로 다루게 될 것이다.
2) Theodore Mackin, *Divorce and Remarriage* (Mahwah, N.J.: Paulist, 1984)
에서 이 자료에 대해 훌륭한 연구를 해 놓은 것을 보라.
3) 이 논쟁은 헨리 8세에게 자녀와 왕위 계승을 주지 않았으며, 오히려 성공회의 탄
생에 도움을 주었다. 로테르담의 에라스무스나 마틴 루터 같은 당시의 유명한 성경
학자들과 신학자들이 헨리에게 상속을 위한 기회를 주기 위해 두 번째 결혼을 허
락해야 한다고 했던 것은 주목할 만하다. T. Mackin, *Divorce and Remarriage*
를 참고하라.
4) 공관복음서 문제에 관해서는, 본인의 책 *Jesus and His Jewish Parables*, 129-63
을 보라.
5) Israel Abrahams, *Studies in Pharisaim and the Gospel*, 66-81을 보라. 특별
히 74쪽을 참고하라. 나는 이 책에서 Abraham의 통찰력에 매우 큰 빚을 졌다. 아

마 그의 연구가 아니었다면 이 책은 쓰여지지 못했을 것이다. 예루살렘에서 R. L. Lindsey와 David Bivin과 함께 이 주제에 관해 토론할 수 있었던 것에 대해서도 감사하게 생각한다.

(6) 헬라어에서 가정법은 때때로 목적의 의미를 가지고 있다. 이것은 *hina*절과 사용될 때의 경우이다. *hina*가 없는 절이 여기에 나타나는 반면, 마가는 가정법을 사용하면서 목적의 의미를 생각했을 수 있다. 이 구절은 "Whoever divorces his wife in order to marry another commits adultery"(Mark 10:11)로도 번역될 수 있을 것이다. 그러므로 같은 의미가 다음 절에도 계속된다. 그 이혼한 사람은 재혼하기 위해 이혼한 것이다. 종종 간음은 이혼으로 이끈다. 결혼으로 맺어진 결속 관계는 정상적인 부부관계에서 일어난 일로 인해서는 파기될 수 없었다. 부부관계 외에서 일어난 일들 외에는 계속 유지되어야 한다. 이 구절에서는 구체적인 상황(남자가 재혼을 위해 이혼하는 상황-역자 주)이 언급되고 있다. 여기에서는 그 '구체적인 상황' 외의 다른 환경 가운데에서의 이혼이나 재혼에 관해서는 다루지 않고 있다. 토라는 재혼을 허용하고 있으나, 간음을 위해 이혼 제도가 이용되어서는 안 된다.

10. 이혼과 간음에 대한 예수의 말씀 **197**

성전에서 발견된 비문 "나팔부는 자리에"

도장 반지(참조, 누가복음 15:22)

11
감사하는 삶(감사드리는 삶의 한 방식)

경이로움, 두려움, 그리고 경탄은 하나의 삶의 방식으로서 우리로 하여금 하나님께 감사할 수 있게 해주는 견고한 기초요 기둥이다. 참된 믿음은 말로 다할 수 없는 하나님의 위대하심에 대한 깊은 인식에 뿌리를 두고 있다. 하나님을 경외하는 것은 감사에 대한 유대 신학의 기초가 되었다. 모든 것은 하나님으로부터 나온다. 유대인들은 하나님의 계획대로 창조된 경외심을 일으키는 세상을 보며 존귀한 하나님의 주권에 놀란다. 랍비들이 감사의 기도 속에 하나님의 주권을 연결시킨 것은 지극히 당연한 일이다. 랍비 제이라(Zeira)와 유다(Judah)는 그들의 기도 가운데 왕으로서의 하나님의 중요성을 강조하였다. 그들은 "천국이 언급되지 않은 축복은 축복이 아니다. 일렀으되, '왕이신 나의 하나님이여 내가 주를 높이고 영원히 주의 이름을 송축하리이다(시 145:1)'"라고 가르쳤다.[1]

랍비 제이라와 유다처럼, 나사렛에서 온 또 다른 유명한 랍비 역시 그의 제자들의 기도 생활에 있어서 천국에 대해 큰 역점을 두고 있다. 그는 "나라가 임하옵시며"라고 기도하라고 가르쳤다. 예수와 그의 제자들의 예에서 볼 수 있듯이, 감사의 신학은 깊고 의미 있는 방식으로 삶 속에 파고든다. 예수와 제자들의 기도에 관한 행동은 제2성전 시대의 유대 풍습과 관례에 깊은 뿌리를 두고 있다.

예수와 제자들의 일상생활 속에서 감사와 축복은 이미 매일의 생활과 습관적인 관례 가운데에서 빼놓을 수 없는 부분이었다. 예를 들어서 식사 전에 하나님께 감사 기도를 드리는 것은 예수와 그를 따르던 모든 사람들에게 있어서 일반적인 것이었다. 초기 유대 문헌이나 회당의 전례 의식을 살펴봐도, 성경 시대부터 오늘날까지, 유대인들이 감사하는 것을 일상생활 가운데에서 가장 중요한 부분으로 여겨왔음을 알 수 있게 된다. 유대 신학의 관점에서 단지 이 땅에 속한 것으로 여겨질 수 있는 일이란 없다. 왜냐하면 하나님은 인간에게 주어진 모든 삶 가운데서 겪는 인간 경험의 모든 면을 거룩하게 하시기 때문이다.

감사와 축복의 개념은 복음서에 기록된 예수의 삶에서만 나타나는 것이 아니라, 바울 서신에서도 분명하게 나타난다. 이 장에서 우리는 감사에 관하여 초기 유대적 접근이 어떠했는지에 대한 좀 더 깊은 통찰력을 얻기 위해 유대 자료들과 신약 성경에서의 증거들을 살펴볼 것이다.

성경은 예수 당시 유대교의 경전이었다. 성경의 신성한 내용들로 가르친 교훈과 생활방식, 그리고 이스라엘의 현자들의 성경에 대한 해석은 유대인의 생활과 관습의 기초를 이루었다. 유대인들은 말씀의 백성이었고 지금도 여전히 말씀의 백성이다. 하나님이 그의 백성들이 어떻게 살기를 원하시는지 그의 뜻을 찾기 위해 유대인들은 모세 오경을 자세히 연구하였다. 하나님의 백성이 모든 피조 세계에 대한 하나님의 주되심과 주권을 강조했다는 것은 그리 놀랄만한 사실이 아니다. 유대인들은 하나님이 선하시다는 것과, 개개인을 향해 참된 관심을 갖고 계시다는 것, 그리고 인간의 즐거움과 만족을 위해 하나님께서 이 세상을 창조하셨음을 강조했다.

랍비들은 모든 인간을 하나님의 자비를 위한 청지기들로 보았다. 모든 사람은 하나님의 형상대로 창조되었다. 모든 사람들은 하나님의 지배 속에서 하나님에게 순종해야 할 책임과, 하나님께서 그의 백성들을 위해 만드신 아름다운 세상을 돌보고 다스려야할 책임을 가지게 되었다. 감사와 축복에 대한 유대인들의 이해는 하나님의 선하심과 그의 창조에 대한 신앙에 기초하고 있었다. 사람들은 하나님의 선하심에 대해 하나님께 감사를 드려야 한다고 배웠다. 또한 현자들은 살아가면서 하나님의 창조로부터 받은 모든 축복에 대해 감사를 드리며 하나님을 경배하라고 가르쳤다. 따라서 사람들은 식사시간마다 음식을 주신 하나님께 감사를 드렸다. 성경에 기록된 말씀은 하나님의 공급하심에 대한 이러한 관점에 기초를 제공해 준다.

신명기 8장 10절은 식사시간을 위한 기도 양식으로서, 하나님께 감사하는 유대적 사고의 기초가 된다. "네가 먹어서 배불리고 네 하나님 여호와께서 옥토로 네게 주셨음을 인하여 그를 찬송하리라" 하나님의 선하심에 대한 찬양의 기초는 토라에서 나온다. "네가 여호와 너의 하나님을 찬송하리라"라는 구절은 어떤 면에서 모든 백성들에게 주시는 하나님의 은혜에 대한 감사의 표현으로 이해되었다. 사람이 다른 어떤 물질적 대상이 아닌 하나님 바로 그분을 송축하는 것임에 주목하라! 실제로 송축의 개념은 단순한 찬양보다 훨씬 더 깊은 의미를 가지고 있다. 본질적으로 하나님을 송축하는 것은 그의 주되심과 주권에 대하여 인정하는 것이다. 하나님을 송축하는 것은 천국을, 그리고 만물의 주권자로서의 그 분의 통치와 다스리심을 실제로 인정하는 것이다. 종종 이런 의문이 제기되곤 했다: 어떻게 인간이 하나님을 축복할 수 있는가? 신명기 8장 10절에 사용된 문맥에서 히브리어 '바라크(barakh)'는 복을 주는 것을 의미하기보다는 그의 나라와 그의 권위를 인정함으로써 하나님을 예배하는 것을 의미하는데, 동시에 이 '바라크'의 행위는 일상생활에서 그 사람의 행동에 영향을 주게 된다.

복에 대한 히브리 신학은 하나님의 창조의 본질적인 선함을 인정한다. 물질세계는 본래부터 악한 것이라고 보았던 영지주의나 헬라 종교들과는 달리, 유대적 견해를 담고 있는 창세기의 창조 기사는 하나님께서 세상을 만드셨다는 것과, 그가 만든 세상이 선하다고 선언한다. 이 세상으로부터 받은 유익에 대해 하나님을 송축하지 않는 것은 하나님이 창조하신 모든 것에 대한 하나님의 권위나 그의 선하심을 부인하는 것이다.

유대인들은 어떤 특정한 경우에 대하여 하나님을 찬양할 때 암송되는 송축들을 발전시켜왔다. 예를 들어 빵을 먹을 때에는, "오 주님! 땅에서부터 빵을 생기게 해 주신 우주의 왕이시여, 당신은 복되십니다"라고 했다. 하나님께서는 사람들이 그로부터 유익을 얻는 세상을 창조하셨다. 포도주를 마실 때에도 이와 잘 맞는 송축이 있다: "오 주님! 포도나무에서 열매가 맺히게 해 주신 우주의 왕이시여, 당신은 복되십니다." 이러한 송축들은 식사시간에 암송되었다.[2] 예수도 분명히 유월절 기간뿐만이 아니라 일상적인 실천으로 그의 제자들과 함께 이와 같은 송축을 암송하곤 했을 것이다. 하나님께서 기적을 행하신 장소를 방문할 때나 왕을 알현할 때, 또는 자연스러운 몸의 기능을 움직일 때조차도 특별한 송축이 암송된다.[3] 미쉬나, "베라콧(Berakhot)"에 반영된 유대 구전 전승에 대한 한 논문은 '송축'이라는 주제에 몰두하고 있다. 예루살렘 탈무드와 바빌로니아 탈무드는 미쉬나에 대한 이 논문에 관해 광범위하게 평하고 있다. 송축과 기도는 유대 백성들의 일상적인 삶에서 빼놓을 수 없는 것이었다.

랍비들은 인간 생활의 모든 면에 대하여 하나님을 송축하는 송축의 신학을 발전시켰다. 각 개인은 하나님의 주권을 인정해야 하며, 자기의 직업이나 환경이 어떠하든지 하나님을 의식하는 생활을 하도록 요구된다. 하나님의 임재는 모든 것에서 인식되어야 한다. 랍비들은 사람은 누구나 자기 인생에서 좋은 것뿐만 아니라 나쁜 일을 인해서도 하나님께 감사드려야 한다고 가르쳤다. 유대 구전 전승의 가르침은 좋든지 나쁘든지 모든 것에 대해 감사드리는 것과, 전심으로 하나님을 사랑해야 한다는 계명을 연결시켰다. 랍비들은 다음과 같이 강조하였다: "좋은 것을 인해 하나님을 송축할 때처럼 나쁜 일에 대해서도 사람은 [하나님을] 송축해야할 의무가 있다. 왜냐하면 '너는 마음을 다하고 뜻을 다하고 힘을 다하여 네 하나님 여호와를 사랑하라' (신 6:5)라고 기록되어 있기 때문이다."[4)]

한 유명한 랍비는 그가 늘 기뻐하는 마음을 가진 사람으로 잘 알려져 있었다. 그는 그가 실제의 삶에서 경험하는 모든 것에 대해 감사하는 사람이었다. 그의 이름은 나훔 에이쉬 감 조(Nahum Eish Gam Zo), 혹은 김조(Gimzo)라고 불리었다. 감 조(Gam Zo) 라는 말은 아마도 롯(Lod)과 가까운 김조(Gimzo)라는 마을의 이름에서 유래된 것 같다. 그의 쾌활한 태도 때문에 랍비 나훔의 동료들은 그의 고향 마을의 이름과, 감사드리는 생활에 대한 그의 명성을 가지고 히브리어로 낱말 놀이를 했다. 히브리어로 '감 조'는 "이것 또한"라는 말이다. 랍비 나훔은 끔찍한 재난 가운데에서도 낙관적인 모습을 잃지 않은 것으로 유명하였다. 어떤 일이 일어나든지 그는 언제나 이렇게 말하곤 했다: "이것 또한 가장 좋은 것을 위함이다"라고.[5)] 그는 언제나 밝은 면을 보았다. 히브리어로 "감 조 레토바(gam zo letovah)", 즉 "이것 또한 가장 좋은 것을 위함이다"라는 말은 그의 이름을 내포하고 있었다. 그래서 그의 친구들은 그를 나훔 에이쉬 김조가 아니라 감 조로 부르기 시작했다. 그는 모든 것에 감사했고 어려운 때에도 항상 축복을 용하게 찾아냈다. 랍비 나훔 에이쉬 감 조의 감사하는 마음은 인생의 평안할 때뿐만 아니라 어려울 때도 하나님을 찬양하는 유대적 정신을 잘 보여준다.

유대 현자들의 하나님에 대한 감사의 신학은 시편 24편 1절을 기초로 한다. 탈무드의 한 구절은 시편 본문의 메시지를 조명하여 잘 이해하도록 돕는다: "감사의 송축 없이 이 세상의 어떤 것을 즐기는 것은 신성한 하늘의 것을 개인적으로 유용하는 것과 같다. 왜냐하면 성경이 '땅과 거기에 충만한 것과 세계와 그 가운데 사는 자들은 다 여호와의 것이로다' (시 24:1)라고 말하고 있기 때문이다."[6)] 흥미로운 것은, 유명한 라반 가말리엘(Rabban Gamaliel)의 제자였던 한 다른 유대 선생 역시 그가 고린도의 이방인과 유대인이 함께 있던 회중에서 음식과 음료의 목회적 문제에 대해 강론할 때에도 시편 24장 1절을 인용했다는 사실이다. 바울은 몇 가지 조건과 함께 그들 앞에 차려진 음식을 감사함으로 받으라고 충고한다. 왜냐하면 "땅과 거기 충만한 것이 주의 것"(고전 10:26)이기 때문이다. 바울의 유대적 성장배경과 성경 훈련은 가까이 있었던 이슈들에 대한 접근방식과 그 이슈들에 대한 증거본문의 선택에 영향을 미쳤다. 땅은 주님의 것이다. 그러므로 하나님의 창조세계로부터 어떤 식으로든지 혜택을 입을 때면 언제나 사람은 그 모든 것을 지으신 분인 하나님께 감사와 찬양을 드려야 한다.

이상하게도, 기독교 관습에서, 식사시간에 하나님께 기도하면서 몸의 영양 섭취가 잘 되게 해달라고 음식을 축복하는 경우가 많다. 비록 이런 기도가 많은 종교적인 상황에서 사용되기는 하지만, 이것은 축복에 대한 근본적인 오해를 반영하는 것이다. 우리는 피조물을 송축하지 않는다. 모든 피조물의 근원이 되시며 그것을 지으신 주님 그 분을 송축한다! 이 세상에 있는 모든 선한 것을 주신 하나님 대신 물질을 축복하는 실수는 아마 예수 당시의 유대 관습에 대한 오해의 결과일 뿐만 아니라 복음서에 대한 잘못된 해석의 결과일 것이다. 현대의 번역본들은 예수가 떡을 축사하시고 떼어서 제자들에게 주셨다고 번역한다. 오병이어의 기적이나 최후의 만찬 때 그는 하늘을 우러러 축사하시고 떡을 떼어 주셨다. 음식을 나누기 전에 하나님께 기도하는 이런 모습은 유대 사회에서는 낯설지 않은 것이다. 예를 들면, 저 유명한 랍비 아키바(Akiva)는 "송축의 말을 하기 전에는 어떤 음식물도 맛보아서는 안 된다"고 가르쳤다.[7] 식사하기 전에 예수는 분명히 송축의 말을 했을 것이다. 유대 독자들은 그의 송축이 음식을 주신 하나님을 찬양하는 것이었음을 알았을 것이다. 그런 후에야 그 떡은 떼어져서 제자들에게 주어졌다. 초대 기독교 시대에는 하나님 대신 음식을 송축하는 생각이 어느 정도 퍼져있었다. 데이비드 플러서가 내게 지적한 바에 의하면, 누가복음 9장 16절의 한 중요한 헬라어 사본에는 예수가 음식에 대해 하나님을 어떻게 송축했는지를 묘사하는 분명한 언급이 있다고 했다.

누가복음 9장 16절의 통상적인 번역은 "예수께서 떡 다섯 개와 물고기 두 마리를 가지사 하늘을 우러러 축사하시고 떼어 제자들에게 주어 무리에게 나누어 주게 하시니(And He took the five loaves and the two fish, looking up to heaven, He blessed them and broke them..., NASB)"이다. 이 번역에 따르면, "예수는 음식을 축복하셨다." 그리고 이러한 번역으로부터 많은 사람들이 식사 전에 음식을 축복하는 관습을 사용해왔다. 그러나 언셜(uncial) 글자체(역주:기원 300년경에서 900년경까지 필사본에 쓰였던 큼직하고 모가 없는 글자체)의 "베자 사본(Codex Beza)"을 포함한 소수의 사본들에서, 플러서는 중대한 사본상의 변형을 발견했다. 이 사본들은 "그것들을 축복했다(He blessed them)"라는 말 대신, "그들" 앞에 전치사를 삽입하여 "그는 그것들에 대하여 축복했다(He said a blessing over them)"라고 기록하고 있다. 다시 말해서, 몇몇 더 나은 헬라어 사본들은 공급자이신 하나님께 감사를 드렸던 유대 관습의 본래의 모습을 보존하여 기록하였다.[8] 예수는 음식에 "대하여" 하나님을 송축했다. 그리고 이러한 점이 예수의 기적을 더 의미 있게 만든다. 그는 하나님의 공급하심에 대해, 그리고 오병이어가 기적적으로 불어나서 오천 명을 먹일 수 있게 해주신 것에 대해 감사를 드렸다. 그것은 하나님의 기적이었다. 먹고 남은 열두 광주리의 떡은 원래 예수가 받으신 오병이어에 비하면 비교할 수 없는 훨씬 많은 양이었다. 어떤 것을 먹기 전에 하나님을 송축하는 예수의 관습은 하나님의 선하심과 은총에 대한 유대적 이해에 기초한 삶의 모습을 보여준다. 우리는 어린아이들을 축복할 수 있고 하나님의 일을 위해 주님께 그들을 드릴 수도 있다. 나아가서 우리는 소유물이나 다른 물질적인 재산을 하나님의 나라를 위해 바칠 수도 있다. 그러나 음식을 축복하는 관습은 신약성경을 잘못 이해한 데에서 비롯된 것이다. 하나님께서는 하나님의 형상대로 지음 받은 사람들을 위해 공급해오셨다. 하나님은 그 자비하심으로 인해 사람의 송축을 받으셔야 할 분이시다. 하나님은 모든 것의 근원이시다. 복음서와 다른 신약 성경은 값없이 베푸시는 하나님의 은혜에 대해 하나님을 높이고 그를 찬양하는 송축의 기도를 암송하던 초기 유대적 관습을 반영하고 있다.

주

1) Midrash Psalms 16:8과 b. Ber. 12a, 49a를 보라. 또한 가장 흔하게 사용되었던 "그의 존귀한 이름에 복이 있나니, 그의 나라는 영원 영원합니다"라는 송영에서 천국이 언급되었음을 생각해 보라(Genesis Rabbah 98:3).
2) Joseph H. Hertz, [The Authorised Daily Prayer Book] (New York: Bloch, 1959) 964ff.을 보라.
3) Flusser, [Judaism and the Origins of Christianity], 535-42를 보라.
4) m. Ber. 9:5와 병행구들을 보라.
5) b. Taaint 21a와 j. Shekalim. Chap. 5 hal. 4.를 보라. Rabbi Nahum Eish Gam Zo는 랍비 아키바의 선생이었다. 그의 영향은 그 당대보다 그의 제자들을 통해서 훨씬 더 길게 갔다.
6) b. Ber. 35a와 병행구들을 보라.
7) Ibid. Cf. b. Ber. 28b, 47a; b. shab. 9b와 b. Git. 62a.
8) The preposition is mainly added in Western readings, D, ti, sy(s). c: Mcion (See NTG, Luke 1, 146). 그러나 베자 사본은 복음서 자료에 대한 증거를 줄 수 있는 유대적 모습을 보존한 것으로 여겨진다. 초기에는 문체상의 문제로 인해 전치사 epi가 삭제되었을 것이다. 반대로, 외적인 증거는 약하며 우리는 후기 사본들에서 전치사가 삽입되는 경향이 있음을 볼 수 있다. 실제로, 그것들에 "대하여(over)" 감사와 축복을 암송하는 것은 헬라 세계에서 매우 어색한 것처럼 보인다. 그리고

그것은 본래 히브리 숙어를 보존하는 표현이다. 메쯔거는 그의 책 [Textual Commentary], 28에서 예수님의 교훈의 유대적 배경은 사본상의 증거를 토대로 다루어져야 한다고 했다. 과연 이 전치사는 원래 있던 것이었을까?

11. 감사하는 삶(감사드리는 삶의 한 방식) **207**

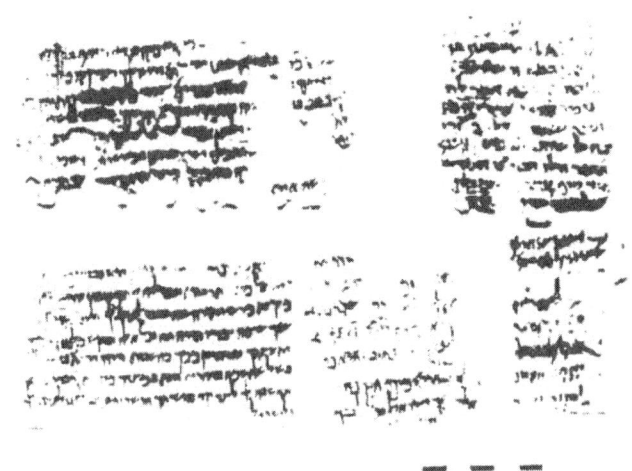

사해사본 4Q MMT 중의 히브리서 사본 조각들.
"율법의 사역의 요약"

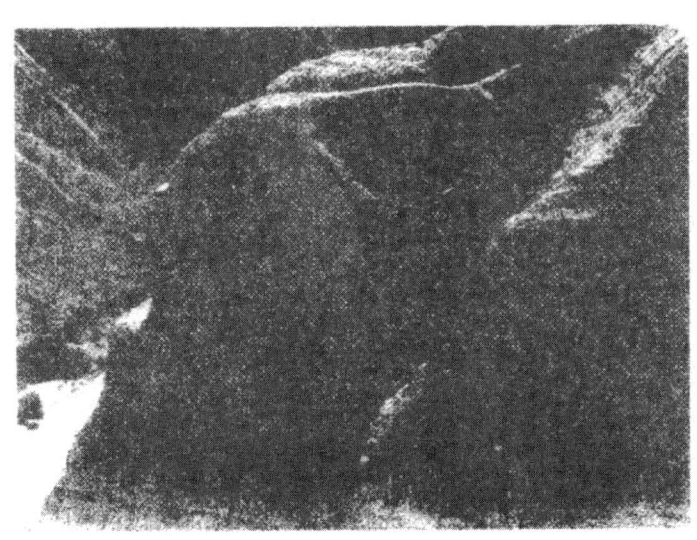

쿰란 동굴 4. 브래드 영 사진

PART 3.
예수의 비유에 나타난 유대 신학

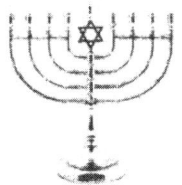

많은 현대 신학자들은 점점 더 예수의 메시지를 유대교와 상반 되는 것으로 정의하려고 한다. 예수는 유대교와는 아주 다른 독창적인 어떤 것을, 그리고 유대인들에게는 받아들여지지 않을 어떤 것을 가르친 분으로 이야기된다. 예수의 선포에 대한 유대인의 강한 반대가 강조된다.... 비록 예수가 유대적인 사상들에 그 자신의 개인적인 성향을 입히고, 그것들 중에서 선별하고 재해석하고 정화시켰다고 할지라도 나는 예수의 말씀 중 어느 한 말씀도 선의의 유대인을 격분시킬 만한 내용이 있는 것을 찾을 수 없다.

- David Flusser -

12

예수의 비유 속에 나타난 유대교의 은혜관

한유대 신학자는 하나님의 본질을 보여주는 생활 속의 친근한 이야기들을 사용하여 하나님에 대해 가르친다. 이야기들에 묘사된 생생한 세상의 이야기는 하나님이 사람들을 사랑하는 방식을 보여준다. 예수의 포도원 품꾼에 대한 비유는 하나님의 성품에 대해 다른 어떤 비유보다도 더 상세한 가르침을 준다(마 20:1-16).[1] 실제로 하나님의 은혜에 대한 유대적 견해는 예수의 이야기 속에 생생한 이미지로 묘사된다. 이 비유는 모든 비유의 기초를 이룬다. 사람들이 어떻게 하나님을 이해할 수 있는가? 예수의 비유들은 하나님의 본질에 관해 바르게 이해할 수 있도록 초점을 맞추고 있다. 하나님은 일당을 주는 고용주 같은 분인가? 그는 어떤 행동이나 또는 그와 같은 것을 요구하기 위해 사람의 머리에다 총구를 들이대고 위협하는 그런 사람과 같은가? 이 비유는 예수 당시의 유대 사상에 매우 중심적이지만 이해하기 아주 어려운 개념 중의 하나인 하나님의 은혜를 아름답게 묘사해낸다. 제 2 성전 시대의 유대교에 대한 정확한 이해가 없다면, 우리는 결코 하나님의 성품에 관한 예수의 메시지의 깊이를 충분히 이해하지 못할 것이다.

그리스도인으로서 우리는 예수의 가르침의 유대적 배경을 고려함 없이 하나님을 이해하려는 경향이 있다. 훌륭한 성서학자들도 이러한 실수를 곧잘 범한다. 이 비유의 경우에 그들은 이 이야기가 유대적 신관을 공격하는 것이라고 종종 가르친다.[2] 어떤 이들은 인간의 필요에 대한 하나님의 은혜에 대하여 설교할 때, 예수는 동시대 사람들에 대해 적대감을 가지고 있었다고 잘못 가정하기도 한다. 이러한 잘못된 가정들은 예수의 비유들이 그 본래의 히브리적 환경에서 읽혀질 필요가 있음을 잘 보여준다. 예수의 비유 속에는 하나님에 대한 유대적 개념이 배어 있다. 유대 아가다(agada, 어떤 메시지를 예시하는 스토리 말하기)의 맥락에서, 예수는 모든 사람들이 하나님이 어떤 분이신가를 이해할 수 있도록 충격적인 그림 언어를 창조하여 사용한다. 그의 가르침 속에 있는 유대적 뿌리를 인식할 때, 비로소 포도원 품꾼 비유 속에 녹아있는 삶의 정황(the life setting)을 재발견하게 된다. 실제로 하나님에 대한 유대적 개념은 예수의 그것과 다르지 않았다. 그러므로 우리는 이 비유의 보다 깊은 의미를 깨닫기 위해서 그 유대적 배경을 탐구해야만 한다.

포도원 품꾼 비유의 상황은 예수 시대의 원래의 청중들에게 친숙한 것이었다.[3] 이 이야기의 배경은 1세기 이스라엘의 어려운 경제 상황을 가정한다. 많은 일용직 품꾼들이 하루 품 팔기를 기다리며 시장에 서있다. 이 이야기를 듣는 청중들은 이러한 일꾼들과 자신들을 쉽게 동일시할 수 있었다. 청중들은 비슷한 경험이 있었기 때문에 비유 속에 나오는 일꾼들이 어떻게 느꼈는지 이해했을 것이다. 품꾼들은 경제 구조로 볼 때, 가장 하부 구조에 속해있는 사람들이었다. 그들은 아주 가끔 있는 일을 하고 최소한의 임금을 받았다. 이 임금은 그들의 주 수입원으로 그 돈으로 가족을 부양해야 했다. 추수 때가 되면 지주들은 적시에 추수하기 위해 평소보다 더 많은 품꾼을 필요로 했기 때문에, 품꾼들의 형편은 조금 더 나아졌을 것이다.

하루 노동에 대한 품삯은 한 데나리온이었다. 이 최소한의 임금은 각 일꾼 가족의 하루 생활비로 빠듯한 것이었다. 이 임금은 일이 끝나면 그날그날 지불되었다(레 19:13).

이 비유의 갈등은 임금을 지불하는 것을 둘러싸고 일어난 논쟁이다. 예수는 사람들의 주의를 끌기 위해 재정과 관련한 문제를 이용하였다. 정당한 임금과 돈에 대한 첨예한 불일치의 문제는 청중들을 갈등의 해결에 참여하도록 초청한다. 청중들은 갈등이 마치 자신의 문제인 것처럼 이야기 속으로 자연스럽게 빠져 들었을 것이다. 이 이야기에서 품꾼들은 주인에게 화를 냈다. 그는 이른 아침에 일꾼들을 고용했다. 그러나 아마도 수확량이 많아서였는지 주인은 다시 몇몇 품꾼을 고용했다. 그리고 일이 다 끝나갈 무렵인 열한시에도 다른 일꾼들을 고용하였다. 고된 추수의 일은 추가적인 인력을 요구했다.

하루해가 지자, 부유한 주인이 일꾼들이 했던 일에 대해 임금을 지불해야 했다. 임금은 모두 같은 일당으로 계산되었다. 이 이야기가 우리에게 말해주는 것처럼, 포도원 주인은 늦게 온 사람에게도 정당한 임금을 주겠다고 약속하고 그를 고용했다. 이 이야기의 묘미는 포도원 주인이 그의 청지기를 시켜서 늦게 온 사람부터 품삯을 주라고 했을 때 드러난다. 이 극적인 요소는 청중들의 관심을 자극했다. 하루 종일 오랫동안 열심히 일했던 일꾼들의 기대는 청중들에게도 마찬가지로 일어났다. 그 일꾼들은 늦게 온 일꾼들보다 더 많은 품삯을 기대했다. 먼저 온 사람들은 늦게 온 일꾼들이 한 데나리온을 받는 것을 보고, 자신들은 그보다 더 많은 품삯을 받을 줄로 생각했다. 그들은 하루 종일 뜨거운 뙤약볕을 참아가면서 일을 하지 않았던가. 그러나 그들의 이런 모든 기대와는 달리, 온종일 포도원에서 일했던 일꾼들도 하루 품삯, 곧 한 데나리온밖에 받지 못했다. 이야기가 이쯤에 달하자 엄청난 긴장이 일어났다.

공평성의 원칙으로 따지면, 포도원 주인은 옳지 않았다. 이성이 있고 형평을 아는 사람이라면 둘 중에 하나를 요구할 것이다. 하루 종일 포도원에서 햇볕을 참아가며 열심히 일했던 일꾼들에게 한 데나리온을 더 주던지, 아니면 늦게 온 일꾼들은 별로 일도 많이 하지 않았으니 그들에게는 적은 돈을 주던지 하는 것이 옳지 않은가. 제일 먼저 온 품꾼들은 늦게 온 일꾼들이 하루 품삯을 모두 받는 것을 보고, 자기들은 그 위에 어떤 보너스를 더 받을 줄로 기대했던 것이다. 그러나 사실은 그렇지 않았다. 포도원 주인은 모든 사람들에게 똑같은 임금을 주었다. 이 비유의 역설과 해학은 포도원 주인이 의롭다는 사실에 있다. 그는 모든 사람에게 옳게 주었다. 이 이야기에서 이해할 수 없는 바로 이 점은 모든 이성에 도전한다. 이 이야기에서 의로움은 타당성의 원리를 무시하고 있다. 많은 사람들이 포도원 주인의 처사가 과연 의롭고 공정한지에 대해 예수와 함께 논쟁하기를 원할 것이다.

하루 종일 일한 사람이 불평했다는 것은 그리 놀랄 만한 일이 아니다. 포도원 주인이 모두에게 똑같은 임금을 주는 것에 대해 정당성을 주장할 수 있는 근거는 무엇이란 말인가? 일찍 온 사람들은 늦게 온 사람들이 예상 밖으로 많은 임금을 받는 것을 보고, 최소한 그보다는 더 많은 임금을 받을 것으로 기대했다. 그러나 그들 차례가 되자 그들은 실망했다.

마태복음에 기록된 포도원 품꾼 비유의 말씀 앞에는 "그러나 먼저 된 자로서 나중 되고 나중 된 자로서 먼저 될 자가 많으니라"(마 19:30)는 예수의 말씀이 기록되어 있다. 이 말씀은 복음서를 연구하는 사람들에게 있어서 매우 난해한 구절 중의 하나이다. 이 말씀은 포도원 품꾼 비유의 결론부에서(마 20:16) 다시 반복 된다; "이와 같이 나중 된 자로서 먼저 되고 먼저 된 자로서 나중 되리라"(마 20:16). 앞뒤 문맥을 연구하면, 이 말씀의 의미가 분명해진다. 먼저 된 자가 나중 되고 나중 된 자가 먼저 된다면 모든 사람들은 같은 임금을 받는다. 모든 사람들이 주님 앞에서 동등하다.

당시의 어려운 경제 상황으로 보아, 아침 일찍 일거리를 맡는 행운을 거머쥔 품꾼들은 주인의 관대함에 대해 기뻐했어야만 했다. 시장 거리에서 품을 팔기 위해 무료하게 서있었던 품꾼들은 자기 가족들에 대해 똑같은 재정적인 책임을 지고 있었다. 한 데나리온은 그들의 필요를 채울 수 있는 양이었다. 그들은 자신들의 필요를 채웠다는 것과 관대한 주인의 처사는 생각하지 못하고 탐욕이 일어나 일을 시작할 때 약속한 임금보다 더 많은 보상을 원했다. 포도원 주인은 공정했다. 그러나 받아들여질 만한 통상적인 기준에 따른 것은 아니었다.

랍비 문헌에서 우리는 이 비유와 유사한 많은 중요한 병행 이야기들을 발견할 수 있다.[4] 그것들을 비교함으로써 우리는 예수의 메시지를 보다 분명하게 이해할 수 있을 것이다.

한 번은, 한 랍비가 장례식장에서 유족들을 위로하기 위해 포도원 품꾼의 비유와 유사한 "근면한 일꾼"이라는 비유를 말하였다. 말씀 연구에 몰두했던 한 사람이 젊은 나이에 죽었다. 하나님의 성품에 대한 유대적 관점에 따르면 선하시고 사랑이 많으신 하나님이 어떻게 28세라는 어린 나이의 학자를 죽게 허락하실 수 있는가? "근면한 일꾼"의 비유는 이에 대한 통찰력을 던져준다. 하나님의 자비와 은혜에 대한 유대적 관점은 옹호되어야 했다. 그러한 비극적인 현실 가운데에서도, 하나님의 선하심이 드러나야 했다. 이 경우에 이야기된 랍비적 비유는 예수의 예시와 유사한 이미지를 내포하고 있다. 그 젊은 사람은 성경의 모든 문제에 있어서 주도면밀한 다른 뛰어난 학자들이 더 오랜 시간에 걸쳐서 해야만 하는 작업들을 짧은 시간에 다 이루었다.[5]

이 랍비적 비유는 매우 젊은 나이에 세상을 떠난 한 사람의 근면한 작업을 칭찬하고 있다. 이 이야기는 그의 상급을 다룬다. 하나님은 왕처럼 그에게 상급을 내리실 것이다. 상급의 양은 왕의 은혜에 기초한 것이며, 그 왕은 곧 하나님을 가리키고 있다.

> 랍비 번 바 차야(Bun bar Chaya)를 누구에 비교할 수 있을까? 많은 일꾼들을 고용한 왕에 비교할 수 있다. 왕의 일꾼들 가운데 한 사람은 매우 성실하게 일했다. 왕은 어떻게 했는가? 왕은 그를 불러서 자기 소유의 밭 구석구석을 그와

함께 걸었다. 밤이 되자 일꾼들은 임금을 받기 위해 왔다. 그러나 [그가 함께 걸었던 사람에게 – 왕은] 하루의 삯을 주었다. 그러자 일꾼들은 중얼거리면서 투덜댔다; "체, 우리는 하루 온종일 일했고, 저 사람은 겨우 두 시간만 일했는데 저 사람과 우리가 똑같은 임금을 받다니." 그러자 왕은 그들에게 "그는 두 시간 동안 너희들이 하루 온종일 한 것보다 더 많은 일을 했느니라!"라고 말했다. 이와 같이 랍비 번 바 차야도 28년밖에 일하지 않았지만, 그는 다른 학자들이 백 년 동안 연구해도 못할 많은 연구를 했다.[6]

장례식장에서 유족들은 젊은 나이에 죽은 28살의 아들을 추모하면서 그에게 주어진 칭찬에 위로를 받았다. 왕은 그의 은혜 속에서 한 일꾼의 특별한 장점을 보았다. 왕은 그 근면한 일꾼과 자기 밭의 구석구석을 함께 걷고 싶었다. 다른 일꾼들은 왕의 그러한 은혜에 대해 불평해서는 안 된다. 젊은 일꾼은 밭에서 있는 시간 동안 열심히 일했다. 아무도 그가 두 시간 동안 하루 분량의 일을 할 수 있었다고 믿지 않을 것이다. 그가 하루의 품삯을 받을 수 있었던 것은 오로지 왕의 은혜와 자비의 기초 위에서였다. 다른 일꾼들은 왕으로부터 특별한 관심을 받은 동료의 행운에 대해 기뻐해야만 했다. 이 랍비적 비유는 "너 자신을 구원하라"든가 "네 자신의 몫을 감당하라"와 같은 종교적 신념을 가르치는 것이 아니다. 오히려 왕의 뚜렷한 이미지가 생생하게 묘사된 전체적인 이야기의 그림을 압도하고 있다. 그는 인자하며 자비가 가득하신 분이다. 개인적으로 슬픈 일이 우리 가정에 닥칠 때나, 하나님께서 혈기 왕성한 젊은 사람의 생명을 취하실 때에도, 우리는 그 속에서 하나님의 선하심을 찾아야 한다. 하나님의 은혜는 일을 한 시간의 양과 관계 없이 그 젊고 근면한 품꾼에게 내려진 상급에서 발견된다.

제2성전 시대에는 유대 사상에서 종교적인 혁명이 일어났다. 이러한 유대교의 새로운 각성은 기독교의 메시지에 영향을 주었다.[7] 하나님의 은혜에 대한 강한 강조, 즉, 사랑이 최우선 동기가 되어 하나님을 섬겨야 한다는 생각이 이스라엘의 현자들에게서부터 출현하였다. 무엇이 더 중요한 것인가? 사랑인가? 경외심인가? B.C.E. 150년경에 살았던 유대의 현자 소코의 안티고누스(Antigonus of Socho)는 "보상을 바라고 주인을 섬기는 종이 되지 말고, 보상을 바라지 않고 섬기는 종이 되어라. 그리고 하늘을 두려워하는 마음이 늘 네게 있도록 하여라"(Avot 1:3)고 가르쳤다. 비유의 모든 요소들이 이 지혜의 말에 나타난다. 종들은 그들의 주인을 섬기지만 보상을 바라면서 섬기지 않는다. 하나님을 급료를 지불하시는 고용주쯤으로 보아서는 안 된다. 그는 은혜와 자비로 충만하시다.

이와 같이 예수의 비유는 은혜와 주인이 주는 품삯을 예시하고 있다. 랍비의 "근면한 일꾼"의 비유에서 왕의 은혜를 연구해 보라. 그 이야기가 묘사하는 그림은 현저히 유사하다. 복음서 비유에서처럼, 우리는 다른 일꾼들의 날카로운 불평을 발견할 수 있다. 일터의 사실적인 배경은 한편의 행동으로 꽉 찬(action-packed) 드라마를 창조해낸다. 결국, 많은 사람들은 일꾼들이 자기들의 품삯에 대해 불평하고, 자신들의 동료가 만난 행운에 대해서는 분노를 표시하는 소리를 듣는다.

"왕과 게으른 일꾼(The King and the Lazy Workers)"이라는 또 다른 랍비의 비유에서는 하나님의 은혜에 대한 유대적 관점이 시편의 주석으로 분명하게 표현되고 있다. 하나님은 인간의 선한 행동을 기초해서만 사람을 대하시지는 않는다. 유대적 관점에서 인간은 인간의 힘으로 하나님의 용납하심을 얻어낼 수 없다. 하나님의 은혜는 값없이 주어지는 것이다. 이 이야기에서 표현되는 유대 신학은 하나님의 은혜를 강조한다. 시편의 미드라쉬는 이 점을 생생하게 이해시킨다.

솔로몬이 거룩하시며 복되신 거룩하신 분에게 말했다: 우주의 주님이시여! 어떤 왕이 자신의 일을 잘 수행하는 일꾼들을 고용하고 임금을 지불할 때 그가 찬양을 받을만한 무슨 자격이 있겠습니까? 그러면 언제 그가 찬양을 받을

만합니까? 게으른 일꾼을 고용하고도 그들에게 모든 임금을 줄 때가 아니겠습니까!⁸⁾

하나님의 은혜는 왕이 게으른 일꾼들에게 모든 임금을 다 줄 때에 드러난다. 그들은 왕의 자비를 받을만한 공로가 없었지만 보상을 받는다. 유대교는 "공로로 구원 얻는" 종교가 아니다. 유대 사상은 하나님의 자비와 은혜에 대한 필요를 강하게 느낀다. 하나님께 순종하는 것이 부도덕한 행실을 허용할 정도로 최소화되는 것을 결코 용납하지 않는 반면에 인간의 상태는 하나님의 자비와 긍휼에 대한 필요를 절실히 요구하고 있다. 랍비 신학에서, 비유는 하나님의 자비와 은혜에 대한 정신적인 그림을 창조하는 데 도움을 주었다.

"은혜인가 공로인가(Grace or Works)"라는 또 다른 유사한 랍비의 예화에서도 은혜의 메시지를 설명하기 위해 같은 이미지가 사용된다. 데이비드 플러서는 이 예화가 예수의 비유에 얼마나 깊은 의미를 주는지 주목했다.⁹⁾ 두 경우 모두 유사한 언어 그림을 사용하여 모든 인간의 상태에 대한 하나님의 자비의 힘이 얼마나 가득 차 있는지 그려낸다. 일꾼들과 그들의 임금은 지배적으로 묘사된다. 하나님께서는 성취된 공로에 기초하여 뿐만 아니라 그 분의 사랑을 인해서도 사람에게 상을 주는 분이시다.

유대 전통에 따르면, 선지자 사무엘은 단지 52년 동안 이스라엘 백성을 섬겼다. 반면에, 모세의 사역은 사무엘의 사역의 배가 넘는다. 그는 주님의 포도원에서 120년을 일했다. 그럼에도 불구하고 랍비에 따르면, 하나님의 은혜는 사무엘에게나 모세에게 모두 똑같이 주어진다.

의인은 어떻게 [세상 속으로] 들어옵니까? 사랑을 통해서이다. 왜냐하면 그들의 선한 행실을 통해 세상이 지탱되기 때문이다. 그들은 어떻게 떠나는가? 이 역시 사랑을 통해서이다. 랍비 시므온 벤 엘리아살(Simeon ben Eleazar)은 한 비유를 말했다. 이 문제를 무엇에 비교할 수 있는가? 두 일꾼을 고용한 왕으로 비유할 수 있겠다. 첫 번째 사람은 하루 종일 일을 해서 한 데나리온을 받았다. 두 번째 사람은 겨우 한 시간만 일했지만 그도 마찬가지로 한 데나리온을 받았다. 어떤 사람이 더 많은 사랑을 받았는가? 한 시간만 일하고도 한 데나리온을 받은 사람이 아닌가! 우리 선생님 모세도 120년 동안 이스라엘을 섬겼고 사무엘은 52년만 섬겼다. 그럼에도 불구하고 두 사람은 무소부재하신 분 앞에서 모두 똑같지 않은가! "여호와께서 내게 이르시되 '모세와 사무엘이 내 앞에 섰다 할지라도 내 마음은 이 백성을 향할 수 없나니 그들을 내 앞에서 쫓아 내보내라'"(렘 15:1). 그리고 그는 말씀하셨다, "그의 제사장들 중에는 모세와 아론이 있고 그의 이름을 부르는 자들 중에는 사무엘이 있도다 그들이 여호와께 간구하매 응답하셨도다(시 99:6)"; 그들과 그들 같은 다른 사람들에 관하여는 말씀하시기를 "노동자는 먹는 것이 많든지 적든지 잠을 달게 자거니와 부자는 그 부요함 때문에 자지 못하느니라"(전 5:12)고 하셨다.[10]

이 비유는 특별히 유대적 은혜의 신학을 이해하는데 좋은 통찰력을 던져준다. 사랑은 매우 중대한 것이다. 랍비의 비유에서의 두 일꾼은 모두 한 데나리온, 곧 하루의 일당을 받았다. 첫 번째 사람은 하루 종일 일했고, 두 번째 사람은 한 시간밖에 일하지 않았다. 모세는 하나님의 부르심 속에서 이스라엘 백성들을 120년 동안 섬겼다. 사무엘 선지자는 52년밖에 일하지 않았다. 그러나 랍비의 설명에 따르면 둘 다 같은 상을 받게 될 것이다. 그 비유는 "둘 다 무소부재하신 분 앞에서는 같다!"고 주장한다. 다른 말로, 나중 된 자가 먼저 되고 먼저 된 자가 나중 된다는 말이다.

예수의 포도원 품꾼 비유의 메시지는 하나님은 우리의 공로에 따라 우리를 대하지 않으신다는 것을 가르친다. 그는 일꾼들의 공로에 기초해서 임금을 계산하는 고용주 같은 분이 아니시다. 우리는 하나님의 은혜를 우리 힘으로 얻을 수 없다. 아무도 지금 하나님이 우리를 사랑하는 것보다 더 많이 사랑해달라고 할 수는 없다. 하나님은 당신이 원하는 일을 사람들이 하지 않을 때 사람들에게 총을 들이대고 협박하는 그런 분이 아니다. 그는 은혜가 충만하신 분이다. 그의 사랑은 비교할 수 없이 크다. 예수의 눈에는 열한 시에 포도원으로 갔던 일꾼들이 하루치의 일당을 다 받는 것이 공정하게 보였다.

하나님을 어떻게 설명할 수 있을까? 그의 은혜는 무엇과 같은가? 예수와 랍비들은 하나님의 성품에 대한 유대적 사고를 예시하기 위해서 생생한 그림 언어를 사용하였다. 이것은 하나님의 본질에 관한 몇몇 현대적 논의들과 대조를 이룬다. 이 현대적 논의들은 평범한 사람들의 일상생활과는 동떨어진 신학적 극치를 추구하는 경향이 있으며 따라서 이해하기 어렵다. 사람들이 일상생활과 너무 동떨어진 하나님을 찾을 수는 없다. 예수와 랍비들은 더 높은 가르침을 주기 위해 유대의 아가다(Agada), 즉 이야기 구술 방법을 사용하였다. 아가다는 하나님의 한량없는 사랑을 가르치기 위해 고안된 것이다. 예수가 하나님은 아량이 넓고 관대하며 존귀한 포도원 주인과 같은 분이라고 말씀하셨을 때, 사람들은 하나님의 본질에 대해 더 큰 통찰력을 얻을 수 있었을 것이다. 어떤 유대 선생도 하나님은 포도원 주인이라고 주장하지는 않을 것이다. 그러나 은혜가 가득한 부유한 포도원 주인은 하나님 같다. 그는 우리에게 하나님의 성품을 비춰준다. 신적 은혜는 유대 신학에 담겨져 있다. 이 땅의 세계는 본래 영적 세계와 밀접한 관계를 가지고 있다. 우리가 살면서 다른 사람과 상호작용하는 이 물질 세계는 하나님의 방법을 반영하고 있으며 인간을 향한 그 분의 관심을 드러내고 있다. 우리는 포도원의 일꾼들과 같다. 하나님은 관대한 포도원 주인 같은 분이다.

히브리 단어 놀이(Hebrew word play)

비유의 마지막 부분에 나오는 포도원 주인의 말은 매우 중요하다. 불평하는 일꾼들에게 포도원 주인이 해준 말의 결론 이면에는 히브리어의 단어 놀이가 있는 것 같다. 하루 종일 일한 일꾼들이 불평하자, 포도원 주인은 "네 것이나 가지고 가라 나중 온 이 사람에게 너와 같이 주는 것이 내 뜻이니라. 내 것을 가지고 내 뜻대로 할 것이 아니냐? 나의 관대함을 네가 악하게 보느냐?[문자 그대로의 의미를 살리자면, '악한 눈이 선한 사람에게 대항하는구나'] (마 20:14-15)라고 책망했다. 마지막 절은 성난 일꾼들의 욕심 많고 이기적인 태도와 주인의 관대한 정신을 대조시키고 있다. 마지막 구절은 문자적으로 이렇게 번역될 수 있다, "내가 선한 반면에 너의 눈은 악하지 않느냐?(Or is your eye evil while I am good?)" 마음이 넓은 주인의 말은 자비로 가득한 관대한 사람과 인색하고 이기적인 개인 간의 날카로운 대조를 보여주는 히브리적 표현인 "악한 눈"과 "선한 눈"을 생각나게 한다. "선한 눈"을 가진 관대한 사람은 다른 사람을 돕고 그들의 필요를 채워주려는 관심에 이끌린다. 그러나 이기적인 사람은 오직 한 가지 관심, 즉 자신의 소유에만 온통 힘을 빼앗긴다.

이 구절에는 "관대함"을 의미하는 "선한 눈"이라는 히브리 숙어가 있을 뿐만 아니라[11], 또한 히브리어를 말하는 청중들은 히브리어에서 '내 것(히 shele)'과 '네 것(히 shelkha) 사이의 유사한 소리의 차이도 구별할 수 있었을 것이다. 아마도 이러한 차이는 영어에서 "내 것(mine)"과 "네 것(thine)"의 차이에 상응하는 것으로 말할 수 있을 것이다. 적어도 내가 유대 문헌에서 네 종류의 사람들에 대한 유사한 표현을 읽었을 때, 이 표현이 바로 포도원 품꾼의 비유에서 히브리 단어 놀이의 배경을 이루는 것으로 생각되었다. 하나님은 어떤 분이신가? 유대적 사고에 따르면 하나님은 어떤 인간과도 비교할 수 없는 한량없이 큰 은혜를 가지고 계신 분이시다. 그러나 그 분을 이해하기 위해서는 이미 알고 있는 인간적 자질과, 알 수 없고 이해할 수 없는 하나님의 성품을 비교할 수밖에 없다. 랍비들과 예수는 모두 백성들의 이해를 돕기 위하여 비교(comparison)와 대조(contrast)의 방법을 사용하였다. "그는 마치(He is like ...)" 하나님은 인자한 왕이나 고귀한 포도원 주인 등에 비교될 수 있다. 왕은 관대함을 가지고 있고 자신의 통치 아래 있는 백성들을 돌본다. 랍비는 때때로 대조의 방법을 사용하였다. 세상의 왕은 그런 식으로 행동하지만, 거룩하신 분, 복되신 분은 그렇지 않다. 하나님의 은혜와 자비는 세상 어떤 군주의 그것보다 훨씬 더 능가한다.

랍비들은 사람들이 잘 쓰는 말로 인간의 네 가지 유형에 대해 이야기했다. 다음의 잘 알려진 이야기에서 그들의 풍부한 유머를 볼 수 있다:

> 사람들의 네 가지 성품:
> 내 것은 내 것(히 shele)이고 네 것은 네 것(히 shelkha)이다 라고 하는 사람. 그는 보통 사람이다.
> [어떤 사람은 이것을 소돔의 속성이라고 하기도 한다.]
> 내 것은 네 것이고 네 것도 내 것이다 라고 하는 사람. 그는 무지한 사람이다.
> 내 것은 네 것이고 네 것도 네 것이다 라고 하는 사람. 그는 성자(히 chasid)이다.
> 네 것은 내 것이고 내 것도 내 것이다 라고 하는 사람. 그는 악한 사람이다.[12]

비유에서 포도원 주인은 자기의 것에 대해 말하고 있으며, 그는 모든 품꾼들에게 자신의 것을 관대하게 주었다. 그는 또한 주인의 관대함에 대해 몹시 불평한 첫 번째 일꾼에게 속한 것이 무엇인지에 대해서도 말하고 있다. 포도원 주인은 다른 사람에게 관심을 가지고 있었다. 그러나 기분이 잔뜩 상한 일꾼들은 오로지 자기 자신밖에는 알지 못했다. "네 것(thine, 히 shelkha)"과 "내 것(mine, 히 shele)"의 두 단어의 대조가 보여주는 것처럼, 낱말 놀이의 기능은 히브리어에서만 볼 수 있는, 매우 재치 있고 독창적인 것이다. 하나님은 어떤 분이신가? 그는 잘 알려진 네 유형 중 세 경우에는 해당되지 않는다. 오히려 그는 "내 것은 네 것이고 네 것도 네 것이다"라고 말하는 성자와도 같은 분이시다. 하나님의 성품은 유대적 비유의 가르침의 풍부한 세상 속에서 사람들이 이해할 수 있는 인간적인 말들로 묘사된다.

하나님의 관대함은 세상의 어떤 고귀한 포도원 주인보다도 훨씬 큰 것이다. 그는 우리가 받을만한 자격이 있는 것만 주시는 분이 아니다. 하나님은 그 분의 은혜에 따라 사람들을 대하신다. 하나님의 성품은 비유에 나오는 관대한 포도원 주인의 고매한 행동에서 비쳐진다. 비유에서의 포도원 주인은 이윤을 남기기 위해서 세세하게 노동비용을 계산하는 합리적인 사업가와는 거리가 멀다. 보통 그런 사업가들은 결국 얼마나 많은 이윤이 자기들의 호주머니에 들어갈 것인지에 가장 많은 관심을 가지고 있다. 무엇보다도 그들은 가능한 한 많이 노동비용을 줄이기를 바란다. 그들과는 달리, 하나님은 자비와 은혜가 가득하신 분이시다. 무엇보다도, 비유에서의 관대한 주인처럼, 하나님은 그의 백성들의 필요를 채워주심으로써 복주시기를 원하신다.

청중은 갑자기 그 이야기 속에 있는 자신을 발견하는 세련된 방법으로 어려운 비유적 가르침이 열려진다. 이야기를 처음 들었던 대부분의 히브리인들은 오늘날의 많은 사람들처럼 늦게 온 품꾼들에 대하여 불평한 일꾼들의 주장에는 정당한 근거가 있다고 느꼈을 것이다. 그 결과 원래의 청중은 거의 아무런 의도가 없이 임금에 관한 불평을 자기들의 문제처럼 여기고 그 이야기 속으로 빠져든다. 갑자기 그들은 자기가 그 이야기의 일부분이 된 것처럼 논쟁을 해결하는 단계로 접어들게 된다. 우리는 하루 종일 일하고서 포도원 주인의 관대함에 대하여 불평한 일꾼들과 같다. 그러므로 이 이야기 비유 속에 상응하는 두 개의 주제가 녹아져 있음을 발견하는 것은 그리 특별한 일이 아니다. 그것은 마치 두 개의 날이 있는 검과 같다. 이 이야기에는 하나님의 은혜의 본질과 그 분의 사랑의 성품이 계시될 뿐만 아니라, 우리가 늦게 온 사람들을 받아들이는 데 따르는 어려움이 예시된다. 이 이야기는 하나님의 은혜와 하나님의 은혜를 받아들이기 위해 시도할 때 우리가 대면하게 되는 문제를 잘 보여주고 있다. 그의 공정한 자비는 하루 종일 일한 사람뿐만 아니라 늦게 온 사람들에게까지 미치고 있다.

신실한 사람들은 때때로 사랑과 용납하심을 경험하며 하나님의 가족의 일원이 되는 것을 받아들이는 데 어려움을 갖는다. 늦게 온 자들은 종종 거부된다는 것을 알기 때문이다. 그러나 인종, 민족적 유산, 또는 지저분한 과거와 관계없이 모든 사람들 속에는 하나님의 형상이 각인되어 있다. 모든 사람은 측량할 수 없는 고귀한 존재들이다. 청중들은 포도원 주인의 행동으로부터 신적 성품(divine character)에 관한 무언가를 발견한다. 그러나 그들은 또한 다른 사람들과의 관계에서 하나님을 닮도록 도전받는다. 이 이야기의 한쪽 날에서는 하나님의 이미지가 계시된다. 그러나 다른 한쪽 날에서는 예수의 제자들에게 은혜와 자비, 버림받은 사람을 용납하는 하나님의 성품을 닮아갈 것을 촉구하고 있다.

하나님의 성품은 관대하다. 그 분은 "내 것은 네 것이고 네 것도 네 것이다"라고 말하는 사람과 같다. 그러나 첫 번째로 온 일꾼들은 포도원 주인의 관대함에 대해 시기심을 가지고 그들이 받기로 한 임금보다 더 많은 것을 바라고 있다. 다른 사람들에 대한 그러한 자세는 받아들이기 어려운 것이다. 이 비유 이야기는 이런 위험한 자세를 향해 엄숙히 경고한다. 특별히 경제적으로 곤란을 겪고 있는 때, 하루 종일 일할 수 있는 행운을 가진 사람들은 그들의 동료들이 자기 가족들을 부양하기 위한 충분한 임금을 받았기 때문에 기뻐할 것이 기대된다. 이 비유 이야기에 담겨있는 엄격한 경고가 간과되어서는 안 될 것이다.

이와 비슷한 주제를 다루는 예수의 다른 비유들이 있다. 바리새인과 세리의 비유, 두 아들의 비유는 비슷한 메시지를 가르친다(눅 18:9-14, 마 21:28-32). 하나님은 가치 없고 자격 없는 사람들이라 하더라도 그에게 오는 모든 사람들에게 은혜를 베푸시는 분이다. 이처럼 우리도 버려진 자들을 용납하고 사랑하고 용서해야만 한다.

유대 신학자로서 예수는 하나님과 그 분의 자비에 대해 가르치기 위해 그림과 같은 예화와 은유적 이미지를 사용하였다. 그림 언어는 사람들로 하여금 개념을 구체화시킨다. 동양적 정신의 신학은 너무 철학적이 되어 버려서 사람들의 마음을 잃어버리는 것이 되면 안 된다. 유대 아가다 (agada)의 이야기들은 청중들이 하나님과 하나님의 형상대로 새롭게 지음 받은 각 개인들에 대한 그 분의 관계를 잘 이해할 수 있도록 영감을 불어 넣어준다. 아가다는 지성을 중요시하지만, 정신의 영역을 넘어서서 마음과 상상력의 차원까지 도달하도록 해준다. 예수의 비유는 종종 사람들을 웃게 한다. 예수의 비유 속에는 제 2 성전 기간의 독창적인 사상으로부터 나온 유대 신학이 풍성하게 담겨져 있다. 우리는 예수가 말하는 이야기 속에 있는 유대 신학을 간과해서는 안 된다. 예수의 가르침의 삼분의 일 이상이 비유이다. 우리가 비유 속에 담겨져 있는 풍성한 유대 문화적 배경을 놓친다면 예수와 그의 강력한 메시지도 놓치게 될 것이다.

하나님의 은혜는 측량할 수 없다. 우리가 그것을 어떻게 이해할 수 있을까? 예수는 그 길을 보여준다. 그는 우리에게 충격을 주고 놀라게 하는 이야기를 말한다. 원래의 유대 신학적 맥락에서 이해된다면, 예수의 비유가 때때로 얼마나 우리를 웃길 수 있는지 알게 된다. 그의 비유 속에서 극적 장면은 하나님의 본질뿐만 아니라 그 분과 우리, 우리와 다른 사람과의 관계의 본질을 예시할 때 항상 우리의 주의를 끈다. 1세기 청중들이 놀랐던 것과 똑같은 방식으로 우리도 그 비유들을 들을 때 다시 한 번 놀라야만 한다. 유대적 배경은 우리로 하여금 교훈적인 유머와 그 이야기의 구성 속에 들어있는 충격적인 요소를 경험할 수 있도록 해 줄 것이다. 예수의 비유는 하나님이 사랑하는 방법을 우리도 사랑하도록 도와준다. 왜냐하면 비유는 하나님의 성품의 핵심을 드러내주기 때문이다. 하나님의 은혜는 모든 사람에게 동일하게 주어진다.

주(註)

1) 나의 책 *Jesus and His Jewish Parables*에서 이 비유에 대한 나의 광범위한 연구를 보라.
2) J.Jeremias, *Parables of Jesus*, 136ff의 논의를 보라. 예레미아스는 이 비유가 두 개의 완전히 다른 세계-유대교의 세계와 기독교의 세계 사이의 차이를 보여준다고 주장한다. 그는 "두 세계 사이의 차이: 공로의 세계와 은혜의 세계; 복음과 대조된 율법." 예레미아스와 같은 위대한 정신을 가진 학자도 때때로 유대 신학에서 은혜를 보지 못하는 편견을 가지고 있다. 예레미아스는 랍비적 비유나 예수의 비유에 대한 그 관계를 적절히 이해하지 못했다.
3) 일꾼의 매일의 삶에 대해서는 M. Ayali의 히브리어로 쓰여진 훌륭한 저작, *Poalim Veomanim* (Jerusalem: Yad Letalmud, 1987).
4) 이들 본문에 대한 가장 훌륭한 연구는 데이비드 플러서의 저작에서 보여진다. Flusser, *Die rabbinischen Gleichnisse*, 97f.와 *Yahadut Umekorot Hanatzrut* (Tel Aviv: Sifriyat Hapoalim, 1979) 175-77를 보라. 나는 *Jesus and His Jewish Parables*에서 이들 랍비적 병행구절에 대해 논의하였다.
5) 히브리 언어학에 관심 있는 독자들을 위해 vatik이라는 용어의 의미에 주목하는 것은 흥미 있다. 이 단어는 보통 "구별된(distinguished)"이라는 뜻으로 번역된다(근면한 일꾼의 비유를 보라). 최근의 예루살렘 여행에서 데이비드 플러서가 나에게 이 히브리 용어는 실제로 세밀하게 주의를 집중하는 정확하고 예리한 사람을 의미한다고 지적해주었다. 아마도 이러한 의미를 암시하는 가장 좋은 사전은 Levy, *Wörterbuch über die Talmudim und Midraschim*, 1.506일 것이다.
6) Rabbi Zeira, j. Ber. 5c, chap.2, hal.8을 보라.
7) 플러서의 중요한 소논문, "A New Sensitivity in Judaism and the Christian Message," republished from *Harvard Theological Review* 61 (1968) 107-27, in a revised form, in Flusser, Judaism and the Origins of Christianity, 469-89. 이것은 초기 기독교와 그 유대적 뿌리의 연구에 있어 월등한 가치를 지닌 기초를 이루는 저작이다.
8) Midrash Psalm 26:3
9) 위의 주 4의 플러서를 보라.
10) Semachot de Rabbi Chiyah 3:2.

11) 신 15:8-9과 마 6:23을 보라. "악한 눈"이라는 표현은 이 이야기의 어법에서 보여지는데 주인은 그가 선하다는 것을 함축한다. 즉 그가 "선한 눈"을 가지고 있음을 의미한다. Dale Allison과 W.D.Davis는 "여기에서 다루어지는 것은 관대함의 반대 주제(antithesis)이다. 이기심(selfishness), 탐욕(covetousness), 악하고 시기하는 기질, 다른 사람들에 대한 증오심. 마 20:15와 비교하라. '내 것을 가지고 내 뜻대로 할 것이 아니냐 내가 선하므로 네가 악하게 보느냐?' 마지막 부분은 RSV의 번역과 같이 '네가 나의 관대함을 시기하느냐?'를 의미한다. 따라서 마 6:23a-b는 우리에게 '선한 눈', 즉 다른 사람을 향한 훌륭한 성품이 안에 있는 빛의 효과인 것처럼 악한 눈, 즉 이기적이고 인색하며 욕심 많은 정신(spirit)은 내적 어두움(inner darkness)의 동료이다. 다른 말로 말하면 내적 빛은 이웃을 사랑하도록 이끄는 반면 내적 어두움은 편협과 인색으로 이끈다". Davis and Allison, Matthew, 1.640.
12) M. Avot 5:13. 나는 한국의 내 친구들 특별히 전용란의 통찰력으로부터 비슷한 단어 놀이가 한국어에서도 일어난다는 것을 배웠다. 이것은 아마 다른 언어에서뿐만 아니라 고대 후기에서도 다른 병행구들을 가지고 있을 것이다. 단어 놀이는 더 깊은 연구의 가치가 있다. 확실히 히브리어에서 교묘한 단어 놀이는 특히 놀랄만하다. 예수의 비유의 유머는 언어와 문화적 차이로 인해 충분히 감상하기 어렵지만 그의 메시지를 설명하는 창조적인 방법 속에서 자주 분명하게 나타난다. 유머는 예수의 가르침에서 강력한 특징이다.

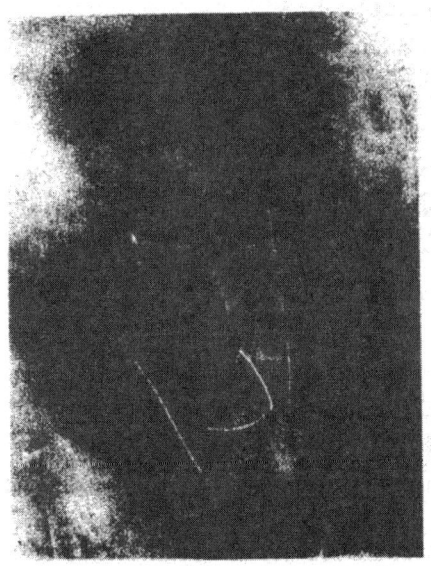

클로즈 업 시킨 비문. "가야바의 아들 요셉"

"가야바의 아들 요셉" 납골당 측면에 새겨진 로제테 장식

가야바의 아들 요셉 비문 뒷면의 클로즈 업

13

자비로운 아버지와 잃어버린 두 아들

누가복음 15장 11절-32절에서 예수는 어떤 아버지와 두 아들에 관한 비유를 소개한다. 전통적으로 이 이야기의 제목은 탕자의 비유로 알려져 있다. 그러나 "자비로운 아버지와 잃어버린 두 아들(The compassionate father and his two lost sons)"이라는 제목이 더 나을 것 같다. 작은 아들은 아버지의 재산을 다 날려버린 탕자이다.[1] 그는 그의 아버지가 죽기도 전에 자기 몫의 상속 재산을 요구하고 현금으로 바꾸어 먼 나라로 떠난다. 거기서 그는 돈을 다 탕진한다. 큰 아들은 집에 머무르면서 일한다. 자비로운 아버지는 두 아들을 사랑하는 무력한 부모로 묘사되고 있다. 비록 그의 두 아이가 나쁜 결정을 내릴지라도 그 아들들이 그를 필요로 할 때마다 그는 항상 사랑의 마음으로 그들 뒤에 서있다.

이 이야기가 원래의 유대적 맥락에서 연구된다면 "탕자"라는 전통적인 제목은 적절하지 않은 것이다. 실제로 우리가 알고 있는 그 제목은 이 이야기의 참된 의미를 심하게 왜곡시키고 있다. 그것은 세 명의 주인공-아버지와 두 아들-에 관한 이야기이다. 청중들은 반드시 이 각각의 주인공들에게 면밀한 주의를 집중하여 그 이야기의 삶의 배경에 대한 질문을 던져야 한다. 이를 위해 세 가지 질문을 던질 필요가 있다: 아버지는 작은 아들이 상속 재산을 달라고 했을 때 무엇을 생각했는가? 큰 아들은 가족의 위기에 어떻게 응답하여야 했는가? 상속과정 속에 어떤 법들이 적용되었는가? 여기에서 우리는 이 이야기의 문화적 배경으로부터 시작하여 예수의 메시지가 명확하게 드러나지 못하게 하는 잘못된 몇몇 생각들에 주목해야만 한다.

예수의 비유는 삶의 실재로부터 나온 한 편의 이야기이다. 예수의 비유는 청중에게 친숙한 인물들, 이미지들, 그리고 배경을 사용하여 하나님의 본질과 인간의 필요에 관한 메시지를 가르친다. 예수는 유대 신학자이다. 그는 매혹적인 예화를 말하는 데 있어서 거장이다. 예수의 많은 다른 비유들과 같이 아버지와 두 아들에 관한 이 이야기도 하나님의 성품에 관한 심오한 깨달음을 전달해준다. 그러나 슬프게도 이 이야기가 원래의 유대적 맥락을 무시한 채 연구한다면, 메시지의 본질은 심각하게 손상될 수 있다. 다채로운 그림 언어와 더불어 예수는 하나님의 한량없는 자비와 모든 사람의 커다란 필요에 대한 메시지를 보여준다. 예수는 비유를 말함으로써 그의 신학을 가르친다. 그것은 가르침을 줄 때의 유대적 방법이다. 이렇게 주의를 이끄는 이야기들은 청중에게 하나님이 어떤 분인지를 말해주며 이야기를 듣는 각 개인으로 하여금 결정을 내리도록 촉구한다. 하나님의 사랑은 모든 사람을 위한 것이며 하나님의 깊은 사랑은 아버지라는 그림 언어 속에서 보여 진다. 하나님의 형상대로 창조된 사람들은 하나님을 닮은 자비로운 마음으로 다른 사람을 대하도록 도전받는다.

아버지와 두 아들

이 이야기의 첫 번째 말을 주의 깊게 보라. "두 아들을 가진 어떤 사람이 있었다"(눅 15:11). 예수는 한 사람과 두 아들에 관한 이야기를 하고 있다. 이 이야기는 한 가족 구성원들 안에서의 관계를 다루고 있다. 이 이야기는 아버지의 사랑에 대해서 가르칠 뿐만 아니라 두 형제 사이의 관계도 다루고 있다. 탕자가 되는 작은 아들의 행동은 진짜 위기의 한 증상일 뿐이다. 아버지가 비록 커다란 자비심을 가지고 있기는 하지만 이 이야기에서 묘사되는 가족의 문제는 매우 심각하다. 두 아들 모두 아버지의 사랑을 이해하지 못한다. 또한 두 형제 중 어느 누구도 진심으로 자신의 형이나 동생을 사랑하지 못한다.

예수는 형제 사이의 연계를 강조한다. 그는 하나님의 자비와 사람들이 그것에 어떻게 응답해야 하는지를 가르치고 있다. 예수가 여기에서 드러나지 않게 바리새인들을 공격하고 있지는 않다. 바리새인을 비판하고 있다는 시각은 바리새인이 회개와 버림받은 자를 용납하는 것을 반대한다고 주장한다. 이와 같이 주장하는 신약 해석자들은 바리새인의 중요한 핵심을 잘못 알고 있을 뿐만 아니라 예수의 메시지도 완전히 오해하게 될 것이다. 그들은 예수의 가르침을 그 원래의 배경으로부터 분리시키고 있다.

바리새인은 하나님의 사랑을 강조하는 사람들이다. 그들은 하나님이 진정으로 회개하는 사람을 무한한 긍휼하심으로 용납하신다고 가르쳤다. 바리새인의 영적인 계승자인 랍비들은 만일 어떤 사람이 회개를 향한 첫 걸음을 옮겨 바늘의 눈만큼 작은 구멍을 만들기만 해도 하나님은 주도권을 잡으시고 사랑으로 그 사람을 받아들일 것이라고 말했다. 예를 들어 랍비 죠세(Jose)는 회개하는 죄인에 대한 하나님의 크신 사랑에 대해 언급하였다. 그는 메시지의 핵심을 드러내기 위해 생생한 비유로 하나님의 사랑에 대해 묘사하려고 하였다.

> "나에게 열어다오"(솔로몬의 노래 5:2)라는 구절에서 거룩하신 분이 의미한 것은 "나를 위해 바늘의 눈만한 구멍만 만들어다오. 그러면 내가 병사들로 가득 찬 마차와 긴 흙벽이 통과할 수 있을 만한 넓은 구멍을 만들 것이다."[2)]

예수와 마찬가지로 바리새인들은 하나님은 자비로우셔서 첫 번째 걸음을 먼저 옮기는 각 사람을 기꺼이 받아들이기를 원하신다고 믿었다. 하나님의 은총은 회개하며 하나님에게로 돌이키는 죄인에게 주어지는 것이다.

이 이야기에서 바리새인에 대한 공격을 찾으려고 하는 독자는 핵심을 놓치게 될 것이다. 예수는 이 이야기를 듣는 각 사람이 이야기 속에서 자신의 모습을 보기를 의도했을 것이다. 이 이야기를 듣는 각 사람은 거울 속을 들여다보는 것과 같다. 예수는 그의 제자들이 그들 자신을 보기를 원했다. 만일 해석가들이 자기 자신을 보지 않고 바리새인을 본다면 이야기의 핵심을 놓치고 마는 것이 된다. 아버지의 이미지를 보기 원하는가? 두 형제 중 한 사람의 행위에서 자기 자신의 행동을 깨닫기를 원하는가? 만일 그렇다면 각 사람은 이 이야기라는 거울 속에서 자신의 이미지를 주의 깊게 살펴보아야 할 것이다. 최종적으로 이 이야기는 청중의 결정을 촉구한다.

상속

죽기 전에 자신의 상속 재산을 달라는 작은 아들의 요구에 아버지는 무슨 생각을 하였을까? 사실 작은 아들은 아버지가 죽기를 요구하고 있는 것이다. 현대 독자들은 원래의 청중이 느꼈을 충격과 실망을 제대로 이해할 수 없다. 예수의 이야기 속의 아버지는 자신에게 이렇게 말하였을 것이다: "내 아들이 내가 죽기를 원하고 있구나". 작은 아들이 자신의 상속분을 미리 줄 것을 요구했을 때 그의 아버지는 동양 문화의 배경에서 사는 모든 아버지가 알 수 있듯이 그것이 무슨 말인지를 알았다. 아버지는 충격을 받고 당신의 아들이 당신이 사는 것보다 죽는 것을 원한다는 것을 깨닫는다.

그러나 두 형제는 모두 아버지를 오해한다. 큰 아들은 나중에 상 받기를 원하는 종처럼 그의 아버지를 섬긴다. 두 형제는 모두 아버지에 대해 왜곡된 견해를 가지고 있다. 그들은 아버지를 임금을 지불할 뿐 관대함이나 은혜가 없는 사람으로 이해한다. 그 결과 두 형제 중 어느 누구도 자신의 아버지나 자신의 형제와 바른 관계를 맺지 못하는 것이다.

많은 사람들은 하나님 없이 살기를 원한다. 그들은 상속재산만을 원할 뿐 그들을 창조하신 하나님과의 관계는 애초부터 거부한다. 그들은 아버지의 돌봄으로부터 자유로워지고 싶어 한다. 그들은 자신의 상속 지분을 요구하는 작은 아들과 같다. 그는 아버지에게서 자유로우며 형이 없는 삶을 원한다. 이 이야기는 이야기를 듣고 있는 청중들 속에 있는 이런 사람들에게 말하고 있는 것이다.

이러한 극적인 이야기 뒤에 있는 실재는 청중들에게 아버지의 속에 반영된 하나님의 불가해한 사랑을 소개한다.[3] 이 비유의 작은 아들 처럼 인간들이 그들의 창조주와의 관계를 거절할 때 그들은 그들이 하나님이 죽기를 원한다고 말하고 있는 것이다. 그들은 먼 나라로 떠나서 마치 하나님이 존재하지조차 않았던 것처럼 삶을 살아간다. 그들은 하나님이 그의 사랑을 받아들이는 모든 사람들에게 주는 자비와 사랑을 이해할 수 없다.

케네쓰 베일리(Kenneth Bailey)는 "시인과 농부"라는 그의 책 속에서 중동 지역에서 아버지가 죽기 전에 어떤 아들이 상속 재산을 요구했던 일을 기록하고 있다. 그 아버지는 의사였고 건강이 좋았다. 베일리는 "큰 고뇌 속에서 그 아버지는 자신의 목사인 이란의 바일렌 갈루스챤(Vilen Galoustian)에게 '내 아들이 내가 죽기를 원한다!' 고 말했다. 걱정하고 있던 그 목사는 그의 아들이 상속의 문제를 꺼낸 사실을 알게 되었다. 석 달 후에 그 아버지가 죽었다. 그의 아내는 '그가 그날 밤 죽었다' 고 말했는데 그날 밤이란 바로 그 아들이 아버지에게 감히 상속을 요구한 날을 의미하였다."[4] 예수의 비유의 충격적인 요소는 청중들에게 대단히 영향력이 있었다. 아들은 아버지가 죽기를 원한다.

큰 아들

그의 동생이 상속재산이 빨리 상속되도록 그의 아버지가 쓰러져 죽을 것을 요구했을 때 큰 아들은 어떻게 반응해야 했는가? 예수의 이야기에서 아버지가 실제로 두 아들에게 재산을 나누어주었다는 사실이 지적되어야 한다(눅 5:12). 큰 아들도 자기 동생과 더불어 그의 몫의 재산을 분배받았다. 그러나 그는 침묵한다. 그는 아무 일도 하지 않았다. 사실 큰 아들은 가족들 사이의 깨진 관계를 치유하도록 도왔어야 했다. 문화적 배경과 함께 이 이야기를 이해하면 그는 장자로서 그러한 가족의 위기 시에 중재자로서 행동해야 할 강한 책임이 있었다. 그러한 책임을 수행하는 대신, 그는 자기 동생의 분깃의 두 배인 자신의 상속분을 기쁘게 취한다. 전 과정을 통한 그의 침묵은 당시의 청중들에게 분명한 메시지를 전달하였음에 틀림없다.

상속법은 그러한 상황에서 무엇을 규정하고 있는가? 미쉬나(Mishnah)에 기록된 유대법에 따르면 아버지는 죽기 전에 상속할 수 있었다. 그는 솔선해서 재산을 나누어줄 수 있었다. 그러나 이 이야기의 경우에는 작은 아들이 먼저 아버지에게 소유물과 땅, 토지에 있는 모든 가족자산을 포함한 자신의 상속분깃을 내놓으라고 요구하고 있는 것을 볼 수 있다. 미쉬나는 아버지가 아직 살아있는 동안 유산을 나누어주는 이 이야기 속의 상황을 특별히 다루고 있다. 재산은 두 아들 사이에 분배되어야 한다.

그러나 그러한 경우라고 하더라도 아버지가 죽기 전에는 아들들이 재산의 소유권을 취할 수 없었다. 그러므로 아버지는 그가 죽을 때까지 토지에서 나오는 소득으로 살 수 있었다. 소득은 다시 토지에 투자될 수 있었으며 아버지의 죽음 시에는 아들들이 그것을 가지게 될 것이다. 아들들은 재산을 팔 수 있었지만 아버지가 죽기 전에는 그 땅을 산 사람이 그 소유권을 취할 수 없었다. 아들은 소유권에 대한 권리를 가질 수 있다. 아버지는 그가 살아있는 한정된 기간 동안만 땅을 팔 수 있었다. 따라서 아버지가 땅을 판다면 땅을 매매한 사람은 아버지가 죽을 때까지의 기간 동안만 그 땅을 임차한 것이나 마찬가지가 되는 것이다. 매매한 사람은 그에게 재산을 판 아버지가 아직 살아있는 동안만 그 땅의 소유권을 가질 수 있었다. 아들도 역시 합법적으로 재산을 팔 수는 있었지만 비슷한 제한규정이 있었다. 비록 작은 아들이 재산을 팔 수 있었지만 매매한 사람은 아버지가 죽기 전에는 그 소유권을 취할 수 없었다. 모든 것은 아버지의 죽음에 의존되어 있다. 거래는 이루어질 수 있었고 돈도 오고 갈 수 있었다. 작은 아들은 토지의 소유권을 팔 수 있었지만 그의 아버지가 죽기 전까지 땅의 소유권이 이전될 수 없었다. 미쉬나에 있는 유대 상속법은 예수의 비유에 있는 상황을 정확하게 서술하고 있다.

> 만일 어떤 사람이 그가 죽은 후에는 아들의 것이 되도록 아들에게 재산을 미리 양도한다면 그의 아버지는 그의 아들에게 양도된 재산을 매각할 수 없다. 그 아들도 아직 아버지의 소유로 되어 있는 재산을 매각할 수 없다. 만일 아버지가 재산을 매각한다면 그가 죽을 때까지만 매각할 수 있다; 만일 아들이 매각한다면 매매한 사람은 아버지가 죽기 전에는 재산에 대한 권리를 주장하지 못한다. 아버지는 그가 양도한 밭의 경작물을 뽑아서 누군가에게 먹도록 줄 수 있다. 만일 그가 이미 뽑혀진 어떤 것을 남겨놓는다면 그것은 그의 상속자들에게 속한다.[5]

유명한 신약학자이며 예수의 비유에 대한 권위자인 요아킴 예레미아스 (Joachim Jeremias)는 다음과 같이 미쉬나의 유대법이 함축하고 있는 의미를 요약 한다: "(a) 아들은 소유권을 얻는다 (예를 들어 아버지는 문제의 땅을 팔 수 없다), (b) 그러나 그는 처분권을 얻지는 못 한다 (만일 그 아들이 땅을 팔 경우 구매자는 아버지가 죽기 전에는 소유권을 취할 수 없다), (c) 그는 아버지가 죽기 전까지는 제한받지 않는 소유권으로 남아있는 사용권을 얻지 못한다."[6]

이 법에 의해 진술된 조건은 비유의 상세한 내용에서 그대로 반영된다. 재산은 아버지에 대한 신뢰처럼 남아있다. 그는 여전히 종들에게 명령할 수 있고 재산에 대한 제한된 통제권을 유지하고 있다(눅 15:22-24, 31). 아버지는 아들들에게 상속 재산을 나누어주었지만 미쉬나법은 그가 죽을 때까지 자산에 대한 통제권을 갖도록 한다. 그러나 이 이야기 속의 작은 아들은 아버지가 죽기 전에 그의 몫의 재산을 현금으로 바꾸었다. 그는 아마도 상당히 손해를 보면서 자기 몫의 재산을 팔았을 것이다. 왜냐하면 구매한 사람이 소유권을 취하려면 그의 아버지가 죽을 때까지 기다려야 했기 때문이다. 이 이야기를 듣는 사람들은 작은 아들이 가족이 소유한 전체 부의 삼분지 일을 헐값에 처분하여 아버지와 가족의 유산으로부터 도망가고 있다는 것을 이해할 것이다(신 21:17).[7]

아버지는 두 아들이 그가 죽기 전에 자신들의 상속재산을 이용하는 것을 허락한다. 그는 분명히 좋은 건강을 가지고 있었다. 그는 자신이 사랑하는 두 아들에 의해서 희생되었다. 그의 마음은 상처를 입었다. 그는 무력한 부모다. 아버지로서 그는 자식에게 사랑과 안내를 제공할 수 있었지만 그의 두 아들은 좋든 나쁘든 자신의 삶을 선택을 할 수 있는 자유를 가지고 있다. 아버지는 두 아들을 각각 다른 방식으로 잃는다. 작은 아들은 떠나고 큰 아들은 침묵한다.

작은 아들

작은 아들은 재산을 다 탕진한다. 그는 먼 나라로 간다. 이야기는 많은 사람들이 그들의 하늘에 계신 아버지로부터 도망가려고 하는 것처럼 작은 아들이 그의 아버지와 형으로부터 가능한 한 멀리 떨어져 간 것처럼 묘사한다. 사람들은 저마다 자신들의 창조주의 사랑스런 돌봄으로부터 완전히 자유롭게 되고 싶어서 각자의 먼 나라로 여행한다. 먼 나라에서 그 젊은 청년은 절망적인 상황에 처하게 된다. 큰 기근이 그 나라를 휩쓸면서 극도의 굶주림과 고통을 야기한다. 작은 아들은 자신의 모든 자원을 다 써버렸기 때문에 외국인의 은혜에 의지하지 않을 수 없게 된다. 이 외국인은 유대 청년에게 돼지를 치라고 함으로써 작은 아들을 쫓아보내려고 한다. 유대인으로서 돼지를 돌보는 일로 창피를 당한 작은 아들은 아마도 자신에게 언짢은 일을 맡긴 그 외국인에게 약간의 음식을 기대했을 것이다. 그는 너무 배고파서 돼지먹이라도 먹기를 원했다. 그러나 아무도 그에게 주지 않았다.

작은 아들은 아버지에게 돌아가기로 작정한다. 그는 자신의 견딜 수 없는 욕구를 채우기 위해서는 무엇이라도 할 용의가 있었다. 그는 아버지 집의 일꾼이 되어서 자신이 허비한 모든 것을 기꺼이 갚으려고 한다(눅 15:18). 그가 "내가 일어나 아버지께 가서"라고 말할 때 그는 "나는 회개합니다"라고 말하고 있었다. 그는 아버지의 집으로 돌아가기로 결정한다. 그는 자기 아버지뿐만 아니라 하나님 자신을 의미하는 하늘에 대해서도 죄를 지었음을 깨달았다. 유대 신학에서 회개의 개념은 돌이킴의 사상에 중심을 둔다. 회개하는 사람은 그의 백성을 사랑하는 하나님에게 돌아감으로써 회복된다. 작은 아들은 방향을 바꾼다. 집에서 떨어진 먼 나라로 가는 대신 아버지의 집으로 돌아가기로 결정한다. 여기에서 아들은 아직 아버지의 사랑의 깊이를 이해하지 못하고 계속해서 아버지를 고용주로 보고 있다. 아버지는 이 모든 것을 변화시킨다.

아버지가 아들을 볼 때 달려 나가서 커다란 사랑으로 맞이한다. 아버지는 그의 잃어버린 아들을 맞이하기 위해서 달려 나감으로써 아들을 향한 사랑과 은혜를 보여준다. 작은 아들은 그의 자비로운 아버지가 무조건의 사랑으로 그를 완전히 회복시켜 주기 때문에 고용해달라고 말할 기회조차 갖지 못한다. 아버지에게 돌아온 잃어버린 아들은 가족의 온전한 구성원이 된 자신의 위치를 받아들여야 한다. 그가 받는 옷은 그가 회복되었음을 암시하며 아버지가 그에게 주는 반지는 그의 위치와 아버지의 지지를 받을 수 있음을 보증한다. 작은 아들은 완전히 아버지의 사랑을 회복한다. 아버지의 자기희생적 사랑 때문에 아들은 회복된다. 깨어진 관계가 치유된다. 아버지는 자기 아들이 한 일에 따라 급료를 받는 고용된 하인처럼 되는 것을 허락하지 않고 가족구성원으로서의 일원으로 완전히 회복시킨다.

그러나 큰 형은 자신의 동생이 돌아왔다는 말을 들었을 때 그는 그 기쁜 잔치에 참여하는 것을 거부한다. 그는 집에 들어가지조차 않았다. 큰 아들은 그의 동생이 돌아온 것을 크게 기뻐하는 아버지에게 분노한다. 그는 아버지를 성실하게 섬겼다고 생각하고, 자기 동생은 아무 것도 받을 가치가 없다고 느낀다. 큰 아들도 자기 동생처럼 아버지를 급료를 지불하는 고용주 같이 생각했다는 점에서 똑같은 문제를 갖고 있다. 그 시대의 관습에 따르면 적어도 큰 아들이 아버지의 기쁨을 나누는 척이라도 했어야 했다. 큰 아들이 모든 사람 앞에서 창피를 당할 때 아버지는 다시 한 번 사랑을 보여 준다. 그는 안뜰로 나가서 화난 큰 아들을 설득한다. 그러나 이야기는 어떻게 끝나고 있는가?

은혜로운 아버지와 용서하지 못하는 큰 아들은 안뜰에 서있다. 큰 아들은 소리친다.

"---내가 여러 해 아버지를 섬겨 명을 어김이 없거늘 내게는 염소 새끼라도 주어 나와 내 벗으로 즐기게 하신 일이 없더니 아버지의 살림을 창녀들과 함께 삼켜버린 이 아들이 돌아오매 이를 위하여 살진 송아지를 잡으셨나이다!" (눅 15:29-30). 큰 아들은 아버지의 사랑을 이해하지 못한다. 그는 그의 아버지를 고용된 하인에게 지불할 돈이 있는 사람으로 생각한다. 그의 말 속에 가족을 사랑하는 어떤 표시도 찾아볼 수 없다. 그는 탕자를 자기 동생으로 받아들이지조차 않았으며, 그를 아버지의 아들이라고 부르고 있다. 그는 사실 자기 동생의 행적에 대해 잘 모르지만 고소하는 데는 빠르다. 특이하게도 자비로운 아버지는 큰 아들을 다시 설득한다. 큰 아들도 역시 잃어버린 아들이다. 단지 차이는 그가 아버지의 사랑으로부터 단절되었다는 사실을 알아채기가 더 어렵다는 것이다. 이야기는 결론을 맺지 않고 끝이 열린 채로 둔다. 이 점은 아마도 대부분의 주석가들이 작은 아들에게만 집중하고 다른 잃어버린 아들은 무시하는 이유일 것이다. 누구도 분명한 결론이 없는 이야기를 좋아하지 않는다.

사랑의 메시지

이야기 말하기의 거장인 예수는 그 비유를 듣는 모든 사람에게 손을 뻗치고 있다. 한 편의 연극이 있다. 무대가 있다. 성격이 다른 인물들과 흥미진진한 구성이 있다. 이 모든 것의 결론은 무엇일까? 예수는 청중들 각자가 무대에 올라와서 각자 자신의 반응에 따라 이야기의 결론을 내리기를 원한다. 예수는 청중들 앞에 능숙하게 거울을 갖다놓는다. 그들은 그들 자신을 보며 그 다음에 어떻게 될지를 결정한다. 본질적으로, 예수는 결정은 이 비유를 듣는 자에게 속한다고 말하고 있다. 큰 아들이 아버지의 사랑을 받아들이고 그의 잃어버린 동생에게 비슷한 사랑을 보여줄지 어떨지를 결정하는 것은 바로 청중이다.

이 이야기는 하나님의 은혜가 어떠한 것인지 가르쳐준다. 하나님은 어떤 분인가? 그 분은 긍휼과 은혜가 풍성한 분이다. 그 분은 그 분의 자녀들이 각자 자신의 결정을 내리는 것을 허락하신다. 이 점에서 그 분은 힘없는 부모와 같다. 그러나 그 결정이 얼마나 나쁘게 작용하든지 간에 하나님의 사랑은 한이 없으시다. 하나님의 은혜는 잃어버린 두 아들 모두에게 값없이 제공된다. 작은 아들은 사랑과 용서, 그리고 그가 걷어찬 자신의 아버지의 받아들임이 필요했던 반항아였다. 큰 아들은 그가 비록 아버지의 지붕을 떠나 산적은 없었지만 똑같은 필요를 가진 충실한 아들이었다. 두 형제는 모두 자신들의 아버지를 오해하고 있었다. 아버지의 은혜와 받아들임은 깨닫든 못 깨닫든 모든 사람에게 필요한 것이다. 큰 아들은 용납을 얻기 위해 노력하였다. 작은 아들은 아버지의 사랑을 배반하였다. 그러나 각 경우 모두 아버지의 은총을 노력으로 얻을 수는 없다. 두 아들은 단순히 아버지의 사랑을 받아들여야 하고 큰 아들은 자기 동생을 용서해야만 한다. 큰 아들은 자신만 걱정하고 동생은 걱정하지 않는다. 아버지의 사랑은 도전이다. 그는 그의 자녀들을 위한 모델이다. 그들은 그들이 용서받은 똑같은 방식으로 서로를 용서해야 한다.

은혜의 유대 신학

바리새인들은 회개하고 돌아오는 모든 사람을 받아들이는 하나님의 은혜의 중요성을 강조하였다. 예수의 비유에서 사랑이 많은 아버지는 하나님의 본질을 잘 묘사해 주는 그림 언어이다. 하나님의 성품을 반영한 이 비유와 유사한 이야기들이 유대 사상에 많이 있다. 아버지가 주도적인 역할을 하는 반면 두 아들의 행위는 두 가지 서로 다른 사람들의 유형에서 나타나는 문제들을 설명해준다. 두 형제 모두 하나님의 용서가 필요한 사람들이다. 둘 중의 어느 누구도 하나님의 사랑을 노력으로 얻을 수는 없다. 그러나 처음에 두 아들은 사랑이 많으신 아버지를 일꾼들에 대해 삯을 지불하는 고용주처럼 이해하였다. 지금까지 살펴본 바와 같이 랍비들 또한 하나님의 은혜를 강조한다. 유대문학은 비유를 읽는 현대의 독자들에게 예수의 가르침에 대한 폭넓은 배경의 창문을 열어 보여준다. 하나님은 집으로 돌아오는 제멋대로인 그의 아이를 환영하실 것이다. 만일 사람들이 회개의 문을 깨뜨려 조금 열기만 하면 나머지는 하나님이 하실 일이다."[8]

하나님의 은혜는 아버지의 긍휼을 받아들이는 모든 사람에게 주어진다. 우리는 그 분의 인정을 얻으려는 노력으로 하나님을 섬기면 안 된다. 하나님이 이미 사랑하는 것 이상으로 우리를 사랑하도록 하기 위해서 우리가 할 수 있는 일이란 아무 것도 없다. 마찬가지로 그분이 지금 우리를 사랑하는 것보다 덜 사랑하도록 하기 위해서 우리가 할 수 있는 일이란 아무 것도 없다. 이것이 자비로운 아버지와 잃어버린 두 아들이란 예수의 비유의 가장 큰 주제이다. 사람은 하나님의 사랑을 결코 노력으로 얻을 수 없다. 이와 비슷한 비유가 유대 문학에서 이야기된다. "사랑이 많은 왕과 그의 악한 아들"이라는 비유는 회개와 자녀들이 집에 돌아오기를 원하는 하나님의 열망이라는 주제를 다루고 있다. 랍비 메어(Rabbi Meir)의 랍비적 비유의 신학은 하나님이 죄인을 용서하는 분이라는 것을 믿는 바리새인들의 관점을 보여준다.

> 랍비 사무엘 파그리타(Samuel Pargrita, 또는 Phrygia)는 "당신은 당신의 하나님인 주님께로 돌아올 것이다———,"라고 랍비 메어의 이름으로 말했다: 이 일은 악한 길을 걸어갔던 어떤 왕의 아들에 비유될 수 있다. 왕은 가정교사를 그에게 보내어 "나의 아들아 회개하라!"라고 말하면서 호소하도록 했다. 그러나 그 아들은 그를 아버지에게 되돌려 보내면서 "내가 어떻게 뻔뻔스럽게 돌아갈 수 있습니까? 나는 당신 앞으로 가는 것이 부끄럽습니다"라는 메시지를 보냈다. 그러자 그의 아버지는 다시 메시지를 보냈다. "나의 아들아, 아들이 자기 아버지에게 돌아가는 것을 부끄러워하느냐? 네가 너의 아버지에게 돌아가는 것이 아니냐? 그러므로 복되신 거룩한 그 분은 이스라엘이 범죄 했을 때 예레미야를 보내면서 말씀하셨다: "가서 내 자식들에게 돌아오라고 말하라."[9]

사랑하는 아들에 대한 아버지의 메시지는 분명하다. 아들은 자신의 부끄러움 때문에 아버지의 사랑으로 인해 값없이 주어지는 은혜를 못 받아들여서는 안 된다. 아버지는 그의 악한 아들에게 간청한다, "내 아들아 제발 돌아오라 그러면 너의 모든 것을 용서해주겠다."

비유는 구체적인 언어로 메시지를 가르친다. 랍비 메어의 랍비적 비유는 그의 백성에 대한 하나님의 긍휼을 보여준다. 그의 은혜는 지극히 광대하여 악한 자식이 집으로 돌아오기를 열망한다. 예수의 비유에서 그의 유대 신학은 아버지와 잃어버린 두 아들의 이미지로 불순종한 자녀에 대한 하나님의 긍휼을 묘사한다. 작은 아들은 아버지 없이 살기를 원했다. 많은 사람들은 하나님의 참된 성품을 오해하기 때문에 그 분으로부터 멀리 달아나려고 애쓴다. 다른 사람들은 그분의 인정을 받기 위해 일해서 얻으려고 노력하며, 버림받은 사람들을 참된 사랑과 용서, 그리고 용납으로 결코 받아들이지 못한다. 잃어버린 두 아들은 모두 서로 사랑하기 위해서 아버지의 긍휼을 경험할 필요가 있다.

자비로운 아버지와 잃어버린 두 아들

'탕자의 비유'라고 알려진 이 이야기의 이름은 '자비로운 아버지와 잃어버린 두 아들'로 다시 붙여져야 한다. 여러 면에서 이 이야기는 모든 유형의 사람들이 각각 하늘에 계신 아버지와 가지는 관계를 보여준다. 작은 아들은 종교적 신앙에 가까이 있지 않기를 원하는 아주 많은 사람들과 같다. 그들은 하나님에게 반항하며 자기 자신의 길을 선택한다. 그들은 하나님과 그분의 사랑으로부터 도망간다. 한편 큰 아들은 하나님을 종교생활로 섬기려고 노력하지만 그분의 커다란 사랑을 오해하는 또 다른 아주 많은 사람들과 같다. 하나님의 값없이 주어지는 은혜를 받아들이고 그분과 밀접한 신뢰의 관계를 키워가는 것 대신에, 그들은 하나님의 은총을 일해서 벌려고 노력한다. 예수의 이야기 가운데 사랑이 많으신 아버지는 연극 전체를 통해서 주인공이다. 그는 모든 사람이 버린 죄인의 역할을 하는 반항아를 사랑한다. 그러나 아버지는 또한 어느 모로 보나 그의 반항적인 동생만큼이나 죄인인 성인인 체하는 또 한 명의 아들을 사랑한다. 그는 존경할만한 죄인이지만 놀랍게도 그의 동생과 마찬가지로 매우 유사한 필요를 가진 사람이라는 것이 밝혀진다. 깊은 종교적 확신이 있는 사람이든 하나님에 대한 믿음을 거절하는 사람이든지 간에 하나님의 긍휼은 똑같다. 잃어버린 두 아들의 필요는 아버지의 긍휼에 의해 채워진다. 그는 아들들이 자신의 사랑을 거절하는 잘못된 결정을 내릴 때 아무런 힘이 없다. 그를 거부하였음에도 불구하고 아버지는 아들들이 자기 자신을 찾게 되고 아버지와 함께 하는 교제의 필요를 깨닫게 될 때 그들을 받아들이기 위해 기다리고 있다. 두 아들들은 그들의 연약함 가운데 자신들의 아버지를 사랑과 신뢰의 관계를 발전시킬 수 있는 부모로서보다는 그들이 반드시 일을 통해서 만족시켜야 하는 고용주로 보고 있다. 예수는 그의 정교한 예화 속에서 하나님이 어떤 분인지를 이야기하며 그들 자신을 보도록 한다. 이 이야기는 결론이 없다. 각 사람이 이야기가 어떻게 끝날지를 스스로 결정해야 한다. 하나님이 그 분의 자녀들을 긍휼히 여기는 것과 똑같은 방식으로 우리는 서로에 대한 사랑을 보여주어야 한다.

주

1) 이 비유의 전통적인 제목에 있는 "prodical(방탕한)"이라는 단어는 사치스러운(extravagant) 또는 헛되이 쓰는(wasteful)을 뜻하는 라틴어 형용사 prodigus에서 왔다. 작은 아들은 아버지에게서 받은 상속재산을 헛되이 쓴다.

2) Pesikta Derav Kahana 24:12을 보라.
3) 플러서는 *Die rabbinischen Gleichisse*, 57f에서 이 사실을 증명하였다.
4) Bailey, *Poet and Peasant*, 162, n. 73. 베일리의 요점이 잘 취해졌다. 그는 이 비유의 문화적 배경에 신선한 빛을 비추어 주었지만 불행하게도 어떤 면에서 교부들과 같이 이 비유를 극단적으로 알레고리화 한다. 그의 기여에도 불구하고 베일리는 예수 당시의 유대인들의 신앙과 경건을 이해하지 못한다.
5) m.B.Bat. 8:7을 보라, ET H. Danby, *The Mishnah* (New York: Oxford University, 1977) 377. 또한 다음 미주 6을 보라.
6) Jeremias, *Parables of Jesus*, 128-29. Philip Blackman's 번역에 따른 미슈나의 상속법과 비교해 보라: "이것은 랍비 유다의 견해이다. 랍비 요세(Jose)는 그것이 필요하지 않다고 말한다. 만일 누군가가 사후에 그의 아들에게 자신이 죽은 후에는〔그의 것이 되도록〕재산을 서류상으로 양도하면 아버지는 재산을 팔 수 없다. 왜냐하면 재산은 아들에게 옮겨지기 때문이다. 아들도 역시 아직 아버지의 통제 하에 있는 재산을 팔 수 없다. 만일 아버지가 판다면 죽을 때까지만 팔 수 있다. 아들이 판다면 구매자는 아버지가 죽기 전에는 아무런 권리도 주장할 수 없다. 아버지는 재산을 그가 원하는 누구에게든지 줄 수 있지만 그가 남겨둔 것은 무엇이든지 상속자에게 속한다" (m.B.Bat. 8:7; Blackman'edition, 4.212; 그리고 b. B. Bat. 136a을 보라).
7) "이 경우에 두 아들만 있기 때문에 큰 아들은 재산의 삼분의 이, 그리고 둘째 아들은 삼분의 일을 받을 수 있다" (Fitzmyer, Luke, 2.1087).
8) 이미 B.C.E. 2세기에 Socho의 Antigonus는 보상을 받기 위해서 하나님을 섬겨서는 안 된다고 가르쳤다는 것을 우리는 안다. 그는 "보상을 받기 위해 주인을 섬기는 종과 같이 되지 말고 보상을 받기 위해서 주인을 섬기지 않는 종과 같이 되어라"(m. Avot 1:2).
9) Deut. Rabbah 2:24, ET, Soncino edition, 7.53을 보라. 랍비적 비유는 하나님의 아버지 됨과 당신의 백성들이 돌아오기를 바라는 그 분의 열망에 관한 선지자 예레미야의 말의 성서적 배경에 기초해 있다 (렘 31:9, 20; cf. 3:12).

14
묵은 포도주가 더 좋다!

때로 "금식에 관한 질문"이라는 제목을 가지고 있는 누가복음 5장 33절-39절의 본문은 실제로는 금식에 대하여 그리 많이 다루고 있지 않다. 예수가 세례 요한이나 바리새인들에 의해 유대 예배력에 나타나는 '추가적인 금식'들에 관한 질문을 받은 것은 사실이지만 그 질문에 직접 대답하지는 않는다. 우리가 '질문'에 집중해야 하는가? 그렇지 않으면 '대답'에 집중해야 하는가? 예수의 대답은 더 큰 가치를 지니고 있다. 이야기의 더 심오한 의미는 예수의 대답 속에서 발견된다. 왜 예수는 금식에 대한 질문에 대해 신랑이 빼앗길 것이라는 대답을 하셨을까? 왜 예수는 새 옷의 조각을 떼어 낡은 옷에 붙이는 것과, 낡은 가죽 부대 속에 새 포도주를 담는 것에 대해 말씀하셨을까? 예수는 결혼식 장면에서부터 낡은 가죽 부대에 새 포도주를 붓는 것까지 일상생활의 이미지들을 되살려 낸다. 그렇다면 예수의 예화의 핵심은 무엇인가? 예수는 청중들을 발견의 오솔길로 인도한다. 묵은 포도주를 마신 사람은 아무도 새 포도주를 원하지 않을 것이다. 가르침의 가장 주된 초점은 누가복음의 예수의 말씀에서 나타난다: "묵은 것이 좋다 함이니라(39절)"

전통적인 제목에도 불구하고, 금식은 여기에서 주된 주제가 아니다. 비록 예수가 금식에 관하여 질문을 받았지만, 그는 더 많은 것을 말하기 원했다. 그는 자기 자신의 사명을 1세기 유대인들이 이해할 수 있는 용어로 설명하였다. 금식에 관한 질문을 받았을 때, 예수는 그 질문의 답변을 더 깊은 어떤 메시지를 가르치는 기회로 삼으셨다. 예수의 메시지는 그의 사명과 백성들의 구원을 향한 그의 소원과 밀접하게 연관되어 있었다.

금식–새 것과 옛 것

이 글의 주제는 금식인가? 많은 성경학도들은 누가복음 5장 39절의 "묵은 포도주를 마시고 새 것을 원하는 자가 없나니 이는 묵은 것이 좋다 함이니라"[1]라는 예수의 마지막 말씀을 간과하는 경향이 있다. 유대 예배력은 온 국민이 함께 금식하는 특별한 금식일을 많이 가지고 있다. 예를 들어 욤 키퍼(Yom Kippur)라고 불리어지는 대 속죄일에는 모든 백성이 애통하고 금식하면서, 하나님의 자비와 용서를 구했다. 바리새인들은 영적 갱신을 원했다. 그들은 백성들이 언제나 하나님과 더욱더 가까워지기를 원했다. 또한 세례 요한의 운동은 급진적인 영적 부흥을 촉구하는 것이었다.[2] 본문은 바리새인들과 세례 요한이 백성들의 영적 각성을 강화하기 위해 새로운 금식을 제정한 사실을 암시한다.

예수는 무슨 생각을 하였는가? 예수는 당시의 유대교 안에서 갱신 운동의 선봉에 서 있었다. 그들 모두는 백성들이 자신들의 영적 전통으로 돌아가기를 원했지만, 개혁에 대한 예수의 관점은 바리새인들이나 세례 요한보다는 훨씬 덜 급진적이었다. 세례 요한의 제자들과 바리새인들의 금식은 부흥을 일으키는 하나의 방법이었다. 예수의 제자들은 분명히 이러한 추가적인 금식을 지키지 않고 있었다. 예수는 금식에 대한 질문에 두 비유로 응답한다. 두 비유의 형식과 그 히브리적 배경은 예수의 가르침에 확고히 뿌리가 내려져 있다.[3] 더욱이 낡은 옷과 포도주 부대 비유의 구조는 예수가 묵은 포도주가 더 좋다고 선언하는 누가복음 5장 39절의 결론과 강력한 적용에까지 몰고 간다. 묵은 포도주에 대한 강조는 금식에 대한 모든 이야기가 참된 영적 갱신을 위한 해답이 될 수 없음을 암시한다. 그러나 현대에 와서 묵은 포도주에 대한 예수의 말씀은 간과되어왔고 때때로 새 포도주에 초점을 맞추어 잘못 강조되어왔다.[4] 포도주의 경우에는 새 것보다 묵은 것이 더 좋다는 것을 모르는 사람은 없다. 예수는 당시의 유대교의 풍부한 히브리 유산에 대해서 높이 평가하며 이 말을 한 것 같다.

묵은 포도주

묵은 포도주는 유대인들의 고대 신앙과 관습을 가리키는 말이다. 그러므로 금식에 관한 질문은 모든 사람들에 의해 준수되었을 유대의 거룩한 날들의 인정된 금식이 아니라 세례 요한과 바리새인들이 주창한 추가적인 금식일과 관계가 있는 것이다. 새 금식일은 때때로 특정 종파 단체의 회원들이 자신들의 운동에 일치감을 나타내는 것을 격려하기 위하여 사용되었다.

이 새로운 금식들은 기존의 관습에 덧붙여서 요구되고 있었다. 묵은 포도주가 고대 신앙의 받아들여진 관습에 더 가까운 반면 새로운 금식들은 새로운 포도주에 비유될 수 있다. 예수에 따르면 참된 영적 갱신을 위해서 사람들은 묵은 포도주의 가장 좋은 상태로 돌아가야만 한다.

예수의 목적은 묵은 포도주를 통한 부흥으로 백성들에게 영적으로 새로운 활력을 불어넣는 것이었다. 그는 유대교가 폐기되어야 한다고 가르치지 않았다. 오히려 그는 당시의 유대교를 수선이 필요한 낡은 옷이나 낡은 포도주 부대에 비유하였다. 예수는 영적 상태가 이상적이 아니라고 말하고 있었다. 예수는 분명히 고대 신앙의 숭고한 전통들을 내어버리는 것을 원하지 않았다. 반대로 묵은 포도주가 더 좋다고 말함으로써 예수는 고대 유대교의 훌륭한 공헌들을 지지하고 있으며, 그 안에서부터의 전폭적인 개혁을 추구한다. 묵은 포도주는 당시의 유대교를 가리킨다. 그것이 가장 좋은 것이다.

예수는 사람들이 하나님에 대한 신앙을 다시 새롭게 하기를 원했다. 새로운 금식일들을 제정하는 것이 묵은 포도주로 돌아가는 가장 좋은 길은 아니었다. 그는 묵은 포도주를 담을 새 가죽 부대를 원했다. 고대 신앙의 진리와 은혜는 모든 백성들을 위해 새롭게 갱신되어야 한다. 모든 사람들은 전심으로 고대 신앙을 붙잡고 하나님의 구원을 받아야 한다.

묵은 포도주는 좋은 것이다. 그것은 고대 이스라엘의 오직 한 분이신 여호와에 대한 신앙에 따라 삶의 길을 가르친다. 그러나 묵은 포도주는 새 가죽부대가 필요하다. 하나님의 사람들은 묵은 포도주를 지키기 위해 갱신되어야 한다. 예수는 가장 좋은 묵은 포도주를 기초로 하여 하나님의 사랑과 은혜의 진리를 보도록 사람들을 이끈다. 그러나 묵은 포도주를 위해 새 부대가 필요하다!

데이비드 플러서는 예수의 이 말씀에 대하여 연구하였고, 예수의 말씀 속에 있는 의미를 바로 이해하였다.[5] 많은 신약 신학자들이 누가복음 5장 39절의 "묵은 것이 좋다"는 진리를 부인하려고 하는 반면에 플러서는 복음서에 대한 주의 깊은 연구를 통해 그 말씀의 분명한 진정성을 보여주었다. 플러서는 "만일 예수가 '묵은 포도주를 위해 새 가죽부대를!' 이라고 말했다면, 그것이 아마도 당시의 유대교에 대한 예수의 견해 중 가장 최고의 견해일 것"이라고 지적하였다.[6]

때때로 거의 의도하지 않은 채 누가복음의 예수의 말씀에 대한 검토 없이 마가복음이 연구된다. 지금까지 누가가 예수의 삶과 가르침에 대한 주 자료로 마가복음을 인용하였다고 가르쳐졌기 때문에, 아마도 누가복음은 잘 읽혀지지 않는 것이 아닐까 생각한다. 복음서 기원에 관한 가설 때문에,

누가복음에만 기록되어 있는 예수의 말씀들은 진짜 예수가 말한 것이라고 간주되지 않는다. 누가는 모든 내용에서 마가에 비해 부차적인 것으로 잘못 간주되어왔다. 그러나 우리가 린지(R. L. Lindsey)의 연구를 이해한다면 누가복음이 마가복음보다 나중에 나온 그보다 못한 복음서라고 깎아내릴 수는 없다.[7] 누가복음은 예수에 대한 생생한 증언을 보존하고 있으며 이는 마땅히 예수의 생애에 대한 증거로 인정되어야 할 것이다. "묵은 것이 더 좋다"(눅 5:39)는 말씀은 후대 교회의 것으로 돌려질 수 없다. 사실, 이단자 마르시온(Marcion)은 그의 성경에서 이 부분을 재빨리 삭제해 버렸다. 왜냐하면 그 구절이 유대교를 긍정적으로 이야기했기 때문이다. 예수는 사람들에게 그가 오신 목적에 관해 말하고 있었다. 예수는 천국의 권능을 통해 영적 갱신과 구속을 가져오기 위해 왔다. 그가 오신 것은 토라의 중요성을 파괴하는 것이 아니라 그것을 이루는 것이었다. 토라의 묵은 포도주는 좋은 것이다.

랍비들은 포도주 문제에 관해 포도주 감정사들과 더불어 예수의 말씀에 동의할 것이다. 묵은 포도주는 새 것보다 더 좋다. 랍비들은 토라의 연구를 포도주와 비교하여 이야기하였다. 말씀을 연구하면 할수록 말씀에 능숙해질 것이다. 성경의 지식은 한 사람의 생애를 변화시킬 것이다. 묵은 포도주와 토라 연구에 관하여 랍비들은 다음과 같이 가르쳤다:

> 처음에는 포도주의 맛을 느낄 수 없지만 병 안에서 오래 숙성하면 그 맛은 더욱 좋아진다. 토라의 말씀들도 마찬가지이다. 그 말씀들이 몸 안에서 오랫동안 자라면, 그 맛은 더욱 좋아진다. (Soferim 15:6).

예수는 새 가죽 부대를 보기 원했다. 즉, 묵은 포도주의 참 맛을 즐기는 생기를 되찾은 백성들을 보기 원했다. 묵은 포도주는 가장 좋은 것이다. 단지 영적인 갱신이 필요할 뿐이다. 새로운 금식은 영적 갱신에 어느 정도 공헌할 수 있겠지만, 영적 갱신의 미래는 세례 요한이나 바리새인들이 주창한 혁신적인 새 금식들보다는 하나님의 통치를 가르친 예수와 예수의 제자들에게 더 밀접하게 연결될 것이다.

예수는 당시의 유대교에 반대하지 않았다. 고대 신앙은 묵은 포도주와 같다. 그는 율법을 폐하기 위해서가 아니라 완성하기 위해 왔다. 그는 신앙의 부흥, 즉 묵은 포도주의 참 맛을 위해 영적으로 준비되고 갱신된 백성을 원했다.

신랑

예수는 또한 신랑에 관해서도 말한다. 사실, 본문 전체에는 신랑의 이미지가 넘치고 있다. 왜 예수의 제자들은 금식하지 않는가? 신랑이 그들과 함께 있기 때문이다. 신랑을 빼앗길 날이 올 것이다. 여기에서 사용된 히브리어 "빼앗긴다"는 말은 '죽음'을 완곡하게 표현한 말이다.

신랑은 유대 사상과 관습에서 최고의 기쁨을 나타내는 결혼을 위해 존재한다. 큰 기쁨이 결혼식을 위해 준비되어 있다. 이와 정반대의 경우는 장례식이다. 장례식에서의 애통은 가장 큰 슬픔의 행위이다. 예수는 인간의 가장 강력한 이 두 감정을 결합시킨다: 결혼의 큰 기쁨과 장례의 엄숙한 애통.

그의 목적은 묵은 포도주의 참 맛을 위해 새 부대를 다시 새롭게 살리는 일이다. 그러나 그는 또한 그의 구속자로서의 사명에 대해서도 말한다. 그는 신랑이다! 그는 결혼 관습의 행복에 비교되는 기쁨을 가져다준다. 한편 그는 또한 슬픔도 가져다준다.

예수가 "그러나 그 날에 이르러 저희가 신랑을 빼앗기리니"라고 말했을 때, 사람들은 아마 당황했을 것이다. "빼앗기리니(히 lukach, 헬

aparthe)"라는 말은 그가 죽거나 죽임을 당하게 된다는 말이었다. 왜 신랑이 죽어야 하는가? "신랑"이라는 단어는 메시아적 구속자의 오심과 관련이 있다(cf. 마 25:6). 그가 빼앗겨질 날이 올 것이다; 그러면 그의 제자들은 금식할 것이다. 예수의 이 당황스러운 말씀 속에는 기쁨과 슬픔이 서로 관련되어 있다. 그러나 결혼의 기쁨과 신랑의 죽음이 어떻게 관련될 수 있는가? 이 질문에 대한 대답은 예수 자신이 정의하신 메시아 사역과 관계가 있다.

예수는 아마도 이사야 53장 8절을 암시하고 있는 듯하다. 이사야 53장 8절에서는 고난 받는 종의 죽음을 가리키는 데 똑같은 히브리 단어가 사용되고 있다.[8] 기쁨은 메시아의 오심과 관련이 있다. 그러나 예수가 그의 죽음에 대한 예언에서 가르친 것처럼 메시아 사상이 선지자 이사야의 말 속에서 고난 받는 종과 연결될 때 신랑의 죽음에 대한 언급은 적절하다. 예수의 가르침에서 기쁨과 슬픔의 다양한 감정은 모두 메시아의 오심과 관계가 있다. 적어도 이사야 53장 8절에서 우리는 "그가 곤욕과 심문을 당하고 끌려갔으니 ... 그가 산 자의 땅에서 끊어짐은..."이라는 말씀을 읽는다. 예수가 신랑으로서의 자신의 죽음을 간접적으로 언급하고 있다는 것이 가능한가?

아마도 "금식에 관한 질문"이라는 제목은 "예수의 자신의 고난에 대한 예언적인 말씀"이라는 제목으로 바꾸는 것이 더 적절할 것 같다. 지금은 금식할 때가 아니다. 그는 영적 갱신을 가져온다. 그는 그의 사명을 이루고 있다. 새롭게 된 가죽 부대는 가장 좋은 묵은 포도주를 위해 준비되고 있다. 그러나 신랑을 빼앗길 날이 올 것이다. 그는 죽을 것이다. 이것 또한 그의 사명의 일부이다.

고대 유대교 묵은 포도주

"옷"과 "묵은 포도주"의 쌍둥이 비유는 1세기 본래의 종교적 배경에서 분리되면 아무런 의미도 만들지 못한다. 이 두 비유의 메시지는 유대교 안에서의 대화로서 들려져야 한다. 혁신적인 금식일과 같은 개혁을 위한 몇 가지의 새로운 노력들은 고대 신앙과의 보다 깊은 수준의 상호작용에 기여하지 못한다. 예수는 유대교 체계 속에서 개혁과 갱신을 추구한 '내부인'이다.

예수에 따르면 묵은 포도주는 가장 좋은 것이다! 우리는 그리스도인으로서 예수 당시의 유대교를 부정적으로 보는 경향이 있어왔다. 그러나 예수의 가르침은 유대교를 긍정적으로 평가한다. 우리가 새 포도주를 선호할 때 예수의 메시지는 왜곡된다. 예수의 제자들은 유대 사상을 긍정적으로 보아야하며 묵은 포도주의 가장 좋은 것으로부터 훌륭한 맛을 즐겨야 한다. 초기 기독교의 유대적 뿌리를 우리가 더 잘 이해한다면 예수의 메시지의 신학적 깊이에 대한 우리의 이해도 더 깊어질 것이다.

주

1) 새 표준성경(RSV)은 "묵은 것이 좋다"(눅 5:39)고 번역하는 반면에 흠정역(KJV)은 "묵은 것이 더 좋다"라고 번역한다. 나는 비록 우리가 chrēstos, "좋다(good)"라고 기록한 더 나은 사본적 증거를 받아들이지만 "묵은 것이 더 좋다(chrēstoteros)"라는 의미가 비교적 문맥에서 볼 때 가장 훌륭한 번역이라고 믿는다. chrēstoteros를 "더 좋다"라고 번역하는 것은 본문의 원래의 의미를 보다 분명하게 전달해줄 것이다. 묵은 포도주가 새 포도주보다 더 좋다.

2) 그러므로 우리는 이렇게 읽는다. "요한의 제자는 자주 금식하며 기도하고 바리새인의 제자들도 또한 그리하되 당신의 제자들은 먹고 마시나이다"(눅 5:33).
3) 예수의 비유에 대한 히브리적 배경에 관하여 나의 책, *Jesus and His Jewish Parables*, 40-42의 논의를 보라. 전통문학으로서의 비유에 대해서는 David Stern의 훌륭한 저작, *Parables in Midrash* (Cambridge: Harvard University, 1991) 34-37을 보라.
4) 눅 5:39, "묵은 포도주를 마시고 새 것을 원하는 자가 없나니 이는 묵은 것이 좋다 함이니라".
5) David Flusser, "Do You Prefer New Wine?" *Immanuel* 9 (1979) 26ff.
6) Ibid.
7) Lindsey, *Hebrew Translation of the Gospel of Mark*. 이 책은 마가복음의 히브리 번역보다 훨씬 이상의 책이다. 이 책은 복음서에 대한 포괄적인 서론을 가지고 있는데 이것은 본문의 적절한 이해를 위해 중요하다.
8) 이사야 53:8에 대한 그러한 이해는 빌립이 이디오피아 내시의 병거에 올라갔을 때인 사도행전 8:33f.에 결부되어 있는 것 같다. 이디오피아 내시는 이사야를 읽다가 빌립에게 해석해달라고 도움을 요청한 유대교 개종자(a proselyte)였다. 내시는 아마 빌립을 종교적인 유대인이나 율법의 교사로 알고 히브리 선지자의 말을 설명할 수 있으리라고 믿었을 것이다. 빌립은 이사야 53:8이 죽임당한 예수를 언급하는 것이라고 내시에게 해석해주었다. 이 이야기는 누가-행전의 가장 훌륭한 자료들에 깊게 뿌리를 내리고 있으며 예수의 고난에 대한 초기적 이해를 대표한다. 또한 A. Neubauer과 S.R.Driver의 중요한 저작, *The Fifty-Third Chapter of Isaiah according to Jewish Interpreters* (1877; reprint, New York: KTAV, 1969)을 보라. 시대에 뒤지기는 하지만 이 책은 가치 있는 저작으로 남아있다.

성전의 촛대, 제단, 진설병 탁자를 묘사한
제 2성전 기간의 예술적 그림

15
비유들에 나타난 친구들과 원수들

누가복음 10:29-37절에 있는 "선한 사마리아인"의 비유는 이야기 비유의 고전적 형태이다. 비유들은 어떤 한 메시지를 전하는 이야기들이다. 그 이야기의 중심 메시지는 하나님과 신적 형상대로 지음을 받은 각 인간 존재들에 대한 강한 유대 신학의 기초들에 의거한다. 예술적 창작물로서 "선한 사마리아인" 비유는 많은 이야기 비유들과 유사한 구조를 가지고 있다. 그것은 배역 멤버들과 함께하는 작은 연극이고 한 장면에서 다른 장면으로 신속하게 움직이는 생생한 드라마이다. 비유는 심오한 신학적 진리를 인식시킨다. 비유는 배역 멤버들을 소개시켜주고 그런 다음 청중들을 그 드라마의 내면적인 충돌과 만나게 하는 여행길로 인도한다. 그 충돌의 해답은 그 이야기의 깊은 의미로 전달된다.

비유들은 각각 다른 수준에서 진리를 가르친다. 아마도 "선한 사마리아인"의 비유는 어린아이들도 이해할 수 있는 비유로 볼 수 있다. 그러나 반면 그 비유에는 의미에 있어 깊은 신학적 수준이 있다.[1] 그 단막극 (mini-drama)의 유대 배경은 예수의 메시지 안에 있는 깊은 수준의 이해를 위한 해결의 실마리를 제공한다.

예수의 비유들은 유대적이다. 그 유대적 원천은 예수의 이야기의 최초의 의미를 이해하는 데 풍부한 통찰력을 공급한다. 따라서 우리는 비유들의 깊이 있는 메시지를 충분히 이해하기 위해서 당시대의 유대교 사상의 관점에서 비유들을 연구해야 한다.

예수의 비유들의 중심으로서의 유대 아가다 (Agada)

예수의 비유들의 핵심적인 의미는 유대 아가다 (Jewish *agada*) – 보다 높은 신학적 진리를 잘 인식시키기 위한 하나의 삽화를 말하는 것 – 의 풍부한 유산에서 발견되어진다. "선한 사마리아인"의 비유와 같이 유대 아가다의 세계는 종종 하나님의 창조의 반영으로서 인간 존재에 초점을 맞춘다. 모든 인간은 그들이 하나님의 형상에 따라 창조되어졌기에 하나님께 중요하다. 탈무드에 있는 유대 아가다의 예는 창조에 대한 성경적 설명에 대한 설교나 주석보다 훨씬 더 분명하게 성경의 메시지를 설명한다.

탈무드는 깊은 신학적 메시지를 전달하기 위하여 아가다를 사용한다. "랍비와 지나치게 추한 남자" (The Rabbi and the Exceedingly Ugly Man) 이야기는 청중의 주의를 사로잡고 유대인들의 신학으로부터 강력한 주제를 전달한다.

랍비와 지나치게 추한 남자

어느 한 날 랍비 시미온의 아들 랍비 엘레저가 그의 선생의 집인 미그달 게도르 (Migdal Gedor)로부터 오고 있었다. 그는 유유하게 그의 당나귀를 타고 강가를 가고 있었는데 율법을 아주 많이 공부한 관계로 그는 행복해 했고 의기양양했다. 그런데 그때 그에게 "선생이여, 당신에게 평강이 있기를"이라고 인사하는 아주 추하게 생긴 한 남자를 만났다. 그러나 엘레저는 그 사람의 인사에 어떤 대구도 하지 않고 대신 그에게 "라카 ['텅빈 것,' 혹은 '아무 짝에도 못쓰는 것'] 얼마나 못난 사람인가! 당신 마을에 사는 모든 이가 너처럼 그렇게 못났느냐?"라고 말했다. 그 남자가 답하기를, '나는 잘 모르오, 그러나 가서 나를 만든 장인에게, '당신이 만든 사람이 어쩌면 그렇게 못났소' 라고 말해 보시오"라고 응답했다. 랍비 엘레저가 그가 죄를 지었음을 깨달았을 때 당나귀에서 내려와 그 남자 앞에 엎드려 "나는 당신에게 복종합니다. 용서하소서"라고 말했다.[2)]

랍비 시미온의 아들 랍비 엘레저는 아주 못생긴 그 남자를 만났을 때 그로서는 어찌할 수가 없었다. 랍비 엘레저 스스로가 생각하고 있었던 바를 말할 수밖에 없을 정도로 그는 진정 못났었다. 그러나 엘레저가 그 못생긴 자의 용모를 언급 할 때 모든 사람들은 충격적이다. 그 못난 자는 외관과는 달리 내적으로 많이 다르다. 그 남자는 아마 랍비 엘레저와 같이 하루 온종일 훌륭한 율법 교사의 발아래서 공부할 수 있는 특권을 전혀 갖지 못했던 하루 품꾼이었을 것이다. 분명히 그는 어떤 운송 수단도 없었다. 랍비 엘레저가 유유히 당나귀 위에 타고 있었을 때 그는 강가를 걸었다. 그러나 놀랍게도 보기 흉한 모습을 가진 그 평범한 남자는 종일토록 공부한 교육받은 랍비보다 더 놀라운 율법의 지혜를 소유했다. 그 품꾼은 랍비보다 더 지혜로웠다! 평범한 사람들은 이와 같은 이야기를 좋아했다. 그 사람의 인격과 말은 그가 어떤 이인지를 알게 해 주었다.

모든 개개인은 하나님의 형상에 따라 창조되어졌다. 심지어 그 못생긴 남자도 하나님의 계획에 따라 창조되어졌고 그의 풍부한 영적인 통찰력은 하나님의 인격을 보여준다. 유대 신학에서 각 사람을 위한 사랑은 창조의 이해에 기초되어진다. 하나님의 선하심은 그가 창조하신 사람들 안에서 발견되어진다. "랍비와 지나치게 추한 남자" 이야기는 유대 아가다의 좋은 예이다. 그 예중에 숨겨진 신학은 중요하다. 이 사실은 예수의 비유들에서도 같이 적용되어져야 한다. 그 비유들은 고대 유대 신학의 토대에 근거한 이야기들이다.

신학자의 질문

선한 사마리아인의 비유는 율법사의 질문인 "누가 이웃이냐?"에 대한 답이다. 그 율법사는 신학적인 질문을 하는데, 그것은 그를 율법 학생 (아마도 히브리어로, 벤 토라 [ben Torah])으로 보는 것이 적절하고 또한 오늘날 영어로 말하면 "성경학자" 또는 "신학자"와 같은 유사한 의미로 볼 수 있다. 그 단어의 현대적 의미는 그가 율법사나 변호사가 아닌 성서 연구에 헌신적인 사람이다. 그 신학자는 확실한 유대 신학자요 랍비인 예수께 이웃 사랑에 대해 결정적인 질문을 한다. 이것은 합리적인 질문인데 그 이유는 히브리 단어의 이웃은 다른 식으로 번역되고 해석되어질 수도 있기 때문이다. 히브리어로 이웃이라는 단어는 레아 (rea)인데 엄밀한 의미로 당신 가까이에 있는 그 누구를 의미한다. 당신 가까이에 있는 사람은 친구이지 결코 원수는 아니다. 레위기 19:18절은 "네 이웃 사랑하기를 네 자신과 같이 사랑하라"고 가르치는가? 이것은 레아를 어떻게 해석 하느냐에 따라 좌우된다. 예수는 그 신학자의 질문에 한 비유로 대답한다.

주요한 역할들

이 비유에는 세 명의 중요한 배우 즉, 레위인, 제사장 그리고 사마리아인이 등장하는데 이들은 모두 각자가 완성해야 할 역할을 가지고 있다. 사람들이 영어로 사마리아인이라는 단어를 들을 때, 모든 사람은 다른 사람을 돕는 좋은 사람으로 단정한다. 그러나 예수 시대에는 아무도 사마리아인을 선함과 연결 짓지 않았다. 당시 사람들의 마음에 사마리아인은 결코 선할 수 없었다. 오히려 사마리아인은 원수로 이해되어졌다. 비록 사마리아인은 믿음과 행함을 위한 권위로서 모세오경을 받아들였지만, 구전법을 거절했고 유대인으로 간주되지 않았다. 사마리아인들은 성경의 세겜 안에 예배의 장소를 가지고 있었다. 여러 경우에 있어 그 시대의 역사가들은 사마리아인들과의 시민 충돌이 발생했다고 주목했다. 종종 사마리아인들과 유대인들 사이에 종교적인 문제들과 불일치로 인하여 무질서가 발생하기도 했다.

사마리아인과는 대조적으로 레위인이나 제사장은 유대 공동체의 실제적인 구성원들로 성전에서 봉사하는 자들이었다. 비록 그들이 제사장 계보를 잇고 있지만 사마리아인들과는 한 가지 공통된 점을 갖고 있었다. 예수 당시의 제사장 계급은 거의 독점적으로 사두개인들로 구성되어 있었고 그리고 그들은 사마리아인들과 같이 구전법을 부정했다.

그 당시 바리새인들과 대부분의 사람들에 의해 받아들여진 구전법은 생명의 보존이 다른 모든 법들에 우선 한다고 가르쳤다. 구전법을 거절한 사두개인들은 성경을 문자적인 양식 안에서 해석했다. 그들은 종교적이고 의식적인 정결을 강조했다. 율법의 정당성은 보존하면서, 매일의 삶 속에 실제적인 적용을 하기 위한 방법으로서 율법을 해석한 바리새인들과는 다르게 제사장들과 레위인들은 율법의 문자에 더 집착했다.

선한 사마리아인의 비유에서, 레위인과 제사장은 종교의식의 불결을 피하고 강도 무리 속에 쓰러져 있는 사람에게 삶을 지탱하게 해주는 도움을 주지 않는다. 그들은 예루살렘에서 여리고로 내려가는 중이었는데 아마도 성전에서 종교적인 임무를 마치고 가는 길이었을 것이다. 그들은 의식적으로 불결해지거나 정결 예식의 과정을 되풀이하기 원하지 않는다. 그들은 "만약 그가 아직 죽지 않았더라도, 여하튼 그는 죽을 것이다"라고 생각했을 수도 있다. 그들에게 있어 그는 거반 죽은 사람인 것이다.

구전 율법

"거반 죽은"(half-dead)이란 용어는 아마도 유대 구전법 안에 기술적인 의미를 갖고 있는 히브리어 고세스(goses)를 언급하는 듯하다. 고세스는 고통 속에서 죽어가는 사람을 가리킨다. 유대 구전법에 따르면, 이와 같이 죽어가는 개개인 대부분은 마침내 죽을 것으로 기록한다(b. Git. 28a). 랍비들은 고세스가 필요한 보살핌을 받지 못한 부분에 대해 관심을 가졌다. 그들은 고세스, 즉 죽어가는 사람이 모든 면에서 살아있는 사람처럼 다루어져야 된다고 규정했다(Semachot 1:1). 그의 생명을 구하기 위하여 모든 수단들이 사용되어져야 했다. 그는 유언과 유언장에 관한 모든 법률적 기능들을 실행할 수도 있다. 종종 유대 구전(oral tradition)의 깊은 의미가 오해되어지곤 한다. 유대 구전에 따르면, 만약 어떤 법이라도 그것이 생명을 연장해야 하거나 구하는 것이라면 율법(Torah) 안에 있는 각각의 법은 파기되어질 수 있다. 사실, 만약 그것이 삶과 죽음의 문제와 관련되어졌을 경우, 생명을 제공하는 율법의 정신을 지키기 위하여 율법의 문자는 파기되어져야 한다.[3]

레위인과 제사장이 그가 죽었다고 생각했다면 어떻게 될까? 성문법은 제사장과 레위인이 비록 그들 자신의 가족 구성원이라 할지라도 의식적으로 정결해질 수 없다고 가르친다(레 21:11). 만약 그들이 길가는 도중에 죽은 시체를 발견했다면 그들은 적정 거리를 유지하면서 반대편 길로 통과할 수 있고 그래서 그들의 의식적인 정결을 보호할 것이다. 적어도 성문법의 문자적인 해석이 제사장과 레위인이 버려진 죽은 시체를 묻어 주는 것을 금지했던 것이다. 그러나 이 법은 구전법과는 맞지 않았다.

바리새인들은 다른 법도에 의해 살았는데 구전법 안에서 그들은 다른 전통을 가지고 있다. 구전법은 사람이 버려진 시체를 묻어줘야 한다고 가르친다 (히브리어로, 메트 미츠바흐 [met mitzvah]). 사실, 비록 대제사장 자신도 그의 가족의 일원을 묻는 것이 의식적으로 정결할 수 없지만, 그는 버려진 시체을 묻기 위해 부정하게 되어지는 것이 요구된다고 바리새인들은 가르쳤다. 미쉬나는 "대제사장과 나찌르 (Nazir)는 그들의 친척들을 위해 부정해질 수 없지만 그들은 버려진 시체 (met mitzvah)를 위해서는 기꺼이 부정해 진다"고 가르친다.[3]

도상에서 옷이 벗겨지고 지치도록 맞은 자가 죽었건 살아있건, 제사장과 레위인은 멈추었어야 했다. 구전법에 따르면, 그들은 죽은 시체를 묻든지 아니면 만약 생존하고 있으면 그의 생명 유지를 위하여 어떤 도움이라도 주어야 한다. 그러나 그들은 사두개인들이고 따라서 구전법을 거절한다.

이제 사마리아인은 멈추어 선다. 그는 강도들이 했던 것과는 정반대로 행동한다. 강도들은 1) 옷을 벗겼고, 2) 때렸고, 3) 버렸고, 4) 그의 것을 훔치고 거반 죽여 놓고 떠났다. 그러나 사마리아인은 1) 그의 상처 부위를 감싸 주었고, 2) 기름과 포도주로 상처에 부었고, 3) 그를 여관에 데리고 갔고, 4) 여관비까지 지불했다. 그는 치료와 함께 생명을 유지할 수 있는 도움을 주었다. 아무도 도움이 필요한 그 사람의 정체성을 분간할 수 없었다. 그가 제사장인가? 바리새인인가? 유대인인가? 아니면 사마리아인인가? 어떤 특정한 공동체에 속해 있는지를 알아볼 수 있는 그의 옷가지는 다 빼앗겼다. 그는 도움이 필요한 사람이었다. 아마도 이 이야기의 최초의 청중들은 제 삼의 배우를 기대했을지도 모른다. 또한 그들은 사마리아인의 역할을 어떤 한 바리새인에 의해 수행되기를 기대했을지도 모른다. 그러나 원수로 취급되던 한 사마리아인이 그 이야기에 등장하는 것은 흥미로운 부분이다.[5]

나의 원수는 나의 이웃이다!

이 이야기를 듣고 있으면, 우리는 종종 그 이웃이 마치 도움이 필요한 사람이라고 잘못 생각하곤 한다. 그러나 자세히 보면, 이 비유는 그 이웃이 생명을 지탱하기 위해 도움이 필요한 사람이 아니라 원수임을 가르친다. 이 비유를 이해하기 위한 핵심 구절은 원수를 사랑하라고 가르치시는 예수의 말씀인 마태복음 5:43절이다. 이웃이란 단어를 어떻게 정의할 수 있나? 이 질문에 어떻게 답할까? 도움이 필요한 사람의 위치를 가정하는 것으로만 이웃이 실지로 원수라는 것을 인식하는 것이 가능하다. 한 사람이 그의 생명을 지탱하기 위한 도움이 필요할 때, 친구처럼 행동하는 원수도 환영 받는다. 여기서 우리는 이웃에 대한 예수의 정의에서 상호 의존 관계를 발견한다. 이웃이란 용어를 이해하기 위해서는 이웃이 되어야 한다. 사마리아인 비유를 보면 원수는 이웃이 된다. 원수로 보여지는 사마리아인은 이웃이라는 단어가 의미하는 바를 가르치는데 그 이유는 그가 도움이 필요했던 사람에게 이웃처럼 행동했기 때문이다.

이 비유를 듣는 많은 사람들은 이 이야기의 다른 결말을 기대했을 것이다. 그들은 한 바리새인이 영웅으로 결론지어질 것으로 생각했을지도 모른다. 결국, 바리새인들은 구전법에 따라 살았다. 대신, 필요로 하는 사람에게 있는 이웃이 바로 원수이다. 놀라울 것 없이 그 신학자는 그 비유를 정확하게 이해했다. 그는 성경 학자였다. 예수께서 "네 의견에는 이 세 사람 중에 누가 강도 만난 자의 이웃이 되겠느냐"라고 물었을 때, 그 율법 학도는 아주 정확하게 답했다: "자비를 베푼 자니이다." 그는 "심지어 나의 원수가 나의 이웃입니다"라고 말하고 있었다.

여기에서 우리가 놓치지 말아야 할 사실은 사마리아인과 사두개 제사장과 레위인 사이의 관계이다. 제사장과 레위인이 구전법을 거절했듯이 사마리아인들도 성문서인 모세의 오경에 따라서만 살았다. 이런 종교적 관점에서 보면, 사마리아인도 제사장이나 레위인이 생각했던 것처럼 의식적인 정결과 관련하여 위험한 가운데 있었다. 그러나 사두개인들은 그 위험을 결코 감행하지 않았지만 사마리아인은 생명을 구하는 것이 가장 중요한 우선순위라는 것을 깨달았다. 더욱이 그 사마리아인은 도움이 필요한 자를 돕기 위하여 위험들을 직접 감수했다. 만약, 그 부상자가 죽었다면 그 사마리아인은 그의 죽음으로 인해 자신을 스스로 비난했을 수도 있었다.

무조건적 사랑

예수께 질문했던 그 신학자는 이 비유를 완전하게 이해했다! "네 이웃"으로 간주된 성경의 명령의 의미에 포함된 것은 원수도 해당된다. 하나님의 형상으로 창조된 모든 인간을 위한 무조건적인 사랑의 의미는 축소되어질 수 없다. 누군가의 이웃으로 규정되어지는 가치는 이웃이 사랑을 얻기 위해 무엇을 했느냐 또는 사랑을 받을 만한가에 기초하지 않는다. 하나님적인 사랑은 모두를 위함인데, 친구나 적이나 똑같다. 신적인 사랑은 인간의 증오보다 더 능력이 있다. 다른 이들을 존경하는 것은 세상을 개선하는 일이다. 예수께서는 그들이 친구들인지 원수들인지는 말이나 행동에 의해 평가했다. 그는 그의 제자들에게 그들의 원수들을 사랑하라고 가르치셨다 (마 5:43). 이것이 이 정교한 비유의 주요 핵심이다. 지금이 무조건적인 사랑에 대해 결정해야 할 시간이다. 사랑은 행동할 때 그 힘을 드러낸다. 원수를 사랑한다는 것은 하나님의 뜻의 완성이다. 이것은 레위기 19:18절의 "심지어 너의 원수를 네 몸같이 사랑하라"는 명령을 어떻게 해석할 것인가를 보여준다.

본질적으로, 선한 사마리아인의 비유는 "이웃"이라는 단어의 정의를 내릴 때 상호관계의 메시지를 들어야 한다고 예수의 제자들에게 가르친다. "이웃"의 용어의 의미를 이해하기 위해서는 먼저 이웃처럼 행동하는 것을 배워야 한다. 어려움 속에 있는 사람의 처지에 처해보아야 한다. 예수를 따르는 각자는 도움이 필요한 개인들을 위해 뭔가를 해야만 한다. 만약 우리가 어려운 처지 속에 있는 불운을 겪고 있다면, 우리는 다른 사람들로 하여금 우리를 위해 무엇을 해주기를 원하겠는가? "이웃"이라는 단어의 의미를 알기 위해서는 먼저 이웃이 되어야만 한다.

선한 사마리아인 비유는 예수의 제자들에게 그들의 원수를 사랑하라고 가르친다.[6] 이 이야기는 여러 다른 수준의 청취자들에게 이른다. 이 비유의 교훈은 수준이 낮은 사람들에게도 전달되지만, 또한 더 깊은 수준에 있는 학자나 신학자에게도 이른다. 모든 사람은 편견을 버려야만 하는데 원수로 간주되어지는 사람에게조차 그래야 한다. 비유들 속에 있는 예수의 메시지는 결단을 촉구한다. 예수께서는 신학자들에게 "가라 그리고 이와 같이 하라"고 말씀하신다.

주

1) 비유들 안에 있는 불평과 신정설을 논의할 때, 데이빗 스턴은 선한 사마리아인 비유의 복합적인 주제들과 깊은 의미를 다루면서 다음과 같은 진술을 한다. "이 비유와 함께, 우리는 어떻게 여러 가지의 기능적이고 수사학적인 주제별 범주들이 겹쳐지고 일치하는가를 이해하는 것으로 시작한다. 그 이유는 이 범주들이 부적절해서가 아니라 한 좋은 비유는 - 그것이 마치 어떤 사실적인 기능적 인공물처럼 - 어떤 한 이론적인 범주가 허락하는 것보다 훨씬 복잡하기 때문이다." (Stern, *Parables in Midrash*, 151).

2) B. *Ta 'an.* 20a-b.
3) 바리새인들과 그들의 계승자들인 랍비들의 구전법은 사람의 생명을 구하는 것에 극도의 가치를 두었다. 피쿠아치 네페쉬 (*pikuach nefesh*, 생명의 법, 즉, 생명의 보존)와 사페크 네페쇼트 (*safek nefeshot*, 생존의 의심, 즉, 생명을 잃는 위험) 율법은 어떤 비용을 치루더라도 한 생명을 구하기 위한 책임을 언급했다. 몇 가지 예외를 위하여 다음을 보라: b. *Yoma* 85a, 출 31:12에 대한 랍비 이쉬마엘의 메킬타 (The Mekilta de Rabbi Ishmael on Exodus 31:12) (Horovits, 340-41). 비교. "Pikku'ah Nefesh," *Encyclopaedia Judaica*, vol. 13, 509-10.
4) m. *Nazir* 7:1을 보라. 그리고 J. Mann의 훌륭한 다음 논문을 비교해 보라. "Jesus and the Sadducean Priests: Luke 10:25-37," *Jewish Quarterly Review* 6 (1914) 415-22. 또한 E.P. Sanders, *Jewish Law from Jesus to the Mishnah* (Philadelphia: Trinity, 1990) 41ff.를 보라.
5) Flusser, *Die rabbinischen Gleichnisse und der Gleichniserzähler Jesus*, 70ff. 와 Young, *Jesus and His Jewish Parables*, 239-41를 보라.
6) 복음서에 있는 "원수"라는 용어는 종종 반전론에 대한 잘못된 접근을 정당화하기 위하여 사용되어진다. 원수에 대한 효율적인 단어 학습을 위하여 로이 블리자드 (Roy Blizzard)와 데이빗 비빈 (David Bivin)이 쓴 *Understanding the Difficult Words of Jesus*, 106-10을 보라.

16
추쯔파 (Chutzpah)로서의 믿음

믿음이라는 단어의 의미를 위하여 많은 정의들이 혼란스럽게 제안되어 왔다. 예수는 하나님 안에서 기도와 신앙에 관한 유대 신학을 설명하기 위하여 일상생활의 상황에 있는 사람들의 이야기를 말씀하신다. 예수께서는 하나님의 임재가 결여되어 있는 것 같은 세상에서 살아가는 인간 존재 내에서 고차원적인 하나님의 목적을 묘사하기 위하여 유머나 다채로운 단어 그림들을 사용함으로써 종종 그의 청중들을 놀라게 하신다. 예수에 의하면, 믿음의 본질은 비유들에서 정의된다. 그 비유들은 하나님의 본성과 모든 사람들을 향한 그의 사랑에 초점을 맞추는 기도에 대한 실천신학을 묘사한다. 그러면 비유들은 믿음과 기도에 대해 무엇을 가르치나?

예수의 유사한 두 비유는 그의 추종자들의 경험 안에서 믿음의 의미를 찾게 해준다. "밤중에 찾아온 친구" (눅 11:5-8)와 "불의한 재판관" (눅 18:1-8) 비유는 기도의 삶과 하나님 안에 있는 제자들의 믿음을 다룬다. 유대 배경에서 이 비유들을 공부해 보면, 예수께서 믿음과 히브리어 용어인 추쯔파의 형태를 비교하려는 재담을 만들었음이 자명해진다. 추쯔파를 한 단순 단어로 정의 내리기는 어렵다. 그 단어는 완고한 고집, 뻔뻔스럽게 염치없음, 굽히지 않는 불굴, 용감한 결정, 혹은 현대 영어적 용어로 "지독히 뻔뻔스러움"을 의미한다. 믿음이 히브리 단어 추쯔파로 묘사될 수 있나?

그러나 기도와 관련하여 실질적인 이슈는 하나님과 관련된다. 위의 두 비유는 기도함에 있어 기대를 가르친다.[1] 위대한 유대 신학자 아브라함 헤쉘(Abraham Heschel)은 기도에 관한 실질적인 이슈는 우리가 하나님을 어떻게 이해하는가의 문제라고 말했다.[2] 기도는 어떤 의식(liturgy) 안에 있는 말들이나 기도를 위한 고유한 신조와 관련된 문제가 아니다. 기도가 어렵다고 하는 것은 하나님의 본성을 이해하는 것과 관련되어진다. 필자 스스로, "비열한 친구", "부패한 재판관"이라고 부르기를 좋아하는 이 두 유사 비유는 기도를 함에 있어 완고한 고집을 가르친다. 우리는 하나님이 선하시기 때문에 대담한 결심을 가지고 기도한다. 하나님은 이웃을 도와주지 않은 경멸스러운 친구 같지 않다. 그는 하나님도 그리고 사람도 두려워하지 않아 도움이 필요한 과부에게 아무것도 해주지 않은 불의한 재판관과도 다르다. 참된 믿음은 용감한 인내를 요구한다. 때때로 그 믿음은 뻔뻔스럽게 염치없는 모습으로 표현되기도 한다. 참된 믿음은 하나님에 관하여 우리가 알고 있는 모든 것을 위탁하는 것이다. 믿음은 추쯔파로 정의 내릴 수 있다.[3] 굽히지 않는 불굴로 인내하는 것이다.

"비열한 친구"의 비유는 두 친구의 행동을 묘사한다. 1세기 유대 마을 생활 안에 있는 문화적 환경이 본 비유의 배경이다. 중동에서는 환대의 의무는 근본적인 필수조건으로 높이 평가되었다. 그 비열한 친구는 한밤중에 집 밖에 있는 그의 친구의 목소리를 듣는다. 그 친구는 문을 두드리지 않는데 그것은 불필요한 경보를 일으키는 원인이 될 수 있기 때문이다. 단지 그의 목소리로 알릴 수 있다. 그는 갑작스럽게 한 손님이 찾아왔음을 그에게 설명한다. 모든 관습과 예의 규범에 따라 그 친구는 전통적 호의를 손님에게 다해야 한다. 그들의 문화에 따르면 많은 경우에 있어 그 방문객은 그 친구의 손님일 뿐만 아니라 그 마을 전체의 손님이기도 하다. 각 식사의 필수적인 부분인 빵을 포함하여 저녁은 준비되어야 한다. 이 이야기를 듣는 모든 이들은 그 상황을 이해한다. 일어난 시점이 밤이라는 것은 당시 상황이 상당히 긴박했음을 강조한다. 이 이야기의 청중들은 집안에 있는 친구의 답변을 예상한다.

그렇다면 청중들은 무엇을 기대하는가? 그들이 이 이야기를 들을 때, 그 집 주인은 친구를 위하여 문을 열 것을 기대한다. 그 주인의 부엌에는 자기 친구가 필요로 하는 것을 가지고 있다. 아마도 그 주인은 빵 뿐만 아니라 그의 손님을 접대하기 위한 다른 음식들도 실어 주었을 것이다. 그러나 이런 예상되는 결과를 듣기보다 그 비열한 주인은 문조차 열어 주지 않은 채 다음과 같은 박약한 변명을 늘어 놓는다. "나를 괴롭게 하지 말라 문이 이미 닫혔고 아이들이 나와 함께 침소에 누웠으니 일어나 네게 줄 수가 없노라"(눅 11:7).

청중의 격분은 이 친구의 납득할 수 없는 행동으로 향하여질 것이다. 오직 받아들여질 수 있는 변명은 그가 어떠한 빵도 갖고 있지 않는 경우이고, 또한 그럴 경우 그가 기꺼이 문을 열어 주고 그에게 다른 음식이라도 주는 경우이다. 그러나 이러한 기대와는 달리, 그는 거절한다. 어린이들과 아마도 이 동네 가까이에 사는 모든 사람들은 이 작은 갈릴리 동네의 한밤중의 고요함 속에서 나누고 있었던 이 대화를 들었을 수도 있다. 그의 변명은 전적으로 받아들일 수 없다. 이 비유를 듣고 있는 모든 사람들은 극도의 경멸로 그를 볼 것이다. 그들은 그 집 밖에 서있는 친구가 무엇을 할 것인지 알기 때문에 그 이야기를 완성할 것이다. 부끄럼 없이 그는 대담한 끈기를 가지고 그 문을 세게 두드릴 것이다.[4] 예수의 유머는 이 비유를 마무리 짓는 결론에서 다음과 같은 말로 나타난다: "내가 너희에게 말하는데 그가 그의 친구이기 때문에 일어나지도 않고 어떤 것도 주지 않겠지만, 그의 대담한 인내 때문에 그는 일어날 것이고 그가 원하는 것을 줄 것이다!' 이 문장에 있는 헬라어 아나이데이아 (*anaideia*)는 "대담한 인내"로 번역 되어진다. 때때로 "끈질기게 조름"으로 번역 되어지거나 대담함을 언급하는 것으로 이해되어진다. 그 집 밖에 있던 그 남자는 절박한 순간의 간단한 요청을 거절한 친구의 비열한 행동에 반작용으로 그의 뻔뻔스런 끈기를 나타낸다.

문자적으로, 여기에서 "대담한 인내"로 해석되는 헬라어 아나이데이아는 뻔뻔스러움을 의미한다. 복음서 안에서 사용되는 헬라어 단어 뒤에는 히브리 용어가 열쇠로 작용하고 있음을 볼 수 있다. 부정한 재판관의 비유에서, 아나이데이아는 믿음과 병행한다. 이 비유들을 한 쌍의 실례로 공부할 때, 한 단막극 안에서 정의되어진 믿음은 하나님의 선함 안에서 진실한 믿음의 완벽한 예로써 묘사되어진 확고부동한 인내와 상통된다는 것이 분명해진다.[5] 헬라어 아나이데이아를 예수의 가르침의 원래 히브리 관용구 안에서 해석하기가 쉽지 않다. 그러나, 유대 자료들을 바탕으로 아나이데이아를 연구할 경우, 병행이 될 수 있는 가장 적절한 히브리어 용어는 추쯔파이다. 아마도 히브리어 형태인 차쭈포 (*chatzufo*)는 복음서 비유의 언어였을 것이다. "끈기"나 "대담한 인내"는 밤중에 찾아온 친구의 비유로부터 이 핵심 용어의 좋은 해석들로 볼 수 있다. 분명하게 그 친구는 그의 대담한 인내 안에서 지독한 뻔뻔스러움이나 추쯔파를 드러내 보였다.

불의한 재판관의 비유에 등장하는 과부는 그녀의 끈질긴 인내를 묘사한다. 불의한 재판관은 공정한 판결이나 혹은 하나님을 두려워하거나 사람을 두려워하는 데 관심이 없다. 예수께서 하신 말씀인 "불의한 (unjust) 재판관의 말을 들으라"에서, "불의한"이란 용어는 누가복음 16:8절에서 부정직한 청지기를 묘사하는 데 쓰여진 단어와 같다. 유대적 관점에서 판사는 공정성과 정당한 판결에 가장 높은 관심을 가진 자이다. 판사는 지상에서 하나님의 대리자로서 신적인 권위를 가지고 있었고 따라서 모든 증거를 바탕으로 공정한 판결을 해야만 했다 (대하 19:6-7). 시락서를 보면, 하나님 자신이 과부와 고아를 위한 공정한 재판관으로 묘사된다.[6] 유대 사상에서 하나님은 과부가 보호받지 못하고 사회의 구성원으로서 소홀히

되기 때문에 그녀의 행복과 복지에 관해 중대한 관심을 가지는 존재로 그려진다.

한 재판관이 하나님을 두려워하지 않았다고 말하는 것은 가장 심각한 비난거리이다. 분명 그는 다른 이들보다 그 자신에게 더 많은 관심을 가지고 있다. 불의한 재판관의 비유에 등장하는 과부는 어떤 영향력도 없는 연약한 자이며 그녀가 할 수 있는 일이란 없다. 따라서 그녀는 "내 원수에 대한 나의 원한을 풀어주소서"라고 외친다. 그녀의 원수는 분명 한 악랄한 재판장을 옆에 끼고 그의 강력한 영향력으로 부패한 한 법정을 지배하고 있다. 그러나 과부에게 있어 유일한 무기는 그녀의 끈기였다. 그녀는 문제 해결에 적극적이었고 그 불의한 재판관에게 끈길기게 요구하는 것에 결코 지치지 않았다. "그가 얼마 동안 듣지 아니하다가 후에 속으로 생각하되 내가 하나님을 두려워하지 않고 사람을 무시하나 이 과부가 나를 번거롭게 하니 내가 그 원한을 풀어 주리라 그렇지 않으면 늘 와서 나를 괴롭게 하리라 하였느니라" (눅 18:4-5). 그런 후 이 비유는 절정에 이른다. 그 불의한 재판관은 올바른 판정을 내린다. 버림받은 과부는 보상을 받게 되고 악한 재판관은 보잘 것 없는 영웅이 된다. 그 재판관은 판결에 대한 그의 철학을 바꾸지 않는다. 그러나 그와 같은 강력한 재판관이라도 연약한 과부의 결정적인 끈기에는 넘어지고 만다. 믿음은 이렇게 대담한 인내나 혹은 지독한 뻔뻔스러움으로 정의될 수 있다.

랍비들은 추쯔파에 대해 높은 가치를 갖고 있었다. 유대문학을 고찰해 보면, 종교적인 믿음의 유효한 표현으로서 추쯔파에 초점이 맞추어져 있는 놀랄만한 유사물들이 발견된다. 영어에서 지독한 뻔뻔스러움이나 대담한 인내의 의미는 항상 공손함으로 간주되지는 않는다. 그러나 유대 문학에서는 거룩한 분 하나님과 인간의 관계 안에서 대담한 인내의 예들이 가득하다. 아브라함이 하나님과 대화 중에 논쟁한 것처럼, 유대 역사속의 다른 지도자들도 때때로 그들의 기도 속에서 하나님 앞에 대담했다. 예수의 가르침 속에 있는 추쯔파의 용어 형태의 사용에서 매혹적인 것은 한 유사한 랍비적 비유가 바로 같은 용어를 사용하고 있다는 사실이다.

한 때, 아키바 (Akiva)는 자신과 대담한 인내와 지독한 뻔뻔스로움을 간직한 그 누군가를 비교함으로 자신과 비 내리기를 위한 그의 기도를 묘사했다. 그는 이것을 한 비유로 설명한다. 그 비유에서 우리는 "대담한 인내"란 뜻의 헬라어 아나이데이아의 사용이 추쯔파의 다른 용어인 히브리 단어 차쭈프 (*chatzuf*)와 분명한 유사성이 있음을 발견한다. 히브리어 용어인 추쯔파는 긍정적 특징을 묘사할 수 있다. 가뭄이 있었을 때, 랍비 엘레저 (Eleazer)와 아키바는 금식하면서 비 오기를 위해 기도했다. 엘레저의 금식 후에는 비가 오지 않았다. 그러나 아키바가 하나님께 기도했을 때 즉시 그 기도가 응답되었고 비 내리기가 시작했다. 아키바보다 더 나이 많은 엘레저를 긴장시켰던 이런 대단한 기적으로 사람들은 두려워하게 되었다. 사실, 아키바는 엘레저의 학생 중 하나였다. 어떻게 제자의 기도가 선생의 기도보다 하늘에 더 큰 영향을 끼칠 수 있었나? 아키바의 기적적인 기도 응답에 극도로 흥분한 사람들 앞에서 아키바는 한 비유를 말했다. "이 기적은 두 딸을 소유하고 있는 한 왕과 같습니다. 그 딸 중 하나는 고집스럽고 (tenacious: *chatzufa*) 다른 하나는 호의적 (gracious: *kashirah*)이었습니다." 아키바는 그의 유머스럽고 매력적인 설명으로 그곳에 있는 사람들을 사로 잡았다.[7] 모든 사람들은 그와 같이 두 딸을 소유한 한 왕에 대해 알기를 원했다. 필자가 "고집스러운"이라고 번역한 히브리어 단어가 차쭈파의 한 형태인데 이것은 복음서에 쓰이는 헬라어 용어 아나이데이아와 깊이 관련되어 있다. 한 딸은 대담한 결단력을 가지고 있고 반면 다른 딸은 예의 바르고 공손한 자이다.

그의 고집스러운 딸이 요구할 때마다 왕은 그녀로부터 해방되기 위하여 속히 응답했다고 설명했다. 한편, 왕은 그녀의 공손하고 호의적인 딸이 어떤 요구를 가지고 그 앞에 나타날 때마다 그는 딸의 말들을 듣는 것을 즐

겼했기 때문에 딸과의 대화를 오래 끌었다. 이 비유를 바탕으로, 아키바는 비록 그의 기도가 즉시 응답되었지만 그 자신은 끈질긴 인내를 가진 그 고집스러운 딸과 같다라고 설명했다. 그녀의 아버지는 그녀와의 거래를 속히 끝내기를 원했다. 한편, 랍비 엘레저는 예의 바르고 매력적인 성격을 소유한 딸과 같이 모든 사람들이 그를 존경했다. 이 비유는 엘레저와 아키바와 사이의 긴장을 완화시킨 반면, 그 왕의 두 딸 모두 좋은 자질을 소유했음을 보여준다. 그럼에도 불구하고 그 고집스러운 딸이 더 신속한 응답을 받았다.

다른 경우, 랍비 사무엘이 금식하면서 비 오기를 위해 기도했는데, 해질 때 금식이 비로소 끝난 후 비가 내렸다. 사무엘은 사람들이 그의 금식의 특별한 공덕으로 하나님의 호의를 얻게 되었다고 느끼기를 원하지 아니했다. 랍비들의 견해에 의하면 공덕으로 하나님의 은혜가 얻어질 수 없다. 그는 그가 말하고자 하는 요점을 한 비유를 통해 설명했다. "나는 여러분들에게 한 비유를 말할 것입니다. 그 문제가 무엇과 비교될 수 있나요? 그의 주인에게 보상을 요구했던 한 종과 관련하여 설명할 수 있지요. 그의 주인은 다른 종들에게 말하기를, 그로 하여금 쇠약해지고 슬퍼할 때까지 기다리게 한 후에 그에게 그의 보상을 주어라" (b. *Taan.* 25b).[8] 기대하는 기도와 함께 인내의 필요성이 랍비 사무엘의 비유의 메시지이다. 때때로, 신실한 자의 태도는 하나님 앞에서 기다리는 자세이다. 금식하고 기다린 후, 비가 내렸다. 모든 것은 주인의 선함에 달려 있다. 본 비유는 우리가 기도하면서 인내를 실천할 때 하나님 안에서의 믿음을 독려한다.

또한 유대 전통에 나타나는 대담한 결심에 관한 가장 위대한 실례 중 하나가 초니 (Choni), 서클 드로워 (the Circle Drawer: 원을 그리는 자)에 나타난다. 심각한 가뭄으로 인하여 사람들이 초니에게 찾아 와 비 내리기를 위하여 기도해 줄 것을 요청했다. 초니는 기도는 했는데 응답이 없었다. 그때 초니는 그 당시 다른 종교 지도자들 중 몇몇을 화나게 하는 결정적인 행동을 하였다. 초니는 뻔뻔스럽게 흙 속에서 한 원형을 그린 후 전능자에게 기도했다. "나는 당신께서 비 내리게 하실 때까지 이 원에서 움직이지 않을 것입니다." 기적은 일어났다! 필요한 많은 비가 내렸다. 바리새인들의 지도자인 시미온 벤 쉐타치 (Simeon ben Shetach)는 그런 뻔뻔스러운 행동으로 매우 화났고 초니를 날카롭게 비난했다. 그는 초니에게 메시지를 보내 만약 초니와 다른 이가 그런 행동을 했었더라면 그를 파문했을 것이라고 선포했다. 그러나 초니가 법을 어기지도 않았고 그의 기도는 기적적으로 응답되었기 때문에 시미온은 단순한 경고만을 보냈다. 초니는 어떻게 되었을까? 시미온에 따르면 초니는 하나님을 아이와 같이 섬기는데 아이는 자기 아버지에게 용감한 고집으로 행동할 수 있고 그의 요구가 당연히 받아들여질 것이라고 믿기 때문이라고 설명했다. 그가 말하기를, "내가 너에게 무엇을 할 수 있나? 마치 한 아들이 그 아버지에게 뻔뻔하게 행동하는데 그 아버지가 그의 아들의 요구를 들어 주듯이 너도 전능자에게 뻔뻔하게 행동하는데 그는 너의 뜻을 이루어 주신다!"[9] 비록 시미온이 그의 대담한 기상을 비난했지만 탈무드 (Talmudic) 이야기는 초니와 그의 강인한 뻔뻔스러움을 긍정적으로 묘사한다. 초니의 의지가 담긴 강한 인내는 하나님 안에 있는 그의 경건한 믿음의 진정한 표현이다.

탈무드에 보면, 추쯔파는 긍정적인 특성으로서 가치를 가진다. 랍비 나치만 (Nachman)은 "하늘을 향한 대담한 인내 (추쯔파)는 소용이 있다"라고 진술했다. 랍비 쉬셋트 (Sheshet)는 "대담한 인내 (추쯔파)는 왕관 없는 왕국이다"라고 말했다 (b. *Sanh.* 105a).[10] 각 개인은 믿음의 반응으로서 대담한 기상을 취해야 한다. 우리는 양보할 수 없는 끈기로 우리 자신들을 내세운다. 랍비 아바후 (Abahu)는 모세가 이런 식이었다고 진술한다. 성경은 이스라엘 백성들이 광야에서 황금 송아지를 경배했을 때 하나님이 노하셨다라고 우리에게 전해 준다. 하나님은 모세에게 그가 이스라엘 백성들을 멸하시겠다고 선포하셨다. 이 때 모세는 하나님께 그 백성을 용서해

줄 것을 간청했다. 랍비 아바후는 모세를, 외투를 움켜지으며 그의 동료에게 요구하는 한 남자와 비교하였다. 심지어 모세도 긴급한 요구를 가지고 하나님께 부르짖으며 양보하지 않는 끈기를 사용할 수 있었다. 아바후는 다음과 같이 설명한다. "만약 그것이 분명하게 쓰여지지 않았다면 그와 같이 말하는 것은 불가능할 것이다. 이것은 모세가 마치 한 남자가 그의 동료의 외투를 움켜쥐듯이 거룩한 하나님을 붙잡고 그 앞에서 우주의 주권자시여, 나는 당신께서 그 백성을 용서하실 때까지 당신을 보내지 않겠습니다 라고 말하고 있음을 가르친다."[11]

유사한 방식으로 나사렛 예수는 결심에 찬 인내로서의 믿음을 가르치는 것을 볼 수 있다. 복음서에 기록된 치유 이야기를 보면, 예수는 강한 의지의 결심을 나타내는 사람에게 "너의 믿음이 너를 구원하였다"라고 말하심으로 반응하신다. 많은 무리들이 있었음에도 불구하고 중풍병자의 친구들이 자기들의 병든 친구를 예수께 데려오기 위한 노력을 다했을 때 예수께서는 그들의 믿음을 보셨다고 복음서들은 기록한다.[12] 그들은 용기 있는 끈기를 보였다. 혈루증으로 앓는 여인이 무리 속으로 밀고 들어가 그녀의 기도를 표현하는 예수의 옷 가에 손을 대었을 때 우리는 그녀의 견고한 결심을 볼 수 있다.[13] 예수께서 말씀하신다. "네 믿음이 너를 구원하였느니라." 누가복음에는 향유병을 들고 시몬의 집에 불쑥 찾아 온 한 여인을 묘사한다. 그녀는 예수의 발아래 향유를 부었는데 이것은 그녀의 굳은 인내와 뻔뻔스러움을 보여준다. 그러나 예수께서는 그녀의 믿음이 그녀를 구원했다라고 말씀하셨다 (눅 7:50). 자기의 딸의 치유를 위하여 예수께 간곡히 애원하는 마태복음에 기록된 한 가나안 여인의 이야기를 보면, 예수께서는 그녀의 이런 행동을 그녀의 믿음으로 설명 한다 (마 15:28). 그녀는 포기하지 않았다. 심지어 예수께서 나는 잃어버린 이스라엘의 양들을 위해 보내심을 받았다라고 말했을 때도 그녀는 끈질겼다. 마침내 예수께서 그녀의 양보할 수 없는 결심을 접했을 때, "너의 믿음이 크도다"라고 선포하셨다. 여리고의 소경 이야기는 더욱 분명하다. 그는 예수께서 그 길을 지나신다는 말을 들었을 때, 그를 향하여 "다윗의 자손 예수여, 나를 불쌍히 여기소서"라고 큰소리로 외치기 시작했다. 그 주변에 있는 사람들은 그를 비난했고 조용히 하라고 말했다. 그러나 그는 누그러지지 않았다. 그는 끈기 있는 인내를 보였다. 그 소경은 고집스러운 끈기로 소리쳤고 예수께서는 마침내 "네 믿음이 너를 구원했다"라고 말씀하시면서 그를 고쳐 주셨다 (눅 18:42; 막 10:52). 그들의 필요를 가지고 예수께 갔던 이런 사람들의 확고한 결심과 그들의 믿음에 대한 예수의 단언은 히브리 용어인 추쯔파의 특성을 잘 보여준다.

"비열한 친구"와 "부패한 재판관"의 두 비유는 기도에 있어 신실한 인내의 필요성을 설명한다. 이 비유들은 한 논의의 가벼운 칼 (*kal*) 측면과 중대한 초머 (*chomer*) 측면을 다루는 칼 베초머 (*kal vechomer*)의 유대 원리를 드러낸다.[14] 랍비들은 이런 원리를 "얼마나 더 많이. . .!"라는 뜻의 알 아차트 카마 베카마 (*al achat kamah vekamah*)라고 종종 표현했다. 논의의 가벼운 측면에서, 만약 한밤중에 세조각의 빵으로 그의 이웃을 돕지 않을 한 비난 받을 친구가 그 이웃의 끈질기게 애원하는 간곡한 간청에 의하여 마음이 움직인다면, 중대한 측면에서 보면 자비로우신 하나님은 훨씬 더 많이 그의 백성들의 기도에 마음이 움직일 것이다. 앞서 본 비유와 관련하여, 가벼운 측면에서 보면, 만약 한 부패한 재판관이 무력한 과부의 대담한 인내로 그녀에게 동등한 결정을 내리게 된다면, 중대한 측면에서 보면 하나님은 그를 섬기는 그의 백성들의 간곡한 간청에 훨씬 더 많이 응답할 것이다. 분명 예수는 가볍고 중대한, 즉 잘 알려진 칼 베초머의 원리를 사용하신다. 하나님은 비난받을 만한 친구와 같지 않다. 그는 악랄한 재판관과도 같지 않다. 하나님은 선하시다. 그는 귀한 친구이시며 공정한 재판관이시다. 예수께서는 하나님의 본성을 설명하기 위하여 풍자와 유머를 사용하신다. 따라서 기도의 결론은 하나님이시다. 사람들은 때론 마치 하나님을, 돌보지 않는 친구나 혹은 공정하게 다루지 않는 재판관처럼 생각하며 잘못되게 기도한다. 신적 본질의 역할을 하면서, 그리고 하나님 같지 않은 것처럼 과장된 특징을 사용하면서, 예수께서는 그의 무리들에게 하나님 같은 분을 가르치신다. 많은 경우에 있어, 이런 다채로운 설명들의 주제는 "하나님은 당신의 선한 친구이시다"라는 말로 요약되어질 수 있다. 하나님이 좋으시기 때문에 인내의 기도는 응답을 받을 것이다. 하나님 안에 있는 신앙은 대담한 인내로 정의된다.

유머와 풍자의 현명한 사용과 함께, 예수의 비유들은 기도의 경험에서 믿음의 진정한 본질을 찾는다. 우리가 하나님을 바로 알 때, 우리는 믿음 안에서 하나님께 다가갈 수 있을 것이다. 시미온 벤 쉐타치와 같은 랍비들은 이 개념을 간과하는 것에 대해 가치 있는 경고들을 제공한다. 아마 초니도 믿음이 유대의 경건한 삶의 방식과 분리될 때 그런 접근의 한계를 인식했을 것이다. 적어도 초니의 믿음은 그의 거룩한 삶으로 증명되어졌다. 그럼에도 불구하고, 예수의 비유에 따르면, 기도에 있어 신실한 인내는 그의 백성을 돌보시는 하나님께 도달한다. 또한 은유적 세계 안에서 믿음의 개념이 추쯔파라는 히브리 사상 안에서 정의 될 수 있다.

주

1) 현대 신약학계에서는 이 비유들에 대해 다른 견해들이 제시되어져 왔다. 그의 책, *Parables of Jesus*, 146-60에서 예레미아스는 마지막 시련을 위해 필요한 인내를 강조했고 종말론을 주제로 보았다. 마지막 시대가 이 비유들의 중요한 메시지이다. 그의 책, *Poet and Peasant*, 119-41에서, 베일리는 중동의 수치와 명예 사회를 강조했다. 피츠마이어는 그의 복음서 주석, *Luke 2*, 909-13에서 베일리를 정확하

게 비난했다. 주변 이슈들을 지나치게 강조함으로 현 학계는 고대 유대교 상황에서의 하나님의 본성과 기도의 유력한 주제를 때때로 놓친다. 필자는 곧 출판될 책을 통해 이런 이슈들을 두 비유를 바탕으로 구체적으로 다룰 것이다. 플러서의 뛰어난 다음 책을 보라: *Die rabbinischen Gleichnisse und der Gleichniserzälher Jesus*, 85ff. 필자의 책, *Jesus and His Jewish Parables*, 28ff에서 이와 관련된 많은 이슈들을 논의했다. 앞으로 필자는 여기에서 다룬 간결한 연구를 보다 많은 자료를 바탕으로 구체적인 책을 출판할 계획을 가지고 있다. 이 내용과 관련하여 한 세미나에서 필자는 사이러스 고든 (Cyrus Gorden)이 누가복음으로부터 이 두 비유를 지지하기 위한 접근법 연구가 고무적이고 확신이 간다는 말을 듣게 되었을 때 필자는 많은 힘을 얻었다.

2) Heschel, *Man's Quest for God*, 87을 보라. 헤쉘은 "기도의 문제는 기도가 아니다; 기도의 문제는 하나님이다"라고 말한다. 하나님에 관한 유대 개념을 위하여 다음의 중요한 책을 보라. D. Wolpe, *The Healer of Shattered Hearts: A Jewish View of God*.

3) P. Billerbeck, *Das Kommentar zum Neuen Testament aus Talmud und Midrash* 2.187을 보라. 또한 M. Sokoloff, *A Dictionary of Jewish Palestinian Aramaic* (Israel: Bar Ilan University, 1990), 213을 보라. 추쯔파라는 단어에는 여러 가지 형태를 가지고 있다. 그것의 아람어 형태는 헤 (*he*) 대신 알레프 (*aleph*)라고 쓰여 있고 미쉬나 히브리어에는 차쭈프 (*chatzuf*)의 형태로 사용된다. 한 랍비는 "랍비 추쯔팟" (Rabbi Chutzpit, 문자적으로 "랍비 끈기")이라고 불리는데 그는 위대한 학자로 간주된다.

4) 라틴어 벌게이트의 한 사본은 8절의 시작 부분에 "그러나 만약 그가 계속 문을 두드리면..." 이라고 기록한다. 신약학자인 레쉬 (R. Resch)는 이 부분을 본 비유의 원문으로 보았다. 그의 책 *Die Logia Jesus* (Leipzig: J.C. Hinrichs'sche Buchhandlung, 1898), 75을 보라. 그러나 이 독본은 분명히 이차적인 것인데 그럴지라도 이 비유의 초기 해석을 보여주는 유효한 것으로 볼 수 있다.

5) 린드세이 (R.L. Lindsay)는 이 비유들을 같은 경우에 가르친 것으로 보았다. 따라서 그는 예수의 생애 기간에 존재했던 이 이야기의 원문의 원래 순서를 눅 11:1-4, 9-13, 5-8, 18:1-8일 것이라고 제안했다.

6) 시락서 35 [32]:14-18 (히브리 본문과 주석을 위하여 시갈 [M. Segal]의 책, p. 220을 보라).

7) L. Finkelstein, *Akiba, Scholar, Saint and Martyr* (New York: Atheneum,

1975), 105이하와 S. Safrai, *R. Akiba Ben Yosef* (Jerusalem: Bialik Institute, 1970), 37-38 (히브리어)을 보라. 랍비 아키바는 j. *Taan.* 66d chap 3, hal. 4와 b. *Taan.* 26b.에 나타난다.
8) 데이빗 플러서는 이 랍비 비유의 중요성과 이것의 복음서 본문들 (사적인 전달)과의 관계의 중요성에 대해 필자에게 언급해 주었다. 필자는 플러서의 풍부한 통찰력에 감사한다.
9) m. *Taan.* 3:8와 유사물들을 보라. G. Vermes, *Jesus the Jew* (1973), 58-82를 보라. 예수와 초니는 유사한 비난을 받았다. 이 사실은 독자가 복음서들을 유대 상황이라는 중요한 평가를 가지고 읽을 수 있게 만든다. 예수께서는 그의 백성들과 대항하지 않으셨다. R.L. Lindsey의 *A Hebrew Translation of the Gospel of Mark 5*의 머리말에 있는 데이빗 플러서의 논의를 참조하라. 또한 이 책의, "기적, 선포, 그리고 치유 믿음" 장을 보라.
10) 손시노 (Soncino) 출판사에 의해 출간된 훌륭한 탈무드의 영어 번역은 이 본문에 있는 추쯔파를 "뻔뻔스러움"으로 묘사한다. 사실, 이 단어를 정확한 영어 동의어로 번역하는 것은 극히 어렵다. 여기서는 "대담한 인내"로 사용되어지고 있다. 아마 그 용어의 개념에는 "강한 의지가 담긴 끈기"의 의미도 시사할 수 있다.
11) b. Ber. 32a와 A. Heschel, *Torah Men Hashamayim*, (Jerusalem: Soncino Press, 1972), 1.196을 보라.
12) 눅 5:20; 마 9:2; 막 2:5. 린드세이는 종종 이런 방식으로 믿음을 말한다. 필자는 복음서 안에 있는 믿음의 의미에 대한 그의 통찰력에 감사한다. 복음서를 연구하는 학생들은 그의 저서, *A Comparative Greek Concordance of the Synoptic Gospels* (Jerusalem: Baptist House, 1985)으로부터 많은 유익을 얻을 것이다. 특히 "믿음"의 단어가 기입된 부분을 보라.
13) 이 사실은 로이 블리자드 (Roy Blizzard)에 의하여 기독교인들의 주의를 종종 받고 있다. 믿음에 대하여 언급한 눅 8:48; 마 9:22, 막 5:34을 보라.
14) 필자의 책, *Jesus and His Jewish Parables*, 28ff을 보라.

17

바리새인과 세리

"또 자기를 의롭다고 믿고 다른 사람을 멸시하는 자들에게 이 비유로 말씀하시되:

두 사람이 기도하러 성전에 올라가니 하나는 바리새인이요 하나는 세리라. 바리새인은 서서 따로 기도하여 이르되 하나님이여 나는 다른 사람들 곧 토색, 불의, 간음을 하는 자들과 같지 아니하고 이 세리와도 같지 아니함을 감사하나이다. 나는 이레에 두 번씩 금식하고 또 소득의 십일조를 드리나이다.

세리는 멀리 서서 감히 눈을 들어 하늘을 쳐다보지도 못하고 다만 가슴을 치며 이르되 하나님이여 불쌍히 여기소서 나는 죄인이로소이다 하였느니라.

내가 너희에게 이르노니 이에 저 바리새인이 아니고 이 사람이 의롭다 하심을 받고 그의 집으로 내려갔느니라" (눅 18:9-14).

기도하기 위하여 성전에 올라간 두 사람에 대한 예수의 이야기에 대한 첫 반응은 "우리가 그런 바리새인과 같지 않으므로 아주 기쁘다"이다. 그러나 바로 그 말이 정확하게 바리새인들이 세리들에 대해서 말했던 것과 같다. 이 유머스러운 이야기를 통하여 예수께서 전달하고자 했던 것은 무엇이었나?

바리새인과 세리의 비유는 바리새인들을 비난하고 그리고 유대교 위에 있는 기독교의 탁월함을 칭찬하는 식으로 자주 해석 되어진다. 이것이 예수께서 전하시려고 했던 의도였는가? 기독교인으로서 우리가 바리새인들과는 다르다고 우리 스스로를 칭찬한다면 예수의 원래 메시지의 의미는 잃게 된다. 유대교와 기독교가 예리하게 대조되는 이해에 대한 명백한 문제는 이 비유 자체에 나타난다. 그 결과로, 기독교인으로서 우리는 그 비유에 등장하는 바리새인의 방식과 거의 동일하게 행동한다. 누가가 말하는 것처럼, 우리는 스스로 의롭다고 생각하며 남을 멸시하는 우리 자신들을 믿는다 (눅 18:9).[1] 그러한 우리들의 종교적인 편견의 결과로, 우리는 이 비유의 1세기 상황에서 말하고자 하는 점으로부터 퇴색하게 만든다.

우리는 이 이야기를 과거의 선입견으로부터 벗어나 듣는 것이 가능한가? 필자는 여러 세기를 걸쳐 이 비유의 원래 의미를 찾는데 오래도록 장벽이 되었던 것들이 극복된다고 믿지만 다른 많은 어려움들은 역사적인 연구와 관련되어 있다. 우선 당착하게 되는 큰 문제는 영어에서 말하는 "바리새인"이라는 용어의 강한 부정적 함축성이다. 이 문제가 본 비유를 공부하는 데 있어 가장 주요한 것이다. 우리가 쓰는 현대 사전들에 의하면 바리새주의 (Pharisaism)는 위선과 유사한 의미로 정의된다. 바리새인이라는 이름은 그것이 1세기에 한 평범한 사람에게 쓰여졌던 것과 비교해 보면 오늘날 영어권에서 사용되는 것은 그보다 훨씬 다른 상상력을 불러낸다. 1세기의 유대 청중은 일부 바리새인들의 결점들을 인식하지 않은 것은 아니었다. 그럼에도 불구하고 그들은 바리새 신학의 토대와 그 민족의 진실된 믿음과 실천을 위해 갱신을 요구한 한 운동의 풍부한 영적인 유산에 대해서는 긍정적으로 평가했다. 바리새인들은 그들의 위덕과 조국의 영적 복지를 위해 헌신한 것으로 존경을 받았다. 극한 대조로, 오늘날 이해되어지는 바리새인의 이미지는 자기 의를 구하는 자이다.

이 드라마틱한 이야기의 이해를 방해하는 또 다른 장애물은 이 비유에 있는 성전의 돌출과 관련된 것이다. 고대 이스라엘의 예배에 있어 성전의 역할은 비유 자체가 성전 안에서 한 배경을 가정하기 때문에 주의 깊게 학습되어야 한다. 무대는 바리새인들과 세리가 장소를 얻기 위한 모습으로 배치되어 있다. 이 비유가 예루살렘 성전의 멸망 이후에 조성 발전되어질 수 있었는가? 몇몇 신약 학자들은 이 비유가 예수의 직접적인 가르침이라기보다 초대 교회가 그것을 만들었다고 주장하면서 이 비유의 진정성에 의문을 제기한다. 초대 교회가 과연 성전에서 희생 제사 기간 동안에 용서와 칭의를 받는 것으로 한 개인을 묘사할 수 있는가? 아마 이 비유의 이른 시기와 누가 복음서에 그대로 위치하는 것에 대한 가장 유력한 주장은 바로 여기에서 발견된다. 후기 교회 공동체가 이 이야기를 만들어 예수께 귀속시키지 않았다. 이 비유의 배경의 실제적인 특징은 기원후 70년 성전 파괴 이전 이스라엘 백성들의 역사적 배경 안에 있는 깊은 뿌리를 갖고 있다.

심지어 오늘날도 이 비유를 주의 깊게 읽는 사람이라면 대조의 주제 안에서 예수의 예리한 재치와 강한 인격을 느낄 수 있다. 한 이야기에서 외관상 악인이 영웅처럼 행동할 때 탁자들은 돌려져 있다. 청중들은 자기들이 선한 사람이라고 판단했던 그 선입견이 거짓으로 판명 났을 때 놀란다. 한 악한 세리는 스스로 겸손하며 죄 용서를 위해 하나님께 신실히 기도했다면 한 거룩한 바리새인은 모든 사람들이 가정한 만큼 의롭지 않다. 이 비유에서 세리라는 단어는 간혹 수세리 (publican)로 번역된다. 세리는 정부를 위하여 세입을 걷는 공무원이었다. 이런 세리들은 세금을 거뒀고 법에 의해 요구되어진 금액을 초과하여 많은 양의 돈을 착복하는 그래서 자기 배를 채우는 로마의 친구들로 비춰졌다. 청중들은 비록 그 세리가 싫은 정권을 위하여 세금을 거두지만 그는 하나님의 자비를 위한 그 자신의 필요를 인식했음을 깨닫는다. 선함을 상징하는 한사람과 악함을 상징하는 또 다른 한사람인 이 둘은 그들의 예상 밖의 행동으로 청중을 놀라게 한다. 1세기 유대 청중들의 눈에 비춰진 바리새인들은 거룩하고 의로운 자들로 여겨졌다. 이 이야기는 예수의 비유들의 강한 특징인 풍부한 유머를 수반하는 생방송 드라마이다. 이 이야기의 예술적 기교는 원래 청중들을 즐겁게 했을 것이다. 나쁜 사람은 선하고 선한 사람은 나쁘다. 그래서 역사적 상황에서 보면 몇 가지 문제들이 분명히 존재하지만 이 이야기를 통하여 도전이 되는 점은 예리하게 나타난다.

비유에 대한 복음서들의 가르침은 원래의 유대 무대에서 최상으로 보여진다. 이스라엘의 지혜 문학은 바리새인들과 그리고 예루살렘 성전이 기원후 70년에 로마에 의해 파괴되기 전 경건한 유대인들의 종교적인 삶에 있어 성전의 중심된 위치에 대한 올바른 이해를 위하여 풍부한 식견들을 보존한다. 더욱이, 이 비유에 대한 우리의 연구는 마음 (히브리어로 카바나)의 올바른 태도에 관한 유대의 가르침들이 필수적 배경 요소임을 보여줄 것이다.

바리새인들

본 비유를 듣고 있는 원 청중들은 바리새인들이 자기 의를 구하는 위선자들로 생각하지 않았다. 반대로 그들은 그들의 신실한 경건함으로 존경을 받았다. 존 크로산 (J. Crossan)은 문제의 본질을 유머스한 다음의 비유로 묘사한다: "교황과 포주가 성 베드로 성당에 기도하러 갔다."[2] 본성으로 거룩하다고 여겨지는 교황과 확연히 부정한 포주의 대조는 이 드라마에서 보여주고 있는 행동이 얼마나 기대 밖의 결과인지를 납득시키고도 남는다. 두 사람이 기도하기 위해 성전으로 간다. 하나는 거룩하게 보이고 또 다른 이는 사악하게 보인다. 이 비유는 두 주요 인물의 과장된 액션의 패러디를 자아낸다.

당시 사람들의 마음에 있는 바리새인 개념은 현대인들이 갖는 것과는 상당히 차이가 났다. 죠지 뷰트릭 (G. Buttrick)의 예수의 비유에 관한 책이 방대하게 읽혀져 왔는데 그 책에서 그는 바리새인들에게는 하나님이 없다고까지 주장한다. 뷰트릭은 바리새주의에 대하여 다음과 같이 강하게 말한다.

> 바리새주의는 친구도 없고 친근함도 없는데 그 이유는 내부로 향하는 눈으로 인하여 저주를 받았고 자기 자만을 북돋우는 것 외에는 다른 사람의 필요들을 보지 않기 때문이다. 바리새주의는 희망도 없는데, 그 이유는 이미 얻었기 때문이다. 바리새주의는 하나님도 없는데 하나님이 필요 없다고 느끼기 때문이다.[3]

뷰트릭은 크리스챤들이 그와 같은 바리새인과 같지 않은 것으로 인하여 감사해야 함을 제안하고 있나? 성경 연구에 있어 뷰트릭이 이룬 위대한 공헌에도 불구하고 이 점에 있어서 필자는 그의 견해에 반대한다. 예수는 이 비유에서 바리새주의 신학을 공격하는 것이 아니라 우리가 기도로 하나님을 향할 때 신실함이 필요함을 강조하신다. 반대로, 예수는 결코 종교적인 운동으로서 바리새주의를 비판하지 않으셨다. 하지만 그는 일부 바리새인들의 위선적인 행동에 대해서는 날카롭게 비난하셨다. 이 비유의 메시지와 위선에 반대한 그것의 경고를 듣는 대신, 뷰트릭은 바리새인들에 대항한 그 자신의 편견의 먹이로 전락하므로 그는 그 비유의 핵심을 놓친다.

초기 유대 사상 안에서 바리새인의 이미지는 원래 독선적인 위선의 하나는 아니었다. 예수께서 몇몇 바리새인들의 위선을 경멸했을 때, 그는 결코 바리새주의의 종교적이고 영적인 가르침들을 공격하지는 않으셨다. 사실, 마태복음 안에서 바리새인들에 관한 가장 날카로운 비평들은 명백한 증거에 의해 소개되어진다. "서기관들과 바리새인들이 모세의 자리에 앉았으니 그러므로 무엇이든지 그들이 말하는 바는 행하고 지키되 그들이 하는 행위는 본받지 말라 그들은 말만 하고 행하지 아니하며"(마 23:2-3).

여기에서 문제는 실천이다. 서기관들과 바리새인들의 가르침의 내용은 문제가 아니었다.

   고고학과 랍비 문학은 예수의 말씀 속에 있는 "모세의 자리"의 의미를 명확히 한다. 현무암에 새겨진 한 의자는 예수가 설교했던 도시인 코라짐 (Chorazim)에 있는 회당의 발굴물에서 발견되었다.[4] 그 도시는 갈릴리 바다 북쪽에 위치해 있고 비록 모세의 의자가 발견된 그 회당은 1세기만큼 이르진 않지만, 고고학자들은 그것이 예수 시대의 회당 건축술의 구조와 유사하다고 믿는다. 의자 그 자체는 경이로운 발견이다. 그 의자가 지방 고유의 자연석으로 지어진 것으로 보아, 갈릴리 사람들의 종교적 경험의 본질뿐 아니라 지리적인 환경도 포함하고 있는 것 같다. 공동체의 학식 있는 종교 지도자들은 그 석조 의자에 앉아서 토라에 관한 그들의 가르침을 나눈다. "모세의 자리"가 특별하게 유대 문학에 언급되어진 반면, 고고학의 발견은 매일의 삶의 생생한 그림을 제공한다. 초기 회당의 아주 많은 세련되고 거룩한 설교들을 보관하고 있는 설교 미드래쉬 (homiletical midrash), 페식타 드 라브 카하나 (Pesikta De Rav Kahana)에 실제 이름으로 "모세의 자리"를 언급한다.[5]

   더욱이, 랍비 문헌에 있는 이미 다른 유사 구문에서도 볼 수 있듯이, 고대 유대 자료들이 석조 의자 (Stone Chair)와 시내산 이야기에 있는 랍비들 사이에서의 활발한 토론을 묘사할 때 고고학적인 발견이 활기를 띠게 된다. 석조 의자를 언급하는 문맥은 두 랍비 사이의 열띤 논쟁과 관련되어 있다. 그 시대의 유대 문화는 토라의 깊은 의미를 공부하는 데 있어서 자유로운 사고, 창조성 그리고 혁신적인 방법 등을 장려했다. 사실, 유대 교육의 방법들 안에서 정식 교육을 받지 못한 많은 사람이 랍비들 스스로 다양한 의견과 표현의 자유를 장려한 것을 발견할 때 때로는 상당히 놀라워한다.

   석조 의자는 랍비 엘레저가 습관적으로 앉아있고 가르쳤던 것으로 랍비 문헌에 묘사되어 있다. 비록 엘레저가 영향력 있는 영적 지도자였더라도 공동체에 있는 모든 사람들이 그의 메시지를 받아들이지는 않았다. 랍비 엘레저가 종종 아주 잘 알려지고 높게 평가받은 지혜자인 랍비 조슈아(Joshua)와 심각한 논쟁을 했다는 것은 상식적인 일이었다. 랍비 엘레저와 랍비 조슈아는 그들 각자의 가르침에 있어 사상의 강력한 흐름을 대표하는 자들이었다. 그들은 유대 종교적인 삶의 활발한 이슈를 포함하여 격심한 논쟁들로 시작했다. 바리새주의의 문화와 랍비적인 논의는 성문법과 구전법의 학습에 있어 창조적인 접근을 하게 했다. 종종 다른 관점들은 율법과 더불어 학문적인 영역에서 나타난다. 주의 깊은 논쟁은 말씀의 깊은 의미를 중대하게 평가할 수 있는 한 방법이 된다. 사상과 혁신의 독창성은 자주 다른 견해들을 불러들이게 된다. 그러므로, 성경 연구에 있어 유대적인 접근은 공통된 골조 안에서 의견의 풍부한 다양성을 창조했다.

비록 서로 다른 주장을 하는 뛰어난 선생들에 의해 강한 견해들이 제기되었지만, 서로 다른 견해에 대한 경의는 지켜졌다. 그 두 괄목할 만한 랍비들의 견해의 차이점은 랍비 엘레저가 앉아 가르친 석조 의자에 대한 랍비 조슈아의 언급을 평가하는 데서 이해되어져야 한다. 이 두 랍비의 가르침의 대립은 아주 잘 알려졌기 때문에, 랍비 조슈아의 행위에 관한 이야기는 모세의 자리에 앉은 바리새인들에 대한 예수의 비난에 빛나는 색채를 더해준다. 예수께서 모세의 자리에 앉아있는 바리새인의 가르침의 내용에 대해서는 경의를 표시한 반면, 실제로는 그들에게 아주 주의 깊은 조심을 권면하고 있다. 조슈아는 엘레저보다 오래 살았다. 엘레저의 죽음 이후, 조슈아는 엘레저가 가르치기 위해 앉아 있던 돌 곁으로 지나 가곤 했다. 어느 날, 조슈아는 그와 함께 종종 논쟁하던 그의 동료에게 경의를 표했다. 엘레저의 석조 의자와 시내산을 비교하는 이야기에서, 아가서에 대한 유대 주석은 랍비 조슈아가 했던 것을 묘사해준다.

랍비 엘레저의 벳 하미드래쉬 (Bet Hamidrash)는 마치 투기장의 모형을 취했다. 그를 위해 특별히 마련된 의자 안에는 돌 하나가 있었다. 한번은 랍비 조슈아가 이 돌이 있는 곳으로 와 입 맞추기를 시작했다. 그런 다음, 다음과 같이 말했다. "이 돌은 마치 시내산과 같고 그 위에 앉았던 자는 마치 언약궤와 같습니다."[6]

비록 조슈아는 율법을 해석하는 데 있어 엘레저와 격렬하게 다투었지만, 그는 그가 존경하는 동료인 엘레저가 가르치기 위해 앉았던 그 석조 의자를 시내산과 비교했다. 그는 엘레저로부터 배움으로 율법에 팔목할 만한 공헌을 했던 것을 회상하면서, 그 의자를 감싸 안으면서 키스를 했다. 그 석조를 시내산과 비교하는 것은 랍비 엘레저를 모세와 비교하는 것과 같았다!

코라짐의 마을에 있는 발굴지와 랍비 자료에서 발견된 그 석조 의자는 마태복음 23:2절에 있는 모세의 의자라는 말의 의미에 대해 한층 더 분명한 그림을 제공한다. 새로운 중요성이 예수께서 하신 말씀에 주어진다. 복음서 본문은 바리새인들이 가르쳤던 그 장소를 언급한다. 모세의 언급은 시내산과 율법에 포함된 신적 계시의 권위적인 본질을 회상하게 한다. 비록 선생들의 삶의 스타일이 율법에서 요구하는 높은 수준의 성결 된 삶에 미치지 못한다 하더라도, 그들의 가르침들은 유효한 것으로 인정되어야 한다.

랍비들은 가르치기만 하고 행하지 않는 자들에게 거의 동일한 비난을 했다. 랍비 문헌에는 색채롭지만 부정적인 특징을 가진 바리새인들의 일곱 형태를 묘사한 곳이 있다.[7] 아마 이 일곱 중 단지 한 형태만 긍정적이라 할 수 있다. 바리새인들은 자신들의 행동을 유심히 관찰한다. 자기 관찰과 건설적인 비평은 진정한 영적 갱신에 필요한 덕목이었다. 바리새인들은 자기 비평을 통하여 자기 부흥과 발전을 추구했다. 유사한 예로, 하나님을 위하여 특별한 열정을 가지고 또한 백성들의 필요에 대하여 큰 관심을 가졌던 고대 선지자들은 그들의 세대에게 강렬하게 말했다. 그들은 진정한 회개를 촉구했다.

탈무드에 보면 바리새인들과 싸웠던 왕 야나이 (Yanai)가 그의 아내인 왕비 알렉산드라 (Alexandra)에게 그 영향력 있는 종교 운동과의 평화를 구축하기 위하여 충고했던 것을 보고할 때 위선자에 대한 유사한 비평이 주어진다. 그 이야기에 보면, 왕은 왕비에게, "바리새인들을 두려워하지 마시오... 그러나 바리새인들을 흉내 내는 위선자들을 두려워하시오."[8] 라고 말한다. 그런 다음, 탈무드에 따르면, 심지어 바리새인들의 적도 비록 그가 다른 사람들이 위선적이라는 것을 알았음에도 그 운동 내에 있는 경건한 자들을 존경했다. 위선자들은 바리새인들처럼 행동했지만 진정한 바리새인들은 아니었다. 비록 일부 학자들이 기원전 76년, 왕비 알렉산드라가 권력을 얻게 되는 해로부터 이 진술의 역사성에 의문을 제기하지만 그것은 경건한 바리새인들의 존경스런 자질들과 다른 사람들의 위선적인 행위를 알았음을 보여준다.

랍비들은 비록 그들이 괄목할 만한 존경스런 선생들이었을지라도 그들의 신분 가운데 있는 학자들을 비평하는데 일반적으로 꺼려 하지 않았다. 벤 아짜이 (Ben Azzai)는 그 당시에 성경을 연구하는 뛰어난 학자 중에 한 사람이었다. 그는 결혼을 거절할 정도로 율법 연구에 아주 헌신적이었다. 그는 가족을 책임지는데 힘을 쏟는 것보다 율법의 가르침과 연구에 몰두하는 것을 더 좋아했다. 그의 유명한 창세기 강해 중 하나에 그는 출생과 관련한 명령에 관하여 설교했다. "생육하고 번성하라..." (창 1:28). 랍비 자료들은 그가 아이를 갖는 의무를 다하지 않는 사람은 사실상 하나님의 형상을 축소시키는 것임을 어떻게 선언했는지 묘사한다. 그것은 마치 그가 순전한 피를 흘리는 것과 같다. 그의 동료들은 그의 설교가 위대하지만 그의 행동은 열등했으며 위선적이었다고 잽싸게 지적했다.[9] 벤 아짜이는 그가 설교한 것을 실천해야 했고 결혼도 필요했다. 그렇지 않다면, 그는 적어도 그 점에 있어 침묵해야 한다. 그 선생은 그 자신의 삶의 모습으로 그가 전한 메시지에 모범을 보여야 한다. 유사한 경우로, 예수께서는 설교를 하지만 행하지 않는 자들을 비난하셨다. 불행하게도, 현대 관례로 바리새인의 이미지는 거의 긍정적이지 못하다. 바리새주의에 대한 그런 부정적인 특징은 유대교와 기독교의 시작에 대한 우리의 관점을 왜곡한다. 바리새인들과 종교 사상에 있어 그들의 공헌을 거의 인정하지 않는다. 예를 들어, 우리 기독교 학자들은 바리새인들이 후기 랍비 유대교의 기초를 세웠다는 사실을 받아들이지만 기독교 신학에 끼친 영향은 경시한다. 하지만, 예수의 신학은 유대적이며 바리새 사상의 기초위에서 세워졌다. 죽은 자의 부활에 있어 신론을 확대하는 그들의 견고한 신앙은 일반적으로 인식하는 것보다 훨씬 중대하게 기독교 신앙에 영향을 끼쳤다. 신학적으로, 초기 기독교인들은 바리새인들과 아주 가까웠다. 확실히 유대 사상은 제 2성전 시대 동안 아주 다양했는데, 바리새인들은 당시 많은 영향력 있는 종교 운동들 가운데 속해 있었다. 여기에, 예수의 비유를 충분히 평가하기 위해서 우리는 바리새주의의 긍정적인 요소들을 평가해야 한다. 비유에서 바리새인의 핵심 역할이 무엇인지 충분히 평가되어야 한다는 말이다. 바리새인은 자기 의를 구하는 위선자가 아니라 경건과 성결을 대표한다.

오늘날 바리새인들에 관한 부정적인 견해들은 기독교인들과 유대교인들 사이에 영향을 끼쳤다. 기독교인들로서 우리는 신약성서에서 우리가 읽는 "사악한 바리새주의"의 마지막 산물로서 현대 유대교를 보는 경향이 있다. 이런 편견의 독은 두 가지 방향으로 흐른다. 첫째, 예수 시대에 살았던 바리새인들에 대한 우리의 인식의 방향 안에서 흐른다. 둘째, 현대 유대교에 관한 우리의 관점에서 흐른다. 사실, 유대 신앙과 기독교 신앙에 대한 현대적 표현은 제 2 성전 기간 동안의 바리새인들의 풍부한 영적인 헌신에 공통된 뿌리를 두고 있다. 바리새인들에 대한 우리 기독교인들의 편견은 기독교인들과 유대인들이 진실한 존중으로 서로 듣고 대화하는 것을 더욱 어렵게 만든다.

바리새인과 세리에 관한 예수의 비유에 담겨있는 예리한 기지와 유머, 그리고 충격적인 요소를 충분히 평가하기 위해서 독자는 두 주요 인물의 정신적인 연상을 이해해야만 한다. 원 독자들에게 있어 바리새인에 대한 언급은 의의 이미지를 불러일으킨 반면, 세리에 대한 평판은 아주 달랐다. 세리는 사람들에게 경멸당했으며 경건과 성결에 있어 심각할 정도로 부족한 자들로 간주되었다. 세리는 포악한 꼭두각시 정권과 로마의 이방 정부를 위하여 세금을 거뒀을 뿐 아니라 그 자신의 부를 위하여 거대한 양의 세금을 포착한 자로 여겨졌다. 유대 민족주의자들은 정치적 압제의 지역 대표들로서 그리고 외국의 이방신들 (gods)을 인정한 유대인들로 세리들을 거절했다. 젤롯당들에게 있어, 세리는 우상 숭배자로 간주되기도 했다. 그들은 신으로 규정된 로마 황제를 위하여 세금을 거뒀다. 기껏해야, 세리는 도둑이었고, 최악으로 그는 역적이었고 우상 숭배자였다. 예수의 비유에 있는 세리는 악의 완벽한 그림이다. 한 사람이 도둑이었고 역적이었으며 그리고 우상 숭배자였다.

두 개인이 기도하기 위하여 성전으로 올라간다. 하나는 거룩하고 다른 하나는 사악하다. 예수께서는 그의 청중들에게 이 비유의 구상의 줄거리를 따르기를 초청하신다. 이 비유는 성전에 대한 친숙한 설정으로 시작하지만 기대치 못한 결과로 청중들을 놀라게 한다.

성전

성전은 기도하는 곳이다 (눅 1:10).[10] 그러나 사람들의 정신에 있는 성전 예배의 가장 현저한 모습은 희생 제사였다. 성전 예배에서 사람들은 각자 개인의 제물을 드릴 수 있도록 허락을 받았다. 그러나 아마도 이 비유는 아침과 저녁 하루에 매일 두 번 드렸던 것(타미드, *Tamid*)을 묘사하는 듯 하다. 사람들은 이 시간 동안에 성전에 올라가고 예배를 위해 모인다. 제 2 성전 기간 동안 기도자들은 예배에 포함되었다. 사람들은 향을 피우는 시간 동안 기도했다. 이 비유의 시작을 묘사하고 있는 장면은 두 사람이 매일 정해져 있는 희생 제사 시간에 기도하기 위하여 성전으로 올라갔음을 보여준다. 예수는 그의 비유를, "두 사람이 기도하러 성전에 올라갈새..."라고 말함으로 시작하신다.

용서를 위한 속죄는 성전에서의 희생 제사의 목적이었다. 시편 48편은 성전 제사의 장소로 시온산을 온 세계의 즐거움으로 묘사한다. 이 절에 대한 유대 해석은 성전 예배를 위한 희생 제사의 진정한 본질을 보여 준다.

> "... 온 세계의 즐거움"(시 48:2)이란 성전이 서 있었던 동안에 곤란에 처해 있었던 한 이스라엘인이 아님을 의미한다. 왜냐하면, 한 사람이 죄를 가지고 성전에 들어가 희생 제물을 드릴 때, 그는 용서함을 받았기 때문이다. 그는 의로운 그 곳에서 벗어나 가졌던 느낌보다 더 큰 즐거움을 가질 수 있는가?[11]

따라서 이 비유에 묘사된 성전 예배는 자연스럽게 매일의 제사에서 유효했던 죄를 위한 속죄를 언급한다. 바리새인과 세리가 희생 제사가 드려지는 시간 동안에 나타났지만 그 중 하나만 하나님의 은혜에 바른 태도를 취했다.

확실히 초대 교회가 이 이야기를 창조하지 않았을 것이다. 이것은 예수의 비유이다. 이 비유에 있는 속죄의 관점은 성전이 섰던 그 때로부터 유대 사상을 반영한다. 이 비유의 메시지는 예리하게 마음의 태도에 초점을 맞춘다. 세리는 하나님의 자비를 얻기 위한 진실한 소망을 표현했다. 세리에 관하여 예수께서는 다음의 말씀을 하신다. "내가 너희에게 이르노니, 이 사람이 의롭다 하심을 받고 그의 집으로 내려갔느니라" (히브리어, 무쯔다크 [mutzdak] 혹은 자크하이 [zakhai]; 눅 18:14).[12] 그는 희생 제사와 성전 예배 동안 그의 마음을 하나님께 향했다. 그는 그의 가슴을 쳤다. 이것은 격앙된 슬픔을 나타낸 행위였다. 깊은 마음의 번민으로, "하나님이여, 죄인인 나에게 자비를 베풀어 주소서"라고 소리쳤다. 한편 바리새인은 만족했다. 그는 자신을 이미 의인된 존재로 보았다. 그는 다른 사람들과 같지 않음으로 인하여 하나님께 감사했다. 그는 기도하는 동안 뻣뻣하게 섰고 아마 자신을 제단에 가까운 위치에 두었을 것이다.

대조적으로, 세리는 멀리 떨어져 섰다. 그는 뻣뻣하게 서지 않았고 오히려 부끄러움과 번민으로 그의 가슴을 쳤다. 이 이야기를 듣는 사람들은 세리를 제단에서 멀리 두었을 것이다. 그는 단순히 바리새인이 보이는 곳에 있었다. 사람들이 매일 드리는 제사 후 향을 피우는 시간에 성전 뜰에서 기도할 때, 세리는 자신이 그 곳 가까이 갈 가치가 없다고 느꼈다. 외적으로 거룩하게 보이면서 기도하는 바리새인이 다른 사람들을 경멸하는 반면, 세리는 하나님께 다가가 그의 용서를 구했다. 비록 이 비유속의 바리새인이 일주일에 두 번 금식 했지만, 그는 금식을 통하여 사람들의 영적인 갱신을 신실하게 구했던 진실한 바리새인들과는 같지 않았다. 그는 단순히 그의 마음속에 있는 자신을 고양시켰다. 다른 바리새인들이 성경적 원리를 이루기 위하여 십일조를 열망적으로 했지만, 그는 그의 수입에 대해서 십일조를 했을 뿐만 아니라 그가 샀던 모든 물건들 – 즉, 물건을 판 상인이 십일조의 의무를 다하지 않았던 물건을 샀을 경우 – 에 대해서도 십일조를 하는 여분의 노력을 다했다. 하지만 종교적인 경건함의 그의 외적인 모습은 하나님께 받아들여지지 않았는데 그것은 그의 마음의 태도가 문제였다. 그 전의 선지자들처럼, 예수께서도 하나님께 진정한 마음의 헌신 없는 제사는 충분하지 않다고 가르치신다. 하나님은 마음으로부터의 제사를 원하신다.

카바나 (Kavanah)와 유대 기도

히브리 단어 카바나는 누군가의 마음의 의향 (intention) 혹은 진실한 욕구 (true desire)를 의미한다. 문자적으로 이 단어는 방향 (direction)을 언급한다. 종종 이 용어는 집중 (concentration)을 의미하기도 한다. 어떻게 기도하면서 마음이 하나님께 향할 수 있나? 사람들의 기도 생활에 있어서 카바나의 최고의 중요성은 유대 문헌에서 강조된다. 예수의 비유의 적용은 마음의 방향을 일컫는 카바나의 관점에서 연구되어져야 한다. 예루살렘 탈무드에는 이스라엘의 현자들이 쉐마 (Shema) -- 이스라엘아 들으라, 주 우리의 하나님, 그 주님은 한분이시다 -를 암송해야 하는 각 개인의 의무를 토론한 부분을 기록한다. 랍비들은 단순히 그 쉐마의 말들을 암송하는 것만으로는 부족함을 가르쳤다. 무엇보다도 기도자의 마음의 의향이 가장 중요했다. 그들은 다음과 같이 가르쳤다. "쉐마의 암송은 마음의 의향 (카바나)이 수반되어야 한다."[13] 카바나는 집중을 의미한다. 이것은 정성스런 진실을 언급한다. 기도 속에서 마음이 하나님께 향해야 한다. "이스라엘아 들으라, 주 우리의 하나님, 그 주님은 한분이시다"라고 암송하는 한 사람이 온 마음으로 집중하지 않는다면, 그 사람은 기도의 의무를 완성하지 못한다.[14]

랍비적 가르침에 있어 한 가지 기억해야 할 것은 쉐마의 암송이 천국과 직접 연결되어 있다는 것이다.[15] 한 개인의 삶 속에서 하나님의 왕권을 인정하는 것은 모든 우상을 거절하는 것을 의미한다. 쉐마를 암송하는 것은 멀리 있는 가지들을 소유하는 것이었다. 주님이 왕이 되신다. 천국이 실현된다. 누군가가 말 동작으로 단순히 암송할 수 없다. 각자는 자기의 마음을 하나님께 향해야 하고 집중해야 한다. 유대 가르침에는, 기도란 마음이 하나님께 향함으로 먼저 일어나야 함을 말한다. 사실, "방향" (히, 카바나)은 행위 동사로 사용 된다 (키벤 에트 리보, kiven et libo "누군가의 마음이 향하다").

미쉬나는 그들의 왕성한 기도 생활로 초기 카시딤 (Chasidim)을 묘사한다.[16] 그들은 그들의 마음이 하늘로 향하게 하기 위해, 기도 전에 일정한 시간을 헌신했다. 가장 큰 우선순위는 집중된 기도 속에서 누군가의 마음이 하나님께 향하는 것이었다. 누군가가 쉐마를 암송할 때, 그 사람은 천국을 받았다. 종교적인 의무로서, 하나님께 하는 기도로서 쉐마를 암송하는 것이 요구되었다. 쉐마를 암송하는 동안 하나님 외에 다른 무언가를 생각한다면 어떻게 될까? 어쨌든, 실질적인 의미 없이도 기도를 암송하는 것은 가능하다. 마음이 하나님께 향하지 않고 쉐마의 내용을 분별없이 반복하는 것이 충분한가? 만약 누군가가 마음을 빼앗긴 채 어디론가 간다면 어떻게 될까? 사람들은 하나님의 통치에 대하여 그들의 생각에 집중하지 않고 말들을 반복할 수 있다. 그러나 진정한 기도는 집중을 요구한다. 랍비들은 심지어 그들이 여행을 할 때도 다음과 같이 말했다.

> 누군가가 길을 걷고 있는 동안 천국이 그 사람에게 임하는 것이 금지 되어 있다. 우선 그/그녀는 멈추어 정한 장소에 서야 하고 경외와 두려움과 떨림과 전율로 그/그녀의 마음을 직접 하나님께 향하여야 한다. 그런 다음 그/그녀는 하나님의 이름 (the Name)의 유일성을 암송할 수 있다. "이스라엘아 들으라, 우리의 하나님, 여호와는 오직 유일한 여호와이시니" (신 6:4). 그/그녀의 마음이 진실로 하나님께 향하는 동안 한 낱말 한 낱말을 기도해야 하고 그런 다음 "하나님의 영광스러운 이름을 송축하나이다, 그의 왕국은 영원무궁할지어다" 라고 암송할 수 있다. 그런 다음 누군가가 "너는 마음을 다하여 주 너의 하나님을 사랑하라"는 본문을 접했을 때, 그/그녀가 걷기를 원한다면 그렇게 할 수 있다. 만약 서기를 원한다 해도 그렇게 할 수 있고, 앉기를 원하여도 그렇게 할 수 있다. 왜냐하면 기록되기를, ". . . 집에 앉았을 때에든지 길을 갈 때에든지 누워 있을 때에든지 일어날 때에든지 이 말씀을 강론할 것이며" (신 6:7).[17]

쉐마의 위대함을 강조하고 하나님의 통치의 승인을 인정하기 위하여 "이스라엘아 들으라, 여호와는 오직 유일한 여호와시니" 라고 단언할 때 각 개인은 여전히 서야 하고 마음을 하나님께 향하여야 한다. 걷는 동안에는 고대 전례식문 (liturgy)의 다른 부분들도 암송할 수 있다. 그러나 쉐마 기도를 드림으로 천국을 받는 것은 마음의 방향을 요구했다.

유대 랍비들의 말씀들 − 경외와 두려움과 떨림과 전율로 각 개인은 그/그녀의 마음을 하나님께 향하여야 한다 − 은 히브리 사상 안에서 기도의 의미를 분명하게 만든다. 마음의 신실한 의향이 필요하다.

예수의 이야기에 있는 선한 사람들과 악한 사람들

예수의 장엄한 인격과 그의 예리한 기지는 바리새인과 세리의 색채 있는 비유 속에 나타난다. 우리가 이 이야기를 들을 때, 거울 모습이 반영된다. 우리가 유대교와 바리새인들의 종교적인 공헌들을 공격할 때, 우리는 예수의 메시지를 놓친다. 이 비유 속에 있는 선한 사람들과 악한 사람들의 강한 대조가 나타난다. 그 거룩한 사람은 청중을 실망시킨다. 그러나 죄 많은 한 개인은 하나님 앞에서 그의 진정한 회개와 겸손으로 우리를 놀라게 한다. 불경한 세리는 하나님 전에서 의롭다고 인정받고 종교적인 바리새인은 실패한다.

바리새인과 세리의 차이는 그들 마음의 카바나였다. 유대 신학자로서 예수는 각 사람에게 하나님과의 관계에서 마음으로 진실하기를 요구하신다. 따라서 이 이야기의 아름다움은 세리의 모습에 있다. 하나님의 은혜는 얻어질 수 없다. 심지어 사악한 세리는 그가 하나님의 자비를 구하였을 때 하나님에 의해 받아들여진다. 하나님은 세리를 사랑하신다. 그는 바리새인도 사랑하신다. 그러나 선한 종교적인 사람들의 눈에 죄 많고 불경건한 개인이 어떻게 비쳐지더라도 하나님의 호의는 한계가 없다. 하나님은 세리들과 죄인들을 사랑하신다. 그들이 과거에 무엇을 했는가가 문제가 아니다. 그의 은혜는 신실한 기도속에서 하나님께 그들의 마음이 향하는 모든 사람에게 주어진다.

주

1) 설령 이 단어들이 누가에 의해 기록되지 않았거나 혹은 편집적인 구절이라 할지라도 이 단어들은 간결하고 꼭 맞는 태도로 이 비유의 주요 주제를 소개한다. 종종 다른 사람을 경멸하는 것은 자기 의를 구하는 태도를 동반한다. 그것들은 함께 간다.
2) John Crossan, *Raid in the Articulate: Cosmic Eschatology in Jesus and Borges* (New York: Harpers and Row, 1976), 108.
3) George Buttrick, *The Parables of Jesus* (Garden City: Doubleday, 1928), 90. 제 2성전 기간 동안 풍부한 유대 종교 사상으로부터 유대교와 기독교의 형성에 관한 아주 중요한 연구를 위하여 Flusser, "A New Sensitivity in Judaism and the Christian Message," *Judaism and the Origins of Christianity*, 469 이하를 보라. 준엄한 경건이 위선의 열매를 맺을 수 있다는 위험은 늘 나타난다. Billerbeck, vol. 2, p. 240에 인용된 기도자들을 비교해 보라. 여기에는 기도자가 아주 쉽게 자기 경하의 덫에 빠질 수 있음을 말한다. 예수의 비유에서도 바리새인의 태도는 과도하게 쌀쌀맞은데, 특히 다음과 같은 그의 기도를 통해서 더욱 그렇다. "하나님이여, 내가 다른 사람들과 같지 않고… 심지어 이 세리와도 같지 않음을 감사하나이다."
4) 위의 p. 46 을 보라. 그 발견물의 세련된 색깔의 사진을 보려면, Michael Avi-Yonah, *Views of the Biblical World* (Jerusalem: International Publishing, 1961), 1.63을 보라. 의자와 그것의 비문의 발견에 대해서는 Josef Naveh, *On Stone and Mosaic* (Jerusalem: Carta, 1978), 36 (히브리어)을 보라. 회당에서의 착석에 관한 초기 논의와 모세의 자리의 발견에 대하여 Herbert Gordon May,

"Synagogue in Palestine," *Biblical Archaeologist Reader* (Garden City: Doubleday, 1961), 245-46을 비교해 보라. (이 논문은 *Biblical Archaeologist* 7.1 [Feb. 1944], 1-20에 다시 출간되었음). 또한 Lee Levine, *Ancient Synagogues Revealed* (Jerusalem: Israel Exploration Society, 1981)을 보라.

5) Pesikta De Rav Kahana 1:7 (Mandelbaum, 2.12) 와 Sokoloff, *Dictionary of Jewish Palestinian Aramaic*, 509를 비교해 보라.

6) Song of Solomon Rabbah 1:3 (손시노 [Soncino] 영어 번역, p. 37을 보라). Y. Gilat, *R. Eliezer ben Hyrcanus, a Scholar Outcast* (Ramat Gan, Israel: Bar Ilan University, 1984), 489를 보라.

7) b. *Sotah* 22 a와 b 그리고 병행구를 보라 (cf. J. Bowker, *Jesus and the Pharisees* [Cambridge: Cambridge University, 1973], 139-41).

8) b. *Sotah* 22b와 E. Schürer, *The History of the Jewish People in the First Century* (rev.; Edinburgh: T. & T. Clark, 1973), 1.219-32.

9) b. *Yeb.* 63b 와 병행구를 보라.

10) 성전에 관하여 사프레이의 다음 글을 보라. S. Safrai, "The Temple," in *The Jewish People in the First Century* (ed. S. Safrai, M. Stern, S. Flusser, and W.C. van Unnik; Amsterdam: Van Gorcum, 1976), 1.865-907. 사프레이는 다음과 같이 진술한다. "향기 제사를 드리는 동안, 사람들은 기도하기 위하여 뜰 안으로 모였다. 성전 밖에 있는 사람들 역시 같은 시간에, 특히 오후에 있는 향기 제사 시간에 기도했다" (p.888). 사프레이가 지적하는 것처럼, 기도의 실행은 눅 1:10과 유딧서 (Jdt 9:1)에 언급되어 있고, 행 3:1과 *Protoevangelium Jacobi* 2:4에 암시되어 있다.

11) Exodus Rabbah 36:1 (손시노 영어 번역, p. 437을 보라)와 Midrash Psalms 48:2을 보라. W.G. Braude, trans., *The Midrash on Psalms* (New Haven: Yale University, 1958), 1.460-61.

12) 데이빗 플러서 (D. Flusser)는 헬라어 단어들, 파 에케이논 (par ekeinon), "저 보다" (rather than the other)가 몇몇 이문 독법 (개인적 전달)에 의한 본문 전통에 반영된 필사의 추가라고 제안한다. 만약 그의 주장이 옳다면, 그 본문은 뛰어나게 세련됨을 보여준다. 이런 힌트는 생생한 이야기 화법에서 더욱 적절하다.

13) J. *Ber.* 5a. chap. 2, hal. 5. 다른 관점들이 설명된 예루살렘 탈무드에 있는 논의를 보라.

14) 이스라엘의 모든 현자들이 이 문제에 다 동의하지 않았다. 각주 13을 보라.

15) J. *Ber.* 4b, chap 2, hal. 3.
16) M. *Ber.* 5:1 그리고 병행구.
17) 미드래쉬 탄추마 (Midrash Tanchuma), *Lech Lecha* 1 (초판, 19a). 또한 부버 (Buber)의 판, 탄추마 29a와 비교해 보라. 여기에서 부버는 그 단락의 시작 부분이 옐람데누 라베누 (Yelamdenu Rabbenu)라 불리는 초기 미드래쉬에서 유래되었다고 본다.

PART 4.
유대인 메시아와 로마의 정치

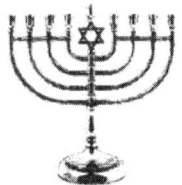

예수가 가이사랴 빌립보에서 제자에게 보이시는 그의 고난의 비밀에는 메시아 고난의 전조를 보여주는 것인데 그것은 무시되고 좌절된 다른 사람을 위한 것이다. 그리고 그것은 예루살렘에서 그 자신의 고난과 죽음으로 성취된다. 그것은 그에게 이미 시작되었던 새로운 확신이었다. 그는 올 왕국을 위하여 모른 다른 사람을 위해 고난 받아야 했다.

-알버트 슈바이처-

18

하나님 나라의 기초

아마도, 예수가 그의 제자들에게 했던 두 가지 가장 중요한 질문은 베드로의 위대한 고백 이야기 안에 내포되어 있다 (마 16:13-14, 막 8:27-28, 눅 9:18-19). 이 두 질문들의 엄청난 중요성은 여러 세기들을 지나면서 더욱 증강되었다. 오늘날 사람들은 여전히 예수가 누구인지를 알기 원한다. 예수가 물었던 첫째 질문은: "사람들은 나를 누구라고 하느냐?" 였다. 예수가 제자들에게 직접 물었던 둘째 질문은: "너희들은 나를 누구라고 말하느냐?" 였다.

예수는 누구인가? 예수를 믿는 크리스챤들조차도 종종 그의 목적과 임무를 완전히 잘못 이해한다. 예수의 삶과 가르침을 이해하기 위해서는, 우리는 시간뿐만 아니라 문화, 관습, 그리고 언어 속으로 여행을 떠나야 한다.

예수의 메시지는 반드시 1세기 상황 속에서 이해되어져야 한다. 예수는 유대인이었다. 그는 히브리어를 말했다. 그는 그의 백성, 유대인들이 강력한 로마 제국의 잔혹한 속박 아래에서 고통당할 때 이스라엘 땅에서 살았고 일했다. 그는 그의 전 인생을 종교적인 한 유대인으로 살았다.

예수의 삶과 가르침들을 위한 배경을 재창조하기 위하여, 우리는 다시 그의 목소리를 듣기 위해 노력해야 한다. 우리는 예수의 메시지를 복음서 본문들 안에서 들어야지 현대 기독교인들에게서 들어서는 안 된다. 우리는 마치 우리가 1세기 유대인인 것처럼 예수의 메시지를 들어야 할 필요가 있다. 우리는 제 2 성전 시기 동안의 유대인의 사고와 사람들의 행동양식을 공부함으로 예수의 메시지에 대한 연구와 이해의 새로운 영역으로 들어갈 수 있다. 이 작업은 랍비 문헌의 연구를 포함한다. 복음서 본문 안에서 예수는 그의 임무와 소명의 통찰력을 제공하는 중요한 질문을 물었다.

예수가 그의 제자들에게 물었다: "사람들은 나를 누구라 하느냐?" 제자들은 "'세례요한; 혹 다른 이들은, 엘리야; 그리고 다른 이들은, 다시 살아난 옛 선지자 중 한 사람'"(눅 9:19)이라고 정직하게 그 질문에 답한다. 여기에서 우리는 선지자들과 연관되어진 행위 동사를 강조한다. 그 선지자가 우리 중에 살아났다.

그 시대의 많은 유대인들은 메시야의 재림과 함께 엘리야의 형상을 연관 지었다. 세례요한의 언급은 어떤 사람들은 그를 오실 구원자로서 간주했음을 보여준다. 빈번히 오해되는 어구 — "옛 선지자들 중 한 사람이 살아났다" — 는 죽은 선지자가 또 다른 설교를 하기 위해 그의 무덤에서 출현했다는 것을 지적하는 것은 아니다. 그 시대의 유대인들은 "그 선지자"가 모세와 같은 존재일 것으로 생각했다 (신 18:18). 적어도 이것은 데이빗 플러서에 의해 제안되어져 왔고 필자는 그가 옳다고 확신한다. 성서 본문에서, "내가 그들의 형제 중에서 너와 같은 선지자 하나를 그들을 위하여 일으키고 내 말을 그 입에 두리니 내가 그에게 명령하는 것을 그가 무리에게 다 말하리라"(신 18:18)는 오실 메시야를 언급하는 것으로 해석되어졌다.[1] 일어날 선지자는 하나님의 고통으로 신음하는 백성에게 구속과 구원을 가져올 것이다.

예언자는 단순히 예언을 말하는 사람이 아니다. 성경에서는 종종 그는 기적을 일으키는 사람이다. 예수 시대에 이해되어진 "선지자"라는 용어는 사람들에게 무엇을 의미했는가? 모세는 선지자로 불리운다. 하나님은 선지자 모세를 통해 그의 백성을 구원하기 위한 기사와 이적들을 일으켰다. 그들은 애굽으로부터 구속 받았다. 하나님은 그의 백성을 선지자에 의해 행해진 기적들로 속박과 예속에서 구속했다. 이것이 구속, 치유 그리고 구원의 모델이다.

나인성의 과부 이야기를 생각해보라 (눅 7:11-17). 예수가 그녀의 죽은 아들에게 생명을 주는 기적을 행하셨을 때, 백성들은 다음과 같이 외쳤다. "한 위대한 선지자가 우리 중에 일어나셨다" (눅 7:16). 그들은 기적을 일으키는 사람의 예언적인 사역을 깨달았다.

누가복음 7:36-50절은 구하는 두 사람에 대해 말한다. 종교적인 시몬은 눈물로 예수의 발을 씻겼던 한 여자 불청객에 화를 내었다. 시몬은 "이 사람이 만일 선지자라면 자기를 만지는 이 여자가 누구며 어떠한 자 곧 죄인인 줄을 알았으리라"라고 말했다. "그 선지자" (*the* prophet)에서 정관사 그 (the)는 4세기 바티칸의 중요한 언셜 사본 (uncial manuscript; 대문자 사본이라고도 함: 역주)의 최초 필사자의 손에 의해 쓰여 졌다. 그것은 또한 6세기 짜신티우스 (Zacynthius) 사본 (040)과 소문자 205 (베니스 15세기)에도 나타난다. 정관사를 포함한 이 사본 증거가 "한 선지자" (a prophet)를 담고 있는 본문 증거와 비교하면 불충분하지만 그 관사는 누가의 자료 안에 있었을 가능성과 또한 문체상의 이유 때문에 초기에 한 필사자에 의해 세 번째 복음서의 본문에서 제거되었을 가능성도 있다. 대부분의 본문 비평가들은 정관사를 거절하겠지만, 이것이 시몬이 예수의 선교를 신중히 생각하고 있지 않고 있음을 의미하는 것은 아니다. 비록 현대 영어 번역들은 정관사를 넣지 않지만 상황을 주목해 고려하면 그 선지자 (the prophet)의 언급을 필요로 하는 것 같다. 복음서 이야기는 우리가 하나님의 미래 선지자에 메시아적 연합이라는 가능한 암시를 인식할 때 더 나은 의미를 만든다.

시몬은 다음과 같이 질문한다. "예수는 올 모세와 같은 선지자이신가?"

불청객인 여인은 예수의 사랑과 용서의 메시지를 받았다. 예수께서는 두 구하는 자들의 요구를 보았다. 여인의 깊게 내재되어 있는 정서적인 행동들은 당시의 관습과 문화를 파괴했다. 그녀의 행위는 도발적이었다. 예수께서는 그녀의 행동이 존경할 만한 손님에 대한 관습적 인사의 확대된 모습으로 보았다. 그녀의 중대한 비행은 용서를 받았다. 시몬은 그녀의 행동의 합법성을 인식하는 데, 너무 종교적이었다. 그녀는 많이 용서 받았기 때문에 많이 사랑했다. 시몬은 종교적이었다. 그는 조금 용서를 받았고 예수가 누구신지에 대하여 같은 이해를 갖지 못했다. 두 구하는 사람은 필요를 갖고 있었고 예수께서는 그들에게 도달하셨다. 예수께서는 내부자와 외부자 모두를 사랑하셨다. 예수께서는 그 난입자의 인간의 존엄성을 확인하셨다. 그는 버려진 자들을 사랑하셨다. 예수의 삶과 가르침으로부터 볼 수 있는 하나님 나라의 원리들은 하나님의 사랑, 용서, 그리고 받아들임으로 나타난다.

제자들에 대한 첫째 질문이, "사람들이 나를 누구라 하더냐?" 이고 보다 더 중요한 두 번째 질문은 "너희들은 나를 누구라고 말하느냐?" 이다. 만약 예수께서 하신 두 번째 강한 질문이 그의 내부에 그를 따르는 자들에게 한 것이라면 현대 크리스챤들에게 그 질문은 얼마나 더 중요한 질문이겠는가? 우리는 예수를 누구라고 말하는가? 우리는 예수를 알고 있는가?

복음서 이야기는 예수께서 하셨던 말씀과 행위들에 관한 모든 것을 말해 주고 있다 (눅 1:1-4; 행 1:1). 예수의 가르침과 기적들은 베드로가 선언했던 "그는 하나님의 그리스도시니이다" (눅 9:20)의 응답으로 사실임이 입증되었다. 예수께서는 그의 응답을 받아들이신다. 사실, 예수께서는 그를 위해 축복을 선언하신다. 랍비가 당혹스런 질문에 정확하게 답변을 한 학생에게 축복하는 것은 전통적인 일이었다. 예수께서는 베드로에게 다음과 같이 축복을 하신다.

바요나 시몬아 내가 복이 있도다. 이를 네게 알게 한 이는 혈육이 아니요 하늘에 계신 내 아버지시니라. 또 내가 네게 이르노니 너는 베드로라 내가 이 반석 위에 내 교회를 세우리니 음부의 권세가 이기지 못하리라. 내가 천국 열쇠를 네게 주리니 네가 땅에서 무엇이든지 매면 하늘에서도 매일 것이요 네가 땅에서 무엇이든지 풀면 하늘에서도 풀리리라 (마 16:17-19).

예수께서는 베드로가 그가 누구인지에 대하여 알았기 때문에 축복하신다. 예수의 경력, 목적, 그리고 선교는 우리가 이 축복을 해석하는 방법과 아주 가까이 연관되어 있다. 예수는 하나님의 메시아이시다. 그는 인간이 만든 구원자가 아니다. 그는 정치가들이나 설교자들의 틀 속으로 떠맡겨지지 않을 것이다. 예수 자신은 그의 선교에 대해 무어라 말씀하셨나? 우리는 예수께서 그의 신적 과업을 어떻게 정의 내리시는지 들어야 한다. 하나님 나라의 사역은 예수의 제자들의 사역이다.

유대문헌은 베드로에게 하신 예수의 말씀을 이해하는 데 도움이 되는 유사한 해석을 반영해 준다.[2] 제자들의 측근을 위하여 말하고 있는 베드로는 예수가 누구신지 확언했다. 그가 하나님의 메시아임을 인식한 것은 교회, 즉 예수운동을 위한 기초를 형성한다. 베드로는 "반석"을 의미한다. 교회는 (헬라어로 에클레시아; 히브리어로 에다) 그들의 주인의 가르침을 따르며 사는 예수의 제자들의 공동체를 언급한다. 예수의 제자들은 예수와 같이 행동한다. 그들은 그들의 주인이 행하는 것을 보며 그것대로 행한다.

아브라함, 초석

유대 사상에서 아브라함은 하나님이 창조하신 세계 위에 있는 반석이었다. 그는 초석이었다. 하나님을 믿은 족장인 아브라함으로부터 그리고 그의 믿음의 행함이 의로 칭함을 받은 것으로 인하여 하나님은 기초를 만드셨다. 반석인 아브라함의 초석으로부터 하나님은 많은 반석들, 즉 이스라엘 민족을 만드셨다. 하나님은 그의 백성을 통하여 세상에 구원을 가져오셨다.

> 다른 해석: "내가 바위 위에서 그들을 보며" (민 23:9). 내가 그들 – 세상의 창조 시작 전에 존재했던 자들 – 을 본다. 그것은 건축을 계획하는 한 왕과 비교될 수 있다. 왕은 기초를 찾기 위하여 몇 군데를 찾아 깊이 팠다. 그러나 왕은 늪지대와 물만 찾았다. 그러나 그는 반석 (페트라)을 찾을 때까지 그 어떤 기초도 쌓지 않았다. 마침내 왕은 선언했다: 나는 이곳에서 건축할 것이다. 그는 기초를 쌓았고 건축물을 세웠다. 이런 식으로 거룩하신 분이 세상을 창조하실 때, 에노스 (Enosh)의 세대와 홍수 세대를 관찰해 보았다. 그는 물었다: 나를 화나게 만들 이런 사악한 세대가 일어났을 때 어떻게 내가 세상을 창조할 수 있겠는가? 그런 다음, 거룩하신 분은 미래에 나타날 아브라함을 보았다. 그는 선언했다: 나는 세상을 세우기 위해 기초를 쌓을 반석을 가지고 있다. 그런 후 아브라함은 반석이라 불리어졌는데 그분은 다음과 같이 말씀하셨다. "너희를 떠낸 반석을 보라" (사 51:1). 그가 이스라엘을 반석들이라고 부르신 것에 대하여 다음과 같이 말씀하셨다. "옛적부터 얻으신 주의 회중을 기억하소서" (시 74:2).[3]

유대 사상에 따르면 아브라함은 살아있는 믿음의 공동체를 세울 다른 돌들 위에 존재하는 초석이었다. 이스라엘의 신실하신 하나님 안에 있는 아브라함의 믿음은 기초를 제공했다.

아브라함처럼, 베드로는 믿음을 소유했다. 그는 또한 예수 사역의 특징을 인식했다. 예수는 하나님께 속한 분이셨다. 그는 하나님의 목적을 성취하기 위해 기름부음을 받았다. 그는 하나님의 기름부음을 받은 자였다. 베드로의 믿음은 하나님의 증인된 신자들의 모임의 초석이다. 지옥의 권세는 하나님의 백성에 대항하여 이길 수 없다.

지옥의 권세는 하나님의 백성을 공격하는 무기가 아니다. 그 행동은 반대 방향에서 움직이고 있다. 하나님의 백성들은 원수의 요새를 빼앗고 있다. 하나님의 백성들이 하나님 나라의 기초를 인정할 때, 어떤 것도 그들을 멈추게 할 수 없다. 지옥의 권세는 그들의 힘 있는 입성을 저항할 수 없을 것이다.

천국의 열쇠들은 신적 권위이다. 랍비 문헌에서 "얽매다"와 "풀다"라는 용어들은 각각 "금지하다"와 "허락하다"를 의미할 수 있다. 그러나 우리는 복음서들의 상황에서 이런 진술 뒤에 있는 강력한 영적인 함축들을 볼 수 있다. 유대 문헌에서 의인이라는 단어는 굉장한 힘을 가지고 있다.[4] 땅에서 의인들이 선언하는 것은 천국의 권세를 가진다. 랍비들은 하나님이 그들의 기도를 응답한 특별한 개인들을 언급한다. 믿는 자들의 권위는 상처투성이의 세상을 위한 치유의 통로이다.

천국은 현세에서도 실현되어진다. 그것은 충만한 능력 안에서 나타난다. 많은 이론들이 천국의 의미를 설명하기 위해 제공되어져 왔다. 그것은 정치적인 힘이 아니다. 그것은 인간의 노력에 의해 세워질 수 없다. 설교가들과 정치가들은 천국을 소유 못한다. 그들은 천국이 도래하게 만들 수 없다. 왕국 (kingdom)은 하늘 (heaven)과 동의어가 아니다. 그것은 먼 미래를 위해 예약되어져 있는 것이 아니다. 그것은 천년왕국에 시작되는 것도 아니다. 예수의 가르침에 의하면 천국은,

1. 하나님의 능력 – 즉, 하나님이 원하시는 것을 하나님 자신이 하는 것이고
2. 하나님의 백성 – 즉, 하나님이 원하시는 것을 그의 백성이 하는 것이다.

예수는 그가 기적을 일으키실 때 현재에 천국이 이루어졌다고 말했다. 베드로의 믿음의 초석은 예수를 따르는 사람들의 행동들을 위한 도약판이 된다. 모든 사람들이 하나님의 절대성에 복종할 때 하나님의 통치를 경험할 수 있다. 그는 그들의 삶 속에 그의 신적 능력을 쏟아 부어주신다. 치유,

사랑, 용서, 그리고 받아들임은 상처투성이의 세상에서 하나님의 힘의 통로가 될 수 있다. 하나님의 구원행위는 지금 그의 왕국을 건설한다.

예수, 메시아

현대 학자들은 메시아로서의 예수에 대한 복음서의 묘사에 대하여 회의를 가진다. 한 학계의 일치된 의견에 따르면, 예수께서는 스스로 그가 메시아가 아님을 생각했다라고 주장한다.[5] 또한 베드로의 고백 이야기도 단지 후대 교회의 기억쯤으로 간주함으로 그 이야기의 본질을 간과한다. 이들은 이것이 예수의 가르침을 위한 증거로서 승인될 수 없다고 말한다.[6]

그러나 예수의 가르침의 유대적 뿌리는 제 2 성전 시대 동안 이스라엘 땅에 메시아신앙 (messianism)이 생생하게 존재하고 있었음을 보여준다. 예를 들면, 베드로의 위대한 고백 이야기는 아브라함이 초석이 되는 것에 관하여 말하는 유대 자료인 옐람데누 (*Yelamdenu*)와 확실히 유사성이 있음을 보여준다. 이 사실 자체는 예수의 가르침이 유대 사상의 영역 밖의 것이라고 주장하는 것을 희박하게 만들고 로마인들이 유대 메시아 기대에 젖어있는 자들에 대해 억압 정책을 추구한 사실은 그러한 주장이 틀렸음을 증거하고 남음이 있다.

분명히 예수는 자신이 기름 부은 자였음을 선언하셨다. 그러나 실제적인 이슈는 그가 메시아라고 선언했는지에 대한 것이 아니다. 중심이 되는 문제는 창조적이고 근본적인 선에서 예수께서 메시아 사상을 기꺼이 재정의하고자 하는데 있다. 제 2 성전 기간 동안 유대인들은 메시아 신앙에 대한 접근에 대하여 다양성을 가지고 있었다. 사해 사본의 에세네파들은 두 메시아를 말하는데 하나는 제사장 계열에서 또 다른 하나는 왕족 계열에서 나올 메시아이다. 사두개인들은 심지어 메시아의 도래에 대해서 믿지도 않았다. 그러나 만약 메시아가 온다면 혹은 올 때 그는 다양한 사상의 흐름을 기초로 마지막 구원의 계획을 발전시킬 분으로 기대되어졌다.

예수께서는 지상 위에 하나님의 능력으로서 왕국을 설교하셨다. 그는 예리하게 그의 메시아적 임무를 알고 계셨다. 그러나 메시아로서의 그의 임무에 대한 묘사는 교회에서 혹은 회당에서 그 어떤 사람의 묘사와는 아주 달랐다. 이것은 놀랄 일은 아니다. 실제로, 그것은 그렇게 기대되어져야 한다. 심지어 세례 요한도 예수에 관하여 아주 강한 의구심을 마음에 품었다.[7] 예수의 주장들에 의해 현대 학자들이 당황하게 될 때 왜 그것이 놀라운가?

모든 경우에 있어, 복음서들이 문화적이고 역사적인 상황에서 읽혀질 때, 예수의 자기 인식에 관한 모든 의구심은 사라져야 한다. 베드로의 선언을 지지함에 있어 예수는 메시아의 타이틀을 받아들이셨다. 그러나 그는 메시아적 임무에 대해서는 그의 제자들과는 아주 다르게 정의하셨다. 로마인들은 메시아라고 선언하는 자에 대하여 심할 정도로 관심을 가졌다. 그런 주장을 하는 사람은 사형선고를 받기에도 충분했다.

예수에게 있어 왕국의 메시지는 베드로가 "당신은 하나님의 기름부음 받은 자입니다"라고 말한 기초적인 고백에 견고히 의거한다. 메시아적 임무는 상처로 쌓여있는 세상에 치유의 사역자들로 부르심을 받은 제자들의 활동과 아주 긴밀히 연관되어 있다. 예수께서는 치유를 준행하는 주의 종으로서의 메시아의 임무와 구분될 수 없다.

주

1) 이 신명기 본문은 사해 사본에 인용되어 있는데 하나님의 구원을 위한 선지자의 오심과 관련되어 있다 (T. Gaster, *The Dead Sea Scripture*, 444와 4QTestim을 보라). 또한 David Flusser, *Judaism and the Origins of Christianity*, 420을 보라. 질문은 예수께서 과연 종말론적 선지자와 동일해야 되는지에 관련된 것이다.

2) 이 인용문을 얄쿠트 쉬메오니 (Yalut Shimeoni) 민 23:9, vol. 1, remez 766 (A. Hyman's edition, 487)에 인용되어 있는 옐람데누 (*Yelamdenu*)로부터 비교해 보라. 유사한 용어들이 사해 사본들에서 사용되어진다. 감사 사본 (Thanksgiving Scroll) 6:24-26에는 사 28:16절의 언급과 함께 "반석 위의 기초"와 "죽음의 권세"란 유사한 말과 형상을 사용한다. 리히트 (J. Licht)의 책 116-17에 있는 히브리어 본문을 보라. 그리고 쿰란의 찬송시 (*The Thanksgiving Hymns*)의 영어 번역본이면서 주석서인 만수르 (M. Mansoor)의 *The Thanksgiving Hymns* (Grand Rapids: Eerdmans, 1961), 144-46을 보라. 베츠에 동의하면서, 키스터는 사해 사본의 용어인 "초석" (foundation stone)을 신실한 사람들의 공동체를 암시하는 것으로 이해한다 (아래 각주 3을 보라)

3) Ibid. 또한 키스터의 중요한 관점을 보라. "Plucking on the Sabbath and Christian-Jewish Polemic" *Immanuel* 24/25 (1990) 35, n. 1. 키스터는 다음과 같이 관찰한다. "마태복음 16:18의 '내가 이 반석 위에 나의 공동체를 세울 것이다'; 놀랄만한 유사한 내용이 감사 사본 6:24-27에 나타난다. '당신은 반석 위에 기초 (히. 소드, sod)를 세울 것입니다.' 오토 베쯔가 그의 *Zeitschrift für die neutestamentliche Wissenschaft* 48 (1957), 49 이하에서 지적하듯이, 마태복음의 구절은 감사 사본에 가까운 자료를 인용했다. 사실, 사해 사본에 기록되어 있는 소드 (*sod*)는 '공동체'와 '기초' 둘 다 의미한다 (사해 사본에 있는 공동체 규칙 [Manual of Discipline] 11:8과 감사 사본 7:1, 9를 비교해 보라). 그리하여 이 두 가지 의미를 근거로 재담이 사해 종파의 문헌들에 나타난다. 따라서 감사 사본에서 인용한 구절을 다음과 같이 해석할 수 있다. '당신은 반석 위에 한 공동체를 세울 것입니다.' 전체 문맥을 기초로 사 28:16-18을 보라. 특히 16절의 예소드 무사드 (*yesod musad*)를 주목하라."

4) 이사야 22:22절에 언급되어 있는 열쇠의 의미와 비교해 보라. 또한 다음 탈무드의 중요한 유사 분문을 보라. "한 때 다음과 같은 일이 일어났다. . . 비가 내리지 않았다. 백성들은 초니 서클 드로워에게 비가 내릴 수 있게 기도해 주기를 요청했다. 초니는 기도했지만 비는 내리지 않았다. 그 때 그는 한 원을 그렸고 그 속에 들어가 섰다. . . 그런 다음 그는 다음과 같이 선포했다. '만유의 주시여, 당신의 백성들이 내가 당신의 집에 속한 자인 줄 믿기에 그들이 나에게 눈을 돌립니다. 나는 당신의 위대한 이름으로 맹세하건데 당신께서 당신의 자녀들에게 자비를 베푸시지 않는다면 나는 이곳에서 움직이지 않을 것입니다!' 그 때 비가 내리기 시작했다. . . 랍비는 가르쳤다. 산헤드린이 초니에게 보낸 메시지가 무엇이었나?

'. . . 당신은 아래 [땅]에서 선언했고 거룩하신 분은 위 [하늘]에서 당신의 말을 이루어주셨습니다.'" (b. *Ta 'an.* 23a). 이 이야기는 "기적, 선포, 그리고 치유 믿음"의 장에서 보다 상세하게 논의될 것이다.

5) 켈리포니아의 소노마 (Sonoma)에 있는 폴브리지 (Polebridge) 출판사에서 출간된 *Foundations and Facets: Forum*과 *Jesus Seminar Series*에 있는 예수 세미나의 협의 내용들을 보라. 예수 세미나의 회원들은 다양한 학적인 수준들이 있는 사람들이고 광범위한 종교적 신앙을 주장한다.

6) 베드로의 고백의 셈어 구조는 공관복음서 배후의 최선의 자료들이 무엇인지에 대한 특징이다. 왜 누가와 마가가 이 말을 그의 복음서들에 넣지 않았는가를 말하는 것은 쉽지 않다 (만약 이 말이 그의 자료들에 있었다면). 그러나 마태 스스로가 이 말을 직접 만들었다고 상상하는 것은 더욱 어렵다. 또한 그것이 마태의 창조물이라고 볼 수도 없다. 그것은 완벽한 히브리어이고 초기 유대 사상과도 유사하다. 마태는 예수의 삶과 가르침에 관한 믿을 만한 자료들에 접근했다.

7) "왕국이 침투하다"의 장을 보라.

19

예수의 변화

예수께서는 왜 변화 되셨는가? 예수의 변화의 목적과 의미를 아는 것은 결코 쉽지 않다 (눅 9:28-36; 막 9:2-10; 마 17:1-8). 이론적이고 학문적인 세계에서 이런 유의 이야기는 하나의 신화로서 상투적으로 무시해버린다. 한편, 크리스챤들 사이에서, 그리스도의 변화된 모습의 기적적인 본질은 그의 지상에서의 삶과 경험 안에 있는 이 이야기의 깊은 중요성을 종종 빛나게 한다. 우리는 본 장에서 기적의 유대 배경의 관점에서 그리고 공관복음 문제에 대한 새로운 접근으로 예수께서 변형되신 이야기에 대하여 더욱 분명한 이해를 구할 것이다.[1] 이 이야기는 인간 고통 가운데에 나타난 하나님의 임재를 얼핏 드러낸다고 할 수 있나?

예수의 죽음

고난에 대한 개념을 쉽게 결론 내려서는 안 된다. 누가복음은 모세와 엘리야가 예루살렘에서의 예수의 별세에 대하여 예수께 말하고 있음을 기록한다. 신약 학자들이 마가 우선설을 기초로 공관복음 문제를 접근할 때, 그들은 누가복음에 나타난 이 중요한 본문을 간과하곤 한다. 모든 신약 학자들이 누가복음을 공부하면서 죽음에 대한 언급은 마가복음에 덧붙여 기록한 누가의 경건한 반영으로 종종 간주한다. 결국, 누가는 예수의 삶을 이야기하기 위하여 마가복음을 그의 자료로 사용했음을 말한다. 비록 "별세"라는 단어가 마가복음에는 빠져 있지만 마가복음 외에 예수의 삶을 이야기하기 위하여 누가는 진정성 있는 증거를 참조하여 그 단어를 사용했을 가능성이 크다. 누가의 복음서는 이것을 중요하게 말한다. "문득 두 사람이 예수와 함께 말하니 이는 모세와 엘리야라. 영광중에 나타나서 장차 예수께서 예루살렘에서 별세하실 것을 말할새" (9:30-31). "별세"는 헬라어로 엑소도스 (exodos)이다.[2] 마가와 마태의 복음서와는 달리, 누가의 설명에 기록되어 있는 예수의 별세에 대한 언급은 변화산 사건의 목적을 이해하는 데 기초를 제공한다.[3] 한편, 이 용어는 이집트로부터 이스라엘이 탈출하는 데 있어 하나님의 구원 이야기의 상 (imagery)을 묘사한다. 또 다른 한편, 그것은 죽음을 지적한다. 사실, 헬라어로 별세는 죽음을 가리키는 완곡어법이다. 같은 방식으로 영어에서, 사람들은 누군가가 죽었다 (died)라는 강한 동사 대신에 세상을 떴다 (passed away)라는 말을 한다. 헬라어에서도, 엑소도스, 즉 "떠나다"는 동사는 죽음을 의미하는 다른 표현이다.

누가복음은 이 단어를 예수의 죽음과 관련하여 암시한다. 그럼에도 불구하고, 변화산 사건 주변에 있는 진귀한 현상들은 예수의 고난과 연결된 신적인 실재의 인식을 설명한다. 예수의 모습은 변화된다. 모세와 엘리야가 예수와 함께 이야기 한다. 구름이 그 산을 덮고 구름 속에서 들리는 음성은 예수의 메시아적 임무에 진정성을 확실히 한다. 이와 같은 초자연적인 사건들의 영광에서 예수께서는 예루살렘에서의 그의 수난에 관한 정보를 받으신다. 누가복음의 헬라어 본문에는 예수의 죽음이 엑소도스라는 용어로 완곡어법으로 묘사되어진다. 그 결과, 예수 고난의 구속적인 본질이 누가의 복음서의 언어로 제안된다.

따라서 이 드라마틱한 사건에서 인간 고난의 한 가운데 있는 하나님의 임재가 나타난다. 구속의 개념이 자연적인 질서 안에서 하나님의 중재와 연결된다. 아마, 누가복음 저자는 예수의 죽음 대신에 그의 "떠남"을 언급할 때 유월절을 마음에 두었을 것이다. 엑소더스의 기적들이 극적으로 재현될 때, 모든 유월절은 하나님의 구원의 승리의 행위를 경축한다. 유대 백성들은 명절 식사로 유월절을 경축한다. 아이들은 식탁에서, "오늘 밤은 왜 다른 밤과는 다릅니까?"라고 묻는다. 구원의 이야기는 유월절 식사의 형상으로 바뀌어져 말하여진다. 발효되지 않은 빵, 넉 잔의 와인, 그리고 양의 정강이 뼈 (유월절 어린 양의 희생을 회상한다)는 자유하게 된 노예들의 역사적 경험으로부터 먼 기억을 소생시킨다. 혼합된 군중은 그들이 어둠에서 빛으로 변화되고 이집트인 공사 감독들의 잔인한 속박에서 해방되었을 때 한 민족이 되었다.

  모습의 변화는 신적인 임재를 강조한다. 극명하게 대조적으로, 하나님의 영광이 가장 명백하게 나타났을 때, 모세와 엘리야는 예루살렘에서의 그의 죽음에 관하여 예수와 함께 이야기를 나누는 것이다. 죽음과 영광은 함께 연결된다. 죽음의 아픔은 모든 인간 존재에게 있어 가장 고통스러운 고난을 경험하는 것으로 간주된다. 죽음은 인류의 가장 큰 두려움이다. 예수는 죽을 것이다. 그러나 그의 죽음은 구속의 과정에 있어 항구적인 중요성을 갖는다. 모세와 엘리야의 방문 동안의 예수의 변화는 그의 부활의 예시인가? 그 모습은 죽음 이후의 생명의 광채를 예시하는가? 고대 유대 사상을 보면 의인들은 미래 세계에서 변형된다. 현 시대에서 그들은 인간의 연약함의 모습 속에서 고통을 당하나 다음 세상에서는 신적인 빛으로 변화되어질 것이다. 아마도, 변화는 다가올 시대의 예시로 보아야 할 것이다. 신명기서에 관한 랍비 주석에 표현된 다가올 세계에서의 의인들에 관한 관점을 보여주는 다음의 문헌을 보자.

    랍비 시몬 벤 요차이 (Yochai)가 말했다: 미래에 의인들의 얼굴들은 다음의 일곱 모습들과 닮을 것이다: 태양, 달, 궁창, 별들, 번개, 백합, 그리고 성전의 등대. 태양은 어디에서 왔나? "주를 사랑하는 자들은 해가 힘 있게 돋음 같게 하시옵소서" (삿 5:31). 달은 어디에서? "달 같이 아름답고" (아가 6:10). 궁창은? "지혜 있는 자는 궁창의 빛과 같이 빛날 것이요" (단 12:3). 별들은? "많은 사람을 옳은 데로 돌아오게 한 자는 별과 같이 영원토록 빛나리라" (단 12:3). 번개는? "그들은 번개 같이 뛴다" (나 2:4). 백합들 (쇼샤님, *shoshanim*)은? "백합화 위에 있는 지도자" (시 45:1). 성전의 등대는? "그 등잔대 곁에 두 감람나무가 있는데 하나는 그 기름 그릇 오른쪽에 있고 하나는 그 왼쪽에 있나이다" (슥 4:3).[4)]

하나님의 임재의 영광은 미래 세계에서 의인들의 얼굴에 나타날 것이다. 예수의 변화에서, 그 빛은 의인들의 빛나는 얼굴에 비교될 수 있다. 그것은 시내산에서 하나님과의 대화 후 빛났던 모세의 얼굴과 같다 (출 34:29-35). 광채에 대한 묘사는 하나님 자신의 무한한 광채를 표현하기 위한 것이다. 히브리 성서를 보면, 이런 주님의 놀라운 영광은 종종 카보드 야훼 (kabod yhvh) 라고 불린다. 이것은 궁극적인 능력으로서 하나님의 웅대한 전능하심이다. 랍비 문헌에 보면, 하나님의 임재의 광채는 히브리 용어인 지브 쉐키나 (*ziv shekhinah*)로 묘사된다. 예수의 피부는 그의 의복이 빛으로 빛난 만큼 아주 밝게 빛났을 것이다. 그의 용모는 변화였고 그의 의복은 하얗게 눈부셨고, 그리고 하나님의 위엄 있는 실재의 광채가 나타났다. 그런 영광은 오직 하나님의 임재의 광채로부터 온다.

두 선지자: 모세와 엘리야

물론, 모세와 엘리야의 나타남은 이 사건과 관련하여 아주 중요하다. 많은 학자들은 모세는 율법을 대표하고 엘리야는 선지자를 대표한다고 이론화 한다. 반대로, 여기에서 그들은 구원의 선지자들로서 그들의 임무를 완성하기 위하여 나타났을 가능성이 아주 큰 것 같다. 유대교 안에서 그들은 전통적인 가르침과 대중적인 민간전승에서 괄목할만한 인물들이다. 예를 들어, 유월절 축제에서 모세는 구원의 성경적인 드라마에서 핵심적인 배우이다. 그는 속박으로부터 백성들을 이끌어낸 선지자이다. 엘리야 또한 전통적인 유월절 식사 때 언급된다. 유대 사상에서 엘리야는 하나님의 백성의 미래의 구원과 관련되어지곤 한다.

아마도 변화산에서의 모세와 엘리야의 도래는 하나님의 구속 행위의 침투(in-breaking)를 묘사하는 것으로 보아야함이 타당해 보인다. 그들은 하나님의 백성에게 구원을 가져다주는 선지자이다. 고대 회당으로부터 전통적인 유대적 가르침을 보관하고 있는 한 설교 미드래쉬에 모세와 엘리야가 구속의 과정에서 선교를 완성하는 한 메시지가 있다.

> 당신은 레위족에서 나온 이스라엘을 구원할 두 선지자가 일어났음을 발견합니다. 하나는 모든 선지자의 처음 된 자요, 다른 하나는 모든 선지자의 나중 된 자입니다: 모세는 처음 된 자요, 엘리야는 나중 된 자인데 그들 모두 이스라엘을 구원하기 위하여 하나님으로부터의 임무를 가지고 있습니다. 모세의 임무는 그의 백성을 이집트로부터 구속하는 것이었는데 다음과 같이 기록되어 있습니다. "지금 오라, 내가 너를 바로에게 보내리라" (출 3:10). 올 시대 속에서 엘리야는 다음과 같은 말로 그의 백성들을 구속할 임무를 가지고 있습니다. "보라, 내가 선지자 엘리야를 보낼 것이다" (말 4:5). 처음 이집트에서 그들을 구원했던 모세와 함께, 그들은 이집트에 다시 종살이로 돌아가지 않았습니다. 네 번째 유배인, 에돔으로부터 엘리야가 그 백성들을 구원할 것이며, 그 이후에 그들은 돌아가 종 노릇하지 않을 것입니다. – 그들에게 있는 것은 영원한 구원일 것입니다.[5]

첫째 선지자는 모세로 간주된다. 그가 선지자인 것은 그가 가르치는 것이 하나님으로부터 왔기 때문일 뿐만 아니라, 그가 그의 백성들을 이집트로부터 구원하기 위하여 행한 기적과 표적 때문이다. 이집트 탈출 이야기만큼 드라마틱한 기적을 고취시키는 성경의 설명은 없다. 회오리바람으로 하늘로 승천한 엘리야 역시 기적 행사자이다. 모세도 엘리야도 인간 죽음의 일반적인 형태를 경험하지 않았다는 인식은 이스라엘 역사에서 이런 위대한 지도자들에 대한 후기 유대 사상에 영향을 끼쳤다. 이 미드래쉬에 의하면, 모세는 이집트로부터 구원을 가져다준 선지자 중 첫 번째이고 엘리야는 하나님의 마지막 구속 행위에 관여될 선지자 중 마지막이다.

복음서에는 이 구속의 두 선지자가 예루살렘에서의 예수의 죽음에 대하여 예수와 말한다. 마지막 구속에서의 하나님의 계획 속에 있는 그들의 역할은 예수의 변화에 있어 그렇게 중요한 역할은 아니다. 그들은 예루살렘에서 예수께 일어날 일에 관하여 말하고 있는 선지자들이다. 그러므로 변화의 의미는 예수께 집중되어 있고 그의 고도의 선교는 이제 하늘에서 들릴 음성으로 선포되어진다.

구름으로부터의 음성

구름으로부터의 음성은 기적의 의미를 준다. 예수와 함께 산으로 동행한 세 제자인 베드로, 요한, 그리고 야고보는 이 사건의 중요성에 관한 영적인 인식이 부족했다. 사실, 그들은 잠에 취해 있었다. 일어난 일들에 대해 깜짝 놀랐고 그들이 목격했던 것에 경이로움으로 취해 있었던 그들은 어떻게 반응해야 할지 모른다. 그들은 그저 이런 비상한 경험의 일부에 참여하는 것으로 좋아할 뿐이다. 베드로는 모세와 엘리야와 예수를 위하여 장막들을 짓기를 원한다. 그의 반응은 이스라엘 백성들이 그들의 광야 방랑생활 동안 하나님의 임재와 예비를 기념하기 위하여 일시적인 주거지를 세우는 유대 신앙의 신성한 일정 속에 있는 장막들의 축제를 상기시킨다.

모세와 엘리야의 동반아래 예수께서 변화되신 것으로 그려놓은 하나님의 호의의 드라마틱한 묘사는 신앙의 행위에 의해 기억되어져야 한다. 세 장막을 세우는 것은 베드로의 즉각적인 반응이다. 그러나 구름으로부터 들려진 음성은 그런 베드로의 정력이 잘못된 것임을 가르친다. 그 음성 없이 예수의 고도의 선교는 모세와 엘리야 그리고 산에서 일어난 다른 비상한 사건으로 말미암은 흥분으로 인해 가려질 수도 있다. 그러나 구름에서 들리는 음성의 메시지는 예수의 인성 속에 있는 인간의 고통과 전적으로 일치되는 하나님의 임재를 나타낸다. 그의 제자들은 상한 세상에 치유와 완전을 이루기 위한 그의 부르심의 완성을 향하여 그들의 사역으로 향해야 한다.

변화산의 모습, 예수의 변화, 그리고 구름으로부터의 음성은 예수의 고도의 선교를 위한 드라마틱한 증거였다. 누가복음 9:28절의 산은 출애굽기 24:15-18절에 있는 다른 높은 산을 연상시킨다. "모세가 산에 오르매... 여호와의 영광이 구름위에 머무르고 구름이 그것을 가렸다." 예수의 변화산 사건의 장면은 히브리 성서의 드라마틱한 구속 역사와 평행을 이룬다. 변화산 위의 구름은 영광 가운데 하나님의 구원 행위로 그려진 히브리 성서의 구름과 같다. 출애굽기 13:21절에는 구름이 하나님의 보호로서 그 백성들 앞으로 갔다. 민수기 12:5절에는 여호와 자신이 구름 가운데로 강림하셨다. 다시, 여호와는 그의 존엄한 영광과 초자연적인 능력을 묘사하는 구름 가운데서 장막에 나타나셨다 (신 31:15). 여호와는 모세에게 다음과 같이 말씀하셨다. "내가 빽빽한 구름 가운데서 네게 임함은 내가 너와 말하는 것을 백성들이 듣게 하며 또한 너를 영영히 믿게 하려 함이니라 (출 19:9)." 역대하 5:13-14절에 의하면, 솔로몬의 성전이 헌당되었을 때, 모든 백성들은 여호와를 찬송하고 경배하기 위하여 모였다. 그들이 여호와의 선함과 자비를 선포했을 때, 구름이 성전에 가득했다. "제사장들이 그 구름으로 말미암아 능히 서서 섬기지 못하였으니 이는 여호와의 영광이 하나님의 전에 가득함이었더라." 유사한 모습으로 예수의 변화산 이야기에 나오는 구름은 하나님의 압도적인 임재를 묘사한다. 하나님의 음성이 출애굽기 19:9절에 있는 것처럼 구름으로부터 들린다.

변화산에서의 하나님의 선언 – "이는 나의 아들, 곧 택함을 받은 자니 너희는 저의 말을 들으라" – 은 예수의 인성과 그의 가르침에 주의를 집중시킨다. 사실, 이것은 "엮여 있는 진주들" – 즉, 다른 성서 본문들을 함께 엮어 만든 유대 설교의 접근 방법 – 의 예로 볼 수 있다. 유대 선생들과 학자들은 다른 본문들에 있는 단어 한두 개를 인용함으로 한 성서 본문을 언급하려 했다. 성서와 관계되어 연구했던 사람들은 이런 힌트를 이해하려고 했고 더 넓은 상황을 인식하려고 했다.[6] 한 단어로 전체 구절을 언급할 수 있다. 이런 방법은 성경 연구와 해설을 다루는 미드래쉬에 나타난다. 미드래쉬 강의 중에 랍비들은 비록 그들이 성서 본문의 일부만을 인용하여 가르치더라도 청중들이 그 본문의 전체를 알 것으로 가정한다. 구름으로부터의 음성도 마찬가지이다. 비록 일부만이 인용되어 있지만 성서의 세 구절이 암시되어 있다. "나의 아들" (히, 베니)은 시편 2:7절을 암시한다: "너는 내 아들이라 오늘 내가 너를 낳았도다." "택함을 받은 자" (히, 바키리)는 이사야 42:1절을 연상시킨다: "내가 붙드는 나의 종, 내 마음에 기뻐하는 자 곧 내가 택한 사람을 보라 내가 나의 영을 그에게 주었은즉 그가 이방에 정의를 베풀리라." "저의 말을 들으라"는 모세 이후에 올 선지자에 관하여 말하는 말들과 평행을 이룬다. "네 하나님 여호와께서 너희 가운데 네 형제 중에서 너를 위하여 나 (모세)와 같은 선지자 하나를 일으키시리니 너희는 그의 말을 들을지니라" (신 18:15).

히브리어, "쉐마"는 주의하여 듣다 (listen)로 수동적인 의미의 듣다 (hearing)보다 그 의미가 훨씬 강하다. 그것은 전적인 순종을 설명한다. 구름으로부터의 음성은 제자들로 하여금 예수의 중대한 임무와, 아들 되심과, 그리고 그의 선택됨을 알게 하기 위한 부탁이었다. 그러나 가장 중요한 것은 순종이었다. 예수를 따르는 자들은 상황을 파악할 수 있어야 한다. 그들은 예수의 가르침을 이해해야 하고 또한 그것을 실천할 수 있어야 한다.

예수의 변화의 목적

변화의 의미가 무엇인가? 이것은 분명히 답할 수 있는 간단한 질문이 아니다. 한 위대한 탈무드 학자와 그의 제자들에 관한 이야기는 이 질문에 관하여 어느 정도의 통찰력을 줄지도 모른다. 사울 리버맨 (Saul Lieberman) 이라는 유명한 유대 학자가 어느 날 그의 강의실에 모여 있는 랍비 학생들에게, "성경에서 가장 비극적인 인물은 누구인가?" 라고 물었다. 한 학생이 답하기를, "야곱도, 욥도 아니라 아마 사울일 것입니다" 라고 답했다. 리버맨은 "첫 대답으로 그렇게 나쁘지 않아" 라며 반응했다. 그런 다음, 리버맨은 강의실의 모든 분위기를 압도하며 마침내 말하기를, "성서에서 가장 비극적인 인물은 바로 하나님이시다" 라며 말했다. 하나님은 그의 무한한 사랑과 동정으로 그가 사랑하는 사람들의 고통과 함께 했다.[7] 모든 사람은 하나님의 형상에 따라 창조되어졌다. 하나님은 그의 백성들의 필요와 만남으로 그들을 찾으신다. 하나님은 그들의 고통과 함께 하시지만, 그들은 하나님의 목적과 일치되는 삶을 살기를 원하시는 그 분의 뜻에 늘 반응하지 않는다. 물론, 리버맨은 예수나 변화산 사건에 대해 생각하지 않고 있다. 그러나 그는 하나님의 본성과 그의 백성들의 고통 속에서 함께 하시는 하나님에 대한 성서의 가르침을 묘사하고 있다. 이 점에서 하나님은 성서에서 가장 비극적인 인물이시다.

예수를 따르는 자들에게 있어서도 리버맨의 가르침은 빛의 근원이 될 수 있다. 누가에 있어 변화산의 기적은 예수의 죽음의 전조이다. 첫째와 마지막 선지자였던 모세와 엘리야는 예루살렘에서의 예수의 별세에 대하여 말한다. 그러나 죽음에 직면한 상황이라도 하나님의 임재의 영광은 실체적인 면에서 나타난다. 구름으로부터의 음성은 예수의 제자들에게 도전을 준다. 그들은 예수의 가르침에 순종하기 위하여 부르심을 받았다. 예수는 "나의 아들," 그리고 "나의 택한 자"라는 사실을 하나님의 음성으로 알 수 있게 된다.[8] 하나님의 기름 부음 받은 자는 예루살렘에서의 그의 부르심을 완성하기 위하여 위임받는다. 제자들에게 있어 예수는 이사야 53장에 있는 다른 사람을 위하여 자신을 주는 고난 받는 종과 같은 선지자의 죽음으로 죽는다. 그것은 많은 사람을 위하여 고난 받는 자의 궁극적인 모습이다. 이것은 이사야 63:8절의 말씀과 같은데, "그들의 모든 환란에 동참하셨다." 하나님은 그의 백성들의 고난을 아시고 나누셨다. 이것은 하나님의 임재가 아주 깊은 인간 고통과 아픔 속에서 경험되어질 수 있음을 의미한다.

변화산 사건의 실질적인 의미는 예수의 제자들에게 있어 무언가 신비로 늘 남을 것이다. 제일 먼저, 그 사건은 예수의 고난에 대한 예언인 것 같다. 더욱이, 그의 모습의 광채는 불완전한 세상에서의 하나님의 압권적인 임재를 보여주는 신호이다. 이 사건은 예수를 따르는 자들에게 예수 자신이 인간 고난 속에 참여했던 방법을 숙고할 수 있도록 도전을 준다. 그들은 하나님의 구속적인 전략을 완성해 나가는 데 있어 그의 강력한 역사에 경외심으로 경탄할 것이다. 이 이야기의 정점은 구름으로 들리는 음성 중, "저의 말을 들으라"는 요구라 할 수 있다. 교회 역사의 비극은 그 음성을 순종하는 데 실패한데서 비롯되었다 할 수 있다. 예수의 제자들은 그들의 주인이 가르치신 바대로 듣고, 이해하고 따르는 데 헌신해야만 한다. 우리가 그의 십자가를 보고 그의 고통을 생각할 때, 우리는 인간 필요로 가득 찬 세계 안에 있는 하나님의 임재를 인식하는 것이고 예수의 가르침을 실천으로 순종하는 것이다. 이것이 우리가 받아야 할 도전이다.

주

1) 공관복음서 문제란 마태, 마가, 누가 사이에 존재하는 문학적인 관계를 다루는 것을 말한다. 학자들은 비교 연구를 통하여 예수의 삶과 가르침을 이해하려고 한다. 오늘날 대부분의 성경 신학자들은 예수의 삶에 대하여 가장 정확하고 가장 이른 복음서를 마가복음으로 규정한다. 때때로 이런 접근에 대한 기술적인 적용은 마태복음이나 누가복음의 가치를 경시하곤 한다. 이 문제에 대한 현 학계의 견실한 논의를 위하여 W.C. Kümmel, *Intorduction to the New Testament* (Nashville: Abingdon, 1973), 38-79를 보라.

2) 이 단어의 히브리어 번역은 "예찌아"(*yetziah*)로 "나가다 혹은 떠나다"의 의미를 가진다. 이 번역은 문자적인 것이다. 이 단어는 잘 알려진 하나님의 자기 지시 구문에서 쓰여진다. "나는 너를 애굽 땅, 종 되었던 집에서 인도하여 낸 너의 하나님 여호와로라"(출 20:2). 아마도 헬라어 용어 엑소도스는 보다 충격적인 히브리 용어인 마베트(*mavet*), 즉 "죽음"으로 사용되어졌다. 만약 그렇다면, 헬라어 번역가는 십자가에 대한 그의 이해를 제공하고 있을 수도 있다. 그것은 죽음이라기보다 엑소도스이다.

3) I.H. Marshall, *Luke* (NIGTC; Grand Rapid: Eerdmans, 1979), 384를 보라. "이 단어는 이집트로부터의 '탈출'을 말하는 것이고 (히 11:22) 수사적으로는 죽음을 말할 때 사용된다 (지혜서 3:2, 7:6; cf. 벧후 1:15). 그러나 여기서 이 말이 정확하게 어떤 의미를 지니는지 확실하지 않다. 아마도 다음과 같은 설명으로 접근할 수 있을 텐데, 1. 단순히 예수의 죽음을 의미할 수 있다 (W. Michaelis, "exodos," *TDNT* 5. 107; Schürmann, I. 558). 2. 예수의 죽음과 부활 그리고 승천을 포괄적으로 하늘로의 탈출의 의미로 볼 수 있다 (cf. 9:51; Zahn, 383). 3. 예수의 죽음을 모세가 행한 탈출 사건을 재현한 구원의 행위로 볼 수 있다 (J. Manek, 'The New Exodus in the Books of Luke', *Nov T* 2 [1955], 8-23). 4. 예수의 전 생애를 그의 입구(*eisodos*: 행 13:24)에서 시작하여 예루살렘에서 종결된 '길'로서 묘사한 것으로도 볼 수 있다. 분명히 이 말이 예수의 죽음을 일컫는 것 같지만, 예수의 부활이나 (누가에게 있어 십자가와 부활은 아주 긴밀하기 때문에) 그 사건의 구속적 의미를 배제시킬 수는 없다 (Ellis, 142). 이 사건이 예수에 의해서 예루

살렘에서 완성될 것이다."
4) Sifre 신 10-11 (R. Hammer, trans., Sifre on Deutronomy [New Haven: Tale University Presl, 35)을 보라. 물론, 이 사건의 원형은 십계명을 받은 후 변화된 모세이다 (출 34:29-35과 고후 3:18절에 있는 바울의 말을 비교해 보라). W.D. Davies와 D. Allison, Matthew, 2. 696을 보라. 에세네파의 공동체 규율은 유사한 형태로 의인들의 의복을 다음과 같이 묘사한다. ". . . 끝없는 인생, 영광의 관, 그리고 끝이 없는 빛 안에 있는 위엄의 의복" (1QS 4.7-8). 이 말과 관련하여 플러스의 다음의 관찰을 보자. "그런 다음 여기서 우리는 영광의 관과 함께 축복자들에 의해 입혀진 빛의 의복을 가진다." H. Schreckenburg and K. Schubert, *Jewish Historiography and Iconogaphy in Early and Medieval Christianity* (Van Gorcum: Assen and Fortress: Minneapolis, 1991), xvii에 수록된 플러스의 서론을 보라.
5) Pesikta Rabbati, Piska 4:2 (W. Braude. trans., *Pesikta Rabbati*, [New Haven: Tale University Press], 1.84-85).
6) 데이빗 비빈 (David Bivin)과 로이 블리자드 (Roy. B. Blizzard)의 예수의 가르침에 관한 논의를 보라. 샌드멜 (S. Sandmel)의 *Judaism and Christian Beginning* (Oxford: 1978), 9-18과 113-26을 비교해 보라. 또한 본서의 "메시아의 세례" 장을 참고하라. 여기에는 다른 하늘로부터의 음성이 들린다.
7) 리버맨의 일화는 *Mansoret*, vol. 2, no 2 (Winter 1993), 1에 나타난다. "위대한 마음의 동료"에서 요차난 무프스 (Yochanan Muffs)는 다음과 같이 회상한다. "나는 강의실에서 리버맨이 나에게 질문했을 때를 기억한다. '무프스, 당신은 성경을 안다고 생각하지? 그럼 성경 인물 중 누가 가장 비극적인 인물일까?' 나는 '야곱도 아니고, 욥도 아니고 사울 왕입니다'라고 잽싸게 응답했다. 그는 '초보자의 응답치곤 그렇게 나쁘지 않군' 이라며 말했다. '그러나, 랍비들에 의하면, 성경에 나타난 가장 비극적인 인물은 이스라엘을 위한 그의 사랑과 그들의 본성에 대한 실질적인 이해 사이에 찢겨지신 하나님일세' 라고 말했다."
8) Daniel Harrington, *Matthew* (Wilmington, Del.: Michael Glazier Books, 1991), 256. "예루살렘에 이르기까지의 예수의 마지막 여행의 상황에서 변화산 사건은 고난 예고와 그의 고통 속에서 예수를 따르라는 요구에 균형을 잃는다. 그것은 부활의 영광의 시연 (preview)이다."

20
아들인가 포도원인가?

예수께서 십자가 사건이 있기 전 주에 성전 언덕에서 말씀하신 "악한 농부"(눅 20:9-19; 막 12:1-12; 마 21:33-46)의 비유는 종종 어떻게 유대인들이 하나님에 의해 거절당했는지 그리고 새 이스라엘로서 교회가 대치된 것을 설명하기 위한 것으로 간주된다. 이 해석에 따르면, 옛 이스라엘은 망각 속으로 넘기워졌다. 여기서 필자는 이 비유가 교회에 관한 것이 아니라 예수 자신에 관한 것으로 제안하고자 한다. 사실, 이 비유의 전통적인 가르침은 근본적으로 예수의 메시지와 충돌한다.[1]

하나님은 유대인들을 거절하셨는가? 하나님은 새 이스라엘을 건설하기 위하여 유대 백성들과 맺었던 영속적인 계약을 파기하실 것인가?[2] 이 비유에 대한 많은 기독교의 가르침은 "예"(yes)라고 말하며 이스라엘은 상속권을 박탈당했고 대체되었다고 선언한다. 그러나 만일 그렇다면 다음 질문을 물어야 하는데, 과연 이것이 고난 전 주에 예수께서 전달하고자 했던 메시지인가? 비록 이 비유에 있어 이 접근이 갖는 중대한 정당성이 있지만, 이 입장을 취하는 성경 해석가들은 예수께서 성전 언덕에서 제사장들에게 말씀하시는 드라마틱한 이야기의 실례와 결론에 관한 중요한 용어들을 설명하지 않는다. 예를 들면, 핵심 단어인 "농부들"(husbandmen)은 무엇을 의미하나? 아들의 중요성은 무엇인가? 왜 그는 사랑하는 이로 불리었나? (눅 20:13). 왜 예수께서는 돌을 언급하시나? 예수께서 "무릇 이 돌 위에 떨어지는 자는 깨어지겠고 이 돌이 사람 위에 떨어지면 그를 가루로 만들어 흩으리라 하시니라" (눅 20:18) 라고 말씀하신 의미는 무엇이었나? 이 질문들에 대하여 소위 "악한 농부"라 명명하면서 예수께서 유대인들의 상속권 박탈을 원했음을 확실하게 가르치는 신약 연구가들은 적절하게 답하지 못한다.

실제로, 독단적인 교회론은 예수의 메시지의 의미를 감추려할지 모른다. 이 비유에 대한 주의 깊은 연구는 그것의 전통적인 설명을 받아들이는 기독교인들이 자신에 관한 예수의 가르침을 실질적으로 거절할지도 모른다는 것을 보여준다. 이 비유는 교회에 관한 것이 아니라 예수에 관한 것이다.

이 비유에서 예수께서는 무엇을 가르치셨나? 한 사람이 포도원을 가지고 있었다. 그는 그 포도원을 농부들에게 세로 주었다. 그 포도원의 주인은 그 농부들로부터 자기 포도원의 소출을 얻기 위하여 그의 종들을 보냈다. 농부들은 포도원 주인의 종들에게 그들에게 할당된 양을 지불하지 않았다. 그런 후, 이 사건의 충격적인 전환이 나타나는데 바로 그 주인이 소출을 위하여 그의 사랑하는 아들을 보내기로 결심하는 것이다. 그런데 농부들은 그의 아들마저 죽인다. 이 비유는 포도원을 강조하는가 아니면 아들인가?[3)] 이 전체 이야기의 주도적인 인물은 바로 아들이다. 이 비유의 주된 주제는 포도원 주인의 아들이지 재배지가 아니다. 더욱이, 이 이야기의 핵심이 예수에 의해 선언되는데, "건축자가 버린 돌이 집 모퉁이의 머릿돌이 되었나니" (시 118:22-23). 결론에 이르러, 예수께서는 호기심을 끄는 선언을 하시는데, "무릇 이 돌 위에 떨어지는 자는 깨어지겠고 이 돌이 사람위에 떨어지면 그를 가루로 만들어 흩으리라 하시니라" (눅 20:18). 생활 속에 있는 본래의 유대 설정에 정의된 이 비유의 핵심 용어들의 이해 없이는 아무도 이 비유를 이해하지 못할 것이다. 마지막 돌에 대한 말씀이 본 비유의 주요 구절이며 유대적 배경은 예수의 본래의 메시지를 이해하는 풍부한 통찰력을 공급한다.

왜 "사악한 농부"의 비유라고 명명되어야 하나? 이 비유의 전통적인 주제는 아주 잘못 오해되어 왔다. 그것은 심지어 농부라는 용어가 로마로부터 권세를 부여 받은 부패한 성전 지도자들과 관련되었음에도 불구하고(눅 20:1, 막 11:27, 마 21:23) "사악한 농부"가 마치 유대 백성들인 것처럼 비방하는 경향이 있다. 다른 신약 학자들도 이 비유가 "포도원 비유"로 명명되어야 한다고 제안한다. 이 전통적인 주제는 사악한 농부들의 행위에 강조점을 둔다. 두 번째로 제안된 주제는 포도원 재배지에 초점을 맞춘다. 포도원이 주요 주제인가 아니면 사악한 농부들을 주요 강조점에 두는가? 모든 비유들은 한 가지만을 가르친다. 만약 그렇다면, 필자는 이 비유의 가장 중요한 부분이 아들이라고 주장하고자 한다. 만약 이 비유의 주제가 포도원이나 농부들에게 초점이 맞추어지면, 주도적인 인물의 모습, 즉 포도원 주인의 아들이 배경이 된다. 최초의 상황에서 이 비유의 메시지를 이해할 때 이 비유는 사악한 농부나 포도원과 주요하게 관련되어 있지 않음이 명백해진다. 이것은 아들에 관한 한 비유이다. 이 이야기는 바로 예수 자신에게 초점을 맞추고 있다.

이런 설명은 이 비유의 주제가 "유일한 아들"로 명명될 수 있음을 보여준다. 이 주제는 중요하다. 이것은 우리가 이 비유의 지배적인 아이디어를 어떻게 이해해야 할지를 보여준다. "유일한 아들" 비유의 메시지는 이해된다 하더라도 거의 드물게 이해된다. 농부의 행위에 강조점을 두는 사람들은 메시지를 놓친다. 예수께서 포도원의 문제를 강조하셨다고 주장하는 사람들은 예수께서 자신의 목적과 선교에 관해 말씀하고 있음을 잊는다. 여기에서 예수의 설명의 요점을 놓쳐서는 안 된다. 어느 한 사람이 죽음, 특히 처형에 직면했을 때, 그/그녀는 많은 세월이 지난 후 미래의 교회 모습에 관하여 생각하기 전에, 고통의 아픔을 생각할 것이다.

예수의 메시지는 이 비유에 있는 세 가지 핵심적인 용어를 정의내림으로 이해될 것이다: 1. 농부들, 2. 사랑하는 아들, 그리고 3. 돌. 이 용어들은 본 비유의 유대적 상황과 이 비유를 담고 있는 복음서 본문의 결론에 있는 돌에 관한 이야기를 관점에 두고 보아야 할 것이다.

1. 농부들 = 농지에 사는 소작인 농부

우선, 농부들은 단순한 농부들이 아니다. 그들은 땅 주인의 부재 시 그 농지를 차용하는 소작인 농부들을 말한다. 그들은 땅의 주인과 함께 소출을 지불하기를 약속한다. 그들은 그 땅에 살면서 계약상 그들에게 주어진 땅을 소유하는 한 거대한 지배권을 확보한다. 그들은 땅을 빌려준 주인을 꼭 기억해야 하고 계약상 그들에게 할당된 약 40퍼센트의 소출을 지불해야 한다.

2. 사랑하는 아들 = 유일한 아들

둘째, 본 비유에 있는 *사랑하는 아들*(눅 20:13)은 유일한 아들로 번역되어야 한다.[4] 헬라어와 히브리어의 언어학상의 연구는 "사랑하는"(beloved)이라는 용어의 의미를 정확하게 제시해 준다. 따라서 "사랑하는"의 헬라어 용어는 아가페토스 (agapetos)이고 히브리 용어는 야키드 (Yachid)인데 이 둘은 모두 "유일한" (only)을 의미한다. 이 이야기의 아들은 포도원 주인의 유일한 아들이다 (눅 20:13, 마가복음 [12:6]의 기록을 보면, "오히려 한 사람이 있으니 곧 그의 사랑하는 아들이라")[5] 이 점은 본 비유의 줄거리 이해를 위하여 중요한데 그 이유는 그 당시의 평범한 중동의 가정은 여러 명의 자녀를 두었다. 따라서 땅 주인은 일반적으로 한 상속자 이상을 소유하고 있었다. 그러므로 한 상속자는 이 이야기의 긴장감을 중대시킨다. 그 주인은 한 아들만 소유했다. 이 비유의 최초의 청중은 소작인들의 계략을 이해한다. 소작인 농부들은 그들의 계략을 고안하고 그들의 구체적인 행동 방향을 결정한다. 그들의 땅 주인이 상속할 수 있는 한 아들만 두었기 때문에 만일 그들이 그를 죽여 없앤다면 그들은 포도원을 소유할 수 있을 것으로 판단한다. 마침내, 그들은 그 땅에 살고, 땅 주인은 나타나지 않고, 그 아들은 살해된다. 그들은 그 포도원이 그들의 것이 되었음을 선포할 것이다.

3. 돌 = 다윗의 아들 예수

셋째, 유대 사상에 있어 이 이야기 말미에 언급된 돌 (에벤, *even*)은 다윗왕을 분명 언급한다. 이 비유의 상황에서, 돌은 다윗의 아들로서 예수를 지적한다. 이 해석은 다윗왕의 삶에 비추어 볼 때 시편 118:22-23절에 대한 유대 해석에 의해 증명된다. 적어도 이 시편에 대한 유대 주석서들은 이 돌을 다윗 왕과 연결지었다. 처음에, 이스라엘의 가장 위대한 왕이 될 것이라는 운명을 지닌 젊은 다윗은 건축가들에 의해 거절되었다. 랍비들의 기록을 보자.

> "건축가들이 거절했던 돌은 모퉁이의 머리가 되었다" (시 118:22): "건축가들" (이 구절에 언급된)은 사무엘과 이새를 언급한다. "모퉁이의 머리가 되었다"라는 말은 다윗을 언급하는데 그가 모든 왕들의 머리 (즉, 가장 위대한)가 되었기 때문이다.[6]

다윗은 건축가들에 의해 거절되었다. 그들은 다윗의 작은 신장과 빨간 머리(붉은 모습)를 보았다. 그들은 더 잘 생기고 강하게 보였던 이새의 다른 아들 중 하나를 더 좋아했었다. 그러나 그 어린 목동의 힘은 내면에 있었고 마침내 다윗은 선택되어 기름 부음을 받는다. 생각지 않았던 젊은이가 이스라엘의 왕이 되었고 많은 역사가들의 기억 속에 다윗은 가장 위대한 왕이 되었다. 시편 118편에 대한 이런 유대 주석의 기본 생각은 위경서 시편 151의 히브리어 단편들을 보관하고 있는 사해 사본 중 하나에 설명되어 있다. 다윗은 사무엘과 이새의 우선 선택 대상이 아니었는데 그는 사해 사본에서 다음과 같이 주장한다.

> 나는 나의 형들보다 작았고 나의 아버지의 아들 중에 가장 어렸다. 그래서 그는 나를 목동으로 세웠다... 그는 그의 선지자를 보내 나에게 기름 붓게 했고 사무엘은 나를 위대하게 만들었다; 잘 생긴 나의 형들은 그를 만나기 위해 나갔다. 비록 형들이 신장도 컸고 잘 생겼지만 여호와 하나님은 그들을 선택하지 않으셨다. 하나님은 가축들의 무리 뒤에 있는 나를 선택하셨고 거룩한 기름으로 옷 입히셨다. 그는 나를 그의 백성의 지도자로 삼으셨고 그의 계약의 아들들 위에 통치자로 만드셨다.[7]

돌로서의 다윗은 거절되었다. 그러나 그는 으뜸이 되는 모퉁이 돌이 되었다. 이 비유의 단어들은 유일한 아들, 돌, 그리고 뛰어난 그의 경력이 미래 메시아를 위한 모델이 되었던 다윗 왕 사이를 비교할 수 있는 선을 그린다.

아들, 돌, 그리고 건축가들

마지막으로, 이 비유에 있는 핵심 용어들이 역할 하는 것을 기억해야 한다. 이 단어들은 히브리어처럼 보이고 들린다. 이 재담은 "아들" (히. 벤: *ben*), "아들들" (히. 바님: *banim*), 혹은 "건축가들" (히. 보님: *bonim*), "돌" (히. 에벤: *even*) 혹은 복수형 "돌들" (히. 아바님: *avanim*)에 초점을 맞춘다. 시편 118편에 있는 돌은 건축가들에 의해 거절당한다. 유대 주석에 있는 멸시당하고 거절당한 이새의 아들은 모퉁이의 돌이 된다. 그는 가장 위대한 왕 바로 다윗이다.

유대 문헌은 건축가들 — 선지자 사무엘과 다윗의 아버지 이새 — 이 어떻게 미래의 왕을 거절했는지 말한다. 그들은 사울을 대신할 이스라엘의 왕을 위해 이새의 다른 아들 중 하나에게 기름 붓기를 원했다. 그들은 다윗이 사울을 대신하기를 원치 않았다. 그들은 그의 형들 중 하나를 더 좋아했다. 그러나 하나님은 비록 다윗이 못났어도 그의 마음의 중심을 보았음을 분명히 말씀하셨다. 하나님은 왕으로 다윗을 택하셨다 (삼상 16:1-13).

건축가들인 사무엘과 다윗의 아버지 이새는 주의 말씀을 받아들였다. 비록 건축가들에 의해 거절당했지만 다윗은 모퉁이의 머리가 되었다. 비록 시편 118편에는 다윗에 대한 주제가 묘사되어 있진 않지만 유대 전통은 그 시편이 다윗과 관련되어 있음을 말한다. 예수께서 이 비유의 말미에 시편을 언급했을 때, 청중들이 그 포도원의 외아들이 다윗의 아들임을 이해하는 것은 자연스러웠다.

사람들은 다윗의 계보에서 메시아가 올 것임을 기대했다. 이 사실은 공관복음서에 나타난다. 예수께서는 다윗의 계보를 잇는다. 왕적인 메시아는 다윗의 아들, 벤 다비드 (*ben david*)라 불리어졌다. 이 비유의 돌은 다윗의 아들을 언급한다.

비록 그 돌이 건축가에 의해 거절되지만 끝내는 모퉁이의 머리가 된다. 비유에 등장하는 포도원의 주인의 아들은 살해당한다. 그가 비록 죽음으로 패배하지만 끝내는 모퉁이의 머리가 되는 아들이다. 그러면 그가 어떻게 그의 죽음 후에 성공할 수 있나?

이 비유는 예수에 관한 예언이고 일찍이 그의 고난에 대해 예견했던 것을 회상시킨다. 그의 죽음에 관해 예견함에 있어, 우리는 늘 승리의 마지막 말씀을 듣는다. 예수께서 그의 제자들에게 말씀하시는 것을 보자. "보라 우리가 예루살렘으로 올라가노니 선지자들을 통하여 기록된 모든 것이 인자에게 응하리라. 인자가 이방인들에게 넘겨져 희롱을 당하고 능욕을 당하고 침 뱉음을 당하겠으며 그들은 채찍질하고 그를 죽일 것이나 그는 삼일 만에 살아나리라"(눅 18:31-33). 그는 거절당하고 죽임을 당한 아들이시다. 그러나 제 삼일에 그는 죽음으로부터 부활하신다.

돌에 관한 말씀

이 비유의 결론에 있는 돌에 관한 이야기는 극도로 중요하다. 이 돌에 관한 이해 없이는 독자들은 이 비유의 중심 메시지를 놓치게 된다. 예수께서는 그의 미래의 승리에 관한 예언으로 이 이야기의 결론을 이끄신다. 건축가에 의해 거절당한 외아들의 죽음이 다윗의 아들의 궁극적인 승리를 이끄는 것을 방해하지 못할 것이다. 예수께서 말씀하시기를, "무릇 이 돌 위에 떨어지는 자는 깨어지겠고 이 돌이 사람 위에 떨어지면 그를 가루로 만들어 흩으리라 하시니라"(눅 20:18).

무엇이 더 나은가? 가루로 부서졌다고 하는 것이 나은가 아니면 으깨졌다고 하는 것이 나은가? 이 말씀에 대한 예수의 강조는 이 비유를 통하여 나타나듯이 바로 돌에 있다. 누군가가 돌 위에 떨어졌든지 아니면 돌이 누군가에 떨어졌든지 여기에는 어떤 차이점도 없다. 요점은 분명하다. 어떤 일이 있더라도 돌은 남게 된다.

랍비들은 유사한 삽화를 말한다. 그들은 유대 민족을 대항한 공격에 관하여 말한다. 유대 민족은 돌과 비교된다. 이 돌은 유대 민족을 핍박하고자 하는 이방 압제자들에 의해 파괴될 수 없다. 랍비들은 항아리 하나와 돌 하나를 유머스럽게 비교한다.

만약 돌이 항아리 위에 떨어지면, 화 있으리라 항아리여! 만약 항아리가 돌

위에 떨어지면, 화 있으리라 항아리여! 어떤 경우라도 화 있으리라 항아리여! 따라서 누구든지 그들 [이스라엘 백성]에게 공격을 감행하는 자는 그들의 행동에 대한 응분의 벌을 받을 것이다.[8]

예수의 말씀에 있는 돌처럼, 랍비의 가르침에 있는 돌은 항아리가 부서지는 동안 본래 그대로 남는다. 이스라엘 백성들은 그들에 대항한 공격에도 불구하고 승리한다. 항아리가 돌 위에 떨어지든 돌이 항아리 위에 떨어지든 문제가 되지 않는다. 이 색채로운 말속에 예리한 유머를 쉽게 느낄 수 있다. 아마도 성전 언덕에 앉아 이 돌에 관한 이야기를 듣고 있는 사람들은 예수께서 "무릇 이 돌 위에 떨어지는 자는 깨어지겠고 이 돌이 사람 위에 떨어지면 그를 가루로 만들어 흩으리라 하시니라"고 말씀하셨을 때 웃었을 것이다. 평행이 되는 랍비 진술은 선택된 민족을 언급한다. 비록 이스라엘 백성들이 다른 민족에게 침략을 받지만 그들은 승리한다. 무슨 일이 있더라도 유대 민족은 강한 신앙과 분명한 정체성으로 생존한다. 만약 예수의 시적 말씀에 있는 돌이 예수 자신을 언급한다면, 이것은 자신에 대한 고도의 자기 인식을 보여 준다. 개인적인 분투를 통하여 예수는 궁극적인 승리를 그릴 수 있었다.

돌과 다윗의 아들

예수는 그의 제자 중 하나인 유다에 의해 배신을 당하신다. 성전 체제에 막강한 권한을 가지고 있었던 부패한 사두개파 제사장들은 로마 정부에 적극적으로 협조했다. 건축가로서 로마 정부나 사두개파 성전 지도자들은 다윗의 아들로서의 예수를 인식하는 데 준비되지 않았다. 대제사장 가야바는 로마의 대군주로부터 그의 지위를 부여받았다.[9] 가야바는 누군가가 다윗의 아들이라고 선언했거나 메시아적 임무에 대해 암시를 했다면, 그 민족을 로마의 보복으로부터 구출하기 위하여 그를 제거해야 했다 (요 11:48-49절을 보라). 예수의 세금에 관한 질문이나 성전 청결 사건은 로마인들과 그들의 사두개파 제사장들과의 동맹에 있어 극도의 분개를 자아냈다. 외국인 관료로서 빌라도는 예수보다 바나바가 로마에 더욱 위험한 존재로 믿었다. 축제 기간 동안 그는 죄수 하나를 풀어줘야 하는데 그의 관점으로 죄가 덜한 예수를 풀어주기를 원했다. 그러나 마침내 자신의 운명에 관해 예견했던 것이 현실화 되었다. 빌라도는 예수를 십자가에 못 박으라는 선고를 내렸다.

예수께서는 그가 견뎌야 하는 적의에 관하여 관심을 가지신다. 일부 사두개인들이 로마인들에게 협력했지만 성전 언덕에 있는 많은 사람들은 예수를 지지했다. 이 비유는 로마인들에게 협력하려는 사람들에 관해 말하는 방식이다. 예수께서는 비 위협적인 방식 안에서 예언적으로 말씀하시길 원하신다. 예수께서는 그의 고통을 그의 말씀을 듣고 있는 자들과 함께 나누고 계신다. "유일한 아들" 비유는 특별한 그의 선교 임무에 있어 그의 강한 확신을 묘사한다.

그러나 우리는 그가 당할 고통을 잊어서는 안 된다. 그의 고통은 구속의 목적을 담고 있다. 그의 죽음에 관하여 예언적으로 말씀하시면서 그는 그의 사랑을 다른 이들 — 심지어 로마를 달래 평화를 회복시키고 자기 나라의 국가적인 재난을 막기 위하여 예수의 죽음을 원했던 자들까지도 — 과 함께 나누신다. 놀라운 사실은 언덕에 모여 있는 많은 사람들이 강력하게 예수를 지지했다는 것이다. 그는 이 비유를 그들에게 말씀하신다 (눅 20:9). 이 비유의 결론은 서기관들과 제사장들이 "백성들을 두려워했다" (눅 20:10)라고 말한다. 이 표현에는 그 날에 모였던 청중 중에는 예수의 많은 친구들이 있었음을 분명히 보여준다. 뿐만 아니라 그들이 포도원 아들의 운명에 관해 들었을 때, "그렇게 되지 말아지이다" (눅 20:16)라고 반응했다. 확실히 그들은 그 아들의 운명에 관하여 들었을 때 충격적이었고 그의 죽음을 보기를 원치 않았다. 아마도 언덕에 모여 있는 예수의 지지자들은 헤롯이 예수를 죽이려고 했을 때 알고 피하기를 경고했던 바리새인들과 같다 (눅 13:31).

모든 사건에 있어, 소위 "사악한 농부"라고 불리우는 이 비유는 "유일한 아들" 비유로 명명되어야 함이 나을 것이다. 예수께서는 다윗의 아들로서 그의 특별한 임무에 관하여 말할 뿐만 아니라 그의 미래 승리에 대해서도 말한다. 돌은 남게 된다. 더욱이, 만약 돌에 대한 언급이 예수의 고난 예고 관점에서 고려된다면 우리는 예수께서 그의 죽음에 대해 언급할 때마다 그가 제 삼일에 부활할 것임을 예견하신다. 이 비유에 대한 전통적인 해석은 교회론 (ecclesiology)에 초점을 맞춘다. 그런 잘못된 해석들은 이 비유가 교회에 관한 것임을 가르친다. 새 이스라엘이 옛 이스라엘을 대신한다. 그러나 실제로 이 비유는 기독론(Christology)에 관한 것이다. 아마 이것은 복음서 중에서 가장 메시아적 본문일 수 있다.

예수께서는 비록 아들 (ben)이 죽임을 당할지라도 그는 옮겨지거나 파괴될 수 없는 돌이라도 가르치신다. 그 돌은 마지막 승리를 얻을 것이다. 건축가들에 의해 거절당한 돌은 모퉁이의 머릿돌이 된다. 심지어 죽음 속에서도 그는 승리하실 것이다. 그의 승리는 궁극적으로 그의 백성들의 승리이다. 예수께서는 승리하실 것이고 승리로 완성될 것이다. 죽음은 다윗의 아들이신 예수를 이길 수 없다. 그는 결국에는 머릿돌이 되신다.

주
—

1) 필자는 이미 이 비유에 대한 내용을 그의 *Jesus and His Jewish People*, 282-316 에서 이미 다루었다. 여기서는 몇몇 실제적인 적용과 함께 앞서 다룬 내용을 요약하고자 한다.
2) 이 생생한 신학적인 이슈에 대하여 마빈 윌슨 (Marvin Wilson)이 쓴 다음의 중요한 책을 보라. *Our Father Abraham* (Grand Rapids: Eerdmans, 1989). 그리고 클레멘스 토마 (Clemens Thoma)의 *A Christian Theology of Judaism* (Mahwah, N.J.: Paulist, 1980)을 보라. 특히 토마의 책에 수록된 데이빗 플러서의 긴 머리말을 보라.
3) 잘못된 접근에 대한 강한 강조는 누가복음과 마태복음의 독특한 다음 구절들에 그 기반을 두고 있다. "포도원 주인이 와서 그 농부들을 진멸하고 포도원을 다른 사람에게 주리라" (눅 20:16); ". . . 하나님의 나라를 너희는 빼앗기고 그 나라의 열매 맺는 백성이 받으리라" (마 21:43). 필자는 이 본문들을 *Jesus and His Jewish Parables*에서 광범위하게 다루었다. 여기에서 필자는 포도원의 역할은 단순히 외아들이라는 압도적인 인물에 주의를 집중하며 배경 무대를 이루는 한 부분에 불과함을 강조할 것이다. 한 비유에서 가르치는 요점은 하나라는 사실을 기억해야 한다. 플러서의 *Judaism and the Origins of Christianity*, 552-74를 비교해 보라. 성전 언덕의 로마에 의해 지배된 부패한 성직자의 시대는 막을 내리고 있다. 그들은 사두개인들이었다. AD 70년, 성전 파괴 이후, 초대 교회와 비극 이후 바리새인들의 강한 영적 회복을 대표하는 야브네흐 (Yavneh)와 같은 유대인 배움의 공간들이 번영했다. 하지만 사두개인들은 역사 속에서 사라져 갔다.
4) 필자는 R.L. 린드세이 (Lindsey)와 그의 책, *A Hebrew Translation of the Gospel of Mark*에서 누가복음을 다룬 내용으로부터 풍부한 통찰력을 받은 것에 깊이 감사한다. 린드세이는 누가가 복음서들의 셈어 본문과 예수의 가르침의 최초의 히브리 정취를 보유했음을 주장했다.
5) "유일한"이란 용어, 아가페토스의 가장 적절한 번역에 대한 질문과 관련하여 필자의 *Jesus and His Jewish Parable*, p. 309에 있는 각주 15-16을 보라. 터너 역시 이 점을 분명히 보여준다. C.H. Turner, "ὁ υἱός μου ὁ ἀγαπητός." *JTS*

27 (1926), 113-29. 플러서도 같은 의미로 이해한다 (개인적인 대화를 통하여).
6) Midrash Hagadol on Deuteronomy 1:17 (피쉬, 32)와 *Jesus and His Jewish Parables*, 313, n 37을 보라.
7) 시 151, 사해 사본 중에 발견된 다윗 왕에 관한 외경서 시편 (또한 칠십인역을 보라). J.A. Sanders, *Discoveries in the Judea Desert, the Psalms Scroll of Qumran 11* (New York: Oxford, 1965), 48-56을 보라. 또한 David Flusser and S. Safrai, "Shire David Hechitzoneyim," *Sefer Zikaron Layehoshua Grintz* (Tel Avi, Hakibbutz Hameuchad Publishing House, 1982), 84, 92를 보라 (이것은 히브리어 논문이다). 또한 필자의 *Jesus and His Jewish Parables*, 313을 보라.
8) Esther Rabah 7:10. P. Billerbeck, *Das Kommentar zum Neuen Testament aus Talmud und Midrash*, 1:877 and A. Hyman, *Toldot Tannaim Veamoraim*, 3.1189-91.
9) 예수의 공판에 관하여 특히 David Flusser, *Judaism and the Origins of Christianity*, 575-609를 보라.

21

빌라도? 아니면 유대 민족?

성전 뜰에서 예수의 심문이 있는 동안, 로마 관료인 빌라도는 모여 있는 백성들에게 선택을 준다. 그는 유월절 축제 기간 동안 죄수 하나를 풀어줘야 했다. 예수냐 아니면 바라바냐? 어떤 정의의 기준을 댄다 해도 예수의 심문은 완전히 불공정한 것으로 간주된다. 그러나 유대 백성 또한 불공정한 공판으로 고통을 당한다. 여러 세기를 거치면서 교부들과 기독교 역사가들은 하나님의 백성들을 비난하면서 "유대인들이 예수를 죽였다"고 선언해 왔다. 그러나 실지로 복음서들은 아주 다른 이야기를 말한다. 빌라도와 로마의 영향이 더욱 많이 스며들어 있었다. 많은 기독교인들은 예수의 심문 기간 동안 실제로 무슨 일이 일어났는지 알기 원한다. 이것은 역사의 문제다. 그럼에도 불구하고, 유대인들을 증오하는 전통적인 해석은 신약성서 자체의 기록보다 교회에서 더욱 신성시 되어 왔다. 오늘날 사람들은 선입관을 버리기를 원한다. 그리고 그들은 복음서 자체에서 배우기를 원한다.

십자가 위에서 예수를 처형하는 데 있어 누가 막강한 힘을 발휘하나? 예수의 심문에 대한 전통적인 견해는 도전받아야 한다. 유죄에 대한 책임은 집단적으로 유대인들에 의해 태동되어 왔다. 빌라도가 유대 백성들에게 예수를 원하느냐 아니면 바라바를 원하느냐를 물었던 반면 복음서에 대한 역사적 연구에 있어 또 다른 질문에 응답되어야 한다: 빌라도와 유대 백성 중 누가 책임이 있는가? 누가복음은 로마 총독인 빌라도 자신이 사형 선고를 내렸음을 분명히 한다 (눅 23:24). 신약 성서에 의하면, 유대인들이 아니라 로마인들이 예수를 십자가에 못 박았다. 그러나 빌라도가 예수께 선언했던 사형 선고 뒤이어 교회는 예수의 백성들을 공판에 부쳤다. 예수의 죽음의 책임이 로마 관료 빌라도에게 있나 아니면 유대인들에게 있나?

여러 세기를 거치면서, 교회는 예수의 십자가 처형에 대한 전적인 책임으로 유대 백성들을 핍박해왔다. 일부 기독교인들은 "유대인들이 예수를 죽였고 따라서 우리는 우리가 원하는 대로 그들을 다루어도 된다"고 선언한다.[1] 이런 기독교인들은 빌라도가 예수의 무죄를 보았던 비전 있는 정치적 지도자로 가르쳐왔다. 빌라도는 예수를 죽이기 위한 계획을 가지고 있었던 유대지도자들과 은밀히 공조하도록 강요받았다. 사실, 한 교회 전통에 따르면 빌라도는 성인 (saint)으로서 축복받았다. 결국, 그는 예수의 공판 때 그의 손을 씻었다. 그는 마태복음에 기록되어 있는 그의 아내의 꿈 이야기를 주의 깊게 경청했다. 전통적인 교회의 가르침에 따르면, 빌라도는 다소 사람들에 의해서 강요되어졌던 위대한 지혜로운 지도자가 된다. 그는 유대 지도자들에 의해 미혹된 방관자이다. 그는 그의 법정의 결정에 비난 받아서는 안 되는 단순한 정부 관료이다. 하지만 복음서들에 기록된 증언의 세심한 연구와 신약 시대로부터의 역사적인 기록들은 이 관점을 불가능하게 만든다. 빌라도는 결백한 희생자가 아니었다. 로마 제국의 대표로서 그는 아마도 그 공판의 핵심 권력이었을 것이다. 역사적으로, 로마의 정책들과 로마의 꼭두각시들은 불공정한 공판과 예수의 십자가 처형의 원인이었다. 유대 백성들에게 화살을 돌리려고 하는 것은 그 당시의 정치적인 권력으로부터 죄를 전가하기 위해 의도된 것이었다.

로마의 두려움

 메시아 운동에 대한 로마인들의 두려움에는 나름대로의 이유가 있었다. 인기 있는 메시아 운동으로서 예수와 그의 무리들은 숫적으로 성장하고 있었다. 로마인들은 모든 유대 메시아 운동들을 깔아 뭉개기 위한 열렬한 정책을 유지했다. 대제사장의 거룩한 집무실의 문은 오직 로마인들의 지시에 의해서만 열리거나 닫힐 수 있었다. 로마는 자물쇠를 채우고 대제사장의 신성한 의복을 쥐고 있었다. 이스라엘의 땅과 백성위에 있었던 로마의 극도의 권력은 강한 힘을 통하여 유지되었다. 주요 처벌의 수단으로서의 십자가 형은 제국의 구석구석까지 미쳤던 정치적 무기로 두려움에 대한 로마 정책의 무시무시한 증거였다. 이스라엘에서 메시아 개념은 로마가 지배하는 땅에서는 묵인할 수 없었던 종교적이고 정치적인 이상주의였다. 요한복음에 따르면, 백성들이 그들의 완화되지 않는 두려움을 대제사장 가야바와 함께 나누는 말씀이 기록되어 있다: "만일 그 (예수)를 이대로 두면... 로마인들이 와서 우리 땅과 민족을 빼앗아 가리라" (요 11:48). 요한복음에 있는 로마인들에 대한 언급은 흔하지 않다. 1세기 동안 로마 관료들과 군사들이 이스라엘, 특히 예루살렘에 자주 보였다는 사실은 의심할 여지가 없다. 로마의 두려움은 아마 복음 전도자들로 하여금 그들의 편재하는 주둔을 경시하게 했다는 것일 것이다. 로마가 한 인정된 고대 신앙을 위하여 성전 예배를 허락했지만 거룩한 도시 안에서 평화를 유지시키는 것은 주요한 숙제였다. 예루살렘에서 지켜지는 거룩한 날들을 보기 위하여 알려진 세계의 모든 국가에서 들어오는 유대인 순례자들은 잠재적인 위험을 창출했다. 군사들은 소란을 방지했다. 무장한 군대의 로마 수비대는 백성들의 증오를 받았다.
 널리 퍼져있는 군인들의 주둔은 독립의 날이 끝났음을 표시하는 것이었다. 종교적인 확신의 자유는 극도로 제한되었다. 유대 정치적 자치권은 먼 옛날의 희미한 기억에 지나지 않았다. 미래 구원자에 대한 사상은 유대 국가 안에 많은 사람들의 마음속에 거대한 희망을 생산했다. 아마도 마카비 시대나 다윗의 시대에서처럼 그 백성들의 자유는 다시 실재가 되어야 했다. 두 번째 모세가 나타나 자유를 가져다 줘야 했다. 어떤 경우에라도, 로마 제국의 정책에 따르면, 유대인들의 메시아 신앙은 엄격하게 감시되어야 했고 강력하게 억압되어야 했다. 역사의 증언에 의하면, 로마는 유대인의 메시아 희망을 억누르기 위하여 강력한 군대, 군사적인 힘, 그리고 잔인한 폭력을 기꺼이 사용했다. 결과적으로, 예수 신앙에 대한 반응으로서 로마의 군사 중재에 대한 극심한 두려움은 이유가 없는 것은 아니었다. 요한복음을 통하여 아는 것처럼, 유대인들은 로마인들이 그들의 "거룩한 땅과 국가"(요 11:48)를 멸할 것이라는 것에 두려워했다.

비록 모든 대제사장들이 로마의 지도부에 의해 지명되었지만, 요셉 가야바는 그가 로마인들의 보복에 대한 유대 백성들의 경고의 말을 주의 깊게 들었을 때, 로마 정부의 권력에 대한 자신의 두려움을 무심코 드러내고 만다. 그는 국가 전체가 멸하는 것보다 차라리 한 개인이 죽는 것이 낫다고 말한다. 거룩한 땅과 국가는 보전되어야 한다. 40년도 채 안 되는 짧은 시간 안에 로마인들은 성전을 파괴했다. 예수의 죽음, 안장, 그리고 부활이 있은 후 얼마 되지 않아 로마 제국의 신속한 힘이 나타나게 되는데 그것은 유대 백성들과 전쟁을 일으킴으로 이스라엘 땅에 많은 군사들이 행진함으로 그랬다. 다시, AD 70년 예루살렘이 멸망한 후 대략 60년이 지난 이후에 로마 제국의 권력은 AD 132년부터 135년까지 있었던 혹독한 게릴라 전쟁 동안 이스라엘의 땅에 있었던 또 다른 저항을 짓밟았다. 이 때 있었던 저항의 기초는 바 코흐바(Bar Kochba)의 카리스마틱한 지도력을 바탕으로 한 메시아 희망에 있었다. AD 70년 예루살렘의 멸망은 유대 백성들의 메시아 소망과 종교적인 자유와 정치적인 자치권의 갈망에 대한 반응의 결과였다. 로마인들은, 그것이 어떤 형태이든지, 유대 메시아 신앙에 저항하여 싸우는 것에 심각하게 대응했다.

바리새인들과 예수

예수의 공판과 관련하여 빌라도의 역할이 기독교회 안에서 과소평가되고 있는 반면, 바리새인들은 예수의 죽음을 원했던 무리들로 이해한다. 여기에 기독교 전통은 바리새인들의 역할을 강조한다. 기독교 전통이 잘못되게 가르치기를, 예수의 신학적인 가르침은 바리새인들에게 도전적이었고 그래서 그들은 예수가 죽기를 원했다는 것이다. 이런 통속적 접근은 고대 유대 사상에 대한 기독교의 적대감에 깊은 뿌리를 갖고 있으며 또한 예수의 가르침과 바리새인들의 가르침 사이에 있는 밀접한 유사성을 무시하는 것이다.[2] 사실, 예수의 신학은 바리새인들이 가르쳤던 신학적 내용과 거의 일치했다. 사두개인들과는 대조적으로, 바리새인들은 율법에 대한 구전 해석을 믿었고 죽은 자의 부활과, 메시아 사상, 천사, 사탄, 그리고 창조 사건 안에서 활동하시는 하나님께 대한 헌신을 믿었다. 대부분 모든 제사장들은 사두개인들이었다. 가야바와 그의 권력의 기초는 이런 바리새적 관점과는 일치할 수 없었다. 사두개인들은 하나님께 대한 신앙이 강했고 기록된 율법에 대한 문자적인 해석만을 믿었다. 더군다나 사두개인들은 로마에 협력하는 것에 더욱 적극적이었다. 비록 예수께서 일부 바리새인들의 위선적인 행위에 비판을 했지만, 그는 결코 바리새인들의 가르침에 대하여 부정적인 말을 사용하지 않았다. 예수께서는 바리새인들이 모세의 자리에 앉는다고 말씀하셨다. 그는 그들의 가르침은 선하지만 그들이 설교한 것을 늘 실천하지 않았음을 지적하셨다 (마 23:1-2). 일부 바리새인들의 위선에 대한 예수의 예리한 비난은 바리새주의의 신학에 대항하여 공격한 것과는 아주 다르다.

사두개인들과 예수

그의 마지막 날들을 보내면서, 예수께서는 성전에서 공개적으로 가르치셨다. 그는 사두개 제사장들의 뜰에 앉아 주요한 질문으로 그에게 도전하는 무리들과 직면했다. 예수의 예루살렘으로의 승리의 입성과 그의 성전 청결과 같은 사건들은 로마의 권세자들과 사두개인들의 주위를 확실히 사로잡은 것임을 기억해야 한다. 예수의 반대자들의 질문은 세 가지 이슈였다. 첫째, 그들은 그의 권위에 대해 물었다. 그런 다음 그들이 시저에게 내야 할 세금 문제에 관한 것이었다. 마지막으로 죽은 자의 부활에 관하여 그를 압박했다. 아마도 이 세 가지 질문은 사두개인들에 의해 제기되었을 것이다. 부활에 관한 세 번째 질문은 바리새인들의 신학적인 견해를 조소하기 위한 방법이었다. 세금 지불에 관한 이슈는 정치적 요소를 함축하고 있는데 누군가가 세금 내기를 거절했다면 그 사람은 젤롯당이나 처형을 앞두고 있는 자였을 것이다. 권위에 대한 문제는 사두개파의 제사장직에 대한 극도의 관심 표명이었을 것인데 특히 동문을 통한 드라마틱한 성전 입성과 성소의 청결과 관련하여 그렇다.

유대 백성과 예수

불행하게도, 전통적인 기독교 가르침은 모든 유대인들을 예수와 그의 가르침을 거절한 자들로 묘사하는 것이다. 하지만 복음서에 기록된 증언은 그의 지상 기간 동안 많은 유대인 무리들이 그를 따랐다는 사실을 분명히 해준다. 복음전도자들은 대제사장들이 성전에서 예수 주변에 모여 있는 예수의 추종자들의 무리를 두려워했음을 강조한다 (눅 20:19). 로마인들과 사두개인들은 예수와 그의 메시아 운동이 위험스럽다는 것을 확신했다. 그러나 로마 권위자들을 도왔던 사두개 제사장들은 예수의 친구들의 무리들과 그의 메시지에 귀 기울였던 소망자들로 인하여 성전 언덕에 있던 예수를 체포하기를 두려워했다. 부득이 그들은 유대 백성들의 무리들이 그들의 개인적인 집에서 유월절을 축제할 바로 그 적절한 시간까지 기다려야만 했다. 그런 다음 성전은 제사장들과 로마에 아주 호의적인 제사장들의 지방 후원자들로 가득 채워졌을 것이다.

역사적인 관점에서 보면, 예수의 죽음에 관한 이유는 신학적이라기보다 정치적이다. 바리새인들은 예수가 말했던 것을 전했다고 사람들을 죽이지 않았다. 많은 랍비들은 비유를 통하여 가르쳤는데 예수는 그의 가르침 때문에 빌라도 앞에 서지 않았다. 동기는 정치적이었다. 메시아에 대한 고대 유대 사상을 조장하는 의심스러운 자는 그만 두어야 했다. 사두개인들은 메시아 운동을 최대한 줄이고 처단하는 노력을 다함으로 로마 당국과의 협력을 다했을 것이다. 한편, 바리새인들과 평범한 백성들은 로마와 제 2 성전 기간의 현실 정치의 규율에 따라 역할했던 자들에게 기꺼이 협력하지 않았을 것이다.

반대로, 두 신약 본문은 바리새인들이 예수에 대하여 일반적인 생각과는 전혀 반대되는 행동을 취한 것을 보여준다. 바리새인들은 헤롯 안티파스가 예수를 죽이려고 한 것에 대하여 그에게 경고했다. 소수의 기독교인들은 누가복음에 바리새인들이 헤롯의 살해 계획을 예수께 말했던 것을 통하여 그의 안녕에 관하여 큰 관심을 가졌다는 것을 잘 알고 있다. 바로 그 헤롯이 세례 요한을 처형했다. 갈릴리에서 바리새인들은 예수께 경고하기를, "여기를 떠나소서, 헤롯이 당신을 죽이고자 하나이다" (눅 13:31). 바리새인들은 예수를 구출하기를 원했다. 그들은 헤롯의 계획에 대항하여 예수를 보호하기를 바랬다. 사도행전에 있는 다른 본문을 보면 베드로와 요한이 예수께 일어난 일들에 대하여 가르치는 것으로 사두개인들이 그들을 죽이고자 했을 때 가말리엘이 그들의 목숨을 구해준다. 비록 제사장들이 사도들에게 대항했지만 그들의 태도는 바리새인들과는 달랐다. 사도행전은 베드로와 요한 이후에 갔던 자들을 동일시 한다: "대제사장이 일어났고 그와 함께 있는 사람 즉 사두개인의 당파..." (행 5:17). 사도들은 아마도 예루살렘에 있는 유대 인구 중에서 많은 친구들과 후원자들을 가지고 있었을 것인데 그 이유는 제사장들의 경비대 병력이 백성들을 두려워함으로 인하여 힘으로 그들을 체포하지 못하도록 주의했기 때문이었다. 만약 그들이 사도들을 체포하고 있다는 사실을 백성들이 알았다면 경비대는 그들의 돌세례를 받아야하는 극심한 저항에 직면했을지도 모른다. 사도행전은 이런 상황을 분명히 묘사한다. "성전 맡은 자가 부하들과 같이 가서 그들 (베드로와 사도들)을 잡아왔으나 강제로 못함은 백성들이 돌로 칠까 두려워함이더라" (행 5:26). 여기서 백성들 (라오스: *laos*)을 바리새인이라 동일화시키는 것에 약간의 주의가 필요하지만 확실히 이 사람들 대부분은 바리새인들이고 또한 이들은 바리새 신앙과 행위에 대하여 아주 강한 경향을 소유하였을 것이다. 예수 자신도 비록 일부 바리새인들의 위선적인 행위에 대하여 경고하셨지만 그들의 가르침을 따르기를 그의 제자들에게 요구하셨다 (마 23:2). 요세푸스는 바리새인들이 같은 동네 사람들 사이에 강한 영향력을 소유했음을 증언한다.[3] 바리새인들과 일반 백성들은 베드로와 사도들을 체포하려는 경비들에게 돌을 던지려고 했을 정도로 사도들을 아주 많이 지원했다.

바리새인들의 공회 때 가말리엘은 사도들을 대신하여 강하게 주장한다. 그는 로마의 힘에 의해 모두 억눌려졌던 앞선 메시아 운동을 지적했다. 바리새인들을 대신하여 그리고 그 자신의 강한 확신으로 가말리엘은 사도들을 위해 변호했다.

이 전에 드다가 일어나 스스로 선전하매 사람이 약 사백 명이나 따르더니 그가 죽임을 당하매 따르던 모든 사람들이 흩어져 없어졌고 그 후 호적할 때에 갈릴리 유다가 일어나 백성을 꾀어 따르게 하다가 그도 망한즉 따르던 모든 사람들이 흩어졌느니라. 이제 내가 너희에게 말하노니 이 사람들을 상관하지 말고 버려 두라 이 사상과 이 소행이 사람으로부터 났으면 무너질 것이요 만일 하나님께로 났으면 너희가 그들을 무너뜨릴 수 없겠고 (행 5:36-38).

한 면에서, 바리새인들, 혹은 적어도 그들의 가장 존경 받는 지도자 중 한 사람은 사두개인들로부터 초대 교회를 보호했다.

실제로 예수께서 산헤드린 앞에 나타나신 적이 있는지에 대해 아주 의심스럽다. 가말리엘과 같은 지도자들은 어떤 공판에서 그런 불공정한 절차를 결코 허락하지 않았을 것이다. 헬라어, "수네드리온" (sunedrion)은 회의를 위해 쓰여졌던 용어이다. 때때로 이 단어는 산헤드린의 명성 있는 고등 법정을 의미하는 것으로 잘못 이해되어져 왔다. 예수의 공판 동안에 이것은 그들의 공회, 즉 사두개 제사장들의 위원회였던 것이 틀림없다 (눅 22:16). 근본적으로 그들은 법적인 절차로 로마인들을 도울 수 있는 시저에게 내야 할 세금을 거절한 것과 같은 책임을 찾기를 원했다. 그들은 또한 로마 법정을 위하여 예수가 메시아임을 자청한 증거를 찾기 원했다.

몇몇 역사가들이 예루살렘 멸망 전 사십년 동안 유대 법정이 사형 선고를 내릴 수 없었다고 믿지만, 이 주장은 심각하게 도전 받아왔다. 유대 법정이 사형 선고를 내릴 권위가 있었음은 상당한 개연성이 있다. 그러나 예수의 공판에 대해서는 예루살렘을 책임지고 있는 로마 관료들의 직무였다. 바리새인들과 대다수의 사람들은 그런 행동들에 반대했지만 로마의 대군주로부터 권력과 직위를 부여 받았던 사두개 사제들은 이것이 제국을 협력하는 상책이었음을 느꼈다.

빌라도인가 아니면 유대인들인가?

　전통적인 기독교의 가르침은 약삭빠르고 교활한 정치적 색채를 띠었던 본디오 빌라도를 과소평가 해왔다. 그는 예수를 구하려고 했는가? 우선, 만약 그가 예수를 구하기를 원했다는 것이 사실이면, 그는 예수를 헤롯 안티파스에게 보내지 않고 오히려 예수를 구하기 위하여 그의 정치적 권위를 사용했어야 했다. 만약 갈릴리에 있는 바리새인들이 예수를 죽이려는 헤롯의 욕망을 알았다면, 빌라도는 그 마음 좁은 통치자의 예수에 대한 혐의를 알았을지도 모른다. 바리새인들은 헤롯으로부터 예수를 구하려고 했다. 빌라도는 예수를 헤롯의 손에 넘겼다. 헤롯 안티파스는 그 지역의 사건들에 대해 활발하게 관여했다. 그는 주의 깊은 감시로 그의 통치를 유지했고 그의 작은 영지에서 일어나는 정치적 분규들과 가능한 경쟁자들을 감시했다. 아마 빌라도는 그 늙은 여우 — 그의 아버지 헤롯 대왕의 아들임에 틀림없다 —가 문제아 예수를 제거할 것으로 생각했을지도 모른다.

　예수를 헤롯에게 넘기는 것은 마치 한 이름난 범죄자를 교수형을 내리는 인민재판에 보내는 것과 같다. 그러나 빌라도는 분명히 헤롯과의 관계를 향상시키는 것과 그가 대표로 있는 로마 제국의 정치적 호의를 더 많이 얻는 데 관심을 갖고 있었다. 헤롯 대왕의 자립정신을 가진 아들은 유대의 통치자보다 보다 쉽게 그 문제를 다룰 수 있었다. 헤롯은 호의로 선회한다. 예수를 고문하고 조소한 후 헤롯은 그를 빌라도에게 보냈다. 이 두 정치인은 희생자가 겪을 그 어떤 정신적이고 정서적인 비참함을 고려하지 않은 채 그를 이쪽저쪽 이동시킴으로 이익만을 챙겼다. 누가는 다음과 같이 증언한다. "헤롯과 빌라도는 전에는 원수였으나 당일에 서로 친구가 되니라" (눅 23:12).

　예수의 공판에 있어 빌라도의 역할에 대한 대부분의 논의는 두 사실을 잊는다. 첫째, 로마 총독은 누군가에게 은혜를 내려야 했다.[4] 축제 기간 동안 그는 죄수 하나를 풀어줘야 했다. 두 번째 사실은 당시 역사적인 기록에 있는 빌라도의 묘사는 칭찬과는 거리가 멀다는 것이다. 교회 전통 밖에 있는 역사가들은 빌라도에게 우호적이지 않았다. 그를 잔인하고 자신만을 챙기는 폭군으로 묘사한다.

이것과 관련하여 우리는 1세기 자료로부터 빌라도에 대한 역사적인 서술을 봄으로 두 번째 사실을 생각하고자 한다. 유대 철학자 필로는 빌라도에 대하여 일곱 가지 죄상을 선언한다. 그것 중 하나가 예수의 처형에 관한 것이다. 필로는 빌라도가 공판 없이 죄수들을 처형한 것은 잘 알려진 것이라고 말한다. 예수의 불공정한 공판은 필로의 설명을 증거 하기에 충분했다. 필로는 빌라도의 통치에 대한 이런 사실을 제공해 준다.

> ... 뇌물, 모욕, 도적질, 난폭, 무자비한 장해, 계속적인 반복이 필요한 공판 없는 처형, 끊임 없고 극도로 통탄할 잔악함.[5]

"계속적인 반복이 필요한 공판 없는 처형"에 대한 묘사는 예수를 다루는 것과 관련하여 그의 잔악함을 볼 수 있는 대목이다. 빌라도는 예수를 헤롯에게 보내고 모의재판을 진행 중이다.

게다가, 요세푸스도 빌라도의 차가운 피를 가진 잔악함을 이야기 한다. 결국은, 빌라도의 무자비함은 비텔리우스 (Vitellius)로 하여금 그를 면직하게 했다. 빌라도는 대중적인 메시아 운동에 관여했던 많은 경건한 사마리아인들을[3] 학살했다. 그들은 그들에게 구원을 이룰 숨겨져 있는 신성한 그릇을 찾는 희망 속에서 그리심산에서 메시아라고 자인하는 자를 따르기를 결정했던 것 같다. 빌라도는 재빠르게 사마리아인들을 학살하기 위하여 기병 분견대와 중무장한 보병대를 보냈다. 이 폭력적인 사건 이후에 시리아의 강력하고 영향력 있는 총독 비텔리우스는 빌라도로 하여금 로마로 돌아가게 했다. 그런 군사적 행동은 지역민들 사이에 로마에 대한 두려움을 주입시킬 수 있었다. 그러나 이번에는 유대의 총독이 너무 멀리 갔다.

유대 백성들에 대한 빌라도의 억압은 요세푸스의 기록에도 잘 나타나 있다. 이 유대 역사가는 어떻게 빌라도가 "왕기 (standard)라 불리었던 시저의 초상을 한밤중에 그리고 엄호 아래 소개했는지"를 자세히 설명한다. 아마 그는 신성한 도시 예루살렘에 대한 로마의 영향을 강요함으로 티베리우스의 호의를 얻기 위했을 것이다. 빌라도는 그가 이방 예배의 상징들과 유대 백성들의 신성한 성전의 도시에 외국 지배권을 소개했을 때 모든 관습을 깨고 말았다. 그러나 그는 결과에 대하여 크게 놀랐다. 그의 행동은 로마의 우상 숭배 실행의 표현이었고 백성들은 그가 그 왕기들을 제거하기를 요구했다. 빌라도는 극도의 흥분과 극심한 분노로 타올랐다.

시위 군중은 지중해 연안 가이사랴에 있는 빌라도의 거주지에 몰려들었다. 요세푸스는 주요 소란이 빌라도의 악의에 찬 행동에 그 원인이 있었음을 묘사한다. "빌라도가 가이사랴에 온 이후 서둘러 유대 백성들은 예루살렘으로부터 시저의 왕기들을 모두 제거해 주고 그의 조상들의 율법을 세워주기를 그에게 간청했다."[7] 유대 백성들은 그들의 신앙에 헌신했고 빌라도의 관례가 로마 제국의 새로운 율법이 되는 것을 결코 허용하지 않았다. 그러나 빌라도는 쉽게 포기하지 않았다. 그는 군중들을 죽음으로 위협했다. 틀림없이 그 백성들은 그들의 요구에 대한 빌라도의 답변을 듣기 위하여 시저의 거대한 원형 경기장에 모였을 것이다. 빌라도는 원형 경기장 주변에 로마 군사들을 두었고 유대인 학살을 위하여 그들의 무기들을 끌어내었다. 빌라도는 백성들이 죽음과 로마의 정책에 순응함으로 목숨을 건지는 상황에 직면하게 되면 그들은 확실히 그들의 요구를 포기할 것으로 생각했다. 그러나 그것은 그의 잘못된 판단이었다. 생명 부지를 위하여 로마의 정책에 순응하기는커녕 유대인들은 땅에 그들의 목을 내어 놓으면서 죽기를 각오했다. 그들은 그들의 거룩한 도시와 그 도시의 성소를 더럽히는 것에 그들의 목숨을 내놓기를 원했다. 빌라도는 유대인 학살로 인한 정치적인 결과의 위험을 감수하려고 하지 않았고 따라서 그 도시로부터 왕기를 제거하기를 선언했다. 마침내 군중이 빌라도를 이겼다.

빌라도는 로마의 권위를 가지고 그의 직업과 로마의 입장에 헌신했다. 다른 사건에서 빌라도는 백성들의 요청에 대하여 그 자신의 방법을 가졌다. 요세푸스는 빌라도가 로마의 양식으로 건설하고자 하는 도수관의 건설비용을 위하여 어떻게 성전의 보물을 훔쳤는지 기록한다. 백성들은 신전을 위하여 기탁된 기중금을 착복하는 것에 반대했다. 이것은 빌라도 자신과 로마의 호의를 얻기 위하여 마련된 거룩한 성전 재정에 대한 도둑질이었다. 그러나 백성들에게 있어 이 경우는 그렇게 행운이 아니었다. 동요가 심해지고 있을 때, 빌라도는 군중 속에서 그들의 옷 아래로 곤봉으로 무장한 잘 훈련된 군인들을 보냈다. 그가 신호를 보냈을 때, 군인들은 사력으로 무자비하게 시위대들을 내려치기를 시작했다. 많은 사람들이 군인들의 잔인한 폭행과 광기적 살해로 죽었고 또한 이 상황으로부터 탈출하려는 군중들의 미친 듯한 쇄도 속에서도 죽었다. 빌라도는 돈을 쥐었다.

빌라도는 그의 위치와 제국의 정책에 가장 먼저 관심을 가졌던 로마 관료였다. 그는 그의 통치 10년 동안 (26-36AD) 동정이란 거의 찾아볼 수 없었다. 역사가들은 그의 통치를 그의 무자비함과 교활함 때문에 경멸의 진수로 보았다. 누가복음에 따르면, 예수께서 빌라도가 갈릴리 사람들을 살해한 사건에 대하여 말씀하신다. 그들은 예배 때 제사 제물을 하나님께 바치고 있었다. 빌라도는 하나님께 드려지고 있는 희생제물인 동물들의 피와 사람들의 피를 함께 섞었다. 이 설명은 빌라도의 실제 성격을 보여준다.

복음서와 사도행전의 기록에서 본 것처럼, 예수는 백성들 사이에 많은 친구들과 헌신적인 제자들을 두었다.[8] 반면 그의 사역에 대한 주요 반대자들은 로마 관료들로부터 특권을 부여받은 사두개파 제사장들이었다. 로마와 로마의 정치적인 정책들은 이 슬픈 정세에 거대한 원인이 되었다. 적어도 대제사장과 그의 관복은 로마의 통치에 의해 지배되었다. 아무도 권력에 대한 지명을 과소평가해서는 안 된다. 대제사장은 로마 제국의 요청에 순응해야만 했다. 로마는 유대 백성들 사이에 있는 메시아사상의 그 어떤 빛이라도 근절하기 위하여 극도로 치중했다. 사두개인들과 사제들 역시 이 현상에 헌신했다. 그들은 로마의 속박이 분명했음을 믿었고 그레코-로마 사회의 높은 문화가 많은 덕목을 갖고 있음을 믿었다. 예수와 그의 추종자들은 제사장들과 그들에게 기꺼이 협력하는 로마 관료들에게 심각한 문제를 표현했다. 한편, 많은 유대인들은 예수를 후원했고 다른 한편 로마인들은 그를 체포하고 그의 운동을 끝내려는 강한 동기를 갖고 있었다.

예수인가 바라바인가?

예수의 공판에서 첫째로 간과되는 사실은 성전 언덕에서 취한 빌라도의 행동에서 나타난다. 그는 성전에 모여든 청중들에게 예수와 바라바 사이에 선택권을 주었다. 이 장면은 아마 전체 성전의 북서쪽 모퉁이에 있는 안토니아의 요새에서 일어났을 것이다. 이런 거대한 요새를 끼고 로마인들은 성전 주변의 모든 행동들에 대하여 단단한 지배권을 유지할 수 있었다. 이 요새에 모여 있는 그룹은 예루살렘에 있는 대부분의 사람들이 유월절을 지키느라 집에 있었던 반면, 아마 대부분이 사두개인들과 제사장들이었을 것이다.

빌라도는 죄수 하나를 풀어줘야만 했다. 그는 요새에 모여든 사람들에게 선택권을 주었다. 복음서의 설명에 따르면, "필요에 따라, 빌라도는 유월절에 그들 중 하나를 풀어줘야 했다"(눅 23:17).[9] 이 관습은 마 27:15, 막 15:6 그리고 요 18:40에 확언되어 있다. 비록 일부 아주 중요한 사본들이 누가의 설명을 삭제하지만 거의 확실히 누가의 것이 원래의 것으로 볼 수 있다. 필사자가 한 칸을 비켜갔기 때문에 이런 실수가 발생했을 것이다. 빌라도는 어떤 이유에서든지 유월절이 되면 한 죄수를 풀어줘야 했다.[10] 대제사장들은 그날 밤 빌라도 앞에 모여든 그룹을 이끄는 자들과 동일하다. 유다는 메시아라고 소문이 난 그의 주인이 체포되는 것에 일익을 담당했다. 예수는 그가 예루살렘을 입성하는 모습을 통하여 그리고 성전을 청결하게 한 것으로 인해 그들을 충분히 화나게 만들었다. 제사장들은 예수가 자기를 메시아라고 했던 것과 사람들에게 세금을 내지 못하도록 촉구했던 것에 대해 확실한 증거를 마련했다. 두 번째 고발은 그릇된 것이었다. 그럼에도 불구하고, 어느 쪽이든 로마로부터 사형선고를 받기에는 충분했다.

빌라도는 마음의 변화를 받고 예수께 공정을 구했나? 빌라도에 관해 알려진 모든 것을 감안하면 전혀 그런 것 같지 않다. 빌라도의 개인적 야망과 로마제국의 통치에 대한 그의 지독한 충성은 그의 교활한 행동으로 설명된다. 한 죄수를 풀어줄 빌라도의 결정은 편법에 기초하고 있다. 어느 죄수가 로마와 그의 위치에 덜 위험했을까? 바라바는 폭도였다. 바라바는 격렬한 반란을 설교했다. 예수는 "원수를 사랑하라"는 전혀 다른 메시지를 설교했다. 빌라도의 입장에서는 바라바를 십자가에 못 박고 예수를 풀어주는 것이 훨씬 나았다. 만약 그가 죄수 하나를 풀어주어야 한다면 예수를 놓아 주는 것을 더욱 좋아했을 것이다. 그러나 안토니아의 요새에 모인 사두개인들과 제사장 그룹은 빌라도로 하여금 예수를 선택해 죽이기를 재촉했다. 베드로와 사도들을 방어하기 위하여 지혜롭게 주장했던 바리새인 가말리엘과는 달리, 사두개인들은 예수 운동이 그 국가를 위협했음을 느꼈다. 요한복음이 증언하는 것처럼, "...모든 사람이 그를 믿을 것이요 그리고 로마인들이 와서 우리 땅과 민족을 빼앗아 가리라 하니" (요 11:48).

빌라도는 사형 선고를 내렸다 (눅 23:24). 로마 군사들은 이 선고를 수행했다.

빌라도가 말하는 유대인들의 왕

유대 백성들에 대한 빌라도의 악의는 하늘과 땅 사이에서 아무 도움 없이 매달려 있는 한 남자의 피 흘리는 시체의 십자가 위에 빌라도가 명령하여 새겨놓은 메시지에서 볼 수 있다. 예수는 굴욕을 참아냈다. 그는 비인간적인 폭력, 신랄한 조롱, 그리고 십자가의 참을 수 없는 아픔으로 고통을 당했다. 그러나 빌라도는 한 표시를 원했는데 그것은 세 가지 언어로 된 "유대인의 왕"이라는 것이었다. 제사장들은 빌라도가 말하는 의미를 이해했다. 그것은 마지막 말이었다. 그들은 이 표시가 다른 메시지로 전달되기를 요구했다. 그들은 그 알림판의 말이 변하기를 요구했다. 그것은 예수가 자칭 유대인의 왕이라고 선언했기 때문이다. 그러나 빌라도는 완고했다. 그가 쓴 것은 바뀌지 않았다. 사두개인들은 그 아이디어에 화났다. 그들에게 있어, 예수는 결코 유대인의 왕으로 불리어져서는 안 된다. 그러나 빌라도는 엄한 경고의 형식으로 정치적인 진술을 만들기를 원했다. 그 사인은 위협이었다. 이것은 유대 신앙과 풍습을 조롱하는 것이었다. 빌라도의 말은 백성들을 우롱하는 것이었다. 그의 행동은 제국의 권력을 표시했고 하나님의 미래 구원에 대한 유대 신앙의 가냘픔을 나타내었다.

신앙, 역사, 그리고 신학

예수 안에 있는 신앙은 그의 부활을 통한 잔인한 로마의 십자가 위에서의 그의 궁극적인 승리를 선언한다. 믿음의 눈으로 보면, 예수는 생명을 주는 분인데 그가 부활이기 때문이다.[11] 그러나 그의 공판과 십자가를 포함하여 역사적인 이슈에 대한 오해는 유대 민족에게는 알려지지 않은 고통의 원인이었다. 만약 교회가 없었다면, 수백만의 유대인들은 오늘날 생존했을 것이다. 기독교인들이 잊고 있는 교회역사의 페이지들은 강한 박해를 통하여 고통 받은 사람들에 의해 여전히 기억되어지고 있다. 교회역사 책들의 페이지들은 신실한 유대인들의 피로 빨갛게 물들여 놓여 있다.

    기독교인들은 사두개 제사장들이 저질렀던 과실로 인하여 현대 유대인들을 결코 비난해서는 안 된다. 또한 그들은 이탈리아인들에게 죄를 씌워도 안 되는데 오히려 그의 조상들이 예수의 죽음에 더 중요하게 역할 했다고 볼 수 있다. 확실히 빌라도의 행위와 로마 제국의 정책들은 예수의 공판에 대한 역사 연구에 있어 크게 잊혀져 왔다. 독일의 젊은 세대는 히틀러와 제 3제국 (the Third Reich)의 죄를 비난해야 하는가? 역사 연구는 젊은 세대들로 하여금 과거의 실수를 되풀이 하지 않도록 해야 한다. 예수의 사랑에 대한 완고한 메시지는 그를 따르는 자들에게 행동에서 그의 메시지의 진실이 나타나도록 도전되어야 한다. 사랑은 증오보다 강하다. 인간 행동에 표현된 하나님의 사랑은 민족적인 증오와 편견을 극복할 것이다. 교회는 과거 실수로부터 배워야 하고 다른 사람을 위한 하나님 사랑 안에 표현된 예수의 법을 완성하기 위하여 앞서서 주장해야 할 것이다.

    기독교인들은 종종 예수의 죽음 때문에 유대 민족을 잘못 박해 해온 반면, 그들은 초대교회의 신학이 구속에 대한 하나님의 계획을 완성하기 위한 것으로 예수의 고난을 보았다는 것을 잊어왔다. 기독교의 신앙에서, 예수는 죄 많은 인간을 위하여 택해야 하는 자신의 십자가의 죽음을 감내해야 했다. 기독교 신학에서 예수의 죽음에 대한 실제적인 이유는 공판에 대한 역사적인 환경과 관련되지 않는다. 그것은 용서를 위한 인간의 필요와 십자가를 요구하는 하나님의 은혜였다. 그것은 로마 제국에 의한 유대 민족의 억압이 아니라 예수의 인성 안에서 특이하게 나타난 하나님의 사랑이었다. 기독교 신앙의 신학은 십자가에 깊은 중요성이 있다. 죽음 없이는 부활도 없다. 로마의 십자가 위에 있는 그의 고통을 통하여, 예수는 모든 인류의 고통을 나누고 참여했다. 기독교인들이 이사야 53장을 읽으면 예수를 볼 수 있다.

그러나 그의 고난은 그의 백성과의 화합의 관점에서 인정되어야 한다. 로마인들에게 있어, 예수는 단지 모질게 다루어야 할 유대인들 중 하나인 말썽꾸러기였다. 아마도 예수가 로마의 잔인한 십자가 위에서 고통당한 것보다 그의 민족과 하나가 되는 점에 역사적 요점이 존재한다.[12] 그들이 유대인이었다는 이유로 많은 사람들이 정치적이고 이데올로기적인 다양한 시스템 아래에서 고통을 당했다. 예수는 그들 중 하나이다. 현대 유대인들과 기독교인들은 다른 관점에서 십자가를 보겠지만 아마 이 두 신앙의 공동체는 그들이 예수의 고난을 생각할 때 공통적으로 무언가를 나눈다. 그는 그의 백성을 사랑했고 그 자신의 백성 중 하나로 고통을 당했다.

그는 최상의 헌신을 이루었다. 불행하게도, 역사 속에서 그의 이름을 불렀던 자들은 자기 헌신으로 사랑의 본을 보인자의 모범을 따라 살지 못해왔다. 십자가위의 예수의 고통당하심은 그의 고난을 생각하는 모든 사람들에게 도전을 불러일으킨다. 그는 그의 제자들에게 자신을 부인하고 그의 길을 따르기를 요구했다. 예수의 사역의 기초는 다른 사람들을 치료하는 것이었다. 예수의 헌신적인 사랑은 하나님의 형상에 따라 창조된 사람들을 위한 하나님의 동정심에 대한 유대인의 이해에 깊이 근거했다.

주

1) H. Schreckenberg, *Die christlichen Addversus-Judaeos-Texte und ihr literarisches Umfeld (1.-11.jh.)* (Bern: Peter Lang), 1982에 있는 자료들을 보라.
2) 특히 C. Thoma의 책, *A Christian Theology of Judaism* (New Jersey: Paulist, 1980)에 수록된 플러서의 서론을 보라.

3) 요세푸스의 유대 고대사 18.15 (18.1.3)를 보라. 바리새인에 대하여 그가 묘사하기를, "사실, 그들은 마을 사람들에게 극도의 영향을 끼쳤다. 그래서 유대인들이 하나님께 기도드릴 때나 하나님께 제사를 드릴 때 바리새인들의 지시를 따라서 했다. 바리새인들은 그들의 삶과 가르침에서 이상적으로 실천함으로 그 도시의 거주자들에게 큰 신뢰를 주었다."
4) 마 27:15, 막 15:6, 요 18:39와 눅 23:7절에 있는 중언을 보라. 데이빗 플러서는 처음으로 이 사실에 대한 중요성에 주의하기를 요구했다. 모든 사람들은 그의 책 *Judaism and the Origins of Christianity*, 575-609에 있는 이 사실에 대한 복음서 설명의 중요한 논의를 읽어야 한다. 대사 (amnesty)에 관하여 쉬무엘 사프라이의 *Die Wallfahrt im Zeitalter des Zweiten Tempels* (Vluyn: Neukirchener, 1981), 206을 보라. 또한 m. *Pes*. 8:6, b. *Pes*. 91a 그리고 j. *Pes*. 36a와 비교해 보라. R. 브라운 (Brown)의 역사적이며 주석적인 훌륭한 책인 *The Death of Messiah* (Garden City: Doubleday, 1994)는 예수의 공판에 대한 연구에 있어 표준이 될 만한 저서가 계속될 것이다. 그러나 플러서가 지적한 것처럼, 누가복음서의 설명은 예수의 마지막 날들에 있었던 사건에 대하여 그 진정성에 있어 마가복음만큼 면밀한 주의를 받지 못했다.
5) 필로, *The Embassy to Gaius* 10.302.
6) 요세푸스, 유대고대사 18:87ff.
7) 요세푸스, 유대전쟁사 2.169-78과 유대고대사 18.55-64.
8) 필자의 책, *Jesus and His Jewish Parables*, 282-316을 보라.
9) 대부분의 현대 번역은 눅 23:17이 아주 초기 파피루스로 간주되는 P⁷⁵를 포함하여 중요한 사본들에 빠져있기 때문에 이 구절을 삭제한다. 그러나 사면 (amnesty)에 대한 전통은 마태, 마가, 그리고 요한복음에 분명히 확립된다. 필사자가 마태복음과 마가복음과의 조화를 이루기 위하여 세 번째 복음서에다 눅 23:17을 삽입했을까? 이것이 가능한 반면, 다른 요소들이 고려되어야 한다. 이 구절은 시나이티쿠스 (Sinaiticus)와 베자 (Beza)의 소문자 사본에 있는 누가의 본문에 나타난다. 이 두 사본이 그렇게 높게 평가되지 않지만 이 둘의 결합에 대해서 가볍게 취급되어서는 안 된다. 17절은 ℵ (D sy^s add. p. 19), W (θ ψ), 063 f¹·¹³ (892^mg) M. lat sy^p·h (bo^pt)에서 입증된다. 필사자가 한 칸을 건너뛰어 이 구절을 삭제할 가능성이 높다. 눅 23:17이 없는 많은 사본들은 넓은 지역에서 만들어졌을 것이다. 내적인 이야기의 흐름상 이 구절은 필요하다. 필자는 눅 23:17이 확실히 누가의 자료의 한 부분이라 믿으며 원래 누가복음에 포함되어 있었을 것이라고 믿는다. 대사에 대한

다른 관점에 대해서는 폴 윈터 (Paul Winter)의 *On the Trial of Jesus* (Berlin: Walter de Gruyter, 1961), 91-99를 보라. 윈터의 견해와는 반대되는 증거를 위하여 위의 각주 4를 보라. R. Brown, *The Death of the Messiah* (New York: Doubleday, 1994), 2:793-95와 비교해 보라.

10) 눅 23:17에 있는 말은 마 27:15, 막 15:6, 그리고 요 18:39보다 이 점을 더욱 분명히 만든다. 누가의 구절에는 *아난켄 데 에이첸*, "이제 그는 강요를 받았다" 혹은 죄수를 풀어줄 것을 요구받았다. 또한 이 첨가는 필사자가 이 설명을 일치하게 하기 위하여 마태와 마가로부터 그 구절을 축어적으로 복사하지 않았음을 보여준다. 눅 23:17은 아마 누가의 원 구성으로 볼 수 있고 그의 믿을만한 자료로부터 유래되었을 것이다. 아마 필사자는 17절의 *아난켄 데*부터 18절의 *아네크라곤 데*까지 그의 눈이 지나갈 때 그 부분을 삭제했을 것이다. R. Brown, *Death*, 1:794와 비교해 보라. 위의 각주 4를 보라.

11) 요 11:25-26.

12) 필자의 소논문, "The Cross, Jesus and the Jewish People" *Immanuel* 24/25 (1990), 23-24를 보라.

PART 5.

미래 메시아

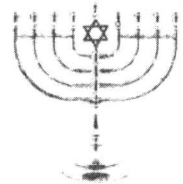

만약 왕국이 하나님의 통치라면, 왕국의 모든 요소는 하나님의 성품과 행동으로부터 유래되어야 한다. 왕국의 현현은 하나님의 현재 행위의 본질로부터 이해되어야 하고, 왕국의 미래는 마지막 시대에 그의 왕적 통치의 구속적인 현시이다.

- 죠지 엘든 래드-

22

예수께서 가르치시는 인자 – 인간인가? 신인가?

예수는 자신을 인자라고 불렀다. 왜 이 표현이 그 자신에 대하여 호의적인 방식의 말이었을까?[1] 이 질문은 여러 세기를 거쳐 오면서 뛰어난 성서학자들을 당혹하게 한 것이었다.[2] 인자에 대한 예수의 가르침은 당시 유대 사상에 깊은 뿌리를 두고 있었기 때문에 이해하기 어렵다. 일면에서 예수는 인자가 고난과 죽임을 당할 것임을 말하고 다른 면에서는 그는 만국을 심판할 왕으로 묘사한다. 놀라울 것 없이, 학자들은 인자에 대한 예수의 말에 대하여 각각 다른 접근으로 발전시켜 왔다.

이 용어가 메시아적 과업을 언급하는가? 옥스퍼드의 뛰어난 학자인 버미스는 "아니다" (no)라고 답한다.[3] 그것이 예수의 인성을 언급하는가? 교부들은 그렇다고 응답한다.[4] 그러나 많은 학자들은 예수의 입에서 나온 "인자"의 용어는 아주 분명히 메시아적 임무를 언급한다고 주장한다.[5] 그들은 버미스의 입장과 교부들의 입장에 도전한다.

데이빗 플러서는 "하나님의 영광의 보좌위에 앉은 사람 (인자)과 같은 이, 장엄한 종말의 심판자는 고대 유대교에서 발전된 구속자에 대한 가장 고도의 개념이다"라고 주장한다.[6] "인자"는 인간 존재를 의미하는 총칭적 용어로 해석될 수 있다. 이것은 또한 초인간적 인물을 묘사하는 메시아적 직함으로 볼 수 있다.[7] 예수는 인자 용어를 그의 죽음에 관하여 예언한 것에서 사용한다. 수많은 이론들이 예수의 가르침에 나타난 인자 표현의 의미에 관하여 제안되어 왔다. 학자들은 후기 교회의 편집적인 주석으로부터 예수의 원래의 가르침을 간과하고 자기가 주장한 한 의미를 세운 후 그것을 복음서의 본문에 꿰어 맞춤으로 논리를 전개해 온 경향이 있었다. 아마도 다른 접근이 고려되어야 할 것 같은데 여기에서 우리는 복음서에 있는 기술적인 용어인 "인자"에 대하여 세 가지 다른 의미를 묘사할 수 있음을 제안할 것이다. 인자 말씀의 해석에 대하여 구분점이 분명할 것이다. 각각은 신중하게 고찰되어야 하는데 특히 상황은 해석을 위한 중요한 단서를 제공할 것이다. 복음서 전통의 최고의 자료에 있는 그 세 가지 의미는 다음과 같이 구분할 수 있다. 1) 총체적 의미, 즉 인간 존재; 2) 모든 인류에 대한 심판자의 종말론적 오심을 위한 메시아적 직함을 바탕으로 한 초인간적인 인물; 3) 이 두 의미가 연합된 것으로 예수의 고난 예고에 있는 것처럼, 고통과 죽음을 경험할 그는 인간이라는 것이고 (첫째 의미), 또한 부활과 궁극적 승리를 경험한 것에서 그는 일반적 인간 존재 이상이다 (두 번째 의미와 관련된). 인자 이름은 예수께 있어 극도로 중요한 것이었다. 그의 메시지의 유대 배경은 이 중요한 용어에 신선한 통찰력을 준다.

유대 사상에서의 인자

우선 예수의 가르침에 있는 "인자" 이름을 고려함에 있어, 우리는 다니엘 7:13절로부터 메시아 직함으로써 "인자" 용어의 초기 유대 해석을 언급하기 위한 예수의 의식적인 노력을 인지해야 한다. 결국, 예수께서 마지막 시간에 대하여 말씀 하실 때, 그는 그의 메시지를 강력하게 전달하기 위하여 묵시적인 형상을 사용하신다. 묵시적인 언어는 부분적으로 알려진 숨겨진 문제들을 나타내기 위한 것으로 고안되었고 따라서 인간 지성으로는 이해하기가 어려웠다. 종종 묵시론적 가르침은 구속에 대한 미래의 도래를 나타내고자 했다. 메시아의 사역은 예수의 첫째 도래로 완성되지 않는다. 그러나 예수께서는 그 시간이 인자가 나타나 주님의 능력과 영광이 드러날 때 올 것이라고 가르치셨다. "그 때에 사람들이 인자가 구름을 타고 능력과 큰 영광으로 오는 것을 보리라" (눅 21:27). 누가복음 21:27절에 언급된 구름은 다니엘 7:13절을 강하게 암시한다. 다니엘과 누가복음에 있는 인자는 구름과 함께 오실 것으로 묘사한다. 이것은 하나님의 초자연적인 능력에 대한 이상 (vision)이다.

> 내가 또 밤 환상 중에 보니 인자 같은 이가 하늘 구름을 타고 와서 옛적부터 항상 계신 이에게 나아가 그 앞에 인도되매 그에게 권세와 영광과 나라를 주고 모든 백성과 나라들과 각 다른 언어를 말하는 모든 자들이 그를 섬기게 하였으니 그 권세는 소멸되지 아니하는 영원한 권세요 그의 나라는 멸망하지 아니할 것이니라 (단 7:13-14).

다니엘에 기록된 "인자" 용어는 필시 원래 집합적인 그룹으로서 이스라엘 백성을 언급했을 것이다. 그러나 예수의 시대에 살았던 사람들은 인자의 임무를 수행할 한 사람을 찾고 있었다. 다니엘에 언급된 이 용어를 메시아와 연결시키는 것은 자연스러웠다. 따라서 초기 유대 성경 번역가들은 히브리어로 된 역대기의 책을 아람어로 만들었을 때, 그들은 메시아에 대하여 말했던 본문의 숨겨진 의미를 나타내기 위하여 자유스럽게 번역했다. 그들은 이 임무가 집합적인 그룹이 아니라 한 개인에 의해서 완성될 것임을 믿었다. 그들이 역대상 3:24절에 있는 좋은 이름인 아나니 (Anani)를 접했을 때, 그들은 히브리어로 이 이름이 "구름"을 의미한다고 깨달았다. 이 사실은 그들로 하여금 이 용어가 인자가 영광의 구름으로 오실 것이라고 묘사한 다니엘 7:13절을 생각나게 했다. 번역가는 고대 유대 사상에 있는 메시아 사상에 주의했다. 다니엘에 있는 인자, 구름의 사람인 아나니와 왕적 메시아의 자연스런 결합을 나타내기 위하여, 역대상 3:24절에는 다음과 같이 번역되어 있다. "아나니 (구름과 함께 올 사람)는 미래에 드러날 왕적 메시아이다." 이 유대 성경 번역가들은 다니엘 7:13절에 있는 인자에 대한 메시아적 중요성을 보았다.

그러나 "인자" 용어는 히브리어와 아람어에서는 다양한 의미를 갖고 있었다. 다니엘 7:13절의 인자 이름이 확실히 연결되었다는 것이 분명하다면, 예수의 말씀 속에 있는 이 칭호의 중요성을 고찰하는 것은 가능하다.

인간으로서의 인자

히브리어 벤 아담 (ben adam)은 문자적으로 "사람의 아들"로 번역된다. 그러나 히브리어로 사람이라고 말하는 아담 (adam)은 최초로 창조된 인간의 이름인 아담 (Adam)과 같은 칭호이다. 여기에서 이것과 관련한 모든 이론들을 다룰 수 없지만 몇몇 뛰어난 성서학자들이 복음서에 있는 인자 용어가 메시아 직함이 아니라 오히려 인간 존재의 총칭, 즉 인간 종족에서 모든 개인을 포함한 아담의 아들과 딸이라고 주장하는 사실에 대하여 주의할 필요가 있다. 사실, 히브리어 벤 아담 (ben adam)이 단순히 한 사람을 가리키지만 예수께서 말씀하시는 상황을 고려하면 이 공통된 이해를 넘어서고 있음이 증명된다. 그는 다니엘 7:13절을 암시하고 있을 뿐만 아니라 칭호와 관련되어 메시아적 연류를 암시한다.

한편, 예수께서 하신 어떤 말씀들은 공통적인 총칭적 의미를 의도하고 있음을 볼 수 있다. 이것을 위하여 각 복음서 본문의 말씀과 배경에 대한 상황을 신중하게 학습해야 한다. 예수께서 말로 성령을 거역하는 것에 대하여 중대한 경고를 하실 때, 인자에 대하여 말씀하신다. 필자는 이 상황에서는 예수께서 특별히 자기 자신에게 말씀하시거나 혹은 중대한 구속적 목적에 있어 인자의 미래 임무에 대하여 말씀하시기보다 오히려 각 사람을 언급하는 것으로 보는 것으로 믿는다. 이 말씀에 대한 히브리적 상 (imagery)은 마태복음에 특히 두드러진다.

> 또 누구든지 말로 인자를 거역하면 사하심을 얻되 누구든지 말로 성령을 거역하면 이 세상과 오는 세상에서도 사하심을 얻지 못하리라 (마 12:32; 막 3:28-30; 눅 12:10).

여기에서 인간에게 거역하는 말은 용서될 수 있다고 말한다. 그러나 성령에 관하여 말하는 것을 알 필요가 있는데, 누구든지 말로 성령을 거역하면 현 세상에서도 그리고 올 세상에서도 용서받지 못할 것이라는 것이다. 이 전체 본문은 히브리 언어의 풍부한 말투와 강한 대구법의 아름다움이 스며들어 있다. 여기에서의 인자는 성령과 대조를 이룬다. 그것은 예수가 아니라 인간 존재를 가리킨다. 여기에서 인자의 칭호는 메시아 직함이 아니라 인간의 총체적 의미로 사용된다.

"거역하여 말하는 것"은 다른 사람에게 무언가 나쁜 말을 한다거나 누군가에게 강한 반대를 보임을 묘사하는 히브리 관용구이다. 또한 성령으로서의 하나님 칭호도 중요하다. 제 2 성전 시대 때 누군가가 성령을 말할 때, 사람들은 하나님 자신을 생각했다. 하나님에 대하여 강한 존경, 경외, 그리고 위엄을 갖기 때문에, 사람들은 결코 그의 거룩한 이름을 헛되이 사용하는 것을 원치 않았고 어떤 경우든지 하나님의 현존을 더럽히기를 원치 않았다. 그 결과로, 그들은 하나님의 이름과 유사한 이름을 사용했다.

복음서에서 공통적으로 알려진 하나님과 유사한 이름은 하늘인데 이것은 천국 (the kingdom of heaven)으로서 하나님의 통치를 묘사할 때 예수께서 하시는 말씀 속에 자주 나타난다. 여기에 우리는 그가 성령의 칭호를 사용하는 것을 볼 수 있는데 이것은 하나님의 임재의 신성을 묘사하고 그의 백성들 가운데 하나님의 활동을 강조하는 상황에서 그렇다. 하나님을 거역하고 그의 사역을 반대하는 자는 이 세상과 올 세상에서 용서 받지 못할 것이다. 물론 랍비 문헌의 히브리어에는, 기술적인 용어인 "이 세상" (하올람 하제흐: *haolam hazeh*)과 "올 세상" (하올람 하바: *haolam haba*)이 아주 자주 사용된다. 복음서들은 제 2 성전 기간의 시기로부터 유래된 히브리 관용구들의 초기 사용을 유지한다. 이 말씀에 있는 경고는 강조적이었고 필요를 느끼는 사람들 가운데 하나님의 성령의 활동하심에 초점이 맞춰져 있었다. 다른 사람을 오해하는 것과 다른 사람에 대하여 나쁜 말을 하는 것은 있을 수 있는 일이다. 그러나 하나님에 관하여 말하는 것에는 극도로 주의해야 한다.

예수께서 총체적 의미로서 인자 용어를 사용하신 반면, 이 이름에 더 깊은 중요성을 주고 있는지를 결정하기 위하여 복음서의 상황이 필히 학습되어야 한다.

초자연적 존재로서의 인자

유대 묵시 사상에서, 인자는 때때로 반신 (semidivine)이거나 초자연적 속성을 가진 자에게 주었던 숭고한 언어로 이해되었다. 심지어 다니엘의 말에 있는 구름을 타고 오는 신비스런 인물은 인자와 같은 (like)이라고 언급한다. "같은"이라고 표현된 것은 놀랄 만하다. 그는 인자, 즉 인간으로 나타나지만, 사실상 그는 인간 이상의 존재이다. 확실히 인자 칭호는 초자연적인 권능을 통하여 구원을 가져올 중대한 인물과 일치될 때, 그것의 중요성이 증가된다. 그는 인간과 같지만, 그는 훨씬 더 인간 이상이다.

이 기간 동안 묵시적 사상에 대한 또 다른 집단에는 놀라울만한 평행점들이 있다. 다니엘서는 하나님 안에서의 그들의 신실한 신앙이 그들로 하여금 악의 세상에서 하나님의 높은 목적을 보게 하는 가지각색의 창조적인 유대 사상가들을 반영한다. 묵시적 저자들에 의해 사용된 생생한 언어 그림들은 하나님의 구원을 원했던 억압받던 민족의 상상력을 붙잡았다. 그의 선하심으로 이집트로부터 혼합된 군중들을 구원하신 것처럼, 그 하나님은 미래에 한 억압받던 국가를 구원할 것이다. 우리는 어떻게 이런 기적을 그려낼 수 있나? 에녹서에 보면, 구속 역사의 펼쳐진 드라마에서 하나님의 손의 도구는 인자 칭호와 일치한다. 인자에 대한 묘사는 다니엘서에 기록된 것과 아주 흡사하다. 그러나 우리는 에녹서가 다니엘서를 인용하고 있다고 서둘러 결론지어서는 안 된다. 아마도 에녹서에 있는 생생한 인자상을 창조했던 묵시 사상가는 다니엘서와 혹은 다른 묵시 문학까지도 포함한 넓은 영역과 관련되어 있다.

> 그리고 나는 고령의 머리를 가지고 있었던 한 사람을 보았다. 그의 머리는 양털과 같이 희었다. 그리고 그와 함께 사람의 용모를 가졌던 다른 사람도 있었다. 그리고 그의 얼굴은 천사 중 하나처럼 자비로 가득했다. 나와 동행하며 모든 비밀을 보여준 천사에게 인자에 대하여 물었다. 즉, "그가 누구이며, 어디서 온 사람입니까? 그리고 그가 왜 고령의 머리를 가진 자와 함께 있습니까?" 그는 나에게 대답했다: 이 사람은 정의에 속한 인자이고 정의가 그에게 머문다. 숨겨진 모든 비밀 창고들이 그로 인하여 드러날 것인데 왜냐하면 모든 영들의 주님이 그를 택하셨기 때문이다. 그리고 그의 목적은 영원히 정의로 승리할 것이다.[8]

누구든 이 놀라운 모습을 가진 인자의 임재에 의해 압도될 것이다. 고대 묵시 사상으로부터 유래된 이 본문에는 인자가 다니엘서에 기록된 "옛적부터 항상 계신이"와 같으신 고령 되신 하나님 곁에 서 있다. 에녹서에 있는 인자는 하나님과 함께 있는 존재로 묘사되어 있다: "그리고 그와 함께 사람의 용모를 가졌던 다른 사람도 있었다. 그리고 그의 얼굴은 천사 중 하나처럼 자비로 가득했다." 그는 천사인가? 그는 일종의 천상의 존재인가? 그의 얼굴은 아주 은혜스럽고 그의 모습은 하늘의 천사와 비교할 정도로 놀라왔다. 그는 묵시 작가의 묘사에 따르면 인간 존재 이상이다.

예수께서 자신을 인자로 언급하실 때, 그의 말을 듣던 사람들은 유대 묵시적 가르침으로부터 유래된 이 신비스런 인물에 대하여 이미 무언가를 알았다. 예수께서는 어떤 선생에 의해서도 쓰여질 수 있었던 미래 구원자를 위한 가장 강력한 칭호를 사용하셨다. 교부들이 인자로 표현된 것이 예수의 인성을 언급했다고 생각했을 때, 그들은 고대 유대 묵시 작품들에 있는 이 칭호의 깊은 중요성을 놓쳤다. 이 용어는 메시아적 임무를 언급하는 한 고상한 방식이었다. 예수는 그가 마지막 심판에 대해 말할 때 이 표현을 사용했다.

> 인자가 자기 영광으로 모든 천사와 함께 올 때에 자기 영광의 보좌에 앉으리니 모든 민족을 그 앞에 모으고 각각 구분하기를 목자가 양과 염소를 구분하는 것 같이 하여 양은 그 오른편에 염소는 왼편에 두리라. 그 때에 임금이 그 오른편에 있는 자들에게 이르시되 "내 아버지께 복 받을 자들이여 나아와 창세로부터 너희를 위하여 예비된 나라를 상속받으라. 내가 주릴 때에 너희가 먹을 것을 주었고 목마를 때에 마시게 하였고 나그네 되었을 때에 영접하였고 헐벗었을 때에 옷을 입혔고 병들었을 때에 돌보았고 옥에 갇혔을 때에 와서 보았느니라" (마 25:31-36).

이 본문에서 예수께서 가르치시는 인자는 구름과 함께 나타난다. 물론, 구름의 언급은 다니엘서의 말씀과 다른 묵시작가들의 전통을 생각나게 한다. 이 본문에서 인자는 왕이 된다. 적어도 마태복음 25:31절에서 그는 인자로 불려지지만, 34절에는 왕으로 언급된다. 주된 관심을 끄는 것은 예수의 말씀에 있는 현재 행위에 대한 강조이다. 그는 미래의 견지에서 현재를 정의하지 않고 현재의 견지에서 미래를 정의 내린다. 다른 말로, 그는 주린 자를 채워 주고, 나그네를 영접하고, 벗은 자를 입혀 주고, 아픈 자를 돌보고, 갇힌 자를 방문하는 것에 강조점을 둔다. 현재의 문제를 완성하는 것이 미래의 방침을 세우는 것이다. 그의 높은 윤리적인 덕성은 마지막 심판에 관한 그의 가르침을 결정짓는다.

인자의 언급은 분명히 마지막 심판과 관련되어 있다. 그는 총체적 의미의 인간이 아니다. 반대로 그는 염소로부터 양을 구분하실 왕이시다.

인자에 대한 예수의 방어적 사용

예수께서는 그의 죽음에 대하여 예언적인 말씀들을 하셨다. 이 말씀들을 이해하는 것은 극도로 어렵다. 그의 고난에 대하여 예언하는 말에서 그는 인자 용어를 사용하셨다. 고난 예언의 문맥에서 인자 칭호의 깊은 의미를 이해하기 위한 한 노력으로 플러서는 때때로 이런 말들을 일컬어 인자에 대한 예수의 방어적 사용이라 불렀다.[9] 예수는 그의 운명을 알고 있었다. 그는 그의 제자 중 하나에 의해 배신될 것이다. 로마인들과 아주 가깝게 일했던 사두개인들은 정치적인 권세자들을 도울 것이다. 그들은 예수를 빌라도에게 넘겼다. 로마인들은 그들이 다른 많은 유대인들을 십자가에 못 박은 것처럼 예수를 십자가에 못 박을 것이다. 제국의 정치로 인하여, 로마인들은 이 대중적인 메시아 운동이 손에서 벗어나기 전에 멈추기를 원했다. 예수께서는 고난 당하셨고 죽으셨지만 그의 죽음에 관한 복잡한 예언 말씀에서 인자는 다시 일어날 것이라고 예언했다. 누가복음 18:31절에는 예수께서 그의 죽음을 선지자들의 말씀의 완성으로 언급하신다.

예수께서 열두 제자를 데리시고 이르시되 보라 우리가 예루살렘으로 올라가노니 선지자들을 통하여 기록된 모든 것이 인자에게 응하리라. 인자가 이방인들에게 넘겨져 희롱을 당하고 능욕을 당하고 침 뱉음을 당하겠으며 그들은 채찍질하고 그를 죽일 것이나 그는 삼 일 만에 살아나리라 하시되 (눅 18:31-33).

아마 인간에게 있어 가장 거대한 두려움은 죽음일 것이다. 예수의 인성으로 보면 그는 인자로서 죽을 것이다. 그러나 인자의 임무의 다른 요소들을 보면 그는 다시 살아날 것이다. 죽음에 대해서 예수께서는, "선지자들로 기록된 모든 것이 인자에게 응하리라"고 말씀하셨다. 이 말씀은 주의 종이 백성을 위하여 고난을 받을 것을 묘사한 이사야 53장을 암시하는 것 같다. 인자는 죽지만 그는 죽음에서 일어날 것이다. 인자 칭호에 대한 두 의미의 복잡한 연합에는 인성과 신성을 함께 함축하고 있음을 알아야 한다.

사실, 여기에 예수의 말씀 안에서의 신비의 요소가 있다. 한편으로 인자 이름은 유대 묵시 사상에서 깊은 중요성을 가지고 있다. 또 다른 한편으로 이 이름은 인간 존재를 지목하는 것으로 이해되어질 수 있다. 예수의 가르침에서 이 칭호는 여러 면의 중요성을 가지고 있다. 이 칭호는 그 자신에 대하여 즐겨 부르는 것이다. 그는 늘 3인칭으로 인자를 사용한다. 그러나 그는 그 자신의 사역을 인자의 임무와 일치시킨다. 예수께서는 이 이름의 중요성과 고대 유대 사상에서의 이것의 원래 의미를 강조하신다. 아무도 예수의 입에서 나온 "인자" 칭호의 해석에 대하여 모든 것을 이해한다고 주장할 수 없을 것이다. 그럼에도 불구하고 플러서의 지혜는 어떤 방향을 제시해 줄지도 모른다. 여기에 인자 용어에 대한 방어적인 사용이 있는데 이것은 예수의 믿음의 위치로부터 그리고 예수 안에 있는 신앙으로부터 보여질 수 있다. 그는 인간이지만 훨씬 그 이상이다. 인자는 죽을 것이지만 삼일 만에 살아날 것이다.

예수께서 "인자는 머리 둘 곳이 없다"라고 말씀하셨을 때, 믿음의 확신이 드러난다. 이 말씀이 다니엘 7:13-14절의 문맥에서 읽혀질 때, 이것은 미묘한 기지 (wit)를 수반하는 역설이 된다. 인자는 이 세상에서 그의 머리를 둘 곳이 없다. 그러나 미래에 그는 모든 민족을 심판하실 왕이 될 것이다. 비록 많은 해석가들이 인자 칭호를 예수의 인성으로 보아왔지만 예수의 자기 인식에서 사용된 이 이름은 틀림없이 그 이상이다. 사실, 이 용어는 메시아를 지칭하는 데 있어 유대 사상에서 사용된 최고도의 용어이다. 인자는 잃어버린 자를 찾기 위하여 오셨다. 그는 상한 자들을 고치기 위하여 오셨다. 모든 권세가 그에게 주어졌다. 그는 모든 민족을 심판하기 위하여 영광의 구름을 타고 오실 인자이시다. 그는 모든 능력과 권세를 소유하신다.

인자로서의 예수

예수께서는 자신을 인자와 동일시하신다. 그는 사람들에게 그의 목적을 전하기 위하여 인자 이름을 사용하신다. 인자 용어가 예수의 인성을 언급하는 것으로 널리 이해되고 있지만 유대 묵시 사상에서 이 용어는 오실 구원자의 가장 고귀한 목적을 위해 인정된 직함이 되었다. 히브리어로 이 용어는 단순히 인간을 언급할 수 있다. 그러나 예수께서는 이 이름을 미래의 메시아 개념 안에서 그것의 본질적인 중요성의 심오한 의미로 사용하셨다. 한편, 그는 그의 제자들에게 인자가 죽을 것임을 말했다. 또한 그는 삼일 째 살아날 것이다. 인자는 미래에 다시 올 것이며 마지막 심판 동안에 그의 메시아 임무를 완성할 것이다. 목자가 그의 무리들을 지키는 방식으로 양들은 염소들로부터 구분될 것이다.

인자의 도래에 관한 예수의 가르치심은 넓은 범위의 묵시문헌에 있는 마지막 심판에 대한 다른 많은 묘사들과 분명 구분되어야 한다. 다른 것과 마찬가지로, 예수는 다니엘 7:13절과 인자에 대한 다른 타당한 전통을 암시하고 있다. 그러나 마지막 심판에 대한 예수의 묘사의 놀랄만한 특징은 현재에 고통 받는 사람들의 필요를 위한 그의 열정적인 관심에 나타난다. 왕국의 높은 윤리는 왕이 주린 자를 먹이시고 집 없는 자를 돌보아 주고, 상처 받은 사람 안에 인간애를 보는 것으로 묘사된다. 마지막 심판의 이런 숭고한 묘사 안에서 왕이 되신 인자 예수는 "내가 진실로 너희에게 이르노니 너희가 여기 내 형제 중에 지극히 작은 자 하나에게 한 것이 곧 내게 한 것이니라"(마 25:40)고 선언하신다. 인자에 대하여 우리는 어떤 숨겨진 언급을 발견하는가? 예수의 제자들은 모든 인간 존재 안에서 인자를 보기를 구해야 할 것이다.

주

1) 몇몇 학자들은 예수가 그 자신이 아니라 누군가를 가리키기 위하여 3인칭을 사용했다고 주장해 왔다. 이 견해에 의하면 인자는 예수가 아니라 다른 누군가를 언급한다. 알버트 슈바이쩌(A. Schweitzer)는 이 견해를 강력하게 지지한다. 게자 버미스(G. Vermes)는 3인칭의 사용을 다른 무언가로 제안했다. 그는 예수의 모국어에서 "인자"란 "나"(I)에 대한 다른 표현인 아람어이다. 이 관점들은 신중하게 연구되어야 한다. 복음서 본문의 증거는 이렇게 신중하게 주장된 입장들 중 그 어느 것도 지지하지 않는다. 여기에서 우리는 3인칭으로 예수에 의해 자주 사용된 인자는 자신과 그의 선교를 언급한 것으로 볼 것이다.
2) W. Horbury, "The Messianic Associations of 'the Son of Man,'" *Journal of Theological Studies* 36 (1985), 34-55. 여기에서 호베리는 기초적인 참고 문헌들과 "인자" 용어에 대한 학자들의 주요한 논의들을 제공한다. 그는 예수의 시대 동안 아마도 이 용어가 메시아적으로 가장 관련되어 있었음을 확신한다.
3) G. Vermes, *Jesus the Jew*, 188-91.

4) 예를 들면, Epistle of Barnabas 12:10, "인자로서가 아니라 육체의 형태로 현시된 하나님의 아들로서의 예수를 다시 보라." 이 견해에 따르면 "인자"는 예수의 인성을 언급하고 "하나님의 아들"은 그의 신성을 언급한다.
5) 이 논쟁에 대하여 가장 훌륭하게 다룬 것 중 하나가 W. Horbury의 "The Messianic Associations of 'the Son of Man,'" 34-55에 나타난 논문이다. 플러서는 사해사본에 있는 멜기세덱의 문맥에서 이 문제를 논의한다. 그의 논문, "Melchizedek and the Son of Man," in *Judaism and the Origins of Christianity*, 186-92를 보라.
6) D. Flusser, *Jesus*, 103.
7) S. Mowinckel, *He that Cometh* (New York: Abingdon, 1954), 347. "이 용어 (인자)는 예수께 있어 하나님의 대리자와 하나님 나라의 중재자로서 그의 선교 임무를 위한 무언가 필수적인 것을 표현하기 위함이다. 예수는 이 용어를 그의 메시아적 임무로 해석하기 위하여 사용한다."
8) 에녹 1서 46:1-3. Matthew Black, *The Book of Enoch* (Leiden: Brill, 1985), 48, 205ff.
9) 필자는 이 아이디어를 플러서와 개인적인 대화를 통하여 얻었다. 여기에서 필자는 플러서가 예수의 자기 인식 (self-awareness)에 대해서 풍부한 통찰력을 가지고 있음을 믿는다.

결어 (Epilogue)

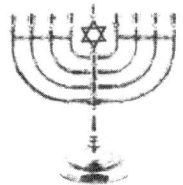

나는 사실 우리가 예수의 삶과 인격에 대하여 거의 알지 못한다고 생각하는데 그 이유는 초기 기독교 자료들은 그것에 대해 관심을 갖지 않았음을 보여주고 있고, 더욱이 단편적이고 종종 전설적이기 때문이다. 그리고 예수에 관한 다른 자료들은 존재하지도 않는다. 순수 비평 연구를 제외하고 지난 150년 동안 쓰여 졌던 예수의 삶, 그의 인격, 그리고 그의 내면적인 삶의 발전에 관한 것들은 환상적이며 로맨틱하다.

-루돌프 불트만-

23장

학자들 안에 있는 예수
플러서 (Flusser)와 신학자들

히브리 대학교에서 가르치고 있는 정통 유대인인 데이빗 플러서는 종종 그에게 충격을 준 실재 경험을 말했다. 한 때 그는 독일에서 개신교 신학자들과 일부 목사들 앞에서 강의를 하고 있었다. 그는 이스라엘에 있는 히브리 대학에서 예수의 삶과 가르침을 연구하는 신약 학자로서 사역하고 있음을 설명했다. 그는 언어 분석과 비교 연구에 대한 꼼꼼한 방법을 통하여 예수의 실재 말씀을 듣고 이해할 수 있다고 설파했다.

그 때, 그 자리에 참여한 한 신학자는 플러서의 주장들을 완강히 거절했는데 그는 교회 사역자들 앞에서 그가 과거 루돌프 불트만과 함께 공부했음을 설명했다. 이 이야기를 충분히 이해하기 위해서는 이와 같은 신학적 무대에서 불트만과 일치되는 존경과 경외의 정도가 평가되어야 한다는 것이다. 강의실은 극도의 침묵으로 조용해졌다.

그 신학자는 계속해서 이스라엘에서 온 교수에게 그가 분명 틀렸음을 말했다. 예수의 말씀은 영원히 분실되었다. 오늘날 아무도 예수의 음성을 들을 수 없다. 사실, 그의 불트만과의 광범위한 학습에서 그들은 복음서들 안에서 오직 한 구절만이 예수의 말씀임을 발견했다.

플러서는 이런 활발한 논쟁과 학문적인 상호작용에 흥미로워 했다. 한 구절에 대한 언급은 그의 호기심을 자아냈다. 플러서는 "어떤 구절이 예수의 직접적인 말씀인지"를 물었다.

그 신학자는, "잊었다"라고 응답했다.

필자가 아는 한, 플러서는 결코 이 일화를 공포하지 않았지만 필자가 믿기로는 이 일화가 그에게 적지 않은 충격을 주었음을 확신한다. 복음서에서 오직 한 구절만이 예수께 해당된다고 말한 한 임명된 사역자의 충격 효과는 불트만의 천재성의 영향을 평가할 때 그렇게 놀라울 것이 없다. 사실들(facts)은 중요하지 않다. 학문의 과학적 시대에서 교회의 설교는 예수가 말했건 말하지 않았건 그것이 아니라 믿음의 본질로서 보여져야 한다. 예수의 말씀은 사소한 것이다. 그러나 선포된 말씀은 새 시대에 믿음을 가져온다. 그러나 플러서에게 있어 실질적인 충격은 그 사역자가 나사렛의 예수와 관련되었다고 하는 그 한 구절을 잊었다는 사실에 있다.[1]

이 사건은 난처한 한 질문을 불러일으키는데, 예수는 기독교 신학에 있어 얼마나 중요한가?

예수와 신학자들

"나는 사실 우리가 예수의 삶과 인격에 대하여 거의 알지 못한다고 생각하는데 그 이유는 초기 기독교 자료들은 그것들에 관심을 갖지 않았음을 보여주고 있고, 더욱이 단편적이고 종종 전설적이기 때문이다. 그리고 예수에 관한 다른 자료들은 존재하지도 않는다"라고 불트만은 주장한다.[2] 따라서 기독교 자료들은 예수의 가르침을 전달하는 것에 실패한다. 불트만은 심지어 폭넓게 수용되고 있는 "이중 차이"(double dissimilarity)의 이론을 제창했다. 이 이론은 만약 예수의 말씀이 기독교나 유대교의 자료와 유사하다면 그것은 진정성에 있어 거절되어야 한다는 것이다.[3] 결국, 복음서의 저자들이 설교를 구성했다. 교회의 복음 전도자들은 그들의 혼합된 시대의 헬라 문화에 빠져 있었다. 그들은 교회와 회당의 지혜로부터 가능한 한 많은 정보를 발췌했다. 그런 다음 그들은 우주적 지혜와 현명한 말씀을 종속적으로 예수께 돌렸다. 그러나 그들은 역사적 예수에 대해서는 아무것도 몰랐다.

교회가 예수의 가르침을 정확하게 보관하는 데 관심이 있었나? 유대교로부터 유사한 가르침들을 쉽사리 복음서에 합병시키고 예수께 기인시킬 수 있나? 필자는 불트만의 접근이 불충분한 기초에 있다고 믿는다. 우선, 예수의 제자들은 그의 가르침들을 보관하고자 했다. 아마 기독교 1세대는 예수의 말씀을 정확하게 기억하기 위한 노력으로 구전이라는 유대 방법을 사용했을 것이다. 예수의 삶의 무대를 떠나 교회가 새로운 문제를 위한 말씀들을 해석하고자 했다는 불트만의 접근이 부분적으로 사실인 것을 부인할 수 없다. 이중 차이를 위한 첫째 전제는 사실에 대한 어떤 주장을 제기할 수 있는 반면, 불트만의 두 번째 주장은 전면적으로 거절되어야 한다. 복음서의 편집자들이나 교회의 후세대들이 유대의 가르침을 예수께 돌리기 위하여 유대교에 대하여 충분히 알았을 것이라는 주장은 전혀 근거가 없다.

더욱이 유대교에 대한 강한 반감이 있었다. 이 운동은 반대 방향에 있었다. 복음서의 예수를 탈 유대화시키는 경향이었다. 이렇게 널리 퍼져 있던 유대교에 대한 반감은 마르시오니즘의 태동과 함께 초기 기간에 격심해졌다. 교회가 말시온과 그의 가르침을 거절했을 때, 교회는 동시에 말시온이라는 극도로 강력한 운동을 창출했던 시대의 정신에 의해 영향을 받았다. 기독교의 진정성을 증명하기 위하여 유대교를 비 합법화시키는 과정을 수반했다.

예수에 대한 기억은 첫째로 유대인에 의해서 그리고 유대인을 위해서 보관되었다. 그를 따르던 첫 세대의 히브리 구두 문화는 시작을 위한 수단을 공급했다. 예수의 가르침들은 그의 내부 제자들에 의해 기억되어졌고 이야기 되어졌다. 예수가 죽은 후 얼마 되지 않아 그들은 주요 사건과 가르친 메시지에 집중된 예수의 선택된 삶을 쓸 필요를 느꼈다. 그들은 그의 죽음, 부활, 그리고 재림에 대한 이야기를 말했다. 하나님의 통치에 관한 그의 말씀은 그들의 가슴속에 머물고 있었다. 나중에 예수의 삶에 관한 이야기는 헬라어로 번역되었다. 히브리 문화 밖에서 그리고 원래 유대 문화를 떠나서 예수의 인생 사건과 가르침에 대한 많은 부분은 오해되어질 운명이었다. 비록 예수의 삶이 최초로 유대 제자들에 의해 그리고 그들을 위해 편찬되었지만 그것은 이방 교회에 의해 그리고 이방 교회를 위해 보존되었다.

불트만은 복음서 저자들이 "예수의 삶과 인격"에 관심을 보이지 않았다고 확실하게 주장한다. 복음서의 편찬자들은 이 주장에 어떻게 반응할까? 틀림없이 동의하지 않을 것이다. 현대의 역사적 전기 장르는 예수의 삶과 인격에 대해 진정한 관점을 소개하기 위해 만들어지지 않았고 또한 그것을 위해 적절하지도 않을 것이다. 만약 누군가가 한 미국 대통령에 대해 다른 현대적 전기에 같은 학문적인 면밀한 방법들을 적용한다면, 민주당원들과 공화당원들의 가정으로부터 역사적인 인물을 분별하는 것은 어려울 것이다. 우리는 FDR (루즈벨트)과 JFK (케네디)와 같은 인물들의 삶과 인격에 대하여 무엇을 알고 있나? 역사가들은 이것에 대해 아주 다르게 묘사했다. 자유주의적인 정치 분석가에 의한 한 보수적인 대통령에 대한 역사적인 묘사는 한 보수주의 기자에 의한 기사와는 아주 다를 것이다. 중동의 거친 역사에 대한 한 실망스러운 대가는 같은 역사적 사건에 대하여 아주 다른 접근들을 언급했다. 그에 따르면, 중동에서는 역사는 없고 설명만 있다.[4]

복음서들은 예수를 사랑하고 따르던 자들의 진정한 기억을 바탕으로 예수에 대한 다른 설명들을 보여준다. 역사의 기록만큼, 그들은 현대적 전기로서가 아니라 그들의 원래의 문화적 무대 안에서 연구했음에 틀림없다. 사실, 유대교는 정확하게 구두와 기록된 전통을 보관하는 방법을 발전시켰다. 학자들은 자료 분석과 비교 연구를 기초로 연구해야 한다. 원자료의 언어는 중요하다. 헬라어와 히브리어에 숙달되어야 하고 랍비 문헌에도 익숙해지는 것이 기초를 다지는 길이다. 말씀들과 삶의 사건들이 보존되었기 때문에 예수에 관해 많은 부분이 알려질 수 있었다. 그러나 전체 이야기는 문화적으로 결정된다.

그러나 공정하게도 교회 지도자들은 예수의 삶과 가르침에 관한 고귀한 자료들을 보존하고자 했다. 원시 교회가 없었다면, 어떤 복음서도 존재하지 않았을 것이다. 때때로 몇몇 경건한 필사자들이 그들 앞에 놓여있는 본문을 바꾸고자 했겠지만, 전체 교회는 예수에 관한 복음서 이야기에 경의를 표했고 또한 그것을 보존하고자 노력을 다했다. 그러나 본문은 새로운 상황에서 해석되어야 했다. 설교하고 가르치는 데 있어 신학자들은 그들 자신의 필요를 위하여 복음서 말씀들의 의미를 적용하는 데 놀랄만한 능력을 보여왔다. 복음서의 본문의 실제적인 말씀들이 왜 바뀌나? 무엇이 교회에 복음인지를 이해하는 것과 새로운 적용 안에서 자신의 목적을 위한 의미를 재해석하는 것은 아주 쉽다. 사람들의 쉬운 생각으로 흥미를 자아내는 우화와 유형론은 이 활동을 단순한 과정으로 만들었다. 그들 자신의 질문들에 대해 창조적으로 답하고 그들의 개인적인 주장에 대해 입증한 반면, 기독교 선생들이 예수에 대한 그들의 해석의 존엄함을 믿었다는 것에 대해서는 의심할 여지가 없다. 그러나 이 과정에서, 예수의 메시지의 원래 영향력은 잃게 된다. 교회 안에서의 새로운 상황은 복음서에서의 예수의 삶의 상황에 우선한다.

이 원리에 있어 잘 알려진 예외는 끈질긴 편집 과정을 통하여 복음서들을 열심히 다시 쓴 이교도 말시온에서 발견된다.[5] 그의 목적을 위하여 받아들여진 본문을 번안하기보다 그는 위험을 무릅쓰고 복음서 이야기를 재창조하였다. 그가 누가복음을 바탕으로 이 작업을 했는데 예수에 대한 그의 이해에 따라 또한 그가 확신하고 믿는 내용을 기초로 다시 썼다. 그의 접근의 많은 부분은 그가 유일하게 사도라고 생각하는 바울에 대한 그의 해석으로부터 받은 특별한 계시 지식에 기초했다. 예수의 계시 지식은 역사적 사실에 대신한다. 말시온은 바울을 사랑했고 성경을 싫어했다. 그는 기독교로부터 유대교를 제거하고자 했다. 히브리 성서는 없어져야 할 첫 번째 것이었다. 때문에 복음서에 있는 구약의 말씀은 편집되어야 했다. 예수는 유대의 역사적인 메시아적 인물이기보다 하나님의 지식의 계시자가 되어야 했다. 말시온의 작품에 대한 교회의 강한 반대는 신약 성서에 있는 예수의 말씀이 말시온 이전에 이미 정경적 권위가 주어졌음을 보여준다. 예수의 삶에 대한 사실 (facts)은 교회를 위해 중요했다.

아마 불트만의 사람들은 말시온에 대하여 아주 편하게 느꼈던 것 같다. 필자는 요하킴 예레미아스에게 있어 말시온은 그렇게 편한 사람이었다고 믿지 않는다. 불트만은 사실을 제거하고 그 사실을 신앙으로 대체시킨다. 그러나 예레미아스는 신앙은 사실을 바탕으로 해야 하고 이 사실은 본문에 대한 언어학적인 분석을 통하여 신중하게 발견되어야 한다고 믿는다. 일부 현대 학계의 경향은 메시아 예수의 죽음, 부활, 그리고 재림을 부인한 채, 도마 복음서와 같은 다양한 자료들로부터 예수에 대한 지혜 형태의 말씀들을 수집하는 것에 치중되어 왔다. 이러한 경향은 말시온의 기본 가정들을 정당화시킬 수 있게 한다. 이것은 또한 예수의 가르침에 대한 종말론적인 요소를 부인한다. 이것은 예수의 메시아 선포를 왜곡한다. 예수의 가르침에 대한 유대적인 뿌리는 재발견된 영지주의의 왜곡된 지식의 용어 안에서 문화적인 무대와 역사적인 상황을 넘어 뒤틀리고 왜곡된다. 이것은 또한 예수에 대한 재해석이다. 20세기의 학자들은 예수의 메시지의 본질을 이해하는 데 있어 공관복음서의 저자들보다 더 나은 위치에 있는가? 역사적 예수에 대한 최고의 증거는 정경적인 복음서에서 발견된다.

유대 유산물은 많은 부분에 있어 틀림없이 예수의 가르침에 대한 진정성을 지지한다. 두 번째 기독교 세대는 유대교로부터 꽤 분리되었다. 그러나 예수는 유대인이셨다. 예수의 가르침이 다른 유사한 유대 자료들과 밀접하게 관련될 때, 이들이 공통된 유산물을 나누는 것이 확실해지는 표시이다. 제 2 성전 시대의 유대교는 번영하고 있는 기독교와 여전히 강한 영향력을 가졌던 바리새주의를 위한 기반이 되었다.

종종 기독교 신학자들은 예수의 유대교를 과소평가한 것으로 인해 예수를 놓치곤 한다.

예수와 교회

필자의 견해로, 교회 역사의 비극은 예수에 대한 관심 부족이라고 생각한다. 예수에 대한 단순한 믿음을 갖는 것은 그의 가르침에 대한 진지한 공부와 히브리 성서에 대한 지나친 관련을 포함하여 적극적인 제자도에의 예수의 긴급한 부르심에 반응하는 것으로 대체되었다. 토라는 교회 사람들에게 가장 소홀하게 취급되어진 책이다. 아브라함 조슈아 헤셀은 중심 문제가 무엇인지 지적한다.

> 기독교회의 역사의 초기에 유대교로부터 차이점을 도모하려는 고의적인 장려책이 있었는데, 이것은 기독교가 유대교로부터의 거대한 빚을 진 것에 대한 관점이 아니라 유대교로부터의 이탈에 대한 관점에서 이해하려는 경향이었다. 그레코-로마 세계에 기독교의 출현과 팽창이 완연하면서 이방 기독교인들은 이 운동에 압도 되었고 그 세계의 정신에로의 적응 과정이 계속적으로

움직였다. 그 결과는 교회의 사고방식과 내적인 삶, 그리고 기독교 존재의 모체인 이스라엘의 과거와 현재의 실재와의 관계에 영향을 끼치면서 의식적이건 비의식적이건 기독교의 탈유대화로 나아갔다. 아이들은 어머니의 축복을 구하지 않고 오히려 어머니를 눈먼 자로 불렀다. 일부 신학자들은 마치 그들이 "너희의 아버지와 어머니를 공경하라"는 의미를 알지 못하는 것처럼 계속 행동했다. 다른 이들은 교회의 우수함을 증명하기 위한 열망으로 마치 그들이 정신적인 오디푸스 콤플렉스로부터 고통당하는 것처럼 말한다.[6]

한편, 많은 평신도들, 기독교 지도자들, 그리고 주요 학자들은 위기를 알았고 위기를 제거하고자 했다. 다른 한편, 유대교의 모든 것을 거절한 마르시오니즘의 정신은 강력하고 때로는 주목되지도 확인되지도 않은 영향력으로 계속해서 발휘되고 있다. 교회는 새로운 종교를 설교하고 때로는 예수의 기본적인 가르침을 멀리함으로 예수가 유대교에 대항하는 것으로 설명했다.

매혹적인 설교가이자 창조적인 유대 사상가인 데이빗 울프는 "기독교에 있어서 말씀은 육신이 된다. 유대교에 있어 말씀은 파악하기 어렵고 만져서 알 수 없는 것으로 남아있다"라고 말한다.[7] 기독교인들에게 있어, 예수는 하나님의 로고스인 말씀(Word)이다. 비록 그 말씀(Word)이 전해졌지만 아무도 듣지 않고 있다. 역사적인 기독교인으로서 우리는 말씀(Word)을 믿는 것을, 예수에 의해서 전달된 말씀(word)을 배우는 것을, 그리고 그의 명령을 순종하는 것을 향상시킨다. 아마도 이 접근은 존중받아야 할 것이다. 결국, 그의 말씀(word)을 배우는 것은 말씀(Word) 안에 있는 진정한 믿음에 도전을 주고 그것을 안내하며 향상시킨다. 더불어 유대교에 대한 주의 깊은 학습은 이 과정의 일부가 필히 되어야 한다.

부주의하면서도 잘 알지 못한 채 불트만과 그의 추종자들은 예수의 가르침에 대한 유대 뿌리를 거절하는 경향이 있었다. 비록 불트만이 학문 연구에 있어 그의 독창적인 생각과 놀라운 공헌은 영원히 존중되어야 하지만 그의 연구법은 실패한 것으로 간주되어야 한다. 그것은 고대 유대교에 있는 복음서의 역사적인 설정을 부인함으로 예수의 유대 유산물을 유린했다. 불트만에 의해 발전된 방법론은 정 반대의 증거를 가져오기 때문에 틀렸다. 복음서의 유대 방식은 예수께 밀접한 자료를 설명한다. 더욱이, 복음서에 묘사된 유대적 환경은 종종 당시의 다른 역사 자료들에 의해 확인된다. 학문적인 방법은 복음서 안에 있는 예수의 메시지에 대한 보다 분명한 이해를 발견하는 데 있어 최고의 수단이다. 연구에 대한 유효한 방법으로서 불트만의 연구법은 생명을 잃었는데 그 이유는 이것이 1세기 이스라엘에서의 예수의 삶과 가르침을 위한 역사적인 무대를 인지하는 데 실패했기 때문이다. 더욱이, 복음서의 유대 사상과 시적인 히브리 유사성은 예수의 종교적인 천재성을 설명한다. 플러서, 예레미아스, 그리고 만손 (T.W. Manson)과 같은 많은 학자들은 복합적인 교회 해석들 아래에서 복음서의 역사성을 자주 설명했다.

기독교 신학에 대한 헤셀의 비평은 압도적이고 정확하다. 많은 유대인들은 유대교에 대한 기독교적 관점으로 인하여 죽었다. 유대인과 유대교에 대한 잘못된 신앙 때문에 기독교인들인 우리가 많은 유대인들을 잘못되게 박해했을 뿐만 아니라 우리는 위대한 영적 풍부의 자료가 될 수 있는 귀중한 유산물에 대해 우리 자신을 유린했다. 유대교를 거절함으로 교회는 예수를 잃었다. 오늘날 기독교와 관련된 주요 문제는 예수의 삶과 가르침을 평가하는 데 실패하고 있다. 새로운 마르시오니즘의 병이 우리의 신학적 세계관을 감염시켰다.

기독교의 헬라화는 우리를 예루살렘이 아니라 아덴으로 이끌었다. 예수를 위한 교회의 탐색은 우리를 유대 성전과 히브리 지식의 풍부한 중심지로 다시 이끌어 놓아야 한다. 헤셀은 기독교인들에게 복음서 메시지의 계통을 생각할 수 있도록 도전한다.

무엇이 기독교 복음의 계통인가? 신약성서가 시작하는 말씀이, "아브라함과 다윗의 자손, 예수 그리스도의 세계라" (마 1:1; 고전 10:1-3과 벧전 1:10 이하를 보라)이다. 하지만 헬레니즘 세계의 강력한 매력은 많은 사람들로 하여금 헬라로부터 유래된 세계 안에서 기독교 메시지의 기원을 찾도록 이끌었다. 하나님이 예수의 요람을 델피나 적어도 아덴에 두지 않는 것이 얼마나 우스꽝스러운가!8)

예수는 유대 베들레헴에서 탄생했다. 예수의 요람은 1세기 이스라엘의 심장부에 위치해 있다. 예수는 갈릴리에 살았고 헤로디안 왕가의 웅장함을 잘 알았지만 그는 전혀 아덴이나 로마를 방문하지 않았다. 그가 아기였을 때, 그의 부모는 그를 성전으로 데리고 갔다. 그는 회당과 유대 교육의 중심에서 성경과 히브리 전통을 배웠다. 그는 성전 뜰에서 가르쳤고 그의 제자들과 함께 유월절을 축제했다. 그러나 예수는 결코 아덴의 파르테논의 영광을 보지 않았고, 팔라틴 언덕의 경치에 사로잡히지도 않았고, 또한 로마의 거대한 경기장을 통하여 걷지도 않았다. 슬프게도, 예수의 유대 유산은 잊혀지거나 오해되고 있다. 그의 백성들에게 히브리 성경은 신성한 것으로 간주되었다. 그리고 안식일은 지켜졌다. 엄수자 유대인으로, "쉐마 이스라엘"이 예수의 입에서 자주 암송되었다. 헬라의 세계는 아주 달랐다.

교회는 고대 유대교를 기초로 하여 새 "예수주의"(Jesusism)로 부활되어야 할 필요가 있다. 예수는 율법이나 예언자를 폐하지 않으셨다. 오히려 그는 더 정확한 해석으로 이 신성한 글들을 견고한 기반에 두기 위하여 오셨다. 예수에 대한 이 새로운 초점은 이방인 기독교인들이 유대교로 전환해야 한다든지 혹은 유대인인 체 하는 것을 의미하는 것은 아니다. 기독교인들이 유대인인 것처럼 가장하는 것은 야생 올리브 나무에 접붙임 된 가지의 실재를 적절하게 반영하지 못하는 것이다. 유대인들은 유대인처럼 살고 기독교인들은 예수의 가르침을 따라야 하는 것이다. 예수에 대한 새로운 비전은 기독교인들이 유대인들을 사랑하는 것을 배워야하고 가지를 지탱하는 뿌리를 존중하는 것을 배워야 한다. 예수에 대한 비전은 그의 가르침을 배우고자 하는 결정을 요구하고 제자의 삶을 살기를 요구한다.

복음서들 안에 있는 복음

복음서들은 예수의 이야기에 대해 말한다. 이 자료들 뒤에는 복음서들 안에 있는 복음을 떠받치고 있는 사도적 전통이 서 있다.[9] 다음의 세 영역에 대한 연구는 예수에 대한 우리의 인식을 놀랍게 향상시킨다. 첫째, 복음서들과 복음서 본문을 비교 연구하는 것 사이에 문학적인 관계를 고려해야 한다. 둘째, 예수의 삶과 말씀의 배후에 숨겨진 히브리어에 민감해야 한다. 셋째, 예수의 삶의 이야기를 위해서 유대 문화적 배경을 인지해야 한다.

공관복음서들은 코이네 헬라어로 보존되어 있다. 사실, 헬라어는 신약 시대에 폭넓게 사용되었다. 이 언어는 초기 3세기에 걸쳐 사용되어왔는데 이것은 알렉산더 대왕이 그의 거대한 제국을 통하여 헬라 문화와 방식의 사용을 전할 수 있었기 때문이었다. 그러나 역사가들은 알렉산더가 지배했던 일부 지역내에서 헬레니즘화 되는 과정에 강한 저항이 있었음을 발견한다. 이 저항이 경건한 유대인들이 히브리 성서에 따라 하나님을 예배하는데 분투했고 그들의 고대신앙과 관습을 신실하게 유지해 왔던 이스라엘 땅에서 가장 강하게 일어났음은 부인할 수 없다.

헬라의 이방 영향에 대하여 유대 백성들이 저항한 방법은 하나님의 율법에 충성을 유지하는 것이었고 그리고 그들 자신의 언어를 말하는 것이었다. 예를 들어, 아리스테아스의 편지를 통해 우리는 그 백성들의 언어에 대한 언급을 발견한다. 율법의 언어인 히브리어는, 비록 몇몇이 그것을 아람어와 혼동했지만, 그 백성의 언어였다고 말한다.[10] 예수의 시기 동안 유대 백성들에 의해 이해되고 말하여진 언어가 히브리어뿐이었다고 주장하는 것은 옳지 않지만, 그 백성들의 거룩한 책, 기도, 강의실에서의 학습, 비유, 그리고 아주 자연스럽게 그들이 매일의 삶에서 말하는 것은 성서의 언어인 히브리어였다.[11]

히브리인 예수

초기 교회 전통에는 주의 말씀에 대한 수많은 언급과 히브리어로 쓰여진 복음서 본문에 대한 힌트가 새겨져 있다. 초기 교부 파피아스 (Papias)는 "마태는 히브리어로 예수의 말씀 (logia)을 편찬했고 모두가 그가 할 수 있는 한 그것을 번역했다."고 말했다.[12] 말씀 (sayings)에 대한 언급은 헬라어 단어 로기아에 기초하고 있는데 이 로기아는 예수의 삶에 있었던 사건과 그의 가르침 그리고 그의 말씀을 필히 언급하는 듯하다. 히브리어 복음서가 마태, 마가 그리고 누가의 복음서들에 포함되어 있다는 것이다. 파피아스가 언급하는 마태는 그의 이름을 수반하는 복음서와 관련되어 있지 않다. 오히려 파피아스는 세 복음 전도자, 마태, 마가, 그리고 누가 모두에게 알려진 한 기록된 자료를 언급했음이 거의 옳다. 세리 마태는 예수를 따랐다. 그는 예수의 삶의 방식과 말씀과 가르침을 기억하는 제자가 되었다. 유대 구전을 배우는 과정은 예수의 시대 동안 교육에 필수적이었다. 이와 같이, 마태는 그의 주인으로부터 배웠다. 그는 이러한 전통들을 주님의 다른 추종자들에게 서면으로 그리고 히브리 언어로 신실하게 전달해 줌으로 예수의 가르침을 보존했다.

그러나 우리의 복음서들은 헬라어로 되어 있다. 복음서가 더 넓은 독자층에 읽혀지기 위하여 이스라엘 땅 밖에 있는 초대 기독교인들의 언어로 예수의 삶의 이야기를 번역할 필요가 있었다. 헬라어는 넓게 말하여졌고 전달을 위한 효율적인 매체였다.

오늘날, 예수의 말씀이 읽혀지고 연구될 때, 그의 메시지의 사실적 의미와 중요성은 종종 번역상에서 잃곤 한다. 영어는 헬라어가 아니고 히브리와는 더 연관성이 없다. 번역의 임무는 아주 복잡하다. 어떤 한 언어가 정확하게 번역되는 것이 가능한가? 두 언어, 즉 원자료 언어와 그것의 번역 언어에 친숙한 자들이 그 언어의 의미를 가장 잘 인식할 수 있는데, 특히 번역이 신중하고 문자적이라면 더욱 그렇다. 확실히, 성서의 연구를 위하여 유효한 모든 수단이 사용되어야 한다. 복음서 본문에 대한 언어학적인 연구는 예수의 말씀에 대한 우리의 이해를 풍부하게 한다. 예수에 의해 사용된 각 말씀이 가장 중요하다.

히브리어 복음서는 복구될 수 있다. 우리 중 많은 이는 고고학자들이 사막에서 사본을 발견하는 것을 기대한다. 그러나 우리는 헬라어와 히브리어 그리고 유대 민족의 문화적 유산에 대한 이해를 가지고 오늘날 히브리 복음서가 복구될 가능성이 있음을 깨닫는다. 마태, 마가, 그리고 누가는 히브리 복음서를 포함한다. 헬라어 본문은 히브리 배경에 대한 관점에서 더 잘 이해되어진다.

예수의 친숙한 말씀 뒤에 있는 히브리 의미를 생각해 보자. "내가 율법이나 선지자를 폐하러 온 줄로 생각하지 말라 폐하러 온 것이 아니요 완전하게 하려 함이라. 진실로 너희에게 이르노니 천지가 없어지기 전에는 율법의 일점 일획도 반드시 없어지지 아니하고 다 이루리라" (마 5:17-18). 율법의 히브리어 의미는 토라이다. 토라는 예수에게 있어 부정적인 말이 아니었다. 예수는 토라가 하나님의 뜻을 드러낸다고 믿었다. 그는 율법이 선하고 거룩하다고 믿었다. 예수의 눈에는 히브리 성서가 모든 민족을 위한 사랑을 가르쳤고 매일의 삶을 위한 길을 안내했다. 토라에 대한 예수의 높은 가치를 감안할 때, 마태복음 5:17절은 매일의 삶에서 바른 행동을 이끄는 본문의 추진력을 바르게 이해하는 것을 확실히 강조하고 있다.

이 구절에 대한 히브리어 배경은 이것의 깊은 의미를 더욱 분명히 한다.[13] 랍비 문헌에는 "폐하다"와 "이루다"로 번역된 복음서의 헬라어 단어와 역동적인 상당어구를 갖고 있다. 폐하다라는 의미는 "부정확하게 해석하다"이다. 헬라어로 이 단어는 카탈루오 (*kataluo*) 인데 의미는 "폐하다"이고 이 단어의 히브리어 상당어구는 바텔 (*batel*)인데 그 의미 또한 "삭제하다, 폐하다, 파괴하다"이다. 그러나 바텔은 종종 성경을 해석하는 문맥에서 사용된다. 누군가는 토라를 오해했을 때 삭제할 수 있다. 더욱이, "이루다"라는 단어는 한 본문을 정확하게 해석하는 것을 의미한다. 헬라어 단어 플레루 (*pleroo*)는 "이루다"를 의미한다. 이 단어의 히브리 상당어 키엠 (*kiyem*)은 "서야 할 이유"를 의미하는 어근으로부터 유래하는데 "보다, 관찰하다, 이루다 혹은 견고한 발판에 두다"의 의미를 가진다. 이 단어 역시 성경 해석을 다루는 문맥에서 사용된다.[14]

누군가가 토라에 대한 바른 의미를 오해할 때, 그/그녀는 주님의 뜻을 불순종할지도 모르고 따라서 그 율법을 무효로 할 것이다. 하나님의 계시를 오해함으로 누군가는 토라를 폐할 것이다. 반면, 누군가가 토라를 바르게 이해한다면, 그/그녀는 하나님의 뜻을 순종할 수 있고 따라서 율법을 이룰 것이다. 자기 정의 (self-definition)를 위해 분투하는 동안 기독교내에서의 신학적인 논쟁은 교회로 하여금 유대교로부터 거의 완전히 자신을 단절하는 원인이 되었다. 이것은 말시온의 사상이 번영할 수 있는 환경을 만들 수 있다. 자기 정의를 성취하기 위한 노력을 함으로 교회는 말시온의 반 유대주의에 쉽게 홀릴 수 있었다.

종교개혁 기간 동안, 많은 개신교 개혁가들은 로마 교황을 공격했다. 그들은 그들이 공무상 교회의 부정확한 가르침으로 보았던 것에 대한 희생으로 토라와 유대교를 잘못되게 사용했다. 유대교가 교회의 교리 안에서

악처럼 인식되어 모든 것을 공격한 희생양이 되는 것은 흔한 것이다. 선한 것은 진정한 기독교로부터 퍼진 것으로 보여지고 나쁜 것은 유대교로부터 유출된 잘못된 것을 묘사한다.

결과적으로, 마태복음 5:17절의 세 가지 중요한 단어, "토라, 폐하다, 그리고 이루다"에 대한 현대 영어 번역은 이 단어들의 고대 유대적 의미로부터 상당히 다른 의미를 갖는다. 이 단어들이 예수와 그의 초기 추종자들에게 어떤 의미였을까? 히브리 단어 토라는 화살을 쏘다 혹은 가르치다를 의미하는 어근 야라흐 (yarab)에서 유래된다. 토라는 진실 되고 곧바른 가르침과 교훈을 의미하는데 이것은 마치 토라의 말씀이 가득 채워진 삶을 위한 힘과 기세로 화살과 같이 정확한 경로를 통해 맞추는 것이다. 토라는 하나님을 사랑하는 모든 사람을 위한 신적 목적이다. 토라는 문서의 사본들 위에 건조된 잉크를 뛰어넘는 하나님의 뜻을 의미한다. 그러나 토라에 대한 하나님의 계시는 다른 많은 방식으로 해석될 수 있다. 올바른 해석은 하나님의 말씀에 생명과 힘을 불어넣어 준다.

만약 올바르게 이해하고 순종한다면, 하나님의 계시는 성공적인 삶을 위한 안내를 공급한다. 따라서, 율법은 완성된다. 한편, 잘못된 해석은 하나님의 계시를 통하여 전달된 말씀을 무효화한다. 아브라함 조슈아 헤셸이 지적한 것처럼, 헬라인들이 이해하기 위하여 공부했고, 서양 사상가들이 그들의 지식을 실재적으로 적용하기 위하여 공부한다면, 고대 히브리인들은 존경하기 위하여 공부했다.[15] 하나님이 토라를 주셨다. 그는 존경 받아야 한다. 모든 인간 존재는 하나님 앞에 경외와 경이로움으로 서야 한다. 따라서 토라 학습의 임무는 신성한 일이다. 학습이 존경을 이끈다. 존경은 순종을 이끈다. 예수는 토라를 정확하게 해석하셨고 그래서 율법을 주신 하나님은 존경 받으셔야 하고 바른 행동을 통하여 순종 받으셔야 한다. "폐하다"는 것은 잘못된 해석을 통한 방해를 의미한다. "이루다"는 거룩한 삶으로 인도하는 본문의 이해를 언급한다.

"토라, 폐하다, 그리고 이루다"에 대한 의미는 유대 문헌에 있는 솔로몬 왕의 색채로운 이야기에 잘 설명되어 있다. 솔로몬은 그의 전설적인 지혜로 기억되는 인물이다. 그럼에도 불구하고, 그렇게 지혜로운 솔로몬은 토라의 한 문자를 제거하기로 결정했다. 그 자신의 욕망 때문에, 그는 성경의 의미를 제거하는 식으로 성경을 해석했다. 왕으로서 솔로몬은 이스라엘의 충성의 의무를 다룬 토라의 계명 중 하나의 문제에 직면했다. 이스라엘의 왕은 토라를 통해 다음 내용을 배웠다. "왕 된 자는 병마를 많이 두지 말 것이요... 아내를 많이 두어 그의 마음이 미혹되게 하지 말 것이며 자기를 위하여 은금을 많이 쌓지 말 것이니라" (신 17:16-17). 이 명령은 이스라엘의 왕으로 하여금 자신을 위하여 말이나, 아내 그리고 돈을 쌓는 것을 금하고 있고 따라서 하나님으로부터 그의 마음이 빼앗기지 않도록 해야 함을 말한다. 그런데 솔로몬 왕은 이 구절의 히브리 단어들로부터 작은 점 하나를 제거하기를 결정했다.

하나님이 토라를 이스라엘에게 주셨을 때, 그는 긍정적이고 부정적인 명령을 주셨고 또한 왕에게도 명령을 주셨다. "왕 된 자는 병마를 많이 두지 말 것이요... 아내를 많이 두어 그의 마음이 미혹되게 하지 말 것이며 자기를 위하여 은금을 많이 쌓지 말 것이니라" (신 17:16-17). 그러나 솔로몬은 일어나 하나님의 명령에 대한 이유를 검토한 후 말하기를, "왜 하나님이 '왕 된 자는 아내를 많이 두지 말라'고 명령하셨는가? 그의 마음이 미혹될까 봐 그런 것 아닌가? 글쎄, 나는 아내를 많이 둘 것이지만 나의 마음은 미혹되지 않을 것이다." 우리의 랍비들이 말하기를, 그때 야르벤(yarben, 쌓다)이라는 단어에 있는 요드(yod, 히브리 알파벳의 가장 작은 문자 요드와 쌓다라는 의미의 야르벤(yarben)의 첫째 문자)는 하늘에 올라갔고 하나님 앞에 엎드려 말했다. "만유의 주시여! 토라의 한 문자라도 폐하지 않을 것이라고 말씀하시지 않았습니까? 보십시오, 솔로몬이 지금 일어나 한 문자를 폐했습니다. 누가 알겠습니까? 오늘 그가 한 문자를 폐하면 내일 또 다른 문자를 폐할 것이고 마침내 모든 토라는 무효화되지 않겠습니까?" 하나님은 응답하셨다: 솔로몬과 천명은 죽을

것이지만 율법의 가장 작은 점은 너희로부터 제거되지 않을 것이다.[16]

히브리어 알파벳의 가장 작은 문자를 제거함으로 솔로몬 왕은 그의 지혜를 따라 그 명령을 해석했다. 결국에 그는 부정적인 명령인 너 자신에게 병마나 아내나 돈을 쌓지 "말라"를 긍정적인 명령, 즉 자신에게 많은 말과 아내 그리고 돈을 쌓아야 한다는 것으로 하나님의 명령을 바꾸었다. 그는 자신의 개정판으로 이 구절을 바꾸어 완성했다. 이 모든 것이 성경 해석의 지혜를 통하여 가능하다. 주석의 기적적인 힘은 결코 과소평가되어서는 안 된다. 현명한 왕인 솔로몬의 전설은 그 자신의 해석을 통하여 율법이 제거되고 완성할 수 있다는 그의 능력에 대하여 말한다. 랍비 문헌에 기록된 이 예는 한 구절에 있는 한 점이라도 제거하는 것은 율법을 폐할 수 있는 원인이 됨을 보여준다. 예수께서 토라, 폐하다, 그리고 이루다라는 단어를 사용하셨을 때 사람들은 당연히 바른 해석을 생각했다.

누군가가 "내가 율법이나 선지자나 폐하러 온 줄로 생각지 말라 완전케 하려 왔다"는 예수의 말씀의 문맥을 신중히 검토할 때, 그가 오경의 구절들과 그것들에 대한 바른 해석을 다루고 있음이 분명해진다. "옛 사람에게 말한 바를 너희가 들었다"는 말의 인용문을 소개한다 (마 5:21). 예를 들어, 예수께서는 십계명으로부터 "살인하지 말라"는 한 본문을 인용하신다. 이 계명의 문자적인 의미는 실지로 피를 흘리는 것을 말한다. 그러나 예수의 해석은 계명의 문자성을 넘어서고 있고 성결의 높은 수준에 이른다. 만약 누군가가 이웃에게 화를 낸다면, 위험한 한 길을 선택하는 것이다. 데이빗 플러서가 산상수훈과 랍비 문헌과의 관계에 대한 그의 통찰력 있는 연구에서 밝혔듯이, 만일 누군가가 분노에 대한 금기와 같은 사소한 계명을 어기면, 살인에 대한 금기 사항과 같은 주요 계명을 범하는 것이 될 것이다.[17] 더욱이, 예수의 가르침에 있어, 만약 누군가가 보다 작은 (히. 칼 [kal]) 계명, 즉 "이 계명 중 지극히 작은 것"이라도 범하기를 가르친다면,

그/그녀는 천국에서 작은, 즉 "가장 작은" (역시 히. 칼)자가 될 것이다. 누군가가 보다 작은 (칼) 계명을 어긴다면, 이것은 중대한 위반 (히. 카모르 [chamor], "무게 있는 혹은 주요한")으로 이끄는 길을 만들게 된다. 랍비들은 십계명과 같은 중요하고 무게 있는 (카모르) 율법들을 보다 작은 계명들과 대조했다. 산상수훈에서 예수는 작은 계명과 주요 계명을 대조한다. 정욕은 작은 위반일지 모르지만 그것은 간음으로 이끈다. 분노는 살인으로 이끈다.

랍비들은 이와 같은 주석 방법을 그들의 성경 해석에 사용한다. 하나님을 향한 그들의 존경 때문에, 하나님은 토라를 그의 백성에게 주었는데 이 백성은 하나님의 계명을 공부함으로 매일의 삶을 생기 있게 만들었다. 토라에 있는 가벼운 (칼. 보다 작은) 율법과 무거운 (카모르. 주요한) 율법에 대한 언급은 신명기서에 대한 유대 주석서에 나타난다. 그들의 "죄에 대한 두려움"과 성결한 삶을 위한 욕구에서 랍비들은 분노가 살인을 이끌 수 있음을 가르쳤다.

> "만약 어떤 사람이 그의 이웃을 미워하고, 엎드려 그를 기다리게 하고, 또한 공격을 한다면 (그리고 그 생명을 상하여 죽게 한다면)" (신 19:11). 여기에서 추론되는 것은 만약 한 사람이 가벼운 (칼) 계명을 위반하면, 그는 종국에는 무거운 (카모르) 명령을 위반할 것이다. 만약 그가 "이웃 사랑하기를 네 몸과 같이 하라" (레 19:18)는 (계명)을 어겼다면, 그는 결국 "원수를 갚지 말고 악의를 품지 말라" (레 19:18)는 (계명)과 "너는 네 형제를 미워하지 말라" (레 19:17)는 (계명)과 "네 형제로 너와 함께 생활하게 할 것"의 (계명) 을 어길 것이고, 종국에는 그가 살인까지 할 것이다. 그러므로 "만약 어떤 사람이 그의 이웃을 미워하고, 엎드려 그를 기다리게 하고, 또한 공격을 한다면"이라고 기록된다.[18]

이 통찰력 있는 주석의 기초는 신명기 19:11절에서 발견된다. 동사의 연속 — "만약 어떤 사람이 그의 이웃을 *미워하고*, 엎드려 *그를 기다리게 하고*, 또한 *공격을 한다면* (그리고 그 생명을 *상하여 죽게 한다면*)" — 으로 수반되는 행동의 진보는 자연적으로 랍비들에게 중요한 죄는 일반적으로 작은 행동들의 마지막 결과임을 시사했다. 그러므로 누구든지 위험성이 너무 크기 때문에 작은 계명이라도 범하지 않도록 주의해야 한다. 첫 번째 죄는 그것보다 더 중대한 다른 죄로 이끌 것이다. 죄에 대한 두려움은 사람으로 하여금 무거운 계명을 이룰 때 같은 단호함으로 가벼운 계명을 이루게 할 것이다.

마태복음에 있는 산상수훈은 올바른 성경해석에 관한 예수의 말씀을 포함한다. 예수께서 율법을 완전하게 하신다는 것은 간음과 살인에 대한 금지가 지금 일소되었음을 의미하는 것이 확실히 아니다. 결코 그렇지 않다! 예수의 말씀은 율법의 의미를 의의 높은 수준에 둔다. 우리는 모든 악, 심지어 작은 죄라도 피해야 한다. 그 이유는 우리가 덜 중요해 보이는 죄의 길을 한번 밟게 되면, 끝없이 무너지기 때문이다. 정욕은 간음을 이끈다. 분노는 살인을 이끈다. 우리는 인간 경험의 모든 면에서 의의 높은 수준을 추구해야 한다. 예수는 율법을 제거하지 않으셨다. 그는 율법을 정확하게 해석함으로 견고한 기반에 두셨다.

예수의 유대교, 공관복음서간의 관계분석, 헬라어 본문에 있는 셈족어, 그리고 히브리 언어는 예수의 삶과 가르침에 대하여 더 많이 가르쳐 준다. 그의 첫 번째 오심 속에서 그는 치유자이자 선생이 되셨다. 고난 받는 종으로 십자가를 지셨다.[19] 그는 그의 추종자들에게 그의 임무를 완성하기 위하여 다시 올 것임을 약속하셨다.

불행하게도, 오늘날 그의 가르침은 거의 익혀지지 않고 실행되지도 않는다. 왕국에서의 적극적인 제자도를 위한 예수의 긴급한 부르심은 오늘날 많은 인간 고통과 함께 하는 세상을 위해서 깊이 연관되어 있다. 예수와 그의 유대 신학은 들을 귀를 가진 모든 사람들에게 계속 도전을 주고 있다.

유대 신학자 예수

　서양인들의 생각에 있어, 신학이란 하나님에 대한 공부이고 하나님의 것에 대한 묵상이다. 신학은 우리의 종교적인 신앙 조직들의 거대한 범위 안에 있는 통일성과 연합성을 발견하기 위하여 노력하는 하나님에 대한 과학이다. 하나님이 드러낸 진리의 통로는 다양하고 복잡하다. 자연신학, 실천신학, 교리신학, 역사신학, 조직신학, 자유신학, 여성신학, 그리고 과정신학 — 이들이 몇몇 접근법이다. 예수의 권위가 이런 신학적 시스템을 믿을 만한 것으로 입증하기 위하여 진지하게 사용되었지만, 예수의 진정한 신학을 위한 탐구는 잘못 놓여져 있고, 소홀하고, 또한 무시 되어진다. 예수는 기독교 신학의 창시자로서 알려지는 것보다 한 거대한 건축물을 떠받치고 있는 중대한 버팀목이 되었다.

　예수는 학자들과 신학자 단체를 유지하기 위하여 자주 초청되지만, 그는 늘 외부인이다. 서양인들 눈에 그는 이상한 방식을 가지고 있는 중동에서 온 유대인이다. 그의 종교적인 경향은 다르다. 유대교에 대한 예수의 신앙 전통에 진정한 존경을 촉진하는 것은 서양인들에게 있어 때때로 한 도전이 된다. 그래서 기껏해야, 유대 신학자 예수를 부르는 것은 단순히 수단에 불과하다. 아마 이것은 우리로 하여금 서쪽에서 동쪽으로, 조직적인 통일체의 세계에서 혼란스러운 모순의 세계로 여행을 시작하게 할 수 있을 것이다. 예수의 신학의 영역은 그의 신앙의 공동체 안에서 발견된다. 이 흥미 있는 세계에 들어가기 위한 수단은 랍비 정신에 대한 이해이다.

　만약 예수가 유대 신학자라면, 두 가지 예비 질문이 제기되어야 한다. 첫째, 과연 유대 신학이 존재하는가? 몇몇 기독교 독자들에게 있어 이와 같은 질문은 부적절한 것 같다. 그러나 몇몇 유대 신학자들에게 있어, 이 질문은 더욱 적절한 것 같다. 유대교란 종교는 믿어야 하는 신조보다 삶의 방식을 더 중요하게 가르친다. 신앙은 믿음 자체보다 행함과 관계된다. 유대 학문의 거장 솔로몬 쉐처 (S. Schechter)는 그의 흥미로운 저서, *Some Aspects of Rabbinic Theology*에서 이 전체 이슈를 다음과 같이 관찰했다.

> ... 옛 랍비들은 종교의 진정한 건강은 신학에 대해 알지 않는 신학을 갖는 것이라고 생각했던 것 같다. 따라서 그들은 어떤 형식적인 시스템에서 그들의 신학 작업을 한다거나 신학에 대한 전체적 해설을 우리에게 남기려고 하는 어떤 시도도 하지 않았고 실지로 할 수도 없었다. 실재로서의 하나님, 사실로서의 계시, 삶의 규율로서의 토라, 그리고 가장 생생한 기대로서 구원에 대한 희망과 함께 그들은 그들의 교리를 – 언젠가 한 유명한 신학자가 말한 것처럼, 우리가 믿기 때문에 반복되는 것이 아니라, 우리가 믿을지도 모르기 때문에 반복되는 – 어떤 한 신조 안에 형식적으로 만들 필요를 느끼지 않았다.[20]

본래 학문의 훈령으로서의 신학은 유대 신앙과 관례에 부딪힌다. 쉐처가 통찰력 있게 관찰한 것처럼, 유대인들의 눈에는 "종교의 진정한 건강은 신학에 대해 알지 않는 신학을 갖는 것이다." 유대 사상에 대한 신학적인 토대는 유대교의 관습으로 안내한다. 그러나 그 신학을 알아서는 안 된다. 하나님은 한정된 이해를 넘어선다. 유대교는 신학적 반영보다 토라에 드러난 것과 같이 하나님의 뜻에 더욱 적극적인 순종에 초점을 맞춘다.

한편, 쉐처는 옛 랍비들이 사실 한 신학 (a theology)을 소유했음을 명백하게 한다. 그들은 종교적인 유대인으로 그리고 공동체 지도자로 산 반면, 하나님의 실재, 계시의 확실성, 토라 안에 발견된 삶의 규율, 그리고 미래 구속에 대한 강한 기대가 그들의 생각 속에 널리 퍼져 있었다. 신학이 유대인의 삶 속에 있는 모든 것을 떠받치고 있었다.

신학적 신조를 저술하거나 혹은 신학적인 확신을 조직화 하는 것이 해가 되고 거룩하지 못한 것으로 보여질 수 있고 정당치 못한 활동들이라는 태도 때문에 제기되어야 할 두 번째 질문은 극도로 어렵다.

무엇이 유대 신학인가? 아마도 유대 신학자들과 논의하는 것이 유대 조직 신학을 논의하는 것보다 더 적절할 것이다. 다른 사상가들과 랍비들은 그들의 신학적인 가정들을 위해 공부할 수 있었을 것이다. 그러나 이스라엘의 역사 속에 있는 유대 신학자들이라고 생각되는 대부분의 선생들과 공동체 지도자들은 이 점을 부인하고자 할 것이다. 그런 환경에서 유대 신학자로 불리는 것이 칭찬은 아닐 것이다. 학자나 창조적인 사상가가 되는 것은 칭찬이 될 것이다. 신학자가 되는 것은 거의 모욕이다. 한편, 바리새인들과 그들의 계승자들이 신학적인 세계관이 결여된 분리된 학문가들로 보여 져서는 안 된다. 그들은 하나님에 대하여 그들이 믿었던 것과 왜 그들이 그것을 믿었는지를 알았다.

몇몇 서양 관찰자들이 랍비들 중에 신학이라 불렀던 것을, 랍비들은 더욱 창조적인 과정 — 즉 하나님, 그의 세계, 그리고 하나님의 창시에 대한 인간 반응에 대한 변증법적인 논의로부터 흘러나오는 상호 연관된 사상들의 자발적인 분출 — 으로 보았을 것이다.[21] 영적인 가치들은 다른 인물들 사이의 역동적인 상호작용에 의해서 교육되어진다. 종교적인 거장들 — 힐렐과 샴마이, 엘레저와 죠수아, 혹은 아키바와 이스마엘 — 은 격렬한 대화로 서로 싸운다. 자유적이고 때로는 격심한 논쟁의 과정에서 그들은 인류를 위한 토라의 지혜와 하나님의 뜻을 구한다. 영적인 가치들은 토라 선생의 마음의 내적인 영혼을 밝히는 뜨거운 논쟁 안에서 살아난다. 개인적인 기질과 인격의 깊이는 사상의 교환과 생생한 논쟁의 역동적인 상호 작용 속에 나타난다.

아마 힐렐의 기본적인 신학은 샴마이와 비교해 그렇게 많이 다르지 않을 것이다. 하지만, 실제적인 적용에 있어 큰 차이점이 있다. 신학적인 기초가 주어지는데, 힐렐은 보다 인간 중심적이지만 샴마이는 하나님 중심적이다. 예수는 이 둘 모두의 공통점을 가지고 있다. 많은 면에 있어 그는 힐렐이나 샴마이보다 "쵸니 더 서클 드로워"와 "차니나 벤 도사" (Chanina ben Dosa)에 더 가깝다. 카리스마틱한 유대교의 범주에 있는 경건한 사람들과는 대조적으로, 예수는 토라를 공부하는 것을 아주 강조한다. 예수의 말씀과 비유들은 적어도 매일의 삶 속에서 신앙의 행함을 다룬다. 예수와 같이, 그들 역시도 할라카보다 아가다를 강조했을 것이다. 예수와 고대 유대교의 이런 은사적인 기사자들은 경건에 초점을 맞추고 성결을 강조한다.

그러나 이 역사적인 인물들에 대한 우리의 그림은 완전하지 않다. 더욱이, 훈련으로서 신학에 대한 우리의 관점은 더 서구적이고 철학적이다. 기독교인들로서, 우리는 하나님을 공부하고 신앙을 조직화한다. 동양인의 마음은 인간 감정과 개인적 경험을 통하여 하나님을 보는 경향이 있다. 하나님은 추상적인 개념을 보다 견고하게 하는 실재적인 삶에 대한 은유와 비유의 렌즈를 통하여 보여진다.

1세기 유대신학의 입장을 정의하는 문제는 복잡하다. 사상에 대한 풍부한 다양성과 역사의 확장에 대한 넓은 관심은 유대교 내에서 아주 다른 신학적 관점을 창출했다. 제 2 성전 시대 동안의 유대교는 다윗 왕 시대의 유대교와 비교하여 아주 달랐다. 더군다나, 오늘날의 유대 종교와 기독교는 1세기 기원과 비교하여 놀라울 정도로 바뀌었다. 이런 현대의 신앙 전통은 모교회나 고대 회당을 거의 닮을 수 없다. 유대교의 신학은 주요한 변화를 경험했다. 그러나 모두는 모세의 발에 앉고 히브리 성서의 하나님의 현존 앞에 경이로움으로 선다. 두 큰 계명 – "너희 마음을 다하여 주 너의 하나님을 사랑하라"와 "네 몸과 같이 너희 이웃을 사랑하라" – 은 살아있는 신앙 전통에 주요한 유대신학적 입장을 특징화한다. 우리는 하나님을 사랑해야 하고 다른 사람들을 존중해야 한다. 유대교는 신조를 가지지 않는다. 토라는 하나님의 계시의 사실이다.

많은 유대 학자들의 신학은 하나의 신학 (a theology)을 갖는 것이 아니다. 적어도 누군가는 다른 누군가의 신학을 과도하게 알아서는 안 된다. 아마 토라에 대한 맹목적인 순종이 개념적 사상에 대한 지적인 교환보다 매일의 경험에서 하나님의 임재를 더 잘 드러낼 것이다.[22] 하나님은 거대하시다. 신비와 경이는 하나님의 선하심에 대한 인간의 인식에 스며들어야 한다. 모순과 불일치는 하나님과 그의 신비들의 본질적인 부분이다. 우리는 행함을 통하여 배운다. 동양 사상은 수수께끼와 신비를 좋아한다. 서양 신학자들은 많이 설명하고 적게 이해한다. 유대신학의 동양적 사고방식은 하나님을 존경하고 그의 신비에 경이로워 한다. 하나님을 조직화하기 위한 모든 시도는 결핍될 것이다. 놀라움 중에 서라. 경이로움에 경탄하라.

예수는 그와 같으신 분이시다. 그는 신조라는 것을 결코 쓰지 않으셨다. 그는 그 자신을 조직신학의 둘레에 두지 않으셨다. 그러나 비록 이런 서양적인 칭호에 그렇게 편한 느낌을 갖지 않았을지라도 그는 심원한 신학자이다. 그는 신학자이만 그의 신학은 신실한 토라의 유대교에 뿌리를 둔 유대 중심적이다. 그의 신학은 비유의 은유와 삶에 있어 거룩한 경의에 나타난다. 하나님은 선하시다. 우리는 그의 전에 놀라움과 경이로 임해야 한다.

하나님은 인간 경험의 육체적인 세계와 신적 초월의 초자연적 세계 사이에서 자연적인 유연성을 보여주는 낱말 그림들에 묘사되어 있다. 하나님의 왕국은 반죽에 효소를 침투시키는 것과 같다. 그의 통치는 성장하고 또 성장하는 겨자씨의 기적과 같다. 왕국은 바로 여기에 전적인 능력으로 있고 따라서 사람들은 하나님의 치유의 능력을 경험할 수 있고 조각난 인간 존재의 고통에서 강건함을 경험할 수 있다. 하나님은 그의 백성들을 돌보시고 여전히 기적을 이루어 내신다. 그는 잃었던 두 아들을 사랑한 자비로운 아버지와 같다. 무한하신 하나님은 사랑하는 아버지의 행위와 친절한 지주의 도량에서 드러나신다. 더욱이, 성전 제사가 거룩한 바리새인의 악행을 속죄하든지 아니면 불결한 죄인을 속죄하든지 간에 중요한 것은 마음의 태도이다. 만약 누군가가 용서하지 않으면 용서받지 못할 것이다. 하나님을 아는 것과 생명으로 들어가기 위해서는 계명을 지켜야 한다.

복음서의 예수는 유대적 삶의 실재에 깊이 연관된 도발적인 신학자이다. 예수의 유대 신학은 하나님에 대한 히브리 개념으로 시작한다. 이것은 모든 인류를 위한 하나님의 동정과 인자하심을 품는다. 이것은 거룩과 죄에 대한 두려움을 요구한다. 하나님은 모든 사람들을 위하여 치유와 강건함을 찾고 계신다. 토라는 하나님과 인간의 존엄함을 드러낸다. 예수께서는 율법과 선지자를 폐하기 위하여 오신 것이 아니라 세우기 위하여 오셨다.

주

1) 물론 불트만 자신이 이 선의의 제자보다 그 자신의 관점을 훨씬 더 낫게 말할 수 있을 것이다. 플러서와 이 독일 신학자간의 논쟁은 불트만의 도시, 독일 말부르그에서 일어났다. 학자들에게 받아들여지는 말씀들의 목록은 오늘날 훨씬 더 길다. 학문적인 과정은 복음서의 신중하고 면밀한 조사를 요구한다. 현재의 경향은 놀랄만한 말씀들을 수집하는데 이 말씀들은 예수께서 이와 같이 무언가를 말씀했을 수도 있는 강한 인상을 주는 정경적이고 비정경적인 자료들을 수집하는 데 초점을 맞춘다. 예를 들어 크로산의 재구성된 목록을 비교해 보라. John Dominic Crossan, *The Historical Jesus* (San Francisco: Harper, 1991). 크로산은 xiv-xxvi에서 그가 예수의 말씀들이라고 믿는 것을 기록해 놓았다.
2) Rudolf Bultmann, *Jesus and the Word* (New York: Charles Scribner's Sons, 1958), 8.
3) Rudolf Bultmann, *History of the Synoptic Tradition* (reprint; Peabody, Mass.: Hendrickson, [1963], 1993), 205를 보라. 그리고 James Charlesworth의 *Jesus within Judaism* (Garden City: Doubleday, 1988), 5-7에 나타난 내용을 비교해 보라.
4) Thomas L. Friedman, *From Beirut to Jerusalem* (New York: Farrar, Straus & Giroux, 1989), 49. 프리드만은 뉴역 타임즈의 중동 특파원인 빌 파렐(Bill Farrell)의 말을 인용한다. "베이루트에는 역사는 없고 설명만 있다."
5) J. Quasten, *Patrology* (Westminster, Md.: Christian Classics, 1986), 1.268-72를 보라. 말시온을 다룬 최고의 권위서 중 하나는, Adolf von Harnack, *Marcion*

(reprint; Darmstadt: Wissenschaftliche Buchgesellschaft, 1985, German). 많은 독자들에게 쉽게 접근할 수 있는 소논문을 위한 것으로는, R. McL. Wilson, "Marcion," *The Encyclopedia of Philosophy* (New York: Macmillan, 1972), 5.155f. 여기에서 윌슨은 말시온의 신학과 영지주의간의 일부 구분되는 점을 정확하게 지적한다. 마 5:17절에 관한 말시온의 해석에 대해서 다음 문헌을 보라. E.C. Blackman, *Marcion and His Influence* (London: SPCK, 1948); P. Amidon, *The Panarion of St. Epiphanius* (New York: Oxford, 1990), 48. 불행하게도, 말시온에 대한 정보를 위해서 학자들은 다른 학자들이 그에 대하여 써 놓은 것에 의존해야 한다. 말시온의 신학은 기독교 변증가들이 그의 가르침에 대결하여 말한 것으로부터 주요하게 알려진다.

6) Abraham Joshua Heschel, *The Insecurity of Freedom* (New York: Schocken Books, 1972), 169-70.

7) David Wolpe, *In Speech and in Silence the Jewish Quest for God* (New York: Henry Holt), 12.

8) Heschel, *The Insecurity of Freedom*, 170.

9) R.E. Brown, *New Testament Essays* (Milwaukee: Bruce, 1965), 3-35.

10) R.H. Charels, *The Apocrypha and Pseudepigrapha*, 2.95; J.H. Charelsworth, *Old Testament Pseudepigrapha*, 2.12, "유대인들이 시리아 언어 (즉, 아람어)를 사용할 것으로 기대된다. 그러나 그렇지 않는데 이유는 그것이 다른 언어 형태이기 때문이다 (즉, 율법의 히브리어)." 아리스테아스의 편지는 헬라어로 기록되었다. 흥미롭게도, 이스라엘에 있는 유대 백성들의 구술 언어가 히브리어였다고 이 편지는 설명한다.

11) 이 기간 동안 이스라엘에서의 언어 상황은 여기에서 지적한 것보다 훨씬 복잡했다. 성서의 아람어 번역에 관한 질문이 종종 제기되곤 한다. 필자의 "Targum," *International Standard Bible Encyclopedia*, rev. ed., 4.727-33을 보라. 가이사랴와 같은 어떤 지역들에서는 헬라어가 상업에 사용되었을 것이고 아람어는 동쪽에서 널리 쓰여졌다. 그러나 유대인들의 언어는 히브리어였다. David Bivin and Roy Blizzard, Jr., *Understanding the Difficult Words of Jesus*, 19-13; J. Grintz, "Hebrew as the Spoken and Written Language in the Last Days of the Second Temple," *Journal of Biblical Literature* 79 (1960), 32-47; 필자의 *Jesus and His Parable*.

12) Eusebius, *Ecclesiastical History*, 3.39.16, LCL. 일부 학자들은 여기에서 히브

리어란 단어가 아람어로 이해되어야 한다고 잘못 주장한다. 이 질문에 대해 길게 논의할 필요 없이, 앞의 각주 (11)에 언급된 그린쯔의 글은 이 주장이 잘못되었음을 증거 한다. 고대 본문에서의 히브리어는 그냥 히브리어를 의미한다.

13) 필자의 견해로, 이 이슈들을 다룬 최고의 저서 중 하나가 A. Heschel, *Torah Men Hashamayim* (3 vols)이라 생각한다. 또한 A. Heschel, *God in Search of Man: A Philosophy of Judaism* (New York: Farrar, Straus and Giroux, 1976), 167ff.을 보라.

14) W. Bacher, *Die exegetische Terminologie der jüdischer Traditionsliteratur* (Darmstadt, reprint 1965, Hebrew translation, *Erche Midrash*).

15) Heschel, *God in Search of Man*, 3-12, 73-79, 43-53.

16) Exodus Rabbah 6:1, A. Shinan's edition, 182; j. *Sanh.* 20c; chap. 2, hal.1. 후자에는 Simeon bar Yochai (130 AD)가 언급되어 있다. 히브리어로 이 이야기가 말이 되기 위해서는, 솔로몬 왕은 요드 (*yod*)뿐만 아니라 신 17:16에 있는 "아니다" (not)와 "...도 아니다" (neither)로 번역되는 히브리어 단어 "로" (*lo*)를 제거했어야 될지도 모른다. 아마 랍비들은 솔로몬의 수정된 본문과 관련하여, 부정사 "로"를 철자는 다르지만 같은 소리가 나는 소유대명사 "그에게" (to him)로 읽었을 것이다. 이 경우, 소유 대명사는 반복적일 수 있지만 재치 있는 재담을 좋아하는 히브리 청중에게는 아주 분명할 것이다. 때때로 소유 대명사는 부정사와 혼돈이 되는데 시편 100:3은 "그가 우리를 만드신 자요, 우리 자신이 아니다 (로: *lo*)"가 아니라 "그가 우리를 만드신 자요, 우리는 그의 것 (로: *lo*)이다"로 번역 되어야 한다.

17) David Flusser, "A Rabbinic Parallel to the Sermon on the Mount." in *Judaism and the Origins of Christianity*, 494-507. 필자는 이 본문에 대한 예수의 가르침에 풍부한 통찰력을 준 플러서에게 깊이 감사한다. 비교. John Nolland, *Luke* 2.820. "율법과 선지자에 대한 누가의 이해는 그것이 무분별하게 대체되는 것이라기보다 보다 엄격하게 만들어진 의미를 포함한다."

18) Sifre Deut 186/187 on 19:10 (Finkelstein, 267). M. Higger, *Masektot Derech Eretz*, 2.312을 보라. 후자의 글에는 유사한 말을 R. 엘레저에게 귀속시킨다. Flusser, "A Rabbinic Parallel," 501, n. 32를 보라. 또한 Didache 3:1-3과 훌륭한 영어 번역서인 Reuven Hammer, *Sifre a Tannaitic Commentary on the Book of Deuteronomy* (New Haven: Yale University Press, 1986)을 보라.

19) 뛰어난 유대 철학자 마틴 부버가 예수의 자기 인식에 대하여 예리하게 분석한 다음의 것을 숙고해 보라. "여호와의 종 (사 53)에 관하여 쓰여진 것인데, 그는 '산 자의 땅에서 끌려갔고 끊어졌다. . .' 이것은 전거, 즉 한 특별하고 숭고한 임무를 위한 전거이다. 그는 열방의 빛이 될 것이다 (42:6, 49:6). . .; 그의 화해의 중재를 통하여 하나님의 구원이 모든 땅에 이를 것이다 (49:6)." Martin Buber, *Two Types of Faith*, 104.f. 부버에 대한 매튜 블랙 (Matthew Black)의 민감한 논의를 참조하라. "The Messianism of the Parables of Enoch," in James Charlesworth, ed., *The Messiah* (Minneapolis: Fortress, 1992), 167-68.
20) Solomon Schechter, *Aspects of Rabbinic Theology* (New York: Schocken Books, 1961), 12. 유대교에서의 하나님의 개념을 이해하기 위하여 울프의 신중한 다음의 저서들을 보라. David Wolpe, *The Healer of Shattered Hearts: A Jewish View of God*와 그의 최근 저서, *In Speech and in Silence: The Jewish Quest for God* (New York: Henry Hort, 1992).
21) Max Kadushin, *The Rabbinic Mind* (New York: Bloch, 1972), 2. "결점이라고 말하기보다, 정의의 부재 (the absence of a definition)는 랍비적 가치 개념을 쉽고 효과적으로 작용할 수 있게 하는 것이다. 우리는 가치 개념들이 막연한 것일 뿐 아니라 정의를 내릴 수도 없는 것임을 발견할 것이다..." 카두신이 랍비 신학을 형성하는 것이 절대적 불가능성으로 바르게 주장한 반면, 그는 그의 놀라운 책 중 하나에 "세더 엘리아후의 신학" (*A Theology of Seder Eliahu*)이라는 제목을 줌으로 일부 우리의 서양 가치에 굴복했다. 인간 언어의 약함 속에서, 필자는 우리가 유대 신학에 대하여 말할 수 있으며 그의 공동체의 신앙에 예수를 연결하여 말할 수도 있음을 믿는다.
22) B. Soloveitchik, *Halakhic Man* (Philadelphia: Jewish Publication Society, 1983). 여기에서 영성, 신비주의, 그리고 할라킥 특징의 중요한 결합을 다룬 것을 비교해 보라.

후기 (Afterword)

얼마 전 나는 한 유대 랍비와 마태복음 5장을 히브리어로 읽고 있었다. 거의 모든 구절에서 그 랍비는, "이 구절은 성경에 있어요." 혹은 "이 구절은 탈무드에 있어요"라고 말했고 그런 다음 산상수훈에서 선포된 말씀들과 아주 유사한 문장들을 성경과 탈무드에서 보여 주었다. 우리가 "악을 대적지 말라"는 말씀을 접했을 때, 랍비는 "이 말씀이 탈무드에 있습니다"라고 말하지 않고 대신 웃으면서 "기독교인들은 이 말씀을 순종합니까?" "그들은 부당한 처우를 얌전히 받습니까?"라고 되물었다. 나는 기독교인들이 —부당한 처우를 얌전히 받는 것과는 아주 멀게— 유대인들의 양 볼을 때리고 있었던 바로 그 특별한 시간에 뭐라 할 말이 없었다.

레오 톨스토이

"오늘날 우리는 아주 많은 무지의 시간들이 우리의 눈을 가려 우리가 더 이상 당신의 선택된 백성들의 아름다움을 볼 수 없고 그들의 얼굴에서 특권을 가진 모습을 인식할 수도 없다는 것을 의식하고 있다. 우리는 가인의 흔적이 우리의 이마에 있음을 인식한다. 몇 세기를 넘어, 우리의 형제 아벨이 우리가 초래한 피 속에 누웠고 우리가 당신의 사랑을 망각한 것으로 인해 눈물을 흘렸다. 그들의 이름을 유대인으로 잘못 붙여 저주한 우리를 용서하소서. 그들의 육체 속에서 당신을 두 번째 십자가에 못 박은 우리를 용서하소서. 왜냐하면 우리는 우리가 했던 것을 모르기 때문입니다..."

교황 요한 23세

... 네가 뿌리를 보전하는 것이 아니요 뿌리가 너를 보전하는 것이니라.

로마서 11:18b

구분 분할 표
인용문

Preface, "Martin Buber on Jesus" - See Martin Buber, trans. by Norman. Goldhawk, Martin Buber, *Two Types of Faith* (Harper: New York, 1961), p. 12-13.

The Jewish Theologian, "Heschel on Christian Theology" - See Abraham Joshua Heschel, "Protestant Renewal" A Jewish View," ed. Fritz Rothschild, *Jewish Perspectives on Christianity* (New York: Crossroad, 1990), p. 302.

The Messianic Drama of Jesus' Life Events, "Raymond E. Brown on Biblical Scholarship" _ See Raymond E. Brown, *New Testaments Essays* (Milwaukee: The Bruce Publishing Company, 1965), p. 24.

The Jewish Roots of Jesus' Kingdom Theology, "F.F. Bruce on the Hard Sayings of Jesus" - See F.F. Bruce, *The Hard Sayings of Jesus* (Dowers Grove: InterVarsity Press, 1983), p. 16.

The Jewish Theology in Jesus' Parables, "David Flusser on Jesus among his People" See David Flusser, "Foreword: Reflections of a Jew on a Christian Theology of Judaism," in Clemens Thoma, *A Christian Theology of Judaism* (New York: Paulist Press, 1980), p. 16.

The Jewish Messiah and the Politics of Rome, "Albert Schweitzer on the Passion of Jesus" —See Albert Schweitzer, *The Quest for the Historical Jesus* (London: SCM, 1981), p. 386.

The Future Messiah, "Geroge Eldon Ladd on the Future Kingdom" —See George Eldon Ladd, *A Theology of the New Testament* (Grand Rapids: Eerdmans, 1974), p. 81.

Epilogue, "Rudolf Bultmann on the Life of Jesus" See Rudolf Bultmann, *Jesus and the World* (New York: Charles Scribner's Sons, 1958), p. 8.

번역상 알아 두어야 할 점

　본서를 쓰면서, 필자는 고대의 많은 중대한 책들과 그것의 번역물들을 사용했다. 최선의 상태로라도 번역의 기술은 부정확한 과학이다. 경우에 따라, 필자는 히브리어, 아람어, 그리고 헬라어 본문을 기초로 하여 표준적인 번역서들을 수정하기도 했다. 독자들은 이 자료들에 대한 다른 번역서들을 점검해 보고 본서에 번역된 부분과 비교해도 좋을 것이다. 이런 번역서들은 각 장의 문서에 언급되었다. 손시노 출판사 (Soncino Press)와 유대 출판 협회 (Jewish Publication Society), 그리고 유대 신학대학원 (Jewish Theological Seminary)에서 대부분 출판된 랍비 문헌들의 번역서는 참고문헌을 참조하기 바란다. 요세푸스와 필로는 대부분 로엡 고전 문고 (Loeb Classical Library: 하바드 대학교 출판사)에서 출판했다.

　다른 언급이 없다면, 성서 본문의 대부분은 RSV (Revised Standard Version)가 사용되었고 경우에 따라 필자 자신의 번역도 첨가되었다. 때때로, NIV, 모팻트 (Moffatt)의 번역 혹은 KJV과 같은 번역 성경도 사용되었다. 참고로, 이런 다양한 번역 성경은 번역상의 한 요점을 설명하는 데 도움이 되거나 우수한 본문 독법과 일치할 수 있다.

　성경 번역상의 차이점들은 스타일과 현재 영어 사용법에 기초할 뿐만 아니라 고대 사본들의 분석에도 기초한다. 번역가들은 우선적으로 어떤 사본이 본문의 원래의 글인가를 가장 잘 나타내는지 결정해야 한다. 이론적으로, 필자는 대부분의 현대 영어 번역서들의 길잡이가 되고 있는 본문분석에 대해 널리 보급된 방법들에 동의한다. 그러나 실제적으로, 필자는 내적 그리고 외적 증거의 관점에서 사본 증거에 무게를 두고 몇몇 번역서들을 새롭게 교정했다. 예수의 말씀들의 히브리 (그리고/혹은 아람의) 배경에 대한 내적 증거와 고려는 오늘날 본문 비평가들로부터 일반적으로 받아들여지지 않을 수도 있는 한 이문 (variant reading)을 지지할 수도 있다. 심도있게 성경을 연구하는 학생들에게 있어서는, 다른 번역들을 서로 비교함으로 많은 것을 배울 수 있고 이와 같은 연습은 자신의 강점과 약점을 알게 됨으로 가치가 있다.

아마 오늘날은 그 어떤 때보다 학생들이 성경의 유효한 번역서에 대해 강한 확신을 갖고 있을 것이다. 오늘날 시중에 있는 대부분의 성경 번역서들은 더 나은 사본 증거와 보다 효율적으로 메시지를 전달하기 위한 노력으로 그 전과 비교하여 훨씬 정확하다. 새로운 번역서들은 읽기에 훨씬 쉽고 종종 도움란에 분명한 역사적 정보까지도 알려준다. 비록 그 어떤 번역서도 절대적인 정확성으로 어떤 본문의 그림을 풍부하게 그릴 수 있진 않지만 정확한 번역은 현대 독자들로 하여금 과거로부터의 음성을 듣게 해준다. 그러나 히브리어, 헬라어, 그리고 아람어에 대한 지식은 성경 분석과 해석에 있어 늘 중요하다. 지금은 일반 독자들이 폭넓게 이용할 수 있는 성경 연구를 위한 좋은 자료들이 있다.

랍비 문헌 (Rabbinic Literature)

미쉬나 (Mishnah, 약어로 m.)는 장과 절로 인용된다. 허버트 댄비 (Herbert Danby)의 번역이 히브리어 본문의 믿을만한 번역으로 널리 사용되고 있다. 또한 블랙맨 (P. Blackman)의 번역과 주석이 독자들에게 도움이 될 것이다.

바빌로니안 탈무드 (Babylonian Talmud, 약어로 b.)는 히브리어/아람어 본문에 따라 인용된다. 각 인용문에는 소책자 이름과 이것의 페이지 번호를 매겼다. 페이지 번호들은 a 혹은 b로 표시했다. a는 히브리 페이지의 앞면을 표시하고 b는 뒷면을 표시한다. 손시노 (Soncino) 출판사의 영어번역은 원래의 히브리어 페이지 수가 보존한다.

예루살렘 탈무드 (Jerusalem Talmud, 약어로 j.)는 크로토쉰 (Krotoschin) 판에 있는 소책자와 페이지 번호에 따라 인용된다. 히브리어/아람어 본문의 각 페이지는 두 칼럼 란을 가지고 있다. 페이지의 앞면에 있는 칼럼은 a와 b로 페이지가 메김 되어 있다. 페이지의 뒷면에 있는 칼럼은 c와 d로 페이지가 메김 되어있다. 예루살렘 탈무드는 종종 팔레스타인 탈무드로 불려지기도 하고 장과 할라카 절로 인용될 수 있다.

미드래쉬 라바 모음집 (Genesis Rabbah나 Exodus Rabbah 등)은 단락과 문단으로 인용된다. 이 경우는 설교 미드래쉼 (미드래쉼은 미드래쉬의 복수형이다), 페식타 라바티 (Pesikta Rabbati), 그리고 페식타 드 라브 카하나 (Pesikta De-Rav Kahana)에도 적용된다. 메킬타 드 랍비 이스마엘 출애굽기 (The Mekhilta de-Rabbi Ishmael on Exodus)는 장과 절로 인용된다. 주로 인용문은 그의 훌륭한 영어판에 있는 야곱 라우터바 (Jacob Lauterbach)에 의한 메킬타의 번역을 사용했다. 시프레 민수기 (Sifre Numbers)는 단락으로 인용된다. 시프레 신명기 (Sifre Deuteronomy)는 또한 히브리 본문에서 단락 번호에 따라 인용된다. 종종 인용문은 르우벤 해머 (Reuven Hammer)의 뛰어난 번역을 사용했다. 시프레 레위기 (Sifre Leviticus)는 토라에 있는 장과 절에 따라 인용되고 또한 페이지 번호는 바이스 (Weiss)판에 따르고 있다.

모든 랍비 문헌들이 다 영어로 번역된 것이 아니다. 참고 문헌에서 독자는 다른 번역서로부터 도움을 받을 수 있을 것이고 히브리어와 아람어로 된 중요한 판을 찾는 데 도움을 받을 것이다.

사해 사본 (The Dead Sea Scrolls)

사해 사본을 다룸에 있어, 필자는 자신의 번역을 인용하기도 했고 또한 게자 버미스 (Geza Vermes)의 번역서인 The Dead Sea Scrolls in English에서 자주 인용했다. 버미스는 구절 인용은 주지 않고 장 제목만을 준다. 필자는 일반적으로 받아들여지는 형식 - 즉 발견된 동굴 번호, 쿰란, 사본의 이름, 혹은 록펠러 (PAM, Palestine Archaeological Museum)의 수집물에 있는 번호, 그리고 사본 칼럼과 표시 선 - 에 따라 사해 사본을 인용했다. 예를 들면, 1QS 3.4-6에서, "1Q"는 쿰란 동굴 1, "S"는 제자도 편람 혹은 공동체 규칙 (the Manual of Discipline or Community Rule. 참조. 여기에서 S는 히브리어의 세레크 [serekh]에서 온 것이며 공동체의 규칙이나 제자도를 의미한다), "3"은 칼럼 3, 그리고 "4-6"은 4-6번째 선을 의미한다.

이 글이 쓰여지는 동안도 모든 사해 사본이 다 번역된 것은 아니다. 학자들은 또한 히브리 본문들의 번역에 늘 동의하지도 않는다. 이렇게 불일치하는 것은 본문이 손상되었거나 조각나 있는 사본들의 공백과 관련이 있다. 다른 경우는 히브리어와 아람어에 관한 질문과 관련되어 있다. 사본의 대부분은 일부 아람어로 된 것을 제외하곤 히브리어로 기록되어 있다.

독자는 참고 문헌에 있는 사본의 다른 번역들과 판들을 비교해 보는 것이 좋을 것이다.

참고 문헌과 학습 도움

원자료, 간행물, 번역서

Avot Derabbi Natan. Ed. S. Schechter. Vienna: Ch. Lippe, 1887.

Black, M. *The Book of Enoch.* Leiden: Brill, 1985.

Braude, W. G. *The Midrash on Psalms.* 2 vols. New Haven: Yale University, 1958.

_____. *Pesikta Rabbati.* 2 vols. New Haven: Yale University, 1968.

_____. *Pesikta-de-Rab-Kahana.* Philadelphia: Jewish Publication Society, 1975.

_____. *Tanna Debe Eliyyahu.* Philadelphia: Jewish Publication Society, 1981.

Charles, R. H. Ed. *The Apocrypha and Pseudepigrapha of the Old Testament.* 2 vols. Oxford: Clarendon, 1977.

Charlesworth, J. H. ed. *The Old Testament Pseudepigrapha.* 2 vols. New York: Doubleday, 1983.

Clark, E. G. *Targum Pseudo-Jonathan of the Prophets.* Hoboken, N. J., 1984.

Cohen, A. and Israel Brodie, eds. The *Minor Tractates of the Talmud.* 2 vols. London: Soncino Press, 1971.

Danby, Herbert. *The Mishnah.* New York: Oxford, 1977.

The Dead Sea Scrolls on Microfiche. S. Reed, M. Lundberg, E. Tov and Stephen J. Pfann. Leiden: Brill, 1993.

Di' ez Macho, A. *Neophyti I.* 6 vols. text and translations into Spanish, French, and English. Madrid: Consejo Superior de Investigaciones Cienti' ficas, 1968-79.

Epstein, I, ed. *The Babylonian Talmud.* 35 vols. London: Soncino, 1935-

1978.

Freedman, H, ed. *Midrash Rabbah*. 9 vols. London: Soncino, 1951.

Friedlander, G. *Pirke de Rabbi Eliezer*. New York: Hermon, 1981.

Gaster, T. *The Dead Sea Scriptures*. New York: Anchor Books, 1976.

Goldin, J. *The Fathers according to Rabbi Nathan*. New York: Schocken, 1974.

Haberman, A. *Megillot Midbar Yehuda*. Tel Aviv: Machbarot Lesifrut Publishing House, 1959.

Hammer, Reuven. *Sifre: A Tannaitic Commentary on the Book of Deuteronomy*. New Haven: Yale University, 1986.

Hertz, J. H. *The Authorised Daily Prayer Book of Deuteronomy* (Hebrew text, English translation with commentary and notes). New York: Bloch Publishing Company, 1959.

Herford, T. *Pirke Aboth the Ethics of the Talmud: Sayings of the Fathers*. New York: Schocken Books, 1975.

Josephus. Ed. and trans. H.J. Thackerray. 10 vols. Loeb Classical Library. Cambridge: Harvard University, 1978.

Klein, M.L. *The Fragment-Targums of the Pentatech*. 2 vols. Rome: Pontifical Biblical Press, 1980.

Masekhet Semachot. Ed. M. Higger. Jerusalem: Makor, 1970.

Masekhtot Derekh Eretz. Ed. M. Higger. 2 vols. Jerusalem: Makor, 1970.

Mekhilta Derabbi Ishmael. Ed. H. S. Horovits and Ch. Rabin. Jerusalem: Washrmann Books, 1970.

Mekhilta Derabbi Ishmael. Ed. M. Friedmann. Reprint. Jerusalem: Old City Press, [Vienna, 1987]. 1978.

Mekilta Derabbi Ishmael. Ed. and trans. Jacob Lauterbach. 3 vols. Philadelphia: Jewish Publication Soceity, 1976.

Mekhilta Derabbi Shimeon Bar Yochai. Ed. Y. N. Epstein and E. Z. Melamed. Jerusalem: Hillel Press, 1980.

Midrash Bereshit Rabbah. Ed. Ch. Albeck and J. Theodor. 3 vols. Jerusalem: Wahrmann Books, 1980.

Midrash Devarim Rabbah. Ed. S. Liebermann, Jerusalem: Wahrmann

Books, 1974.

Midrash Ekha Rabbah. Ed. S. Buber. Wilna: Wittwa & Gebrüder Romm, 1899.

Midrash Hagadol. 5 vols. Jerusalem: Mosad Harav Kook, 1975.

Midrash Lekach Tov. Ed. S. Buber. Wilna: Wittwa & Gebrüder Romm, 1880.

Midrash Mishle. Ed. S. Buber. Wilna: Wittwa & Gebrüder Romm, 1891.

Midrash Rabbah. Ed. with commentary by Moshe Mirkin. 11 vols. Tel Aviv: Yavneh, 1977.

Midrash Rabbah. 2 vols. Wilna: Wittwa & Gebrüder Romm, 1887.

Midrash Rut Rabbah. Ed. M. Lerner. Jerusalem: Doctoral dissertation at the Hebrew University, 1971.

Midrash Seder Olam. Ed. D. Ratner. New York: Talmudic Research Institute, 1966.

Midrash Shemuel. Ed. S. Buber. Krakay: Joseph Fischer, 1893.

Midrash Shir Hashirim. Ed. Eliezer Halevi Grunhut. Jerusalem, 1897.

Midrash Shir Hashirim Rabbah. Ed. Shimshon Donski. Tel Aviv: Davir, 1980.

Midrash Tanchuma. Ed. S. Buber. Wilna: Wittwa & Gebrüder Romm, 1885.

Midrash Tanchuma. Reprint. Jerusalem: Lewin-Epstein [Warsaw, 1879], 1975.

Midrash Tannaim. Ed. D. Hoffmann. Reprint. Jerusalem: Books Export, [Berlin, 1908], no date.

Midrash Tehilim. Ed. S. Buber. Wilna: Wittwa & Gebrüder Romm, 1891.Midrash Vayikra Rabbah. Ed. M. Margulies. 5 vols. Jerusalem: Wahrmann Book, 1970.

Mishnah. Ed. Ch. Albeck. 6 vols. Jerusalem: Bialik Institute, 1978.

The New Testament in Greek: the Gospel according to St. Luke. 2 vols. Edited by the American and British Committees of the International Greek New Testament Project. Oxford: Clarendon, 1984-1987.

Novum Tetamentum Graece. Ed. S. C. E. Legg. 2 vols. Oxford: Clarendon, 1935-1940.

Pesikta Derav Kahana. Ed. B. Mandelbaum. New York: Jewish Theological Seminary, 1962.

Pesikta Derav Kahana. Ed. S. Buber. Lyck: L. Silbermann, 1868.

Pesikta Rabbati. Ed. M. Friedmann. Vienna: Josef Kaiser, 1880.

Philo. 10 volumes plus 2 supplementary vols. Ed. and trans. F. H. Colson and G. H. Whitaker. Cambridge: Harvard University, 1981.

Pirke Derabbi Eliezer. Ed. David Luria. Warsaw: Bomberg, 1852.

Seder Eliyahu Rabbah. Ed. M. Friedmann. Jerusalem: Wahrmann Books, 1969.

Sifra an Analytical Translation. Trans. J. Neusner. 3. vols. Atlanta: Scholars Press, 1985.

Sifra. Ed. J. H. Weiss. Vienna: J. Salsberg, 1862.

Sifra. Ed. L. Finkelstein. 5 vols. New York: Jewish Theological Seminary of America, 1984.

Sifra (incomplete). Ed. M. Friedmann. Reprint. Jerusalem: Old City Press, [Breslau, 1915], 1978.

Sifra Al Bemidbar Vesifre Zuta. Ed. H. S. Horovitz. Jerusalem: Wahrmann Books, 1966.

Sifre Debe Rav. Ed. M. Friedmann. Reprint. Jerusalem: Old City Press, [Vienna, 1864], 1978.

Sifre Devarim. Ed. L. Finkelstein. New York: Jewish Theological Seminary of America, 1969.

Sifre to Numbers. Trans. J. Neusner. 3 vols. Baltimore: Scholars Press, 1986.

Sperber, A. *The Bible in Aramaic.* 5 vols. Leiden: Brill, 1959-1968.

Taylor, C. *Sayings of the Fathers.* 2 vols. Cambridge: Cambridge University, 1877.

Talmud Babil. Wilna: Wittwa & Gebrüder Romm, 1835.

Talmud Jerushalmi. Krotoshin: Dov Baer Monash, 1866.

Torah Shelemah. Ed. M. Kasher. 43 vols. New York and Jerusalem: Talmud Institute, 1951-1983.

Tosefta. Ed. M. Zuckermandel. Jerusalem: Wahrmann Books, 1937.

Tosefta. Ed. with commentary, S. Liebermann. 15 vols. New York: Jewish

Theological Seminary of America, 1955-1977.

Visotzky, Burton. *Midrash Mishle*. New York: Jewish Theological Seminary, 1990.

Vermes, G. *The Dead Sea Scrolls in English*. Baltimore: Penguin Books, 1988.

Wacholder, B. and M. Abegg. *A Preliminary Edition of the Unpublished Dead Sea Scrolls*. Washington, D.C.: Biblical Archaeological Society, 1991-1992.

Yalkut Hamakiri. Ed. A. W. Greenup. Jerusalem: Hameitar, 1968.

Yalkut Hamakiri. Ed. S. buber. Berdyczew: Ch. J. Schefftel, 1899.

Yalkut Hamakiri. Ed. J. Z. Kahana-Shapira. Reprint. Jerusalem: Zvi Hirsch [Berlin, 1893], 1964.

Yalkut Shimoni. Wilna: Wittwa & Gebrüder Romm, 1898.

문법서와 사전류

Arndt, W. and F. W. Gingrich. *A Greek-English Lexicon of the New Testament and Other Early Christian Literature*. 2nd ed. Chicago: Chicago University, 1979.

Blass, F. and A. Debrunner. Trans. and rev. R. Funk. *A Greek Grammar of the New Testament and Other Early Christian Literature*. Chicago: Chicago University, 1961.

Brown, F. *The New Brown-Driver-Briggs-Gesenius Hebrew and English Lexicon*. Reprint. Peabody, Mass.: Hendrickson, 1979.

Dalman, G. *Aramäisch-neuhebräisches Handwörterbuch*. Frankfurt am Main: J. Kaufmann, 1922.

Dalman, G. *Grammatik die jüdisch-pal stinischen Aramäisch*. Leipzig: J. C. Hinrich, 1905.

Jastrow, M. *A Dictionary of the Targumim, the Talmud Babli and Yerushalmi, and the Midrashic Literature*. 2 vols. Reprint. New York: Hudaica Press, 1975.

Kittel, G., ed. *Theological Dictionary of the New Testament*. Trans. G.

Bromiley. 10 vols. Grand Rapids: Eerdmans, 1983.

Kosovsky, B. *Otzar Leshon Hatannaim Memekilta Derabbi Ishmael.* New York: Jewish Theological Seminary, 1965.

Otzar Leshon Hatannaim Lasifra. New York: Jewish Theological Seminary, 1967.

──────. *Otzar Leshon Hatannaim Lasifra Bemidbar Vedevarim.* New York: Jewish Theological Seminary, 1971.

Kosovsky, Ch. *Otzar Leshon Hamishnah.* Tel Aviv: Massadah Publishing Company, 1967.

──────. *Otzar Leshon Hatalmud.* Jerusalem: Ministry of Education and Culture Government of Israel, 1971.

──────. *Otzar Leshon Hatosefta.* New York: Jewish Theological Seminary, 1961.

Kosovsky, M. *Otzar Leshon Talmud Yerushalmi.* (incomplete). Jerusalem: Israel Academy of Sciences and Humanities, 1979.

Levy, J. *Wörterbuch über die Talmudim und Midraschim.* 4 vols. Berlin: Benjamin Harz, 1924.

Liddell, H. G. and R. Scott. *A Greek-English Lexicon.* Oxford: Clarendon, 1976.

Lindsey, Robert L. *A Comparative Greek Concordance of the Synoptic Gospels.* 3 vols. Jerusalem: Baptist House, 1985-1989.

Moulton, J. H. *A Grammar of New Testament Greek.* 4 vols. Edinburgh: T. & T. Clark, 1978.

Moulton, W. F., A. S. Geden and H. K. Moulton. *A Concordance to the Greek Testament.* T. & T. Clark, 1978.

Stevenson, W. B. *Grammar of Palestinian Jewish Aramaic.* Oxford: Oxford University, 1974.

일반 자료 및 학습 도움 문헌

Abott, Edwin. *Clue a Guide through Greek to Hebrew Scripture.* London: Adam and Charles Black, 1900.

Abrahams, Israel. *Studies in Pharisaism and the Gospels*. Reprint. New York: KTAV, 1967.

Aland, Kurt and Barbara Aland. *The Text of the New Testament*. Grand Rapids: Eerdmans, 1989.

Amidon, P. *The Panarion of St. Epiphahius*. New York: Oxford, 1990.

Avi-Yonah, Michael. *Views of the Biblical* World. 5 vols. Jerusalem: International Publishing, 1961.

Ayali, M. *Poalim Veomanim*. Jerusalem: Yad Letalmud, 1987.

Bacher, W. Die Agada der *palästinischen Amoräer*. Strasburg: Karl T bner, 1892-1899 (translated into Hebrew by A. Rabinovitz. Agadot Amore Eretz Israel. Jerusalem: Davir, 1926).

———. *Die Agada der Tannaiten*. Strasburg: Karl Tübner, 1890 (translated into Hebrew by A. Rabinovitz. Agada Hatannaim. Jerusalem: Davir, 1919).

———. *Die exegetische Terminologie der jüdischen Traditions-literatur*.Leipzig: J. C. Hinrich, 1905 (translated into Hebrew by A. Rabinovitz. Erche Midrash. Jerusalem: Carmiel, 1970).

———. *Tradition und Tradenten*. Leipzig: Gustav Fock, 1914.

Baeck, Leo. *Judaism and Christianity*. New York: Leo Baeck Institute, 1958.

Bailey, Kenneth E. *Poet and Peasant*. Grand Rapids: Eerdmans, 1976.

———. *Through Peasant Eyes*. Grand Rapids: Eerdmans, 1980.

Baarda, T. A., G. P. Hilhorse Luttikhuizen and A. S. van der Woude, eds. *Text and Testimony*. Kampen: J. H. Kok, 1988.

Beall, Todd. *Josephus' Description of the Essenes Illustrated by the Dead Sea Scrolls*. Cambridge: Cambridge University, 1988.

Beasley-Murray, G. R. *Jesus and the Kingdom of God*. Grand Rapids: Eerdmans, 1987.

Bengel, J. A. *Gnomon of the New Testament*. Philadelphia: Perkinpine & Higgins, 1987.

Ben-Yehuda, Eliezer. *Complete Dictionary of Ancient and Modern Hebrew*. 17 vols. Tel Aviv: La' am Publishing Company, 1959.

Billerbeck, P. *Kommentar zum Neun Testament aus Talmud und Midrash*.

6 vols. Munich: C. H. beck, 1978.

Birdsall, J. N. "the New Testament Text." In *Cambridge History of the Bible*. Cambridge: Cambridge University, 1.308-377.

Bivin, David and Roy Blizzard. *Understanding the Difficult Words of Jesus*. Arcadia: Makor Foundation, 1983.

Black, M. *An Aramaic Approach to the Gospels and Acts*. Oxford: Clarendon, 1977.

Blizzard, Roy B., Jr. *Let Judah Go Up First*. Austin: Center for Judaic-Christian Studies, 1984.

Boismard, M. and A. Lamouille. *Synopsis Graeca Quattuor Evangeliorum*. Paris: Peeters, 1986.

Brown. R. *The Birth of Messiah*. New York: Doubleday, 1977.

─────. *The Death of the Messiah*. 2 vols. New York: Doubleday, 1994.

─────. *New Testament Essays*. Milwaukee: Bruce, 1965.

Buber, Martin. *Two Types of Faith*. New York: Macmillan, 1961.

Büchler, Adolf. *Types of Jewish-Palestinian Piety*. London: Jew's College, 1922.

Bultmann, Rudolf. *History of the Synoptic Tradition*. Reprint; Peabody, Mass.: Hendrickson, [1963], 1993.

─────. *Jesus and the World*. New York: Charles Scribner's Sons, 1958.

Chajes, Z. H. *The Student's Guide Through the Talmud*. Translated and annotated by J. Schachter. New York: Feldheim, 1960.

Charlesworth, James H. Ed. *Jesus and the Dead Sea Scrolls*. New York: Doubleday, 1993.

─────. *Jesus within Judaism*. New York: Doubleday, 1988.

─────. *The Messiah*. Minneapolis: Fortress, 1992.

Cohen, B. *Everyman's Talmud*. New York: Schocken Books, 1975.

Cohn, Haim. *The Trial and Death of Jesus*. New York: KTAV, 1977.

Crossan, John. *The Historical Jesus*. San Francisco: Harper, 1991.

_____. *Raid on the Articulate*. New York: Harper, 1976.

Dalman, G. *The Words of Jesus*. Edinburgh: T. & T. Clark, 1909.

_____. *Jesus-Jeshua*. London: SPCK, 1929.

_____. *Sacred Sites and Sacred Ways*. London: SPCK, 1935.

Dani lou, Jean. *The Infancy Narratives*. New York: Herder and Herder, 1968.

Daube, David. *The New Testament and Rabbinic Judaism*. Reprint. Peabody, Mass.: Hendrickson, 1994.

Davies, W. D. and D. Allison. *The Gospel according to St. Matthew. International Critical Commentary*. Edinburgh: T. & T. Clark, 1988-1991.

Davies, W. D. *The Setting of the Sermon on the Mount*. Atlanta: Scholars Press, 1989.

Dodd, C. H. *The Parables of the Kingdom of God*. Glasgow: Collins, 1961.

Doeve, J. W. *Jewish Hermeneutics in the Synoptic Gospels and Acts*. Assen: Van Forcum, 1954.

Elbogen, I. *Jewish Liturgy*. Philadelphia: Jewish Publication Society, 1993. *Encyclopaedia Judaica*. Jerusalem: Keter Publishing, 1978.

Fisher, Eugene. *The Jewish Roots of Christian Liturgy*. Mahwah, N.J.: Paulist, 1990.

Fitzmyer, J. A. *The Gospel according to Luke*. Anchor Bible. New York: Doubleday, 1981.

_____. *A Wandering Aramean*. Chico: Scholars Press, 1979.

Flusser, David. "Blessed are the Poor in Spirit." *Israel Exploration Journal* (1960).

_____. *Jesus in Selbstzeugnissen und Biddokumenten*. Hamburg: Rowohlt, 1968.

_____. *Judaism and the Origins of Christianity*. Jerusalem: Magnes Press, 1989.

_____. *Die rabbinischen Gleichnisse und der Gleichniserzähler Jesus*. Bern: Peter Lang, 1981.

_____. "Sanktus und Gloria," in *Abraham unser Vater. Festschrift für Ptto Michel zum 60. Geburtstag.* Ed. O. Betz, M. Hengel, and P. Schmidt. Leiden: Brill, 1963.

———. "Some Notes to the Neatitudes." *Immanuel.* (Spring, 1978).

———. "Die Versuchung Jesu und ihr jüdische Hintergrund." Judaica 45 (1989), 110-128.

Gehardsson, Birger. *The Testing of God's Son.* Lund, Sweden: Gleerup, 1966.

Gilat, Y. R. *Eliezer ben Hyrcanus a Scholar Outcast.* Ramat Gan, Israel: Bar Ilan University, 1984.

Gilmore, A. *Christian Baptism.* London: Lutterworth, 1959.

Gros, M. *Otzar Haagadah.* 3 vols. Jerusalem: Mosad Harav Kook, 1977.

Harrington, D. *The Gospel of Matthew.* Collegeville, Minnesota: Michael Glazier Books, 1991.

Heschel, Abraham Joshua. *God in Search of Man.* New York: Farrar, Straus and Giroux, 1994.

———. *The Insecurity of Freedom.* New York: Schocken Books, 1972.

———. *Torah Men Hashamayim.* 3 vols. New York: Soncino, 1972-1990.

Hengel, Martin. *Judaism and Hellenism.* London: SCM, 1974.

———. *Studies in the Gospel of Mark.* Lodon: SCM, 1985.

———. *The Zealots.* Edinburgh: T. & T. Clark, 1989.

Horbury, W. "The Messianic Associations of 'the Son of man,'" *Journal of Theological Studies.* 36 (1985), 35-55.

Huck, Albert. *Synopse der ersten drei Evangelien.* Revised by Heinrich Greeven. Tübingen: J. C. B. Mohr, 1981.

Hyman, A. *Toldoth Tannaim Veamoraim.* 3 vols. Jerusalem: Boys Town Publishers, 1963.

———. *Torah Haketubah Vehamasurah.* 3 vols. Tel Aviv: Davir, 1979.

Jeremias, J. *Jerusalem in the Time of Jesus.* London: SCM, 1969.

———. *The Parables of Jesus.* London: SCM, 1972.

_____. *The Prayers of Jesus*. Philadelphia: Fortress, 1984.

Kadushim, Max. *The Rabbinic Mind*. New York: Bloch, 1972.

Kensky, A. "Moses and Jesus: The Birth of a Savior." *Judaism*. 42 (1993), 43-49.

Kenyon, Frederic. *Handbook to the Textual Criticism of the New Testament*. London: Macmillan, 1912.

Kister, M. "Plucking on the Sabbath and Jewish-Christian Polemic," *Immanuel*. 24/25 (1990), 35-51.

Klausner, Joseph. *From Jesus to Paul*. London: George Allen & Unwin Ltd. 1946.

_____. *Jesus of Nazareth*. New York: Macmillan, 1945.

_____. *The Messianic Idea in Israel*. New York: Jewish Theological Seminary, 1955.

Lachs, S. T. *A Rabbinic Commentary on the New Testament*. Hoboken: KTAV. 1987.

Ladd, G. E. *The Presence of the Future*. Grand Rapids: Eerdmans, 1980.

_____. *A Theology of the New Testament*. Grand Rapids: Eerdmans, 1974.

Lapide, P. and Ulrich Luz. *Jesus in Two Perspectives*. Minneapolis: Augsburg, 1971.

Lapide, P. *The Sermon on the Mount*. New York: Orbis, 1986.

Levey, S. *The Messiah: an Aramaic Interpretation*. Hoboken, N.J.: KTAV, 1974.

Levine, Lee. *Ancient Synagogues Revealed*. Jerusalem: Israel Exploration Society. 1981.

_____. *The Galilee in Late Antiquity*. New York: Jewish Theological Seminary, 1992.

Lindsey, Robert L. *A Hebrew Translation of the Gosepl of Mark*. Jerusalem: Baptist House, 1973.

_____. "A Modified Two Document Theory of the Synoptic Dependence and Interdependence." *Novum Testamentum* 6 (1963), 239-64.

──────. *Jesus Rabbi and Lord*. oak Creek: Cornerstone, 1990.

──────. *The Jesus Sources*. Tulsa: HaKesher, 1990.

Lowe, M. "The Demise of Arguments from Order for Markan Priority." *Novum Testamentum* 24 (1982), 27-36.

Lundstrm, G. *The Kingdom of God in the Teaching of Jesus*. Richmond: John Knox, 1963.

Mackin, T. *Divorce and Remarriage*. Mahwah, N.J.: Paulist, 1984.

Mann, C. S. *The Gospel according to Mark*. Anchor Bible. New york: Doubleday, 1986.

Mann, Jacob, "Jesus and the Sadducea Priests: Luke 10:25-37." *Jewish Quarterly Review* 6 (1914), 515-522.

Marshall, I. Howard. *The Gospel of Luke*. NIGTC grand Rapids: Eerdmans, 1978.

McArthur, H. and R. Johnston. *They Also Taught in Parables*. Grand Rapids: Zondervan, 1990.

McGinley, L. *Form-Criticism of the Synoptic Healing Narratives*. Woodstock: Woodstock College Press, 1944.

McNamara, M. *Targum and Testament*. Grand Rapids: Eerdmans, 1968.

M' Neile, A. H. *The Gospel According to St. Matthew*. London: Macmillan, 1949.

Mcray, John. *Archaeology and the New Testament*. Grand Rapids: baker, 1991.

Metzger, Bruce. *The Text of the New Testament: Transmission, Corruption, and Restoration*. New York: Ocford, 1992.

Metzger, Bruce. *A Textual Commentary of the New Testament*. New York: United Bible Societies, 1975.

Meyer, Ben. *Aims of Jesus*. London: SCM, 1979.

Moore, G. F. "Christian Writings on Judaism." *Harvard Theological Review*. 14 (1921), 197-234.

──────. *Judaism in the First Centuries of the Christian Era*. New York: Schocken Books, 1975.

Montefiore, C. G. *Rabbinic Literature and Gospel Teachings*. New York:

KTAV, 1970.

_____. *The Synoptic Gospels*. 2 vols. New York: Abingdon, 1954.

Montefiore, C. G. and H. Loewe. *A Rabbinic Anthology*. New York: Schocken Books, 1974.

Mowinckel, Sigmund. *He That Cometh*. New York: Abingdon, 1954.

Newman, L. and S. Spitz. *The Talmudic Anthology*. New York: Behrman House, 1945.

Nolland, John. *Luke*. Word Biblical Commentary. 3. vols. Dallas: Word, 1989-93.

Notley, Steven R. "The Concept of the Holy Spirit in Jewish Literature of the Second Temple Period and 'Pre-Pauline' Christianity." Doctoral dissertation submitted to the Senate of the Hebrew University, 1991.

Perrin, N. *Jesus and the Language of the Kingdom*. Philadelphia: Fortress, 1976.

Pococke, Edward. *A Commentary on the Prophecy of Micah*. Oxford: Oxford University, 1976.

Riches, John. *Jesus and the Transformation of Judaism*. London: Darton, Longman & Todd, 1980.

Safrai, S. "Teaching of Pietists in Mishnaic Literature." *Journal of Jewish Studies*. 16 (1965), 15-33.

Safrai, S., M. Stern, D. Flusser, and W. C. van Unnick, eds. *The Jewish Peole in the First Century*. 9 vols. 10th in preparation. Amsterdam: Van Gorcum, 1974-.

Sanders, E. P. *Jesus and Judaism*. London: SCM, 1985.

_____. *Jewish Law from Jesus to the Mishnah*. Philadelphia: Trinity, 1990.

_____. *Paul and Palestinian Judaism*. London; SCM, 1977.

Sanders, J. A. *Discoveries in the Judean Desert, the Psalms Scroll of Qumran Cave* 11. New York: Oxford, 1965.

Sandmel, Samuel. *Judaism and Christian Beginnings*. New York: Oxford University, 1978.

Schetcher, S. *Aspects of Rabbinic Theology*. New York: Schocken, 1961.

Schürer, E. *The History of the Jewish People in the Time of Jesus Christ*. 6 vols. Reprint. Peabody, Mass.: Hendrickson, [1981] 1993.

_____. *The History of the Jewish People in the Time of Jesus Christ*. revised and edited by G. Vermes, F. Millar, and M. Black. The History of the Jewish People in the Time of Jesus Christ. 3 vols. Edinburgh: T. & T. Clark, 1974-1987.

Shelton, J. *Mighty in Word and Deed*. Peabody, Mass.: Hendrickson, 1991.

Sigal, Phillip. *The Halakah of Jesus of Nazareth*. Lanham, Md: University of Press of America, 1986.

Sokoloff, M. *A Dictionary of Jewish Palestinian Aramaic*. Ramat Gan, Israel: Bar Ilan Universtiy Press, 1990.

Soloveitchik, Joseph B. *Halakhic Man*. Philadelphia: Jewish Publication Society, 1983.

Stern, David. *Parables in Midrash*. Cambridge: Harvard University, 1991.

Stendahl, K. *The Scrolls and the New Testament*. New York: Harper, 1957.

Stoldt, Hans-Herbert. *History and Criticism of the Marcan Hypothesis.*. Macon, Georgia: Mercer, 1980.

Strack, H. *Einleitung in Talmud und Midrash.*, revised by G. Stemberger. Munich: C. H. Beck, 1981.

_____. *Introduction to the Talmud and Midrash*. Edinburgh: T. & T. Clark, 1989.

Strauss, David Friedrich. *The Life of Jesus Critically Examined*. Philadelphia: Fortress, 1972.

Swete, H. B. *The Gospel According to St. Mark*. London: Macmillan, 1905.

Taylor, V. *The Gospel According to St. Mark*. London: Macmillan, 1941.

_____. *The Text of the New Testament: A Short Introduction*. London: Macmillan, 1961.

Tomson, Peter J. *Paul and the Jewish Law*. Assen: Van Gorcum, 1990.

Torrey, Charles C. Our *Translated Gospels*. London: Hodder & Stoughton, 1933.

Ulbach, E. E. *The Sages their Concepts and Beliefs*. 2 vols. Jerusalem: Magnes Press, 1975.

Vermes, G. *Jesus the Jew*. Glasgow: William Collins and Sons. 1977.

_____. *Jesus and the World of Judaism*. London: SCM, 1983.

_____. *The Religion of Jesus the Jew*. Minnealopis: Fortress, 1993.

_____. "Sectarian Matrimonial Halahkah in the Damascus Rule." *Journal of Semitic Studies*. 25 (1974), 197ff.

Visotzky, Burton. *Reading the Book: Making the Bible a Timeless Text*. Garden City: Doubleday, 1991.

Willis, W. *The Kingdom of God in 20th Century Interpretation*. Peabody, Mass.: Hendrickson, 1987.

Wilson, Marvin. *Our Father Abraham*. Grand. Rapids: Eerdmans, 1989.

Winter, Paul. *On the Trial of Jesus*. Berlin: Walter de Gruyter, 1961.

Wise, M., Norman Golb, J. J. Collins, and D. Pardee. *Methods of Investigation of the Dead Sea Scrolls and the Khirbet Qumran Site*. New York: New York Academy of Science, 1994.

Wolpe, David. *Healer of Shattered Hearts: A Jewish View of God*. New York: Henry Holt, 1990.

_____. *In Speech and Silence: The Jewish Quest for God*. New York: Henry Holt, 1992.

Young, Brad H. "The Ascension Motif of 2 Corinthians in Jewish, Christian and Gnostic Texts." *Grace Theological Journal* 9.1 (1988), 73-103.

_____. "The Cross, Jesus and the Jewish People." *Immanuel*. 24-25 (1990), 23-34.

_____. *The Jewish background to the Lord's Prayer*. Austin: Center for Judaic-Christian Studies, 1984.

_____. *Jesus and His Jewish Parables*. New York: Paulist Press, 1989.

_____. "'Save the Adulteress!' Ancient Jewish *Responsa* in the Gospels?" *New Testament Studies*. 41 (1995), 59-70.

_____. with David Flusser, "Messianic Blessings in the Jewish and Christian Texts." in Flusser. *Judaism and the Origins of Christianity*. Jerusalem: Magnes, 1989, 280-300.

유대 신학자 예수

2009. 3. 5 초판 1쇄 인쇄
2009. 3. 10 초판 1쇄 발행

저 자 • 브래드 H. 영
공 역 • 전웅란·조영모
펴낸이 • 이 승 하

펴낸 곳 • **성광문화사**
121-011 서울 마포구 아현동 710-1
☎ (02)312-2926, 312-8110, 363-1435
FAX • (02)312-3323
E-mail • Sk1435@chollian.net
http://www.skpublishing.co.kr

출판등록번호/제 10-45호
출판등록일/1975. 7. 2
책 번호/871

파본은 교환해 드립니다.
이 출판물은 저작권법으로 보호 받는 저작물이므로 무단 전재나 무단 복제를 할 수 없습니다.

값 35,000원

ISBN 978-89-7252-446-5
Printed in Korea